영아 발달

Infant Development

곽금주 · 김연수 공저

학지사

머리말

우리는 수정의 순간부터 죽음에 이르기까지 끊임없이 변화하는 존재다. 이러한 변화의 과정 중에서도 영아기는 인간이 과연 어떤 존재인지 그 근원적인 질문에 대한 답을 제공해 주는 시기라는 점에서 특히 흥미로운 발달 단계라고 할 수 있다. 영아기에 대한 관심은 한국에서도 예외가 아니었다. 그러나 방법상의 여러 가지 어려움으로 인해 서구와 비교해 볼 때 한국에서는 영아 발달에 대한 연구가 훨씬 더 부족했다. 특히 저자들이 영아기 발달에 관심을 가지기 시작했던 2000년대 초반은 한국에서 영아 연구가 거의 이루어지지 않았다고 해도 과언이 아니다. 따라서 자녀가 정상적으로 발달하고 있는지를 궁금해하는 영아 양육자들뿐만 아니라, 영아기 이후 나타날 수 있는 병리의 전조를 탐색하는 연구자들조차 참고할 만한 한국 영아의 발달에 대한 지표가 마땅히 없는 상황이었다.

저자들은 이러한 상황에서 한국 영아의 신체, 인지, 언어, 사회성 발달을 포괄하는 지표를 정립시키겠다는 생각으로 영아 발달 연구를 계획하게 되었다. 2002년 학술진흥재단(현 한국연구재단)의 기초학문분야 육성사업에서 지원을 받아 2005년까지 한국 영아의 발달에 대한 단기종단 연구를 진행했다. 당시 연구 중에는 1개월부터 36개월까지 월령별 80명씩 총 3,000여 명의 영아들을 전국 규모로 표집하여 한국 영아의 영역별 발달 지표를 제시한 횡단연구 자료도 있는데, 이는 2005년 『한국영아발달연구』(학지사)로 발간된 바 있다. 이외에도 당시 수집된 자료에 대한 심층적, 다각적 분석이 활발하게 진행되어 그 결과가 여러 학술지에 발표되어 왔다. 특히 2002년 당시 1개월이던 영아들에 대한 종단연구는 2014년 1월 현재까지 진행 중이다. 12년이 흐르는 동안 엄마 품에 안겨 실험실을 방문하던 영아들은 어느덧 사춘기를 눈앞에 둔 의젓한 초등학생으로 성장해서 인연을 이어 가고 있다. 그 과정에서 저자들은 영아 발달의 중요성을 다시 한 번 깨달을 수 있었다.

이 책은 저자들이, 영아기부터 시작된 12년간의 종단연구를 진행하면서 얻게 된 경험을 토대로 쓰였다. 물론 좀 더 일찍, 영아기 발달에 대한 연구를 시작할 때부터 주요 이론과 최신 연구 동향, 한국 영아의 발달을 아우르는 영아 발달에 대한 교재를 쓰고 싶었으나 2014년에 이르러서야 완성하게 되었다.

이 책은 심리학과, 유아교육학과, 아동학과, 보육학과 등 학부과정에서 영아 발달을 처음 접할 때 기초적 이해를 위한 길잡이 역할을 하고자 집필되었다. 발달영역별 주요 이론과 최근 연구 동향을 실었으며, 한국 영아의 발달에 대한 정보로 『한국영아발달연구』의 내용도 축약하여 포함시켰다. 시간이 조금 흘렀으나 충분히 영아 발달의 지표로 삼을 수 있을 것으로 판단한다. 의욕이 앞서 책을 마무리하다 보니 부족한 점이 많이 보인다. 미흡한 부분은 앞으로 개정판을 통해서 계속 수정, 보완해 나갈 것이다.

끝으로 이 책이 나오기까지 많은 도움을 주신 학지사 김진환 대표님과 김선영 과장님, 자녀들의 소중한 사진을 사용하도록 흔쾌히 허락해 주신 여러 부모님께 감사드린다.

2014년 1월
저자 대표 곽금주

차 례

제10장

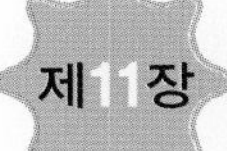
제11장

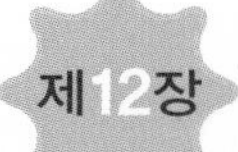

아동 보육과 조기 개입 ··· 337

제1장

영아기란

학/습/개/념

- 영아기의 정의
- 성숙이론
- 학습이론
- 역동적 체계이론
- 인지발달 이론
- 신생득론
- 이론-이론
- 모사이론
- 학습가능성 이론

호기심에 반짝이는 동그란 눈, 복숭아처럼 통통한 볼, 쉴 새 없이 오물거리는 입술, 아기는 어디에 있든 주변 사람들의 눈길을 끈다. 태어나서 만 2세까지를 영아라고 하며, 그 기간을 영아기라고 한다. 영아기는 인간의 전 생애 중에서 가장 흥미로운 시기라 할 수 있다. 성인들은 분명히 자신이 거쳐 왔지만 정확하게 기억하지 못하는 아기 시절을 궁금해하고, 부모들은 자녀가 어떤 발달을 보이는지와 그 과정에서 자신이 어떤 역할을 해야 할지에 관심을 가지며, 발달 연구자들은 발달의 근원을 밝히려는 시도에서 이 어린 생명체에 주목한다. 전통적으로 아주 단순하게는 '젖을 먹는 아이'로 정의되는 영아기에 대해 무궁무진한 질문들이 쏟아질 수 있다. 영아는 어떤 특징을 가지고 있으며 인간 발달에서 어떤 의미를 가질까? 보다 구체적으로 영아들은 성인처럼 기쁨, 슬픔, 질투와 같은 감정을 느낄까? 영아들은 주변 사람들의 말을 과연 이해할 수 있을까? 또한 영아들은 주변에서 일어나는 일들을 얼마나 기억할 수 있을까? 이는 인간 발달의 근원을 파헤치려는 많은 연구자의 질문이다. 영아기는 이에 답을 할 수 있는 시기다. 이처럼 영아에 대한 관심은 그 어떤 연령대에 대해서보다 크지만, 본격적인 연구가 시작된 것은 비교적 최근의 일이다. 이런 연구들이 활발하게 진행되면서 영아의 이미지도 변화되었다. 과거에는 무능력하고 수동적인 존재로 인식되었던 영아는 최근의 여러 연구를 통해 능력 있고 능동적인 존재라는 점이 부각되고 있다.

그런가 하면 현대 사회는 영아에 대한 관심과 투자가 그 어떤 시대보다 집중적으로 이루어지고 있다. 과거보다 자녀의 수가 적어지면서 영아 발달에 대한 관심은 늘어나고 있다. 대형마트나 서점, 매체에서 어린 영아를 위한 기저귀, 분유, 장난감, 좋은 부모가 되기 위한 책, 잡지 등 여러 상품과 정보가 넘쳐 난다. 하지만 이처럼 많은 아기 관련 상품과 정보가 반드시 영아 발달에 도움이 되는 것도, 영아 발달을 정확하게 설명하는 것도 아니다. 실제로 1900년대 초반 여러 의학 서적은 신생아들이 출생 후 상당 기간 동안 보지도 듣지도 못하며 통증에도 무감각하다고 주장하였다(Lamb, Bornstein, & Teti, 2002). 그러나 오늘날 많은 연구는 그와는 반대의 증거들을 제시하고 있다. 이와 같은 측면을 고려해 볼 때 영아기를 이해하고 영아의 발달을 촉진하기 위해서는 영아기에 대한 높은 관심뿐 아니라 보다 정확한 연구 결과들을 고려하는 것이 필요하다. 이 장에서는 영아기의 기본적인 개념, 영아에 대한 역사적 관점들의 변화, 영아기에 대한 이론적 관점들을 발달 영역에 따라 살펴보겠다.

1. 기본 개념

1) 영아기의 정의

사전적 의미에서 영아(嬰兒)란 '갓난아이 영(嬰)'과 '아이 아(兒)'로, 문자 그대로 '갓 태어난 아이'라는 뜻으로서 대개 신생아부터 2세 된 아기까지를 이르는 말이다. 발달 연구자들의 일반적인 정의에 따르면 영아기는 출생부터 언어가 출현하는 대략 1세~1세 반 혹은 2세까지의 시기다(곽금주 외, 2005).

영아는 갓 태어난 아이라는 의미이며, 영아기는 신생아부터 2세까지로서 생애 초기의 비교적 짧은 시기를 말한다.

표 1-1 인간 발달의 단계

단계	대략적 연령
태아기	수정에서 출생까지
영아기	출생에서 2세까지
아동 초기	약 2세에서 6세까지
아동 후기	약 6세에서 11세까지
청소년기	약 11세에서 18세까지
성인 초기	약 18세에서 40세까지
성인 중기	약 40세에서 65세까지
성인 후기	약 65세에서 사망(약 80세)까지

〈표 1-1〉은 인간 발달을 몇 개의 주요 시기로 나누어 본 것이다. 표에 나타난 것처럼 인간의 전 생애를 평균 80세라고 본다면 영아기는 생애 초기의 비교적 짧은 시기라고 할 수 있다.

이처럼 짧은 시기임에도 불구하고, 영아기는 어째서 여러 영역의 전문가들의 관심을 끄는 것일까? 다음에서 몇 가지 이유를 살펴보겠다.

첫째, 영아들은 오래전부터 철학자들의 관심을 끌어 왔다. 철학자들이 가진 질문의 상당수가 영아들을 관찰함으로써 해결될 가능성이 높기 때문이다. 예컨대, 인간은 유전에 의해 얼마나 많은 영향을 받을까? 그리고 인간 발달은 어떻게 경험에 따라 달라질까? 이러한 질문에 대하여 영아기는 답을 해 줄 수 있다. 즉, 영아기는 성인의 삶의 기원에 대한 정답을 제공할 수 있는 시기다.

둘째, 부모들은 자녀의 생존과 사회화, 교육에서 많은 책임과 부담을 지고 있다. 따라서 영아기 자녀들에게 부모의 시간과 노력을 어느 정도나 투자할지를 결정하는 것은 매우 중요하다. 그뿐 아니라 영아기 자녀가 보이는 급격하고 극적인 변화에 부모들은 매료된다. "하루가 다르게 아기의 눈빛이 달라진다."는 초보 부모의 자랑은 자식에 대한 단순한 자부심만은 아니다. 실제로 아기들은 급격하게 발달한다.

셋째, 몇몇 전문가 또한 매우 급박한 사회적, 의학적 및 생물학적 변화들에 적절히 대처하기 위하여 영아기를 이해하고자 한다. 예컨대, 1950년대 산부인과 기술의 발전은 미숙아의 생존율을 증가시켰다(Lamb et al., 2002). 그런데 어떤 미숙아들은 이후 잘 성장한 반면 또 다른 미숙아들은 오래지 않아 사망하였다. 무엇이 이런 차이를 가져올까? 이는 의학을 비롯한 여러 학문 영역에서 매우 중요한 질문이다. 이에 대한 해답은 영아들을 살펴봄으로써 얻을 수 있을 것이다.

2) 영아기 연구의 필요성

앞에서 살펴본 것처럼 영아기는 연구자와 부모 모두가 관심을 가지는 발달 단계라 할 수 있다. 무엇보다 영아기는 인간 발달의 출발점으로서 인간의 전 생애에 걸친 발달을 이해하는 기초 자료를 제공할 수 있다는 점에서 중요한 시기다. 여러 연구자가 언급한 바 있는 영아기의 중요성을 살펴보면 다음과 같다(곽금주 외, 2005; Fogel, 2001; Gross, 2011).

영아기는 인간 발달의 출발점으로서 인간의 전 생애에 걸친 발달을 이해하는 기초 자료를 제공할 수 있다는 점에서 중요한 시기다.

1 변화 과정으로서의 영아기는 발달을 가장 분명하게 보여 주는 시기다

영아기 동안의 발달을 연구하는 가장 기본적인 이유는 이 시기 동안 모든 발달 영역에서 현저한 변화가 일어나기 때문이다. 굳이 전문적인 훈련을 받지 않더라도 부모들은 영아기 동안 아기들이 극적인 신체적 변화를 보인다는 것을 확실히 관찰할 수 있다. 영아들은 몸무게가 늘고 키만 크는 것이 아니다. 출생

변화 과정으로서의 영아기는 발달을 가장 분명하게 보여 주는 시기일 뿐 아니라 초기 경험과 환경이 이후 발달에 어떤 영향을 미치는지 알려 주는 시기다.

직후에는 목도 못 가누던 영아들이 3~4개월경에는 뒤집고 기다가 첫돌 무렵에는 걸음마를 시작한다. 언어로 의사소통하는 능력 또한 영아기 동안 급격하게 발달한다. 어린 월령에서는 몸짓으로 의사소통을 시도하던 영아들이 첫 단어를 말하기 시작하고, 얼마 지나지 않아 쉴 새 없이 재잘거리는 수다쟁이로 돌변한다. 이처럼 영아기는 신체적, 인지적, 언어적, 사회적 측면에서 급격한 변화가 나타나는 시기다. 이러한 변화야말로 발달 현상의 핵심 개념이다. 이런 측면에서 발달 현상을 연구하는 여러 연구자가 영아기에 관심을 가지는 것은 당연하다.

2 영아기는 초기 경험의 영향을 살펴볼 수 있는 시기다

발달에 미치는 초기 경험의 영향을 이해하기 위해서는 영아 발달을 연구해야 한다. 출생에서 2, 3세까지의 초기 경험과 환경에는 영아마다 차이가 많다. 어떤 영아들은 부모와 조부모에 의해 집에서 양육되기도 하지만 어떤 영아들은 매우 이른 월령부터 전일제 집단 보육을 경험하기도 한다. 부모의 이런 선택은 아동의 초기 발달에 어떤 영향을 미칠까? 초기 경험은 과연 장기적 영향력을 지닐까? 모차르트 음악을 일찍부터 듣는 것과 같이 초기의 풍부한 환경적 자극은 이후의 발달에서 개인차를 초래할까? 조산으로 태어난 영아는 그렇지 않은 영아와 이후 다르게 발달할까? 이러한 질문들에 답하기 위해서는 필연적으로 영아기를 연구해야 한다.

3 영아기는 인생에서 독특하고 특별한 시기다

영아기는 인생에서 독특하고 특별한 시기다(곽금주 외, 2005). 인간은 초기 몇 년 동안 전적으로 양육자에게 의존하여 자신의 욕구나 필요를 충족하며, 영아 주변에서 일어나는 대부분의 사건은 그들이 통제할 수 없는 것이다. 영아들은 상대적으로 무능력하기 때문에 쉽게 다치거나 고통을 느끼기도 한다. 그러나 영아기는 여러 장점도 있다. 영아들은 놀이와 탐색에 많은 시간을 소비할 수 있으며 성인들이 경험하는 일상의 문제들로부터 자유롭다. 어떤 부모도 아기에게 경제적 부담을 지우거나 집안일을 맡기지 않는다.

영아기는 전적으로 양육자에게 의존하여 자신의 욕구나 필요를 충족하는 매우 특별한 시기다.

4 영아기는 개인차의 기원이 된다

모든 사람은 조금씩 서로 다르다(곽금주 외, 2005). 어떤 사람들은 평가받는 상황에서 심하게 긴장하는가 하면 또 어떤 사람들은 평상시와 별다른 차이가 없다. 또 어떤 사람들은 수줍음이 많아서 낯선 사람 얼굴을 마주 바라보지도 못하지만 또 다른 사람들은 좀처럼 수줍어하지 않는다. 이런 개인차는 아동이나 성인으로서 교사, 가족, 친구와 상호작용하고 학교나 직장에서 생활하는 동안 쌓인 다양한 경험으로부터 나온 것이다. 특히 태내기와 영아기 동안 형성되는 많은 차이는 인간 발달 과정에 지속적인 영향을 미친다.

5 영아기는 발달을 안내하는 역할을 하는 시기다

영아기는 모든 인간 특성의 기원과 발달에 대한 중요한 단서를 담고 있는 시기로서 특히 발달의 주요 연구 주제 중 하나인 본성론과 경험론에 대한 핵심적인 몇 가지 답을 포함하고 있는 시기다(곽금주 외, 2005). 영아기 연구에서 밝혀지는 결과를 통해 인간의 타고난 능력과 학습된 능력에 대한 잘못된 믿음들이 제거되면 인간 발달에 대해 보다 분명한 설명을 하게 될 것이다.

6 영아기는 성인 발달과 치료에 적용될 수 있는 단서를 제공하는 시기다

영아기의 경험은 성인 발달을 설명할 뿐 아니라 성인기에 발생하는 여러 문제에 대해 치유적 효과가 있다. 5장의 영아기 인지 발달에서 자세히 살펴보겠지만, Piaget가 지적한 바와 같이 영아기는 신체적 감각 경험이 주가 되는 시기다. 영아기 이후 아동과 성인이 겪고 있는 많은 신체적, 심리적 장애들은 감각 경험의 결핍으로부터 유래된 것일 수 있다. 이런 문제에 대한 한 가지 해결책으로 영아기를 재경험하는 치료 방법이 제안되기도 한다(Fogel, 2001).

7 영아기는 건강한 발달을 증진할 수 있는 조기 개입이 가능한 시기다

아동기와 성인기의 여러 질환은 태내기와 영아기에 그 기원이 있다(곽금주 외, 2005). 특히 어머니에게 노출된 질병, 영양실조, 유독 물질 등은 대표적인 영아기 위험 요인이다. 따라서 임신 기간 동안 적절하게 먹고, 특정한 약물과 화학물질을 피하고, 스트레스를 줄임으로써 아기들에게 나타날 수 있는 여러 장애를 예방할 수 있다. 이런 예방적 개입은 단지 신체적인 발달이나 생리학적 발달에만 국한되는 것이 아니다. 영아기 동안 주변에서 적절하게 제공되는 여러 물리적, 사회적 자극들은 인지, 사회성, 언어 발달의 기초가 되며 이후 발달에 긍정적 영향을 미칠 수 있다. 예컨대, 영아기에 형성된 양육자와의 안정되고 신뢰감 있는 관계는 이후 아동과 성인들이 경험할 대인관계를 결정지으며, 영아기 동안의 다양하고 풍부한 언어적 경험은 아동들의 언어와 지적 발달을 촉진한다.

8 영아기는 부모와 양육자를 위한 교육 자료에 대한 정보를 제공할 수 있는 시기다

영아는 의존적 존재로서 성인의 사랑과 지원이 반드시 필요하다(곽금주 외, 2005). 처음 혹은 어린 나이에 부모가 된 사람들에게 아기의 탄생은 기대와 불안을 동시에 유발하는 사건이다. 너무 많이 안아 주면 버릇이 나빠지지 않을까? 언제 책을 읽어 주어야 할까? 이러한 의문에 대한 답을 찾기 위해 부모들은 많은 노력을 한다. 일반적으로 아기에 대해 많이 알수록 부모의 불안은 줄어들고 아이에게 더 나은 환경을 제공할 수 있다. 따라서 양육에 대한 정확하고 가치 있는 정보를 풍부하게 제공하는 것은 부모와 영아 모두에게 필요하다.

영아기는 부모나 교사 등 양육자를 위한 유용한 정보를 제공할 수 있는 시기다.

⑨ 영아기는 육아 정책의 지표가 되는 정보를 제공하는 시기다

복지 정책을 수립할 때, 육아 관련 정책들은 점점 중요해지는 추세다. 핵가족화와 맞벌이 부부의 증가 등의 사회적 변화에 따라 '육아'와 '보육'은 단순히 개인적 차원의 문제가 아닌 사회적 책임의 문제로 부각되고 있다. 예컨대, 근래 우리나라에서도 실시되고 있는 영유아보육료지원사업은 육아에 대한 사회적 관심이 반영된 것이라 할 수 있다. 태아기나 영아기 발달의 특징 및 위험 요인에 대한 정확한 지식은 적절한 탁아시설 기준이나 모자 보건법 등 영아와 가족 복지에 대한 법률 제정에도 기초적 자료로 활용될 수 있다. 이처럼 영아 발달에 대한 지식은 단순히 부모나 육아 관련 종사자뿐 아니라 정책 수립자들에게도 중요한 정보가 된다는 점에서 영아기는 충분히 연구되어야 할 필요가 있다.

2. 영아에 대한 역사적 관점

앞서 언급한 바와 같이 오늘날 영아에 대한 관심과 투자는 실로 지대하다. 그렇다면 이런 관심과 투자가 언제부터 영아기에 집중되어 왔을까? 영아에 대한 관점은 시대에 따라 극적인 변화가 있었다. 이러한 시대별 변화를 살펴보자.

1) 서구 사회의 영아에 대한 역사적 관점

(1) 그리스 · 로마 시대

고대 그리스 · 로마(2000 B.C.~300 A.D.)의 문헌들을 현대의 시각으로 보면 영아들에게 다소 가혹한 양육법이 적용되었음을 알 수 있다(곽금주 외, 2005). 이 시대의 부모들은 아기에게 애정을 보이는 것을 꺼리고 이상적인 시민의 몸으로 만들기 위해 영아를 붕대로 꽉 싸 두었다. 또한 아이들이 지나치게 연약해지는 것을 막기 위해 찬물로 목욕을 시키고, 아이의 두개골을 가능한 한 둥글게 만들기

위해 머리를 눌렀으며, 적절한 모양을 잡기 위해 신체 부위들을 잡아당겼으므로 아기들은 목욕하는 것을 매우 싫어하였다고 한다(Fogel, 2001; 곽금주 외, 2005).

로마의 부모들은 이런 행동들이 자신들의 사랑을 표현하는 방법이라고 생각했다. 그들은 아기가 강하고 신체 비율이 잘 맞는 이상적인 성인으로 성장하기를 원했다. 또한 로마 문헌에 따르면 이 시대의 부모와 아이들은 서로에게 강한 애정을 보이며 아이들이 나이가 들고 자신들의 성격을 형성하기 시작하면서 안거나 뽀뽀하거나 애정을 표현하는 행동을 보였다(Dupont, 1989: Fogel, 2001 재인용).

고대 로마와 같은 많은 초기 문명사회에서는 원치 않는 아기를 계획적으로 죽이는 영아 살해(infanticide)가 성행했다. 신생아를 살릴 것인지 혹은 죽일 것인지를 결정하는 것은 가장의 임무 중 하나였다고 한다. 이런 풍습으로 인해 장애가 있는 아기뿐만 아니라 건강한 아기도 부모가 원치 않거나 가난 등의 이유로 죽임을 당하였다(곽금주 외, 2005).

(2) 중세와 르네상스 시대

중세기 초 로마제국이 멸망하고 전 유럽 대륙에 기독교의 점진적인 전파가 시작되었으며 많은 사람이 도시로 이동하기 시작하였다(곽금주 외, 2005). 이 시기에 기독교 교회들은 400년경 이후 유럽 아동 양육 방식과 신념에 영향을 미치기 시작하였다. 고대 유대인의 관습을 따르는 기독교인들은 부모의 사랑을 신성시했고 영아 살해, 낙태, 학대로부터 아이들을 보호하려고 했다. 영아들을 위한 묘비도 이 시기에 나타나기 시작하였으며, 만일 부모가 아이에게 잘못을 하게 되면 특별한 참회를 해야 했다(Gies & Gies, 1987: Fogel, 2001 재인용). 또한 중세기 후반에 아이 출생과 초기 영아 보살핌에 대한 조언을 하는 의료서적들이 등장하였다. 그러나 이런 변화에도 불구하고 영아 살해는 여전히 자행되었다(곽금주 외, 2005).

르네상스 시대가 되면서 영아들은 성인들로부터 분리되어 독특한 개인으로 인정받기 시작하여, 르네상스 미술에서 영아와 아이들이 어른들과 다르게 표현되기 시작하였으며 아이들의 개인 초상들이 등장하였다(곽금주 외, 2005). 주로 아이들은 장난감을 갖고 노는 모습으로 묘사되었다(Koops, 1996). 또한 아기를 유모에게 맡기는 관습은 비난받기도 했는데, 그 이유는 유모들을 통해 질병을 얻을 수도 있기 때문이었다(곽금주 외, 2005).

(3) 계몽주의 시대

18세기가 되어서야 비로소 인간의 삶, 존엄성, 자유의 가치에 대한 새로운 인식이 생겨났다. 예컨대 프랑스의 Rousseau(1712~1778)는 아동기는 특권이 있는 시기며, 아이는 원죄가 아닌 선을 갖고 태어나고 교육은 이처럼 선한 존재로서의 영아와 어린아이들의 욕구와 경향성에 민감해야 한다고 주장하였다. 한편 영국의 철학자 Locke(1632~1704)는 교육에 대해 합리적인 접근을 했는데, 그는 아이들에게 특별한 지도와 훈육이 필요하다고 생각했다. Locke는 영아의 마음은 무엇이든 쓸 수 있는 백지 상태(Tabula rasa)라는 가정에서 출발하여 교육(경험)이 합리적인 선택을 하도록 여러 기술을 제시해야 한다고 주장하였다. 그가 속한 철학 운동을 경험주의라 한다(곽금주 외, 2005).

(4) 19세기

19세기 교육자들은 총체적 인간의 발달이라는 관점에서 몸과 마음의 고른 발달, 신체의 중요성을 강조하였다. 뚱뚱하거나 신체적으로 장애가 있는 아동들을 위해 학교 교과과정에는 체조와 무용 등 자유로운 신체 표현과 창의성 교육이 포함되었다(곽금주 외, 2005).

이 시기에는 아동 발달에 있어 전업 주부의 역할이 부각되었다. 엄마들이 전업주부로서 집안에서 하루 종일 아기를 돌볼 수 있는 상황은 19세기부터 나타난 현상으로 핵가족의 증가에 따른 것이다. 이전까지는 영아들이 보모, 형제, 다른 친척들과 같은 여러 다양한 양육자에 의해 양육되었지만 이때부터 변화가 시작되었다. 그러나 초기에는 주로 백인 중류 가정에 한정된 변화였다. 다른 계층이나 민족, 인종 집단들의 가족들은 산업화 이전의 확대가족을 유지하였으며 아이를 보살피는 것은 가족 공동의 책임이었다(곽금주 외, 2005).

(5) 20세기 이후

20세기가 시작되면서 영아 발달에 대한 과학적 연구가 증가하였다(곽금주 외, 2005). 그와 함께 발달에 대한 천성 대 양육의 논쟁이 제기되었다. Gesell (1880~1961)은 초기 발달에서 볼 수 있는 순서적인 변화가 유전자에 의해 결정된다고 생각하였다. 그는 성숙의 개념을 제시했다. 성숙이란 유전자의 시간표대로 나타나는 발달의 패턴을 뜻한다(Gross, 2011). 또한 Gesell은 1911년 예일 대학교에 아동 연구 실험실을 설립하고 영아와 어린 아동들의 신체 발달과 운동 발달을 상세히 측정하였다. 그는 눈에 띄지 않고 영아를 관찰하기 위해 일방경(one-way mirror)을 사용한 최초의 인물이었다.

Arnold Gesell (1880~1961)
Gesell은 생물학적 성숙을 명확히 알아보기 위해 직접적으로 아동의 행동을 관찰하였다.

그와는 반대로, Watson(1878~1958)은 아이들에게 올바른 양육을 제공한다면 아이들이 거의 모든 행동을 습득할 수 있다고 믿었다(곽금주 외, 2005). 그는 흰쥐를 건드릴 때마다 시끄러운 소리를 내는 경험을 반복하도록 함으로써 생후 9개월 된 Albert가 그 쥐를 두려워하도록 학습시킨 연구를 통해 자신의 주장을 증명하였다. 바로 이것이 '꼬마 Albert' 실험이다. 이 실험은 Pavlov(1849~1936)의 고전적 조건형성 원리를 아기에게 적용한 것이다. 고전적 조건형

John B. Watson (1878~1958)
Watson은 꼬마 Albert 실험을 통해 Pavlov의 고전적 조건형성이 아기에게도 관찰됨을 입증하였다.

Sigmund Freud(1856~1939)
Freud는 정신분석적 발달 이론을 제시하였다.

성(classical conditioning)이란 원래는 반응을 일으키지 않는 '중성적 자극'이 반응을 일으키는 '무조건 자극'과 짝지어져 반복 경험되면 나중에는 중성적 자극만 제시되더라도 반응이 일어나는 현상을 말한다. 우리 속담 중 "자라 보고 놀란 가슴, 솥뚜껑 보고도 놀란다."는 고전적 조건형성을 보여 주는 대표적인 상황이라고 할 수 있다.

한편 Sigmund Freud(1856~1939)는 Watson과 Gesell의 생각에 강력하게 반대하여 외현적 행동보다 심리적 경험에 초점을 맞추면서 모든 영아의 정서적인 경험과 애정 욕구를 강조하였다. 그의 딸인 Anna Freud는 아버지의 이론적 개념을 부모와 자녀의 실생활에 적용하기 위해 노력하였다(곽금주 외, 2005). 그녀는 부모들에게 아기를 안아 주고 아기들이 적절한 방식으로 자신들이 원하는 것을 발견하고 스스로 관리할 수 있을 때까지 인내하면서 가르치라고 주장하였다.

이 밖에 Darwin이 자신의 자녀를 관찰하여 기록한 육아일기도 영아에 대한 과학적 연구를 시작하는 중요한 기초가 되었다. 그는 영아들이 인간이 아닌 선조들, 즉 영장류와 많은 특성을 공유한다고 믿었으며, 개별 아동의 발달은 종의 역사를 반복하고 있다고 생각하였다. 영아 발달 자체를 연구하는 것이 주된 목적은 아니었으나, Darwin과 같은 영향력 있는 과학자들이 발달 중인 아동들을 관찰하고 기록했다는 것은 인간 발달이 가치 있는 과학적 연구 주제임을 환기시키기에 충분했다.

그러나 영아기에 대한 본격적인 연구는 1970년대 이후에 주로 영아의 학습과 인지 발달에 초점을 맞추어 진행되었다. 1973년에 발표된 Stone과 동료들의 '유능한 영아(the competent infant) 관점'은 영아에게서 지적 능력의 초기 지표들을 발견하려는 시도를 반영하고 있다(Stone, Smith, & Murphy, 1973). 이 무렵부터 부모들은 가능한 한 이른 시기부터 영아들이 최대한의 심적 잠재력을 획득하도록 훈련해 왔다. 예컨대, 많은 부모는 자녀가 3세가 되기 전에 읽기, 어휘, 음악, 수학을 가르치기 위해 학습 프로그램에 참여시킨다. 부모의 노력과 연구 결과들은 상호 영향을 미치면서 영아 발달에 대한 관심을 증대시켜 왔다.

1980년대에 들어서면서 영아의 지적 성장에 대한 관심과 연구는 미숙아, 장애아 혹은 학대받은 아이와 같은 발달적 곤란에 처한 영아들에게로 확대되었으며 위험 요인과 양육 간의 관계에 대한 관심으로 이어졌다. 또한 발달과 양육에 대한 새로운 생각은 다른 모습으로 적용되었는데, 영아들에게는 슈퍼베이비(super-baby)가 될 것을 요구하고 좀 더 나이 든 아동들에게는 지도자(head start)가 될 것을 요구하였다(Clark-Stewart, 1998). 여성들에게는 가정 밖에서 일하는 직장인이며 위대한 엄마인 동시에 애정이 가득한 아내, 즉 '슈퍼맘(super-mom)' 이미지를 강요하였다. 1980년대의 아버지들 역시 과거보다 점점 더 많은 시간을 아기들과 보내는 경향이 있었다(곽금주 외, 2005).

1990년대 이래로 부모-자녀 관계, 정서적 발달과 애착, 신체 접촉의 역할, 의사소통과 언어에 대한 연구들이 증가하였다. 수십 년간의 시행착오를 거치면서 연구자들은 다양한 연구방법론을 개발하였다. 이를 이용하여 다양한 자극에 대한 영아의 일관된 반응과 발달적 특징을 밝혀 왔다. 영아들이 사물을 얼마나 오래 응시하는지, 어떤 물건에 손을 내미는지, 엄마의 어떤 표정에 대해서 표정이 굳고 울음을 터뜨리는지를 보고 연구자들은 영아의 발달에 대해서 알아내고 있다. 최근에는 뇌파검사(EEG)와 시선추적 기술을 추가해 더 정확하게 분석하기도 한다. 이런 연구 영역들은 21세기에도 여전히 중요한 연구 주제가 되고 있다.

비록 현재 우리가 가지고 있는 영아기 발달에 대한 지식의 대부분은 서구의 영아 연구들로부터 나온 것이기는 하지만, 자녀를 올바르게 양육하고자 하는 노력은 우리 사회에서도 계속 이루어져 왔다. 다음에서 한국 전통 사회에서의 영아에 대한 관점을 살펴보겠다.

2) 한국 전통 사회의 영아에 대한 관점

한국 전통 사회에서 사회의 기본 단위는 개인이 아닌 한 가정이었다. 따라서 개인은 그 자체로서 독립적인 가치를 부여받지 못하고, 한 집안의 구성원으로서만 가치가 인정되었다(유혜령, 1994; 정옥분, 2012). 혼인 및 공직 천거, 직업 선택도 가문에 의해 결정되었다. 이렇듯 사회적인 기본 단위가 개인이 아닌 가정이었기 때문에, 부모와 아동도 가정의 구성원으로서 그 존재 가치가 인정되었다(유혜령, 1994). 전통적인 한국 사회에서 부모들은 자녀를 독립적인 인격체로 대하기보다는 가족의 울타리 안에서 부모에게 의존하도록 양육하며, 자녀가 어느 정도 성장할 때까지 부모가 자녀의 행동과 생활 전반에 관여하는 것을 당연하게 받아들여 왔다(이수원, 2000). 특히 성리학적 관점에서 인간의 욕심은 교육을 통해 제거된다고 보았기 때문에, 아직 교육을 받지 못하였거나 교육을 받기 시작한 지 얼마 안 된 아동은 성인보다는 낮은 존재로 인식되었으며(백혜리, 1997), 이러한 아동을 가정의 올바른 구성원이 되도록 하기 위해 부모에게는 아동을 교육할 의무가 있다고 여겼다. 이에 부모와 자녀의 관계는 대등한 관계가 아닌 서열적인 관계였다. 역시 성리학적 관점에 그 교육관을 두고 있었기 때문에 자식에 대한 부모의 사랑인 '자애(慈愛)'와 부모에 대한 자식의 공경인 '효(孝)'가 부모와 자녀 관계의 중심이 되었다. 자애란 무조건적 사랑임과 동시에 엄격한 가르침을 의미하며, 효는 부모에 대한 봉양과 존경, 절대적 복종을 의미한다.

(1) 연령과 성별에 따른 부모-자녀의 관계

한국 전통 사회에서 부모와 자녀의 관계는 연령과 성별에 따라 다른 특성을 보였다. 자녀가 10세가 되기 전까지는 어머니의 역할이 매우 크다고 보았으며, 어머니의 가르침은 태아기부터 시작한다고 보았다. 바로 태교다. 어린 자녀에게 부모는 어떤 제한도 하지 않았으며, 무조건적이고 완벽한 보호와 사랑을 제공하였다. 그러나 10세 이후가 되면 매우 엄격한 양육 태도로 변화하고, 아동에게 성인과 같이 행동할 것을 기대하였다.

한편 한국 전통 사회에서 자녀에 대한 아버지의 바른 태도는 엄(嚴)하고 친(親)함으로 여겨졌다. 그리하여 아버지를 엄친(嚴親)이라고 하여, 아버지는 자녀를 사랑해야 하지만 자녀들이 잘못하면 엄하게 다스려야 한다고 여겨졌다. 반면 어머니가 자녀를 대하는 올바른 방식은 자비로움이었으며 어머니를 자당(慈堂)이라고 하였다. 어머니는 자녀들이 잘하면 칭찬해 주고 잘못하더라도 너그럽게 용서해 주며 자비로운 사랑을 주는 역할을 하였다. 아버지에 대한 두려움과 어머니에게서 느끼는 사랑을 통해 아동의 '인격의 기본 틀'이 결정되는 것이 한국 전통 사회의 부모와 자녀의 관계였다(정옥분 외, 1996).

(2) 영아에 대한 양육 행동

한국인의 양육 방식은 한국 전통 사회의 근간이 되었던 샤머니즘, 불교, 유교 등의 종교적 삶과 연계되어, 어머니들은 임신 중일 때부터 태교를 하였고, 태몽으로 자녀의 성별이나 미래를 예측하기도 하였다.

한국 전통 사회의 육아는 태교에서부터 시작되었다. 전통 사회에서는 태교가 자녀의 성품과 인격을 형성하는 데 매우 중요하게 작용한다고 믿어 왔기 때문에, 자녀를 갖는 과정에서부터 부모가 되기 위한 심신의 준비를 충분히 하여야 한다고 여겼다(정옥분 외, 1996).

생후 21일(삼칠일) 동안은 금줄을 쳐서 신생아를 보호했으며, 잡귀를 막기 위해 그 기간 동안 외부인에게 보여 주지 않았다(정대련, 2003). 영아에 대한 신변처리 관련 양육 행동을 살펴보면, 수유와 이유의 측면에서 영아는 언제든지 원할 때 어머니의 젖을 먹을 수 있었고, 어머니의 젖이 부족할 경우에는 암죽을, 백일 이후에는 여러 가지 이유식을 먹었다. 이유할 때에는 차가운 음식은 주려고 하지 않았기 때문에 차가운 음식의 경우 어머니가 입으로 데워 주기도 하였다(정대련, 2003). 영아와 양육자 간 상호작용에서는 청결을 매우 중요시하였다. 목욕은 주로 방 안에서 따뜻한 물로 이루어졌으며, 아기가 최대한 안정된 상태에서 목욕을 즐길 수 있도록 하였다. 아기와 부모는 아동 초기까지 한방에서 자며, 어머니는 아기를 품 안에서 재웠다(정대련, 2003). 기저귀의 대소변을 통해 아기의 건강을 체크하였으며, 너그럽게 기저귀를 갈아 주었다가 6세 정도에는 대소변을 가리지 못할 경우 벌을 줌으로써 청결 훈련을 마무리하였다. 아기가 깨어 있는 동안 가능한 한 눈을 맞추고 이야기하며, 아기의 건강이 어머니의 보살핌과 관심, 사랑의 정도와 관련 있다고 여기고, 아기는 늘 따뜻하게 보호하였다. 즉, 아기는 매우 정성스럽게 키워졌으며, 영적인 존재로 받아들여졌다.

생후 1년이 되어 첫돌을 맞으면 아기에게 돌상을 차려 주었다. 돌상에는 다양한 떡과 과일이 차려졌는데, 이는 젖을 떼고 이유를 하는 아기의 미각 발달을 도와주는 의미가 있었다.

한국 전통 사회에서 첫돌 상에 차려진 음식은 영아에게 다양한 음식의 맛을 보여 줌으로써 영아의 미각 발달을 도와주려는 의미가 내포되어 있었다.

3~5세경에는 배변훈련과 놀이 지도가 이루어졌다. 이는 주로 조모가 담당하였으며 자상한 가르침이 대부분이었다. 그러나 5~7세경에는 자상한 가르침에서 엄한 가르침으로 그 방식이 바뀌었다. 이 시기부터는 가정에서 엄부자모(嚴父慈母)와 형우제공(兄友弟恭)의 원리에 따라 인사와 언어 그리고 금기 등에 관

한 기본 지식과 생활 예절 등을 가르쳤다(유안진, 1990; 정대련, 2003). 엄부자모란 엄한 아버지와 자애로운 어머니라는 의미로서, 우리 조상들은 양육에 있어 엄격함과 애정 모두를 중시했음을 알 수 있다. 또한 형우제공이란 형제간에 서로 우애를 다한다는 의미로 친밀한 가족 관계가 한국 사회에서 중요한 부분임을 보여 준다.

지금까지 우리는 서구와 한국 전통 사회에서의 영아에 대한 관점을 살펴보았다. 과거로부터 지속되어 온 영아에 대한 관심을 토대로 현대에는 보다 체계적인 연구가 이루어져 왔고 영아기에 대한 영향력 있는 이론도 제시되어 왔다. 다음에서는 영아기에 대한 이론적 관점을 알아보기로 하자.

3. 영아기에 대한 이론적 관점

여러 연구자가 영아기에 대한 이론적 관점을 제시하여 왔다. 이 절에서는 영아의 발달 수준을 이해하기 위한 대표적인 이론들을 발달 영역에 따라 살펴보겠다.

1) 운동 발달에 대한 이론적 관점

영아기는 주로 감각-운동에 의하여 행동이 이루어지며, 사고와 학습을 위한 토대가 형성되는 시기다. 영아기 동안 가장 급속한 발달이 이루어지는 영역 중 하나가 바로 운동 발달이며, 많은 부모가 일차적으로 관심을 가지는 부분이기도 하다. 영아기 운동 발달은 발달을 확인하는 가장 명백한 지표가 되기도 한다(곽금주 외, 2005).

우리 주변에서는 영아기 자녀를 둔 부모가 종종 다음과 같은 질문을 던지는 것을 볼 수 있다. 아기 엄마들은, "언제부터 걸어야 정상인가요?"라는 질문을 하기도 하고, "우리 아이가 이제는 뛰어다녀요."라고 자랑스럽게 말하기도 한다. 이처럼 부모들은 아기들이 앉고, 기고, 뒤집고, 서고, 걷고, 달리는 등의 운동 기능을 습득하는 것을 매우 자랑스럽게 여기며 이러한 기능이 출현하는 시기가 언제인지 관심을 기울이기도 한다. 동시에 운동 발달은 인지 발달이나 사회성 발달과 같은 다른 발달적 측면에 영향을 미친다. 예컨대, Bertenthal과 Campos(1990)는 영아기 동안 영아의 운동 발달이 환경의 변화에 대한 시각적 주의나 정서의 분화와 관련된다고 주장하였다. 그들은 11~15개월 전후의 운동 발달로 인해서 영아의 관점이 변화하고, 대상의 완전히 새로운 측면에 접근하여 탐색하는 경험이 가능하다고 보았다. 이러한 새로운 경험이 인지 발달을 다시 촉진한다는 것이다. 여러분이 바닥에 누워 있을 때와 서 있을 때를 생각해 보자. 아마 동일한 대상도 전혀 새롭게 보일 것이다. 누워서 탁자를 볼 때는 탁자의 아랫부분, 다리 등이 보이지만 서서 탁자를 볼 때는 탁자 윗부분이 보일 것이다. 이처럼 보는 관점에 따라 동일한 대상도 다르게 보인다. 영아들도 마찬가지다. 이 시기부터 대부분의 아기는 걸음마를 하기 시작한다. 아기들이 걸어 다니게 되면 그들이 세상을 보는 관점 또한 새로워진다. 이러한 관점 변화가 아기의 새로운 탐색 행동을 자극하고, 이러한 새로운 탐색의 경험은 인지 발달을 초래한다는 것이다. 또한 운동 발달은 부모가 영아를 대하는 방식에서도 변화를 가져오게 된다. 바닥에 누워서 버둥거리는 아기를 둔 엄마와 걸음마를 시작한 아기의 엄마가 어떤 식으로 아기에게 말을 하는지를 생각해 보자. 두 엄마

영아의 운동 발달에 따라 세상에 대한 영아의 관점은 변화하고, 이러한 관점 변화는 인지 및 사회성 등 다양한 영역의 발달에도 영향을 미치게 된다.

는 말을 하는 방식도, 말의 내용도 다를 수 있는데 이를 통해서도 자녀의 인지 및 사회성 발달은 영향을 받게 된다. 이러한 운동 발달에 대한 이론으로는 성숙이론, 학습이론, 체계이론이 있다.

(1) 성숙이론

전통적으로 운동 발달은 중추신경계통에서 미리 정해진 패턴을 점차적으로 발현하는 과정이라고 여겨졌다(곽금주 외, 2005). 신경계와 근육이 성숙하면 운동 발달은 유전적으로 사전에 정해진 순서대로 이루어져서, 전 세계 영아들의 운동 기능 발달은 비슷한 순서대로 진행된다. 이러한 비교문화 연구 결과는 성숙이 운동 기능 발달에 매우 중요한 요인임을 보여 주는 것이다. 즉, 어느 문화권에 속하든 생후 6개월 정도가 되면 대부분의 아기는 혼자 앉을 수 있고, 8~10개월이 되면 기기를 시작하다가 1세경에는 드디어 첫발을 떼기 시작한다(Steinberg, Vandell, & Bornstein, 2011).

(2) 학습이론

운동 기능 발달에서는 성숙뿐 아니라 운동 기술을 연습할 기회 또한 중요하다. 학습이론가들에 따르면 걷기 연습을 한 영아는 그렇지 않은 영아들에 비해 훨씬 잘 걸을 수 있다. 생후 2년간 고아원 침대에 누워서 대부분의 시간을 보낸 이란의 고아들을 대상으로 한 Dennis(1960)의 연구에 의하면, 운동 기능 발달에서 성숙은 필요조건이지만 이후 운동 발달에 대한 충분조건은 아니라고 할 수 있다(곽금주 외, 2005). 이 연구에 참여하였던 아동들은 2세가 되어도 걷지 못했고 3~4세가 되었을 때 소수(15%)만이 혼자서 걸을 수 있었다(곽금주 외, 2005; 정옥분, 2002). 이처럼 학습이론에 따르면 운동 발달의 중요한 기제는 강화와 경험이다. 강화와 경험을 통해 운동 패턴을 다양하게 경험하고 조합하며 훈련하는 것이 무엇보다 중요하다는 것이다.

(3) 체계이론

운동 발달에 대한 역동적 체계이론(dynamic system theory)에 의하면, 운동 발달이란 새로운 운동 기술을 습득하고자 하는 영아의 의지에 따른 것이다. 여기서 운동 기술의 습득은 영아가 점차 복잡한 활동적인 체계를 획득하는 것을 포함한다(Berk, 2012; Thelen, 1989). 운동 기술이 이렇게 체계화되면 분리된 개별 운동 능력들은 합쳐진다. 즉, 환경을 보다 효과적으로 탐색하고 통제하기 위해 개별 능력은 다른 능력들과 협응된다. 예컨대, 발차기, 손과 발을 동시에 움직이기, 닿기가 결합하면 기기가 되며, 기기, 서기, 한 발짝 떼기가 결합하면 걷기가 되는 것이다(Berk, 2012). 이런 변화를 일으키는 요인으로는 여러 가지가 있다. 내적 요인으로는 근육의 강도, 몸무게, 자세의 지지, 뇌 발달 등이 있으며, 외적 요인으로는 환경의 조건 및 구체적인 과제의 특성 등이 있다. 앞서 언급한 성숙이론은 운동 발달을 위한 주요 요인을 내적 신경 체계의 성숙으로 보나, 역동적 체계이론은 환경적 영향을 강조한다는 점에서 두 이론의 차이가 있다.

Esther Thelen (1941~2004)
Thelen은 운동 발달에 대한 역동적 체계이론을 통해 지각과 행동에 있어 움직임이 통합되는 방식을 설명하고자 했다. 이 이론에서는 영아가 기기, 손 뻗기, 걷기와 같은 보편적인 운동 능력을 습득해 가는 과정에서 신경계의 발달이나 운동 능력, 영아의 능력에 대한 환경적 지원, 더 나아가 영아가 최종적으로 도달하고자 하는 목표 등 다양한 요소가 통합된다고 본다.

2) 인지 발달에 대한 이론적 관점

인지(cognition)란 인식 활동과 정신 과정을 지칭하며 인간이 환경을 인식하여 적응해 가도록 도와준다. 인지 과정에는 주의를 기울이고 지각하며 학습하고 사고하며 기억하는 활동들이 포함된다. 인지 발달은 살아가는 과정에서 정신적 조작과 능력에서 일어나는 변화라고 할 수 있다.

영아 인지 발달의 본격적 연구들은 실험적 방법이 가능해졌던 1970년대부터 이루어지기 시작하였다(Lamb et al., 2002). 이에 따라 영아의 인지 능력이 Piaget의 표준 과제에 의하여 밝혀졌던 것보다 훨씬 유능하다는 사실이 알려지게 되었다. 특히 정보 처리적 접근 방법을 사용한 정밀한 측정이 가능해지면서 그동안 알지 못했던 영아의 능력을 밝혀낼 수 있게 되었다. 영아 인지에 대한 가장 대표적인 연구 방법으로는 2장에서 보다 자세히 살펴보게 될 습관화 방법이 있다. 이 습관화 방법을 통해 영아가 감각, 지각, 인지적 측면에서 매우 유능하다는 사실이 밝혀져 왔다. 1980년대에 들어서는 영아의 인지 발달에 대한 관심이 보다 높아졌고 이에 기반을 둔 다양한 연구가 진행되었다.

(1) Piaget의 인지발달이론

Piaget에 의하면, 영아는 성장함에 따라 점점 더 명확하게 분명히 지능적으로 보이는 조직화된 감각 및 운동 행위를 할 수 있게 된다. Piaget의 인지발달이론에서는 감각운동기, 전조작기, 구체적 조작기, 형식적 조작기의 네 단계를 거치면서 아동의 인지가 발달한다고 본다. 이 중 영아기의 인지 발달 단계는 감각운동기에 해당하며, 이는 Piaget에 따르면 6단계로 나뉜다. 이에 대해서는 5장에서 보다 자세히 살펴보겠다.

Piaget에 따르면, 각 하위 단계의 연령 기준에서 각 영아의 발달 속도는 다소 빠르거나 느릴 수 있지만 그 순서는 불변적이다. 이러한 Piaget의 영아기 인지 발달에 대한 주장은 여러 후속 연구를 촉진하여, 일부 이론과 개념이 수정되기도 하였으며 일부는 지지되기도 하였다. 대표적인 Piaget 이후 이론으로서 신생득론, 이론-이론, 모사이론을 살펴보자.

(2) 신생득론

신생득론(neo-nativism) 연구자들은 Piaget가 영아들의 인지 능력을 과소평가했다고 비판하면서 영아들은 생애 초기부터 물리적 세계에 대해 상당한 지식을 가지고 태어난다고 주장한다(Baillargeon, 1987; Wynn, 1992). 예컨대, 지각적 경

Karen Wynn
예일 대학교의 심리학자 Wynn은 일련의 연구를 통해 수 개념, 대상 개념 등 다양한 개념을 영아들이 가지고 있음을 입증해 왔다. 최근에는 주제를 확장하여 친사회적 추론과 도덕성 발달에 대한 흥미로운 연구도 진행 중이다.

험과는 무관하게 대상이 영속적으로 존재한다는 대상영속성에 대해서 Piaget는 영아기 전반에 걸쳐 점진적으로 발달한다고 보았지만, Baillargeon은 영아들이 아주 어린 시기부터 대상영속성을 가지고 있다고 주장하였다. 대상영속성뿐 아니라 모방(Meltzoff, 1990), 수 개념(Wynn, 1992) 등의 능력이 Piaget가 가정한 것보다 더 이른 시기에 나타남을 보여 주는 연구 결과들이 보고되어 왔다.

물론 신생득론 연구자들도 영아의 능력이 완전하다고 보는 것은 결코 아니다. 또한 그들은 '발달'이라는 과정이 전혀 없다거나 발달에 경험이 전혀 필요 없다고 주장하지도 않는다(Spelke & Newport, 1998). 신생득론의 핵심적인 주장은 영아들이 적어도 이후 발달의 단초가 될 수 있는 기본적이고도 핵심적인 능력을 가지고 있다는 데에 있다.

신생득론은 Piaget 이후 영아 발달 분야에서 축적되어 온 새롭고도 놀라운 연구 결과들을 아우를 수 있다는 강력한 장점이 있으나 아직 분명히 설명하지 못하는 몇 가지 제한점도 가지고 있다. 첫째, 신생득론이 주장하는 것처럼 영아들이 여러 기본 개념을 이해한다면 왜 나이 많은 아동들이 동일한 개념을 이해하는 데 곤란을 경험하는지를 설명하지 못한다. 예컨대, 최근의 연구(Onishi & Baillargeon, 2005)에서는 말을 할 수 없는 15개월 영아들도 언어 능력이 요구되지 않는 비언어적 방식으로 과제를 제시하면, 다른 사람의 마음을 어느 정도 이해한다는 것을 보여 준다. 그러나 3세 아동에게 본질적으로 동일하게 다른 사람의 마음을 추론하도록 하는 과제를 언어적으로 제시하면 실패한다. 신생득론은, 왜 영아보다 나이가 든 아동들이 이와 같은 과제에서 오히려 더 많이 수행에 실패하는지를 분명히 설명하지 못한다. 둘째, 생득적 능력이 어떻게 경험과 상호작용하여 발달을 가능케 하는지에 대해서도 분명한 설명을 제시하지 못한다.

(3) 이론-이론

이론-이론(theory-theory)을 주장하는 연구자들은 신생득론과 Piaget의 주장을 모두 인정한다(Gopnik, 2003; Gopnik & Meltzoff, 1997). 구체적으로 그들은 생애 초기 영아들이 상당히 많은 지식을 가지고 태어난다는 신생득론자의 주장에 동의하면서도 이러한 생득적 지식은 결코 완전하지 않으므로 Piaget가 이야기한 것과 마찬가지로 영아들이 경험을 통해 그것을 발달시켜 간다고 본다. 이론-이론에 따르면, 영아들은 과학자가 가지고 있는 과학이론과 비슷한 이론을 가진다. 즉, 영아들도 인과관계를 이해하고 추상적 개념과 규칙으로 현상을 설명할 수 있는 나름의 이론을 가지고 있다는 것이다. 구체적으로 영아들은 생물, 물리, 마음 등에 대한 초기이론(initial theory)을 생득적으로 가지고 태어나는데, 이는 새로운 증거와 경험에 의해 수정될 수 있다(Gopnik, 2003). 이론-이론에서는 생애 초기 영아들이 문화 보편적이며 유사한 이론을 구성한다고 본다. 모든 영아가 출생할 때에는 동일한 선천적 지식을 가지고 있기 때문이다.

Alison Gopnik
UC 버클리 대학교 심리학 교수인 Gopnik은 아기들은 어떻게 배울까(원제 The scientist in the crib), 우리 아이의 머릿속(원제 The philosophical baby) 등 세계 20여 개 언어로 번역된 베스트셀러 작가이기도 하다.

(4) 모사이론

모사이론(simulation theory)에서는 자신의 마음에 대한 이해가 발달에서 매우 중요하다고 본다(Meltzoff, 2009, 2011). 모사이론은 모든 마음이 기본적으로 같은 방식으로 작동하며 사람들은 자신의 마음을 모사하여 다른 사람의 마음을 이해한다고 본다. 또한 이 이론에 따르면 발달에서 자신의 마음에 대한 이해가 타인의 마음에 대한 이해보다 먼저 발달한다. Meltzoff(2009)에 따르면, 영아는 주변 사람들과의 사회적 상호작용 속에서 다른 사람도 '나와 같은(like me)' 존재라는 것을 깨닫게 된다. 즉, 영아는 자신이 느끼고 생각하고 지각하는 것처럼 다른 사람도 느끼고 생각하고 지각하는 존재라는 것을 알게 된다. 그 결과, 영아들은 연령 증가에 따라 성인들처럼 다른 사람의 마음을 이해하는 기본적 능력을 발달시키게 된다.

3) 언어 발달에 대한 이론적 관점

언어 발달은 아기가 출생하기 이전부터 시작된다. 아기는 태아기부터 어머니의 목소리를 들을 수 있으며, 다른 여성의 목소리와 구별할 수 있다(Kisilevsky et al., 2003). 출생 이후에는 울음으로 자신의 욕구를 표현하며, 미소 짓기 또는 사람 쳐다보기 등의 사회적 상호작용 행동을 한다. 이러한 초보적 의사소통 행동(primitive communication behaviors)은 다른 사람들에게 자신의 욕구를 강력하게 전달하는 기능을 한다. 그러다가 출생 후 1년경 영아들은 첫 단어를 말하게 된다. 언어는 영아기 동안 급속하게 출현하는 발달 영역 중 하나다. 20세기 중반 미국의 행동주의자들은 언어를 모방과 학습의 산물이라고 주장하였으나 곧 언어 발달이 단순한 연합만으로는 설명될 수 없음이 밝혀졌다. 1959년 Chomsky는 문법과 같은 복잡한 언어의 측면을 습득하는 능력은 영아들이 선천적으로 가지고 태어나는 능력에 달렸으며, 이는 세상의 모든 언어에 보편적으로 적용되는 통사적인 규칙에 달렸다고 주장하였다. 행동주의에 반하여, 인간의 언어는 선천적으로 결정지어진다는 Chomsky의 주장은 40년간 지속되어 왔다.

한편 1970년대에 접어들면서 문법의 발달에 대한 관심은 통사 습득과 단어 의미 이해 능력 간 관련성에 대해서 집중되었다. Bloom(1970)은 통사의 습득이 독립적으로 이루어지는 것이 아니라 인지 발달, 특히 의미를 파악하는 능력과 밀접하게 관련되며, 언어 발달에 대한 설명은 인지 발달에 대한 설명 없이는 불가능하다고 주장하였다. 뒤이어 언어 발달에서 중요한 역할을 하는 인지적인 요인, 즉 제약(constraint)에 대한 연구들이 시작되었다(Slobin, 1973). 제약 개념에 대해서는 7장 '영아기 언어 발달'에서 보다 구체적으로 살펴볼 것이다.

(1) 학습적 관점

학습적 관점은 주로 행동주의 심리학자들에 의해 제시되었는데, 이 관점에서는 언어를 발달시키는 원리들도 일반적인 학습 원리와 다르지 않다고 본다. 이 관점에서 본다면 영아는 사회와 상호작용하면서 여러 행동을 습득하듯이 언어도 습득하게 된다. 즉, 아기들은 보상이나 모방 등의 학습 기제를 통해 언어를 학습한다. 예컨대, 아직 말을 못하는 아기가 '무, 무, 물'라고 옹알이하자 엄마가 '아, 아기가 물을 먹고 싶어 하는구나.'라고 해석하고 물을 주면, 아기는 물을 먹고 싶을 때마다 '무'라고 말할 가능성이 높아질 것이다. 즉, 영아는 '무'라는 소리가 목마를 때 '물'이라는 보상을 가져온다는 것을 깨닫고 언어를 학습할 수 있는 것이다. 그런가 하면 엄마가 '물'이라고 말하자 영아가 엄마를 따라 한다고 가정해 보자. 엄마는 영아가 말을 했다고 좋아하면서 껴안아 주고 영아는 그런 엄마의 반응을 더 많이 끌어내기 위해 단어를 배우게 될 것이다.

(2) 학습가능성 이론

학습가능성 이론(learn-ability theory)은 1980년대 Chomsky와 동료 연구자들에 의해 제시되었다(Pinker, 1984; Wexler & Culicover, 1980). 학습적 관점과는 달리 언어 습득이 선천적인 원리를 따른다고 본다. 즉, 출생 시 영아의 뇌에는 언어 습득 장치가 미리 프로그램화되어 있어서 언어 습득을 돕는다는 것이다. 그 근거는 다음과 같다. 첫째, 언어 발달이 학습이론에서 주장하는 것처럼 정말 학습에 의해서만 일어난다면 언어 발달은 아동의 지능과 상관이 높아야 하나 그렇지 않다는 것이다. 지능에 따라 아동의 어휘력이 차이가 날 수는 있으나 지능이 낮은 아동이더라도 어느 정도 문법적인 말을 할 수 있다는 점은 학습가능성 이론을 지지하는 증거라 할 수 있다. 둘째, 학습적 관점에서는 부모들이 강화와 보상을 통해 영아의 언어 습득을 도와준다고 하는데, 실제로 부모-아동의 대화를 관찰해 보면 그렇지 않은 경우도 있다는 것이다. 특히 문법 발달은 강화와 보상을 통해 언어가 발달한다고 보기에는 설명되지 않는 부분이 많다.

(3) 역동적 체계이론

보다 최근에는 지금까지의 언어 발달에 대한 이론들이 주로 언어라는 제한된 영역만을 강조한 것에 대한 반발로 아동의 발달 영역 전반을 고려하려는 움직임이 있다. 바로 앞서 언급한 바와 같이 주로 영아의 운동 발달에 적용되던 이론인 역동적 체계이론이 언어 발달에도 적용되어 왔다. Bloom(1998)은 이 이론을 언어 발달을 설명하는 데 적용하여 인지, 정서, 사회 인지의 통합만이 언어 발달을 적절하게 설명할 수 있다고 주장한다. 언어는 아동이 타인에게 자신의 감정이나 생각을 전달하고자 하는 의도에서 학습된다. 1세 이전, 즉 언어 발달 이전 시기에는 이것이 정서 표현을 통해 나타난다. 그러다가 인지가 점점 더 발달함에 따라 의도적인 상태는 보다 정교화되고 언어를 통해 표현된다.

4) 사회성 발달에 대한 이론적 관점

인간은 잉태되는 순간부터 사망에 이르기까지 끊임없이 변화한다. 이런 변화 과정을 겪으면서 어머니에게 전적으로 의존하는 존재에 불과했던 어린 영아는 기고 걷고 말하고 친구를 사귀며 마침내 어엿한 사회의 일원으로 적응할 수 있게 된다. 생애 초기에 영아는 부모나 양육자와 일차적 관계를 맺다가 아동 초기에 이르면 형제, 친족 및 가족 이외의 사람들과 새로운 관계를 형성하면서 사회적 세계를 더욱 넓혀 간다. 이러한 사회화 과정에서 영아는 자기와 타인에 대해 인식하게 되면서 여러 심리적 특성을 분화 · 발달시키고 이런 특성들을 공유하면서 다른 사람과의 관계를 형성시켜 나간다.

영아의 사회성 발달은 영아가 사회적 일원으로 기능하는 데 필요한 총체적 발달 과정을 의미한다. 사회학자 Mead(1935)에 따르면 자기개념은 여기에서 중요한 역할을 하게 되는데, 자기개념은 사회적 상호작용으로부터 발달하며, 일생 동안에 걸쳐 많은 변화를 겪게 된다. 따라서 영아 자신과 타인 인식에서 비롯하여 자신과 타인 간의 상호작용까지 모두 사회성 발달의 측면으로 간주된

Philippe Rochat
에모리 대학교의 심리학자 Rochat은 영아기 자기개념 발달에 대한 연구를 진행하고 있다.

다. 자기개념은 자기 스스로를 인식하는 주관적 · 내적 자기와 타인과 영향을 주고받는 객관적 · 외재적 자기로 구별될 수 있다(Rochat, 2001). 주관적 · 내적 자기개념은 다시 두 가지 유형으로 구분된다. 하나는 자신의 신체 움직임을 통한 탐색으로부터 발달하는 지각적 측면의 자기다. 다른 하나는 타인과의 상호작용을 통해 정서적 교감을 하며 발달하는 사회적 자기다. 영아의 자기개념은 주관적 · 내적 자기가 먼저 발달하고 이를 기초로 객관적 · 외재적 자기가 발달한다(Rochat, 2009).

이처럼 영아가 자신이 타인과 분리되어 있음을 알고 나면, 자신을 포함한 사람들이 어떤 점에서 같고 다른지에 주목하여 그 차원에 따라 분류하기 시작한다. 이러한 분류를 범주적 자기라고 하는데, 연령은 영아가 자기개념 속으로 인식하고 받아들이는 최초의 사회적 범주 중 하나다. 이 외에도 성별은 영아가 매우 일찍부터 인식하고 반응하는 또 다른 사회적 범주로, 3개월경의 영아도 사진 속의 낯선 여성과 남성을 쉽게 변별할 수 있으며 여성에게 좀 더 미소 짓는 경향이 있다(Quinn et al., 2008).

요 약

이 장에서는 영아기를 정의하고 영아에 대한 역사적 관점이 서구와 한국 전통 사회에서 어떻게 변화되어 왔는지를 소개하였다. 또한 영아기에 대한 대표적 이론을 영아 발달 영역별로 살펴보았다.

1. 영아기는 인생에서 독특하고 특별한 시기라는 점, 개인차의 기원이 된다는 점, 발달을 안내하는 역할을 한다는 점, 성인 발달과 치료에 적용될 수 있는 문제의 근원이 된다는 점, 조기 개입을 통해 건강한 발달을 증진시킬 수 있다는 점, 부모와 양육자를 위한 교육 자료를 제공한다는 점, 육아 정책의 지표가 된다는 점에서 중요한 시기다.

2. 운동 발달을 설명하는 성숙, 학습, 역동적 체계이론은 각각 영아의 운동 발달이 사전에 유전적으로 정해진 결과라고 보거나, 환경에 의해 영향을 받거나, 이 둘의 상호작용이라고 주장한다.

3. 영아의 인지 발달은 전통적으로 Piaget 이론을 통해 설명되었다. 이후 신생득론 및 이론-이론, 모사이론은 모두 공통적으로 영아의 유능한 인지적 능력을 강조하고 있다.

4. 언어 발달에 대한 학습적 관점에서는 영아들이 보상과 강화와 같은 일반적인 학습 원리를 통해 언어를 습득하게 된다고 주장한다. 반면 Chomsky에 의해 제기된 학습가능성 이론은 언어 습득이 선천적으로 미리 프로그램화되어 있는 원리에 따라 진행된다고 본다. 역동적 체계이론은 운동 발달뿐 아니라 언어 발달에도 적용되는데, 아동과 타인과의 사회적 연결, 인지, 정서의 통합을 통해 언어 발달을 설명할 수 있다고 본다.

5. 영아의 사회성 발달은 영아가 사회적 일원으로 기능하는 데 필요한 총체적 발달 과정을 의미한다. 자기개념은 여기에서 중요한 역할을 하게 되며, 영아는 자신이 타인과 분리되어 있음을 알고 나면 자신을 포함한 사람들이 어떤 점에서 같고 다른지에 주목하여 그 차원에 따라 분류하기 시작한다.

제2장

영아기 연구 방법

학/습/개/념

- 육아일기
- 자기보고법
- 자연적 관찰과 구조화된 관찰
- 선호법
- 습관화 방법
- 종단적 설계
- 횡단적 설계
- 계열적 설계

영아에게 세상은 어떤 것일까? 영아가 주변 환경과 사람 그리고 사물을 어떻게 받아들이고 느끼고 생각하는지를 정확히 알기는 어렵다. 일반적으로 성인 대상의 심리학 연구에서는 다른 사람들의 인지를 언어적 보고나 외현적 행동을 통해 살펴볼 수 있지만, 영아는 언어적 보고가 불가능하며 운동 능력도 미숙하기 때문에 외적 행동을 통한 연구가 쉽지 않다. 따라서 영아의 인지와 정서를 알아보기 위해서 연구자들은 다양한 방법을 개발해 왔다. 그중 상당수는 영아의 제한된 언어 능력과 운동 능력을 고려하여 보다 정확하게 영아의 인지, 지각 및 정서를 알아보는 것에 초점을 맞추고 있다. 가장 기본적인 수단은 아기의 비언어적인 행동, 예컨대 표정, 움직임, 안구 움직임을 체계적으로 관찰하는 것이다. 체계적 관찰을 위해 필요한 비디오 녹화 기기는 영아기 발달 연구자들에게는 필수적인 도구라고 할 수 있다. 연구자들은 녹화된 자료를 이용함으로써 영아의 행동을 수량화하고 필요할 경우 여러 차례 재확인할 수 있게 되었다. 이외에도 자동화된 자극 제시 및 영아 반응 측정을 위해 필요한 컴퓨터의 사용 등 다양한 기기는 1950년대 이후부터 영아기 발달 연구가 활발하게 이루어지는데 커다란 기여를 해 왔다.

이 장에서는 영아기 연구 설계법과 영아기 연구 시 고려해야 할 점에 대하여 살펴보겠다. 우선 영아기 발달을 연구하기 위한 전통적인 방법들을 알아볼 것이다. 영아를 대상으로 한 육아일기는 영아에 대한 관심이 시작되었던 초기부터 사용되던 대표적인 자료 수집 방법이라 할 수 있다. 부모로서 많은 연구자가 자녀의 성장·발달에 대한 육아일기를 써 왔다. 이는 개인적 기록인 동시에 연구 관심의 일환이기도 하다. 또한 양육자를 대상으로 한 자기보고법 및 관찰법도 영아 발달을 살펴보기 위해 활용되는 연구 방법이다. 이러한 전통적인 연구 방법에 더하여 최근에는 여러 영아 발달 영역별로 다양한 자료 수집 방법이 개발되어 연구에 적용되고 있다. 예컨대, 몇몇 정신생리학적 방법은 언어적 능력이 제한된 영아들의 인지와 지각을 연구하는 데 매우 유용하며, 이 시기 발달에 대한 연구자들의 이해의 폭을 넓히는 데 크게 기여하였다.

구체적으로 이 장에서는 EEG나 심장 박동률 등의 정신생리학적 방법들에 대하여 살펴보겠다.

1. 영아기 자료 수집 방법

영아를 과학적으로 연구하기 위해 발달 연구자들은 방법론에 주목하여 왔다. 과학적 방법이란 단순히 연구 기법에 국한되는 것이 아니라 연구하는 태도나 가치도 포함한다(Gerrig & Zimbardo, 2007). 연구자들이 전통적으로 채택하여 왔으며 현재도 사용하고 있는 자료 수집 방법으로는 육아일기, 자기보고법, 관찰법 등이 있다. 최근에는 다양한 정신생리학적 방법, 실험법이 개발되어 연구에 적용되고 있다. 각각을 보다 구체적으로 살펴보기로 하자.

1) 육아일기

육아일기(baby biographies)는 영아 발달을 기록하기 위한 최초의 과학적 시도라 할 수 있다(Lewis & Slater, 2007). 여러 연구자가 부모로서 자녀의 성장 · 발달에 대한 개인적 기록으로서뿐 아니라 연구 관심의 일환으로 육아일기를 써왔다. 대표적인 육아일기의 기술자로는 루이 13세의 주치의였던 Jean Heroard, 독일의 철학자 Dietrich Tiedemann, 진화론자 Charles Darwin 그리고 Jean Piaget 등을 들 수 있다.

17세기 프랑스 궁정의 의사였던 Jean Heroard는 앙리 4세의 명령으로 루이 13세가 영아기를 거치는 동안 경험했던 또래와의 놀이, 악몽, 언어 발달의 시작, 훈육에 대하여 기록하였으며, 18세기 독일의 철학자 Dietrich Tiedemann도 1781년 출생한 아들에 대한 자세한 기록을 남겼다. 역사적으로 가장 유명한 육아일기는 19세기에 저술되었다. 그 주인공은 바로 『종의 기원(The Origin of

Darwin과 그의 아들
진화론으로 잘 알려져 있는 Darwin은 육아일기를 통해 아동 발달을 연구하기도 했다.

Species)』을 저술한 진화론자 Charles Darwin이다. Darwin(1877)은 아들 Erasmus에 대한 관찰을 꼼꼼하게 기록한 다음 이를 기반으로 『영아에 대한 전기적 기록(A Biographical Sketch of an infant)』을 출판하기도 하였다. 그는 특히 아들의 생후 1년까지의 감각, 인지, 정서 발달에 대해 자세히 논하였다. Darwin 이후 현대 육아일기의 거장은 Jean Piaget 다. 아동 발달에 대한 그의 연구와 이론 중 상당수는 어린 세 자녀에 대한 관찰에 기반을 둔 것이었다.

이처럼 영아 발달 연구 초기, 육아일기는 가치 있는 기능을 했다. 무엇보다 주목할 점은 육아일기가 아동 연구에 대한 일반 대중의 흥미를 유발했다는 것이다. 이는 역사적으로 아동 연구가 시작되는 데 중요한 공헌이라고 볼 수 있다. 또한 육아일기는 발달에 대한 기본적인 정보를 제공했으며 초기 아동 연구의 모델을 제공하였다. 이에 더하여 영아와 영아 발달에 대한 여러 중요한 가설을 만들어 냈다(Lamb, Bornstein, & Teti, 2002).

한편 육아일기는 몇몇 문제의 여지가 있다. 육아일기의 문제점에 대해서 Kessen(1965)은 "……어떤 부모도 자기 아이를 왜곡되게 표현하지 않는다……." 라고 지적하였다. 즉, 자녀를 대상으로 육아일기를 쓰는 연구자들은 종종 부모의 관점을 완전히 극복하지 못하는 경우가 있다. 따라서 자녀의 발달을 지나치게 편향되게 보고하기도 한다. 또한 육아일기는 보통 자기 자녀, 오직 한 아이에 국한되는 경향이 있으므로 일반화가 어려울 수 있다. 다른 사례나 집단과의 '비교'를 염두에 두지 않고 체계적이지 않은 관찰을 하는 경우도 있다. 그뿐 아니라 일종의 이론적 편견으로 인해 그들의 이론을 지지해 줄 일화나 자료만을 보고하는 경향이 있다는 점도 육아일기의 한계라고 할 수 있다.

2) 자기보고법

자기보고법(self-report)에는 지면을 통해 제시된 질문에 대하여 답을 쓰도록 하는 질문지법과 질문에 대해 말로 답하는 면접법이 포함된다. 영아 대상 연구에서는 양육자(대개는 어머니)가 영아의 발달 상태에 대한 질문들에 대해 보고하게 된다.

이러한 방법들은 몇 가지 장점이 있다. 첫째, 관찰 상황에서 쉽게 드러나지 않는 영아의 일상에 대한 풍부한 정보들을 제공한다. 즉, 자기보고법은 사람들이 왜 특정 방법으로 행동하는지를 이해하는 데 매우 유용할 수 있다. 예컨대, 부모와 영아의 상호작용을 관찰하고 난 다음 부모에게 왜 아까처럼 아기와 상호작용했는지 그 동기를 설명해 달라고 요청할 수 있다. 더 나아가 아동 양육에 작용하는 가치관과 신념에 대해 관찰하고 질문함으로써, 부모들이 어떻게 그리고 왜 특정한 방식으로 행동하는지를 이해할 수 있다. 둘째, 부모들은 일시적인 관찰자가 아니므로 영아의 특성에 대해 익숙하며 잘 알고 있다. 이런 양육자로부터 지식을 얻고 체계화하는 것이 일시적인 관찰자를 통해 자료를 얻는 것보다 더 유용할 수 있다. 물론 면접법과 질문지법 역시 육아일기와 마찬가지로 편향될 소지가 있다. 질문지법을 통해 측정되는 정보는 실제 영아 상태를 반영하는 것이 아닐 수 있는 것이다. 대표적인 오염이 사회적 바람직성(social desirability)이다. 이는 자신의 행동이 관찰되거나 평가된다는 것을 잘 알고 있는 상황에서 실제 자신의 모습보다 더 좋게 보이고자 하는 경향성이다. 부모들은 설문지를 작성하면서 자신의 응답이 연구자들에게 노출된다는 것을 알고, 자녀의 모습을 실제보다 더 사회적으로 바람직하고 좋은 것처럼 대답할 위험이 있다. 이처럼 비록 질문지법이 부모의 지각이나 태도에 따라 오염될 수 있다는 비판이 있지만, 여러 연구에서 영아에 대한 부모의 보고는 상당한 신뢰성이 있음이 확인되었다(곽금주 외, 2005). 예컨대 영아기 의사소통 능력에 대한 몇몇 연구에서는 어머니 보고의 신뢰성이 확인되어 왔다(Bates, Dale, & Thal, 1995;

Reznick & Goldsmith, 1989).

3) 관찰법

영아 발달 연구가 명실상부한 과학 영역이 되면서 연구자들은 개별 사례를 다루는 육아일기에 대한 의존도는 낮아지고 대신 체계적인 관찰(systematic observation)을 주목해 왔다. 관찰을 수행하는 데 있어서 연구자가 스스로에게 던져야 할 질문들은 다음과 같다(Lamb et al., 2002). 첫째, 어떤 맥락에서 관찰해야 하는가? 즉, 자연스러운 상황과 표준화된 맥락 중 어디에서 관찰해야 할까? 둘째, 관찰 기간 동안 아동이 무엇을 하든지 모두 관찰하고 기록하는 것을 목표로 해야 하는가, 아니면 연구의 초점이 되는 몇몇 특정 행동만 관찰해야 하는가? 셋째, 누가 관찰해야 하는가? 어머니, 아버지가 해야 할까, 아니면 연구자가 관찰해야 할까? 넷째, 관찰은 언제 이루어져야 하는가? 이러한 질문에 답하고 난 다음에야 자연관찰이 타당할지, 아니면 구조화된 관찰이 타당할지가 결정된다.

자연적 관찰은 연구 참여자의 일상에서 전형적인 행동을 연구할 때 적용된다.

(1) 자연적 관찰

자연적 관찰(natural observation)은 관찰자의 영향을 최소화하는 것이 중요하다. 이를 위해 관찰자가 덜 노출되는 장소에서 촬영하고 실제 자료 수집 전에 충분한 시간을 연구 참여자들과 함께 보냄으로써 관찰자의 존재에 익숙해져서 평소와 같이 자연스러운 행동이 나오도록 해야 한다. 자연적 관찰은 연구 참여자의 일상에서 전형적인 행동이나 능력을 보여 주기 때문에 선호되지만, 통제가 전혀 없을 경우 연구에 참여한 영아들마다 각기 매우 다른 상황에서 관찰되는 문제점이 있다. 이런 경우 참여자들 간 비교는 어려울 수밖에 없다. 더욱이 연구자들은 보통 아동의 일상에서 극히 일부분만을 관찰할 수 있기 때문에 자연적 관찰은 연구하고자 하는 행동이 나타날 때까지 계속 기다려야 할 수도 있다. 이런 경우 구조화된 관찰이 유용할 수 있다.

(2) 구조화된 관찰

일상생활에서 일어나는 빈도가 낮은 행동을 관찰할 경우에는 구조화된 관찰(structured observation)을 실시한다. 이는 행동을 촉발할 수 있는 조건을 조성한 후 일방경이나 CCTV를 통하여 관찰하는 방법이다. 구조화된 관찰은 자연 상황에서 자주 일어나지 않거나 공개적으로 보이지 않는 행동을 연구하기에 가장 용이한 방법이라 할 수 있다. 또한 동시에 구조화된 관찰은 표집된 모든 연구 참여자가 동일한 자극에 노출된 상태에서 어떤 행동을 하는지를 관찰하기 때문에 연구 참여자 간 비교가 쉽다(Shaffer & Kipp, 2009).

4) 정신생리학적 방법

정신생리학적 방법(psychophysiological method)은 생리적 반응과 행동 간의 관계를 살펴봄으로써 영아들의 지각, 인지, 정서 반응의 생물학적 기초를 조사하는 것이다. 이 방법은 언어적으로 자신의 상태를 보고할 수 없는 영아의 정신적, 정서적 경험을 해석하는 데 유용하다. 주로 중추신경계와 자율신경계의 구조 또는 기능을 평가하는 데 사용되고 있다.

(1) 중추신경계

전기생리학적 기술이나 뇌영상화(neuroimaging) 기술을 사용하여 영아의 중추신경계(central nervous system)에서의 기능적 발달을 평가할 수 있다.

1 ERP(event-related potential, 사건유발전위)

이는 영아가 무엇을 감지하고 지각하는가를 알아보기 위해 영아에게 자극을 제시하고, 그 감각 정보를 처리하는 뇌 부위 바로 위 두피에 전극을 부착하여 뇌파를 기록하는 방법이다. 예컨대, 시각 자극을 제시하였다면 머리 뒤쪽인 후두엽, 청각 자극을 제시하였다면 머리 옆쪽인 측두엽 두피에 전극을 부착하여 뇌파를 기록할 수 있다. 만일 제시된 특정 자극을 영아가 탐지한다면 뇌파에 변화가 일어날 것이며, 탐지하지 못한다면 뇌파에 어떤 변화도 없을 것이다. 이와 같은 전기적 반응에서의 차이를 통해 영아가 특정 자극을 인식했는지를 알 수 있다. 그러나 이 방법은 단점이 있다(Shaffer & Kipp, 2009). 무엇보다 이러한 반응은 개인차가 크다. 또한 동일 자극을 많이 제시하여야 하며, 평상시의 뇌파와 구분하기 위해 사건 전의 반응을 측정해야 한다.

2 뇌영상화 기술

ERP와 같은 전기생리학적 측정이 언제 뇌의 활동이 일어나는지를 기록하는 데 사용되는 반면, 뇌영상화(neuroimaging) 기술은 뇌의 활동이 어디에서 일어나는지를 기록하는 데 더 유용하다(Lamb et al., 2002). PET(양전자방출 단층영상)는 미리 혈관에 주사된 방사능 포도당이나 산소의 부패로 인한 양전자의 방출을 측정하는 것으로, 활발한 뇌 활동이 일어나는 영역에서 높은 수준의 양전자가 방출된다. 그러나 PET를 측정하기 위해서는 방사능 주사가 필요하기 때문에, 특히 어린 영아를 연구할 때 윤리적 논란의 여지가 있다. 한편 fMRI(기능적 핵자기 공명영상, functional Magnetic Resonance Imaging)는 이러한 문제를 최소화해서 PET보다 더 정확한 특정 뇌 활동 영역에 대한 정보를 제공한다. fMRI는 뇌의 단층들을 여러 가지 방향에서 정교하게 측정하며, 산소 사용량의 변화를 통해 활동 영역을 확인한다. fMRI는 비교적 정확한 결과를 보여 주기 때문에, 뇌-행동 관계에 대한 연구에서 점점 더 많이 사용되고 있는 추세다(Lamb et al., 2002).

(2) 자율신경계(autonomic nervous system)

반사, 호흡 그리고 심장 박동률은 매우 어린 영아에게서도 측정될 수 있으며 영아의 상태에 대한 유용한 정보가 된다. 예컨대, 심장 박동률(heart rate)은 영아의 운동 능력에 의존하지 않고 그 상태를 알 수 있다는 장점이 있다. 심장 박동률을 측정하기 위해서 연구자들은 센서를 영아의 상체에 부착하고 자극 제시에 따른 변화를 측정한다(Bendersky & Sullivan, 2007). 심장 박동률 측정치는 정서 발달을 연구할 때 많이 사용되어 왔으며 깊이 지각 실험에도 적용된 바 있다. 한 시각절벽 실험에서 4개월 된 영아의 경우 깊이를 보고 심장 박동 수가 증가한 것이 아니라 오히려 감소했다. 두려움이나 공포를 느낄 때는 심장이 빨리 뛰므로, 이러한 4개월 된 영아의 심장 박동률 변화로 미루어 보면 아기들이 공포를 느끼지는 않는다는 것을 나타낸다(Campos, Langer, & Krowitz, 1970). 이 실험은 4장 '영아기 감각 및 지각 발달' 중 시각절벽 부분에서 자세히 살펴보겠다.

심장 박동률과 같은 정신생리학적 지표의 장점은 단순한 행동 측정보다 더 객관적이고 섬세할 수 있다는 것이다. 반면 이 방법은 주로 인간이 의식하지 않은 상태에서 신체의 반응을 보여 주는 것이기 때문에 의식적인 기능에 대해서 결정적인 설명을 해 주지 못한다(Lamb et al., 2002). 의식적인 기능에 대해 연구하기 위해서는 여전히 행동에 대한 자료도 함께 필요하다.

5) 실험법

일반적으로 발달심리 연구자들은 상황이 구조화되었을 때 유용한 자료를 얻을 수 있다. 실험법(experimental method)은 바로 이 구조화된 상황에서 영아의 반응을 연구하는 것이다. 그런데 실험에 참여하는 아기들은 자신의 의사를 언어로 표현하지 못한다. 따라서 아기들의 마음이 어떻게 작동하는지를 알아내려면 얼굴 표정이나 몸짓을 읽어야 한다. 앞으로 소개할 실험법들은 이러한 아기의 표정이나 몸짓에 초점을 맞춘다. 따라서 영아 대상 실험법은 기본적으로 추론적 속성을 가질 수밖에 없다. 그렇다면 이러한 추론을 얼마나 믿어야 할까? 하는 의구심을 가질 수도 있을 것이다. 그러나 수십 년간의 시행착오를 거치면서 영아 발달 연구자들은 다양한 기술을 정교화하여 왔다. 또한 실험 결과를 해석할 때 여러 연구에서 축적된, 다양한 자극에 대한 영아의 일관된 반응을 이용하고 있다. 그 결과 실험법을 통해 상당히 신뢰성 있고 흥미로운 결과들이 보고되어 영아에 대한 이해의 폭을 넓히게 되었다.

(1) 선호법

선호법(perceptual preference)이란 최소한 2개의 자극을 동시에 제시하고 영아가 그중 어느 자극에 더 많은 주의를 두는지를 알아보는 방법이다(Fantz, 1964). 이는 Fantz가 아주 어린 영아들이 시각적 형태를 구별할 수 있는지 알아보기 위해 1960년대 초반에 처음으로 사용한 이래 지금까지 널리 사용되고 있다.

아기들은 비록 어리더라도 선호하는 자극과 그렇지 않은 자극이 분명한데, 이러한 선호가 영아들의 능력을 반영할 수 있다. 예컨대, Baldwin은 어린 딸 Helen을 대상으로 두 가지 다른 색깔의 정육각면체를 제시할 때마다 하나를 다른 하나보다 더 선호한다는 것을 발견했다. 이것은 Helen이 색상을 인지할 뿐 아니라 변별할 수 있다는 것을 보여 주는 것이다(Lamb et al., 2002). 그뿐 아니라 Langlois와 동료들(Langlois & Roggman, 1990; Langlois, Ritter, Roggman, & Vaughn,

1991)은 다른 사람의 얼굴에 대한 영아의 선호를 연구하였다. 영아는 성인보다 어린아이의 얼굴을 더 선호했다(Langlois & Roggman, 1990). Rubenstein, Kalakanis와 Langlois(1999) 역시 선호법을 통해 6개월 된 영아가 여러 사람의 얼굴을 겹쳐서 합성한 평균적인 인간 얼굴을 합성하지 않은 보통의 얼굴보다 오랜 시간 동안 바라보는 것을 관찰하였다. 평균적인 인간 얼굴은 원형(prototype), 즉 그 범주의 가장 '평균'적인 형태로 정의된다(이정모 외, 2003). 이는 영아들이 사람 얼굴의 원형을 형성하는 능력을 가지고 있음을 보여 준다.

위에서 살펴본 것처럼 선호법은 영아가 선호하는 자극에 대해 많은 것을 알려 줄 수 있는 유용한 방법이다. 그러나 선호법은 한 가지 중대한 결함이 있다. 영아들이 특정 자극에 특정한 선호를 보이지 않을 경우 영아가 그 자극들을 구별하는 데 실패한 것인지, 아니면 단순히 그 자극들을 변별하기는 하지만 비슷

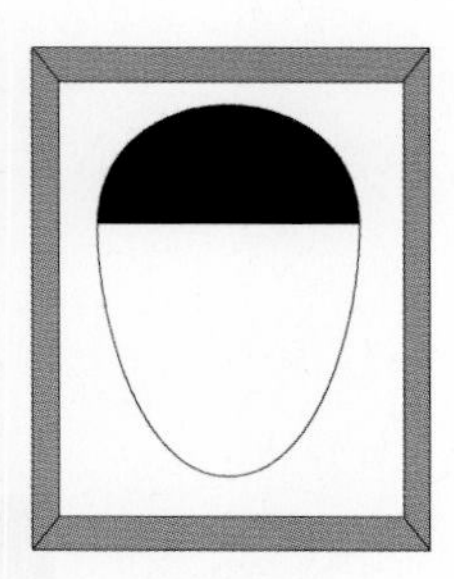

동시에 두 가지 자극 제시

그림 2-1 선호법

선호법은 동시에 두 가지 자극을 제시하고 영아가 둘 중 어떤 자극을 더 선호하는지를 통하여 영아의 감각 및 지각 능력을 알아보는 방법이다.

한 정도로 흥미롭게 여긴 것인지 명확하지 않다. 이러한 선호법의 결점을 보완한 방법으로는 조건화(conditioning) 방법과 습관화(habituation) 방법이 있다.

(2) 조건화 방법

조건화(conditioning) 방법은 영아도 학습이 가능하다는 것을 이용한 방법이다. 영아의 행동 중에는 조작적 방법을 통해 조건화되는 것이 많다. 영아들의 언어 능력을 연구하는 데 많이 사용되는 고개 돌리기 선호(head-turn preference) 절차는 이와 같은 영아의 조건화를 이용한다. 보다 자세히 살펴보자. 아기가 부모의 무릎에 앉아 있고 스피커에서는 '아' 소리가 반복해서 나온다. 연구자들은 소리가 바뀔 때 영아가 고개를 돌리도록 조건화한다. 예컨대 소리가 '아'에서 '이'로 바뀌었을 때 영아가 스피커 쪽으로 고개를 돌리면 스피커 위에 놓인 검은 상자에 불이 들어오고 곰 인형이 북을 친다. 대부분의 영아는 이처럼 고개

그림 2-2 고개 돌리기 선호 절차

스피커에서 나오는 소리가 바뀔 때 영아가 왼쪽 스피커 쪽으로 고개를 돌리면 스피커 위에 놓인 곰 인형이 북을 치도록 한다. 한두 번 이런 재미있는 사건을 경험하면 영아들은 소리가 바뀐 것을 알아차릴 때마다 장난감 쪽으로 고개를 돌리도록 조건화된다.

를 돌렸을 때 장난감이 작동하는 것을 재미있어 한다. 이렇게 한두 번 조건화를 경험한 영아들은 스피커에서 나오는 소리가 바뀐 것을 알아차리면 장난감이 있는 쪽으로 고개를 돌린다. 만일 소리가 바뀐 것을 알아차리지 못하면 영아는 고개를 돌리지 않는다. 이처럼 영아의 반응을 통해 얼마나 다양한 말소리를 구별할 수 있는지를 연구할 수 있다. Hsu와 Rovee-Collier(2006)에 의하면, 조작적 조건화는 어머니의 목소리, 음악, 모빌의 움직임과 같은 다양한 강화물에 의해 일어날 수 있다.

(3) 습관화 방법

영아에게 특정 종류의 조건화는 형성되기까지 시간이 걸리고 심지어는 형성되기 어려울 수 있다. 이와 달리 습관화(habituation)는 상대적으로 쉽게 일어난다. 습관화란 반복되는 자극에 매우 익숙해져서 그 자극이 처음에 일으키던 반응이 더 이상 일어나지 않는 과정을 말한다. 즉, 습관화란 일종의 학습 과정으로, 영아가 친숙한 자극에 더 이상 반응하지 않는 것은 영아가 해당 자극을 이전에 경험했던 것으로 기억하고 있음을 보여 주는 것이다.

습관화 방법은 대개 습관화 단계와 탈습관화 단계의 2단계로 이루어진다. 예컨대 [그림 2-3]에서처럼 연구자가 서로 다른 2개의 자극을 영아가 변별할 수 있는지를 알아보려 한다고 가정해 보자. 연구자는 우선 두 자극 중 하나([그림 2-3]의 A 아기 얼굴)를 제시하여 영아가 이 자극에 더 이상 주의하지 않거나 반응하지 않을 때까지 기다린다(습관화 단계). 이때 습관화의 기준은 연구자에 따라 다소 다르기는 하나 대개 응시 시간이나 머리의 움직임 등이 처음 자극이 제시되었던 몇 분간에 비해 절반 정도(약 50%)로 감소하는 것을 기준으로 한다(성현란 외, 2003). 다음으로 두 번째 자극을 제시한다(탈습관화 단계). [그림 2-3]에 나와 있는 것처럼 탈습관화 단계에는 두 가지 유형이 있다. 습관화 단계와 탈습관화 단계 사이의 시간 간격에 따라 즉각적 검사 단계와 지연된 검사 단계로 구분된다. 즉각적 검사 단계는 습관화 단계 종결 직후 진행된다. 이 단계에서는

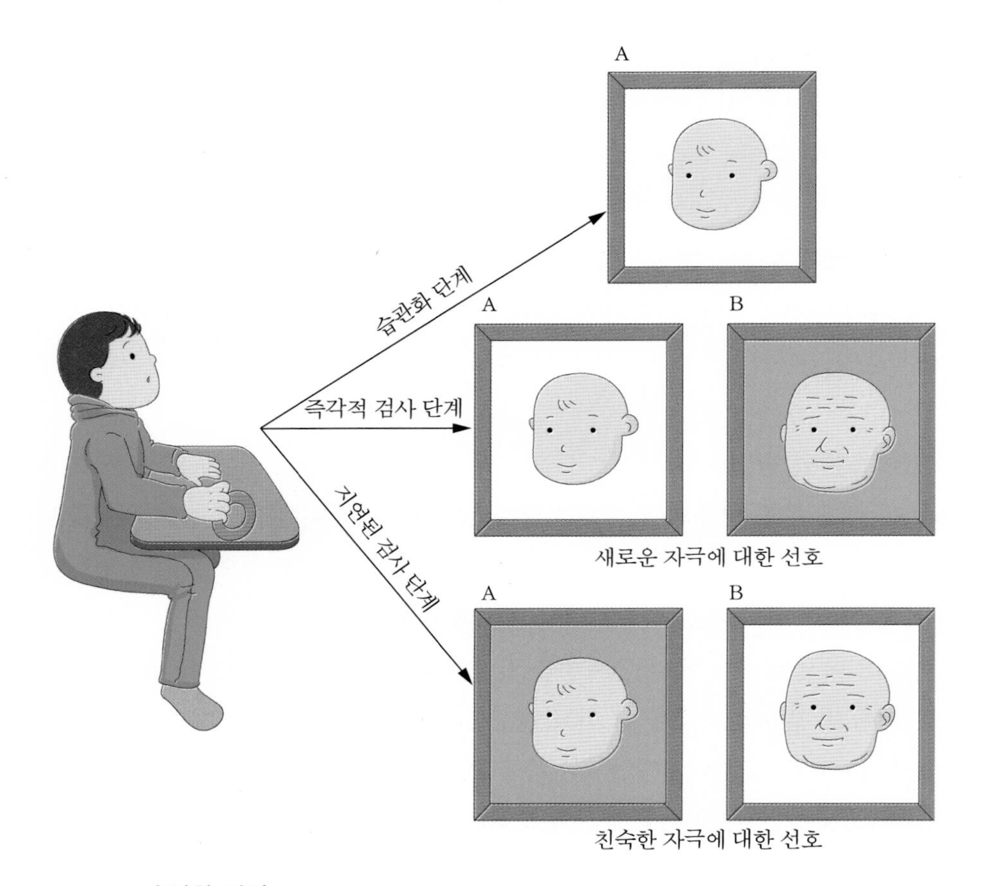

그림 2-3 습관화 방법

습관화 방법을 통해 영아의 지각과 인지를 알아볼 수 있다. 습관화 방법은 2단계로 이루어진다. 습관화 단계에서 영아에게 어린 아기의 얼굴을 반복해서 보여 주면 영아의 응시 시간은 점차 줄어든다. 검사 단계에서는 영아에게 습관화 단계에서 보여 줬던 아기 얼굴과 노인 얼굴을 함께 보여 준다.
검사 단계가 습관화 단계 직후(수분이나 수시간 내) 이어지는 경우(즉각적 검사 단계), 기억 능력이 있는 영아는 친숙한 자극인 아기 얼굴보다 새로운 자극인 노인 얼굴을 더 오래 응시한다.
한편 검사 단계가 습관화 단계 이후(수주나 수개월 후) 지연되어 제시되는 경우(지연된 검사 단계) 영아들은 새로운 자극인 노인 얼굴보다 친숙한 자극인 아기 얼굴을 더 오래 응시한다.

출처: Berk (2012), p. 143.

습관화 단계에서 제시된 첫 번째 자극(A)과 두 번째 자극(B)을 동시에 제시한다. 만일 영아가 두 번째 자극([그림 2-3]의 B 노인 얼굴)을 첫 번째 자극과 구별한다면 탈습관화되어 두 번째 자극을 응시할 것이다. 하지만 영아가 두 자극을 서로 구별하지 못한다면 어떤 반응도 보이지 않을 것이다. 한편 지연된 검사 단계는 습관화 단계가 끝난 다음 수주나 수개월 등 약간의 시간 지연 후에 진행된다. 시간 지연이 있다는 것 말고는 즉각적 검사 단계와 차이가 없다. [그림 2-3]에는 습관화 방법에서 변별 능력이 있는 영아들이 전형적으로 보이는 반응이 나와 있다. 보통 영아들은 즉각적 검사 단계에서는 새로운 자극(B)을 더 오래 응시하고, 지연된 검사 단계에서는 친숙한 자극, 즉 습관화 단계에서 봤던 자극(A)을 더 오래 응시한다. 이와 같은 습관화 방법은 시각, 청각, 후각 등 다양한 종류의 감각 자극들에 습관화되고 또 탈습관화되기 때문에 영아의 감각 및 지각 능력을 평가하는 데 매우 유용한 방법으로 평가된다.

(4) 높은 진폭의 빨기

대부분의 영아는 무엇을 감지하는지, 무엇을 좋아하고 싫어하는지 관찰자가 알 수 있을 정도로 자신의 빨기 행동을 조절할 수 있다. 높은 진폭의 빨기 방법(high-amplitude sucking method)은 영아에게 전자 회로가 장치된 특별한 젖꼭지를 물게 하고 이 회로를 통하여 영아가 자신이 감각하는 환경을 통제할 수 있도록 한다. 좀 더 구체적으로 살펴보자. 우선 실험자는 영아의 기저선 빨기 빈도를 정한다. 기저선 빨기 빈도란 아기에게 젖꼭지를 물렸을 때 일정 시간 동안 얼마나 자주 그것을 빠는지를 말한다. 일종의 빨기 행동의 평균이라 할 수 있다. 그러고 나서 영아가 기저선 빨기 빈도보다 더 빠르게 또는 더 세게 빨았을 때마다 젖꼭지 안에 있는 전자 회로가 가동되면 특정 자극을 제시하는 슬라이드나 영사기가 작동하도록 한다. 만일 영아가 이 자극을 탐지하여 좋아하면 대부분의 영

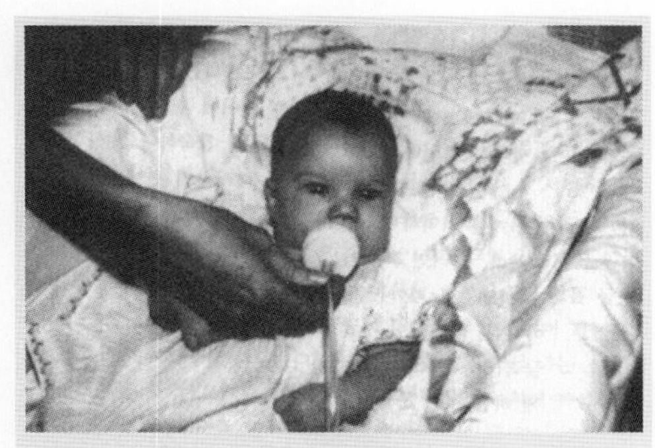
높은 진폭 빨기 방법에 참여한 아기
출처: Hoff (2001), p. 128.

아는 기저선보다 높은 진폭의 빨기를 계속함으로써 그 자극이 계속 나오도록 할 수 있다. 이 방법은 영아들의 언어 발달에서 음소 지각을 살펴볼 때 많이 사용된다(Hoff, 2001).

지금까지 살펴본 자료 수집 방법들의 특징, 장점 및 제한점은 〈표 2-1〉에 정리되어 있다.

표 2-1 영아기 자료 수집 방법

자료 수집 방법	특징	장점	제한점
육아일기	영아 발달을 기록하기 위한 최초의 과학적 시도	발달의 기본적 정보 제공 및 중요한 가설 제시	편향된 정보를 제공할 우려가 있으며 정보가 한 사례에 제한되어 있으므로 일반화가 어려울 수 있음
자기보고법	질문지법과 면접법이 포함됨	영아의 특성에 대해 익숙하며 잘 알고 있는 양육자를 통해 관찰에서 쉽게 드러나지 않는 영아의 일상에 대한 풍부한 정보 수집 가능	질문지법을 통해 측정되는 정보는 실제 영아 상태에 대한 측정이 아닐 수 있으며 부모의 지각이나 태도에 따라 오염될 소지가 있음
관찰법	자연적 관찰과 구조화된 관찰이 포함됨	자연적 관찰은 연구 참여자의 일상에서 전형적인 행동이나 능력을 보여 주기 때문에 선호되며, 구조화된 관찰은 자연 상황에서 자주 일어나지 않거나 공개적으로 보이지 않는 행동을 연구하기에 가장 용이함	자연적 관찰은 통제가 전혀 없을 경우 다양한 영아가 각기 매우 다른 상황에서 관찰되는 문제점이 있으며, 구조화된 관찰은 자칫 지나치게 인위적일 수 있다는 비판이 있음
정신생리학적 방법	생리적 반응을 통해 영아들의 지각, 인지, 정서 반응의 생물학적 기초를 조사하는 방법. 주로 중추신경계(ERP, 뇌영상화 등)와 자율신경계(반사, 호흡, 심장 박동률 등)의 구조 또는 기능을 평가함	언어적으로 자신의 상태를 보고할 수 없는 영아의 인지적, 정서적 경험을 해석하는 데 유용	현상의 설명보다는 생리학적 측면에서의 기술에 국한될 수 있다는 비판이 있음

실험법	구조화된 상황에서 영아의 행동을 평가하는 방법 • 선호법: 2개의 자극을 동시에 제시하고 영아가 어느 자극에 더 많은 주의를 두는지를 알아보는 방법 • 조건화 방법: 영아의 학습 능력을 이용한 방법으로 고개 돌리기 방법이 대표적 • 습관화 방법: 반복되는 자극에 매우 익숙해져서 그 자극이 처음에 일으키던 반응이 더 이상 일어나지 않는 습관화를 이용한 방법 • 높은 진폭의 빨기 방법: 영아의 빨기 행동에서의 변화를 통해 영아의 감각 및 선호를 연구하는 방법	통제되고 구조화된 상황에서 영아의 행동을 보다 체계적으로 연구할 수 있음	인위적인 실험실 환경에서 얻은 자료를 실제 일상에 적용할 때 주의해야 함

2. 영아기 연구 설계법

발달 연구자들은 단지 특정 단계에서의 상태뿐 아니라 시간의 흐름에 따라 어떻게 발달하거나 변화하는지에 대해서도 관심을 기울인다. 이러한 '발달 경향'을 살펴보기 위한 설계법이 바로 종단적 설계, 횡단적 설계, 계열적 설계다.

각 설계법을 구체적으로 알아보기에 앞서, 발달 연구에서 나타나는 효과를 살펴보자. 발달 연구는 주로 연령에 따라서 개인의 특성이 어떻게 변화하는지에 관심이 있다. 여기서 연령 효과란 단순히 연령 증가에 따라 나타나는 효과다. 그런데 발달 연구에서는 연령 효과뿐 아니라 경우에 따라 출생동시집단 효과와 측정시기 효과가 나타나기도 한다. 출생동시집단 효과에서 출생동시집단

(cohort)이란 동일한 시기에 태어난 사람들을 말한다. 현재의 20세는 10세보다 나이가 더 많을 뿐만 아니라 서로 다른 출생동시집단에 속해 있다. 따라서 두 집단은 가치관이나 자기주장 등 다양한 측면에서 차이가 있을 것이다. 이처럼 출생동시집단 효과는 같은 시기에 태어나서 동일한 역사적, 사회적 환경에서 성장함으로써 나타나는 효과다. 한편 측정시기 효과란 자료가 수집될 당시의 사회적 사건이나 역사적 상황의 효과를 말한다. 출생동시집단 효과와 측정시기 효과 모두 단순히 연령이 증가함에 따라 나타나는 결과가 아니므로 연령 효과와는 구분해야 한다.

1) 종단적 설계

종단적 설계(longitudinal design)는 같은 참여자에 대해 반복적인 측정을 하는 방법이다. 반복 측정이 이루어지는 연구 기간은 보통 수년 혹은 수십 년이 된다.

종단적 설계는 시간에 걸쳐 나타나는 개인적 발달의 안정성을 알아볼 수 있다는 장점이 있다(Lamb et al., 2002). 안정성(stability)이란 어떤 개인의 발달이 시간에 걸쳐 얼마나 비슷하게 유지되는가를 뜻한다. 예컨대, 만일 몇몇 영아가 어릴 때 다른 아이들보다 활동 수준이 높고 나이가 들었을 때도 또래보다 계속 활동 수준이 높다면 활동 수준은 안정적인 특성이라 할 수 있다. 이처럼 종단적 설계를 통해서 특정한 발달 영역에서 개인차의 안정성을 살펴볼 수 있다.

한편 종단적 설계의 단점은 다음과 같다. 첫째, 연구 참여자의 지속적인 참여를 보장하기가 어려울 수 있다. 특히 영아를 대상으로 할 경우 다른 연령대와 비교해 볼 때 이사를 비롯한 생활환경의 변화가 잦고 중도에 연구 참여를 중지하는 경우가 많다. 둘째, 사회경제적 곤란 및 잦은 이사 등 스트레스를 많이 받는 가족들일수록 중도 포기를 하는 경향이 더 높다(Spinrad et al., 2007). 이러한 선별적 감소로 인해 편향된 결과가 얻어질 위험이 있다. 이런 결과는 연구가 종료될 때까지 남아 있는 소수의 집단에만 적용될 수 있다. 셋째, 반복된 측정으로 인한 연습 효과가 나타날 수 있다. 즉, 연구 참여자는 반복적인 검사에 의해 검사 경향을 파악하거나 검사에 익숙해질 수 있으며, 이는 수행에 영향을 줄 수 있다. 넷째, 시간과 비용이 많이 든다. 상대적으로 긴 연구 기간 동안 연구 참여 집단을 유지하고 관리해야 할 필요성이 있기 때문이다. 다섯째, 연령 효과를 관찰하기 위해 상대적으로 오래 기다려야 한다는 한계가 있다.

2) 횡단적 설계

횡단적 설계(cross-sectional design)는 연령이 서로 다른 사람들을 동시에 연구하는 방법이다. 장점은 짧은 시간에 결과를 얻을 수 있다는 것이다. 예컨대, 6개월 영아가 18개월이 될 때까지 기다릴 필요 없이 6개월 영아와 18개월 영아를 비교할 수 있다. 또한 반복된 실험에 의한 연습 효과가 없으며 참여자들이 중도에 빠져나가는 일이 없다는 점이 장점이다.

한편 횡단적 설계는 개인적인 변화의 기원과 결과를 알 수 없고, 안정성에 대해서도 말해 줄 수 없다. 횡단적 설계를 통해서는 단지 그 시기에 나타나는 차이점을 알 수 있을 뿐이며, 발달 과정과 변화 등은 알 수 없다. 또한 출생동시집단 효과가 개입될 가능성이 있다. 횡단적 연구에서는 연령 차이를 제외하고는 모든 연령 집단이 동일하다고 가정하지만, 사실은 각 연령 집단이 자라면서 경험한 환경의 차이가 개입될 수 있다.

[그림 2-4]는 종단적 설계와 횡단적 설계를 비교한 것이다. 그림에 나타나 있는 것처럼 두 설계법은 측정 대상의 출생 연도와 측정 시기가 서로 다르다. 종단적 설계는 동일한 연구 참여자를 대상으로 여러 차례 자료를 수집하며, 횡단적 설계는 여러 출생동시집단을 대상으로 한 번 자료를 수집한다.

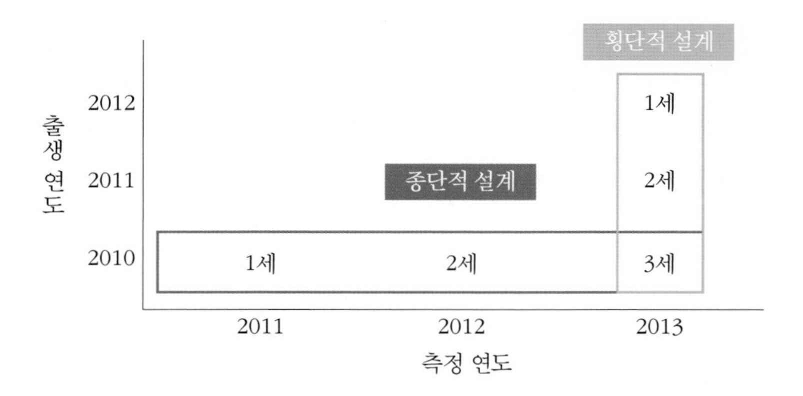

그림 2-4 종단적 설계와 횡단적 설계의 측정 대상 및 측정 연도 비교

3) 계열적 설계

계열적 설계(sequential design)는 종단적 설계와 횡단적 설계의 장점을 혼합한 방법이다. 이 방법에서는 다양한 연령의 연구 참여자들을 대상으로 각각 일정한 기간 동안 연구한다. 예컨대, [그림 2-5]에 제시된 바와 같이 6세와 12세 아동의 논리적 추론 능력의 발달을 연구할 때 2012년 당시 각각 6세와 8세인 아

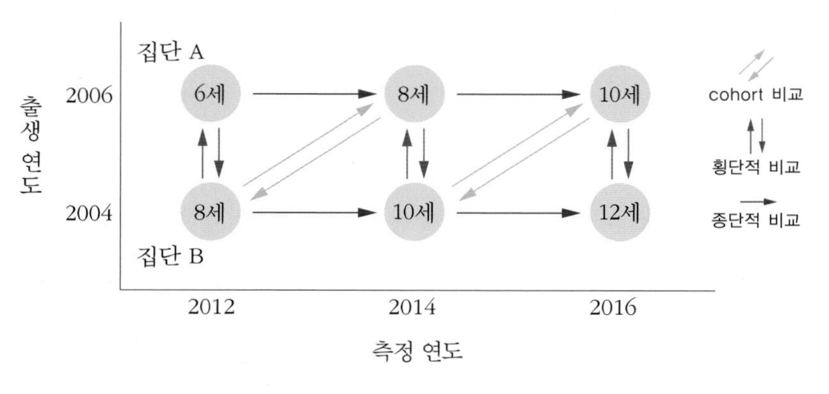

그림 2-5 계열적 설계의 예

동을 선발하여, A집단은 6~10세까지, B집단은 8~12세까지 4년간 연구할 수 있다. 이렇게 함으로써 연구자는 6~12세까지 총 6년에 걸친 발달 패턴에 대한 자료를 4년간의 연구를 통해 얻을 수 있다. 또한 2012년 측정 시 8세였던 B집단과 2014년 측정 시 8세였던 A집단의 자료를 비교함으로써 출생동시집단 간의 비교를 할 수 있다. 계열적 설계의 장점은 종단적, 횡단적 연구를 동시에 할 수 있고, 단순히 종단적 연구만 하는 것보다 시간이 덜 걸린다는 것이다.

지금까지 살펴본 세 가지 연구설계법의 절차, 강점 및 제한점은 〈표 2-2〉에 제시되어 있다.

표 2-2 연구설계법의 절차, 강점 및 제한점

	절차	강점	제한점
종단적 설계	• 시간을 두고 하나의 출생동시집단을 반복적으로 관찰	• 개인의 발달에 대한 자료를 제공하고 초기 경험과 이후 결과와의 관계를 밝혀 줌 • 개개인이 시간이 지남에 따라 변화하는 방식에서 어떻게 같고 어떻게 다른가를 알 수 있음	• 상대적으로 시간과 비용이 많이 듦 • 선택적 감소가 연구 참여자들을 비대표적인 표집으로 만들어서 결론의 일반화 가능성을 제한함
횡단적 설계	• 한 시점에서 여러 연령집단을 관찰	• 연령차를 보여 주고 발달적 경향을 암시해 줌 • 실시에 비교적 비용과 시간이 적게 듦	• 각 참가자가 한 시점에서 관찰되므로 개인적 발달에 대한 자료를 제공하지 못함
계열적 설계	• 여러 출생동시집단을 시간을 두고 반복적으로 관찰함으로써 횡단적 설계와 종단적 설계를 결합	• 실제적 발달 경향과 출생동시집단 효과를 구별함. 즉, 하나의 출생동시집단이 경험한 발달적 결과가 다른 출생동시집단이 경험한 발달적 변화와 비슷한지 여부를 알 수 있음	• 가장 강력한 설계임에도 불구하고 여전히 발달적 변화가 연구된 출생동시집단을 넘어 일반화될 수 있느냐에 대한 문제를 남겨 놓고 있음

3. 영아기 연구 시 고려해야 할 점

Lewis 등(2002)에 따르면, 맥락(context), 상태(state), 연령(age), 수행 대 능력(performance & competence) 그리고 윤리적 문제들과 관련된 쟁점들이 영아를 연구하는 데 있어 특히 중요하다.

1) 맥락

Bronfenbrenner(1975)는 "발달심리학은 낯선 상황에서 낯선 어른과 함께할 때 보이는 아동의 낯선 행동을 연구하는 학문이다."라고 발달학자들을 비판한 바 있다. 그는 전통적인 연구에서 얻어진 결과들은 지나치게 인위적인 경우가 많기 때문에, 연구자들은 아동이 양육되고 학습하는 맥락에 관심을 기울일 필요가 있다고 주장하였다.

사회적 · 문화적 맥락은 영아의 경험을 결정하고 그 맥락에서 얻어진 연구결과의 일반화 여부를 결정한다. 영아기 연구는 가정에서뿐만 아니라 실험실에서도 수행되는데, 어떤 장소에서 측정되었는가가 중요한 변수다. 실험실 연구는 맥락을 통제할 수 있다는 장점을 가지고 있다. 그러나 실험실에서 나온 결과의 일반화에 관해서는 의문이 제기되기도 한다. 영아기는 매우 민감한 시기며 영아는 익숙한 집과 낯선 실험실 상황에서 다르게 수행할지도 모르기 때문이다. 반대로 영아가 생활하는 집은 편안하고 안정되고 자연스러운 행동에 대해 연구할 수 있지만, 자칫 자극들이 통제되지 않는 한계가 있을 수도 있다.

2) 상태

영아들이 어떤 능력을 갖추고 있다고 하더라도, 영아의 상태에 따라 수행이 촉진되거나 억제될 수 있다. 만약 영아의 수행을 평가할 때 상태가 고려되지 않는다면 영아의 수행은 자칫 불공평하거나 부정확하게 평가될 수도 있다. 일반적으로 충분히 깨어 있고 배부르고 주의 집중을 잘하는 영아는 졸리고 배고프고 집중하지 못하는 영아보다 더 좋은 수행을 보일 가능성이 높다. 또한 영아의 상태가 검사와 재검사에서 동일하지 않다면 자료를 신뢰하기는 더욱 어려워진다. 이처럼 영아의 행동에서 신뢰성을 발견하지 못하면 어떤 검사가 진정으로 영아의 능력을 보여 주는지를 말할 수 없다.

3) 연령

영아의 수행에 영향을 미치는 가장 중요한 요소는 연령이다. 연구자는 연구 참여자의 연령 선택 시 주의를 기울여야 하며, 실험집단의 연령이 비슷한지를 확인해야 한다. 특히 어린 영아일수록 월령에 따른 차이가 클 수 있으므로 연구 대상자들의 월령이 비슷한지를 살펴볼 필요가 있다.

4) 수행 대 능력

영아를 연구할 때는 수행(performance)과 능력(competence)을 구별하는 것이 중요하다. 수행은 특정한 맥락, 특정한 조건하에서 영아가 보이는 외현적 행동이다. 그러나 수행만으로는 영아가 지금은 보이지 않지만 가지고 있는 잠재적 능력에 대해서는 알 수 없다. 따라서 지금 현재 영아가 수행하지 않는다고 해서 영아에게 능력이 없다고 판단해서는 안 된다. 수행과 능력 간 구분에 대한 논의는 5장 '영아기 인지 발달에 대한 Piaget 이론과 도전'에서 보다 상세히 살펴볼 것이다.

5) 윤리적 문제

영아는 너무 어리고 무력해서 자신에게 정확히 어떤 일이 일어나는지를 분명히 이해하기 힘들다. 영아의 이러한 특성 때문에 영아를 대상으로 한 연구에서는 윤리적 문제들을 반드시 고려할 필요가 있다. 여자 쌍생아 두 명을 독방에서 양육한 다음 정상적으로 자라는지를 살펴본 Dennis의 연구(1938)는 오늘날의 관점에서 보면 비윤리적이며 결코 허용되지 않을 실험이라 할 수 있다. 이러한 윤리적 문제로 인해 영아 연구자들은 자연스러운 상황에서 이루어지는 실험에 주목하게 되었으며 영아를 대상으로 한 연구를 진행할 때 영아의 신체와 심리에 영향을 미칠 수 있는 여러 변인을 고려해야 한다(Lamb et al., 2002).

영아 연구 시 고려해야 할 윤리적 측면들을 정리해 보자.

연구에 참여하는 영아와 가족에게 영향을 미칠 수 있는 잠재적인 위험을 감소시키기 위하여, 연구자들은 다음과 같은 기준들을 충족해야 한다.

첫째, 연구자는 자신의 연구가 과학적으로 의미 있는 것인지 충분히 생각해 보아야 한다. 만약 과학적으로 의미가 없는 연구라면 구태여 아기와 그 부모를 위험에 처하게 할 가치가 없다.

둘째, 참여자들에게 연구 기간 동안 어떠한 일이 발생할 것인지에 대해 명확하게 알려야 한다. 영아를 대상으로 하는 연구의 경우, 부모나 법적 보호자의 서면 동의서가 있어야 한다.

셋째, 참여자들은 언제든지 연구를 그만두고 싶을 때 그만둘 권리를 가지고 있다. 영아 대상 연구의 경우, 부모나 보호자가 원한다면 언제든 중단 가능하다는 점을 연구 설명 시 충분히 설명해야 한다.

넷째, 영아는 연약하고 상처받기 쉬운 '취약한 연구 참여자군'이다. 취약한 연구 참여자군이란 임산부나 태아, 영아나 아동 등 정보를 이해하고 처리할 수 있는 능력이나 다른 사람들의 영향력 혹은 통제로부터 자유로울 수 있는 자발성이 부족한 연구 참여자들을 말한다(최병인, 2010). 그렇기에 실험 참여는 신중

하게 결정되어야 한다.

종합해 보면, 영아를 연구하는 연구자들의 책임은 연구 참여자에게 미칠 수 있는 위험을 최소화하고 연구의 혜택을 최대화하는 것이다.

요 약

이 장에서는 영아기 연구 자료 수집법과 설계법, 연구 시 고려해야 할 점에 대하여 살펴보았다.

1. 영아를 대상으로 한 육아일기는 영아 연구가 시작된 초기부터 사용되어 온 대표적인 자료 수집 방법이라 할 수 있다. Darwin, Piaget 등의 연구자들은 자녀의 성장 · 발달에 대한 육아일기를 토대로 영아 발달을 연구하였다.

2. 양육자를 대상으로 영아에 대한 정보를 수집하는 자기보고법에는 지면을 통해 제시된 질문에 대하여 답을 쓰도록 하는 질문지법과 질문에 대해 말로 답하는 면접법이 포함된다. 영아에 대한 부모의 보고는 자칫 편향될 수 있다는 비판도 있는 반면 상당한 신뢰성이 있다는 주장도 있다.

3. 영아의 행동을 관찰하는 관찰법에는 자연적 관찰과 구조화된 관찰이 있다. 자연적 관찰은 영아의 일상적 환경에서 자연스러운 행동을 관찰할 수 있다는 장점이 있으나 일상의 극히 일부분만이 과장될 위험이 있다. 이런 경우 구조화된 관찰이 유용할 수 있는데, 이는 행동을 촉발할 수 있는 상황을 조성한 후 일방경이나 CCTV를 통해 관찰하는 방법이다.

4. 영아에 대한 이해의 폭을 넓힐 수 있는 여러 실험법이 개발되어 왔다. 그중 선호법은 최소한 2개의 자극을 동시에 제시하고 영아가 그중 무엇에 더 많은 주의를 두는지를 알아봄으로써 영아가 선호하는 자극에 대해 연구할 수 있는 방법이다.

5. 습관화 방법은 반복되는 자극에 익숙해져서 그 자극에 대해 처음 보이던 반응이 더 이상 일어나지 않는 습관화 현상을 이용한 방법이다. 습관화 방법은 영아의 감각 및 지각, 인지에 대해 알아보는 데 매우 유용한 연구법으로 평가된다.

6. 발달 연구에서는 단순히 특정 단계에서의 상태뿐 아니라 그 상태가 시간의 흐름에 따라 어떻게 발달하거나 변화하는지를 알아보고자 한다. 이러한 발달 경향을 살펴보기 위한 설계법이 바로 종단적 설계, 횡단적 설계, 계열적 설계다. 종단적 설계는 동일한 연구 참여자를 수년 혹은 수십 년 동안 반복 측정하는 방법으로서 연령 증가에 걸쳐 개인의 발달이 얼마나 비슷하게 유지되는지를 알아볼 수 있지만 시간과 비용이 상대적으로 많이 들고 연구 참여자가 중도 포기를 할 위험이 높다는 한계가 있다. 횡단적 설계는 한 시점에서 연령이 서로 다른 사람을 동시에 연구하는 방법으로서 짧은 시간에 결과를 얻을 수 있다는 장점이 있지만 한 개인이 연령 증가에 따라 어떻게 변화하는지 혹은 변화하지 않는지에 대한 정보는 알 수 없다는 한계가 있다. 계열적 설계는 종단적 설계와 횡단적 설계의 장점을 혼합한 방법으로 다양한 연령의 연구 참여자들을 일정한 기간 동안 종단적으로 연구하는 방법이다.

제3장

영아기 신체 및 운동 발달

학/습/개/념

- 두미 방향으로의 발달
- 중심말초 방향으로의 발달
- 반사의 정의와 유형
- 시냅스 생성과 상실
- 수초화

영아기 동안에 아기의 신체는 생애 그 어느 시기보다 빠르게 성장한다. 출생 직후의 신생아는 부모의 눈에는 한없이 예쁘고 사랑스럽지만 제3자가 보기에 머리는 거대하고 팔다리는 짧은 외계인 같다. 한국 영아의 경우 출생 직후 평균 체중이 3.4kg, 신장은 50cm 정도이던 아기는 첫돌 무렵 평균 체중 9.9kg, 신장 76cm가 된다(보건복지가족부, 2007). 이는 출생 당시와 비교해 볼 때 체중은 2배 이상, 신장은 20cm 이상 성장한 것이며 서구 영아들의 성장 · 발육과도 비슷하다(Steinberg, Vandell, & Bornstein, 2011). 성인의 경우를 생각해 보자. 누구도 1년 사이에 키가 2배 이상 커지지 않는다. 이를 고려하면 영아기 동안의 성장 속도는 실로 놀랍다고 할 수 있다. 영아기 동안 급속한 성장을 보이는 것은 몸무게나 신장뿐만이 아니다. 출생 당시 신생아는 전체에서 차지하는 머리의 비율이 높다. 이 시기 영아의 머리 길이는 전체 신장의 1/4에 해당된다. 그러나 영아기 말이 되면 그 비율이 1/5 정도로 점차 줄어든다(Palmer, 1944; Bornstein & Lamb, 2005). 또한 영아들은 출생 직후에는 머리 운동을 통제할 수 없어 목을 못 가누다가 앉기, 서기, 기기를 거쳐 첫돌 무렵에는 걷게 된다. 이처럼 출생 후 2년 동안 이루어지는 영아의 신체 및 운동 발달의 속도는 놀라울 정도로 매우 빠르다. 이러한 영아기 신체 및 운동 발달은 신경계의 급속한 변화와도 관련된다. 이 장에서는 영아기 동안에 일어나는 신체 성장을 포함하여 신경계 발달, 반사 및 운동 발달을 살펴볼 것이다.

1. 신체 발달

영아기 자녀를 둔 부모는 자녀의 신체 발달에 관심이 많다. 신체 성장은 다른 영역의 발달과는 달리 직접 관찰할 수 있고 수량화가 쉽기 때문이기도 하거니와 성장이 지나치게 더디거나 아예 멈추는 것은 정상 발달 여부를 판단하는 데 중요한 단서가 될 수 있기 때문이다.

신체 발달은 또한 다른 심리적 영역의 발달과도 밀접한 관련이 있다(Thelen & Smith, 2006). 아이들이 걸음마를 시작하면 부모의 자녀에 대한 행동도 다소 달라진다. 예컨대 목을 못 가누고 누워 있는 신생아와 혼자 걸어 다닐 수 있는 영아를 생각해 보자. 각각에 대한 부모의 행동은 서로 다르기 마련이다. 어느 정도 혼자 걸어 다닐 수 있는 아기가 넘어졌을 때 부모들은 일어나 보라고 격려하지만 이제 겨우 기어 다니기 시작한 아기가 넘어졌을 때는 일단 품에 안고 달래 준다. 이처럼 동일한 상황에 대해서도 자녀의 발달 수준에 따라 부모의 반응은 달라지고 그에 대한 영아의 느낌도 달라질 수 있다. 이것은 다시 아이의 인지 및 사회 · 정서 발달에 영향을 준다. 특히 운동은 지각과 밀접한 관련이 있다. 목을 겨우 가누면서 바닥에 엎드려 있는 아기의 시지각은 무언가를 잡고 서 있는 아기의 그것과는 다를 것이다. 이처럼 지각 정보는 운동 동작에 따라 달라진다. 그런가 하면 지각 정보에 따라 영아들은 주변 환경을 알아차리고 그에 맞추어 스스로의 움직임을 조정할 수 있다. 이처럼 영아의 신체 발달과 다른 영역의 발달은 밀접한 관련이 있다.

민진홍, 생후 85일
신체 발달은 영아기 동안 정상 발달 여부를 판단하는 데 중요한 단서가 될 수 있으며 다른 심리적 영역의 발달과도 밀접한 관련이 있다.

1) 신체 발달의 일반 원칙

영아기 신체 성장에는 다른 영역의 발달에도 적용할 수 있는 중요한 일반 원칙이 있다. 두미 방향으로의 발달 및 중심말초 방향으로의 발달이 그것이다.

(1) 두미 방향으로의 발달

영아의 신체 발달은 두미 방향(cephalocaudal)으로 진행된다. 즉, 영아의 신장, 체중을 비롯한 여러 신체 부위의 성장은 항상 머리로부터 시작하여 아래 부분으로 점진적으로 진행된다. 이 때문에 생애 초기일수록 신체의 다른 부위보다 머리가 먼저 성장하므로 머리가 비정상적으로 커 보인다([그림 3-1]의 태내기 및 신생아). 그러나 연령이 증가함에 따라 신체의 다른 부위들이 성장하면 머리는 전체 신장에서 상대적으로 작은 부분을 차지하게 된다([그림 3-1]). 다른 많

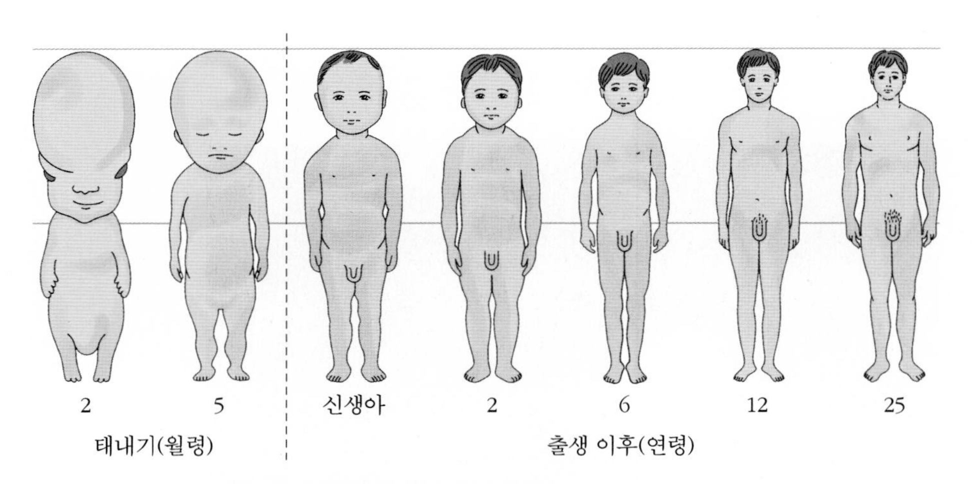

그림 3-1 태내기부터 성인기까지의 신체 비율의 변화

인간의 신체는 부위에 따라 서로 다른 속도로 발달한다. 다른 신체 부위보다 머리가 빨리 성장하기 때문에 태아, 영아, 유아는 아동 후기나 청소년기, 성인기와 비교했을 때 머리의 크기가 불균형하게 크다. 아동 후기에 이르면 다리가 자라면서 신체가 점점 더 성인과 유사한 비율을 갖추게 된다.

출처: Steinberg et al. (2011), p. 96.

은 발달의 측면도 역시 밑에서부터 위로 올라가는 방향보다는 위에서 아래로 내려가는 방향으로 진행된다. 두미 방향으로의 발달은 동일한 신체 부위에서도 관찰된다. 예컨대, 머리 중에서도 윗부분에 해당되는 눈과 뇌가 먼저 발달하고 아랫부분에 해당하는 턱은 나중에 발달한다. 감각 및 운동 발달 또한 두미 방향으로 진행된다. 즉, 아기들은 걷기 전에 먼저 볼 수 있고, 기거나 걷기 전에 손을 쓸 수 있다. 이러한 두미 방향으로의 발달은 태내 발달과 출생 후 영아기 발달 모두에서 관찰되는 현상이다(Gesell, 1946; Crain, 2011 재인용).

(2) 중심말초 방향으로의 발달

영아기 동안 신체는 중심말초 방향(proximodistal)으로 성장한다. 즉, 영아의 신체는 중심에서 바깥쪽으로 성장이 진행된다. 이 원칙에 따라 영아들은 우선 몸통과 팔을 통제할 수 있게 된 이후에 손이나 손가락을 조절할 수 있게 된다. 손 부위에 한정해 보더라도 아기들은 손 전체의 근육을 조절할 수 있게 된 다음에 여러 개의 손가락을 한꺼번에 통제할 수 있게 된다.

2) 규준과 개인차

영아의 신체 발달에서는 규준과 개인차를 동시에 고려할 필요가 있다. 규준(norm)이란 어떤 특성들의 평균치를 말한다. 키를 예로 들어 보자. 아무리 키가 작거나 반대로 키가 아주 크다고 한들 120cm 미만이나 210cm 이상의 성인은 별로 없으며, 사람들의 키는 대부분 그 사이에 해당된다. 이처럼 규준은 정상 여부를 판단하는 중요한 기준이다. 마찬가지로 규준은 아동이 정상적으로 발달하고 있는지에 대한 일종의 길잡이라고 할 수 있다.

〈표 3-1〉에는 우리나라 영아들의 출생 시부터 24개월까지의 평균적인 신장과 체중이 제시되어 있다(보건복지가족부, 2007).

한편 영아의 신체 발달에서는 정상 범위 내에서도 상당한 개인차(individual

difference)가 있다. 예컨대, 영아는 평균적으로 생후 1년 무렵이 되면 걸을 수 있다. 그러나 어떤 영아는 10개월 정도로 이른 시기에, 또 어떤 아이는 18개월이 되어서야 걷기 시작한다. 영아기 자녀를 둔 부모들은 종종 너무 늦게 발달하는 것에 대해 걱정하곤 한다. 하지만 정상임을 가정할 때 모든 인간은 시기의 차이가 있을 뿐 결국 말하고 걷게 된다. 더욱이 이러한 발달의 시작 연령이 반드시 이후의 능력을 예측해 주는 것도 아니다(Steinberg et al., 2011).

표 3-1 한국영아발육표준치(2007년)

남아		연령	여아	
신장(cm)	체중(kg)		신장(cm)	체중(kg)
50.12	3.41	출생 시	49.35	3.29
57.70	5.68	1~2개월	56.65	5.37
60.90	6.45	2~3개월	59.76	6.08
63.47	7.04	3~4개월	62.28	6.64
65.65	7.54	4~5개월	64.42	7.10
67.56	7.97	5~6개월	66.31	7.51
69.27	8.36	6~7개월	68.01	7.88
70.83	8.71	7~8개월	69.56	8.21
72.26	9.04	8~9개월	70.99	8.52
73.60	9.63	9~10개월	72.33	8.81
74.85	9.63	10~11개월	73.58	9.09
76.03	9.90	11~12개월	74.76	9.35
78.22	10.41	12~15개월	76.96	9.84
81.15	11.10	15~18개월	79.91	10.51
83.77	11.74	18~21개월	82.55	11.13
86.15	12.33	21~24개월	84.97	11.70

출처: 보건복지가족부(2007).

2. 신경계 발달

수정 후 9개월이 지나면 태아는 미약하기는 하지만 외부 자극들에 반응을 보인다. 출생 후 약 1년이 지나면 영아들은 좀 더 능동적으로 필요한 것을 요구하기도 하고 부모의 정서 표현에 반응하기도 한다. 이러한 발달은 상당 부분 신경계의 발달과 관련이 있다. 인간의 신경계는 중추신경계와 자율신경계로 나뉜다. 중추신경계(central nervous system: CNS)는 뇌와 척수로 이루어진 신경계의 일부로, 정보를 처리하고 행동을 결정하는 역할을 한다. 이러한 신경계의 기본 단위는 신경세포, 즉 뉴런(neuron)이다. 앞으로 이 책에서는 신경세포와 뉴런이라는 용어를 번갈아 사용할 것이다. 영아기 동안의 신경계 발달은 뇌의 구조 및 신경세포의 기능 발달과도 밀접한 관련이 있다. 한편 자율신경계(automatic nervous system: ANS)는 의식적이거나 자발적인 통제가 아닌 신체 활동, 즉 호흡, 혈액 순환, 소화를 통제하는 신경계의 영역이다. 영아기를 거치면서 자율신경계는 점차 성숙하고, 이에 따라 영아들은 자신의 각성이나 상태를 조절할 수 있게 된다. 영아기 동안 일어나는 신경계 발달을 보다 구체적으로 살펴보겠다.

1) 중추신경계의 발달

(1) 뇌의 구조

인간의 뇌를 덮고 있는 가장 바깥 부분인 대뇌피질은 얇은 신경 조직으로 이루어져 있다. 피질은 3cm 정도의 두께이지만 전체 뇌 중 75%의 신경세포가 밀집되어 있으며 잔뜩 주름이 져 있다(Sharpee et al., 2006). 인간의 대뇌는 두 개의 반구(hemisphere)로 구분되어 있다. 좌반구와 우반구의 정보를 서로에게 전달해 주고 통합하는 역할을 하는 것은 뇌량(corpus callosum)으로, 일종의 신경다발이다. 좌뇌와 우뇌의 연결다리라고 할 수 있는 뇌량은 6세 무렵까지도 완전히 발달하지 않으며(Gazzaniga, Bogen, & Sperry, 1962), 대뇌피질 역시 청소년기가 될 때까지 완전히 성장하지 않는다(Thompson et al., 2000).

[그림 3-2]는 인간 대뇌피질의 구조와 기능을 나타낸 것이다. 피질의 다른 영역들은 각기 다른 기능을 담당한다. 후두엽에 위치한 시각영역은 시각을 조절하며 청각영역은 청각을 담당한다. 체감각피질(sensorimotor cortex)은 촉각을 관장하며 운동피질(motor cortex)은 자발적 운동을 조절한다. 운동피질 앞부분에 있는 전두엽(frontal cortex)은 뇌의 작전사령부로서 고차적인 인간의 정신 기능, 즉 사고, 계획, 충동 조절 및 창의성을 담당하는 영역이다.

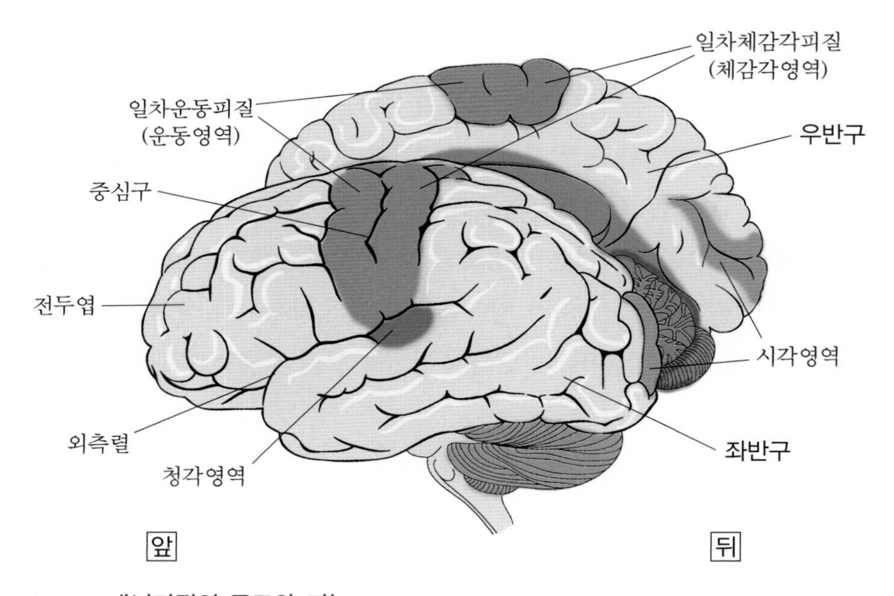

그림 3-2 대뇌피질의 구조와 기능

인간의 대뇌 가장 바깥 부분을 대뇌피질이라고 한다. 대뇌피질의 각 영역들은 각기 다른 기능을 담당한다.

(2) 신경세포의 발달

인간의 뇌는 약 1,000억 개의 신경세포로 이루어져 있다(Nowakowski, 2006). 이 신경세포는 주로 인간의 신경계에서 정보 전달을 담당한다.

[그림 3-3]에서 보이는 것처럼, 신경세포는 수상돌기, 세포체 그리고 축색의 세 부분으로 이루어져 있다. 수상돌기(dendrites)는 그 모양과 기능 면에서 다른 신경세포로부터 정보를 받는 안테나와 유사하다. 수상돌기는 마치 가지가 많은 나무처럼 보인다. 세포체(cell body)는 핵을 보유하고 있으며, 세포의 생명 유지와 신경 정보 통합을 담당한다. 또한 세포체는 다른 세포로 신경 신호를 '발화' 할지 여부를 결정하게 된다. 축색(axon)은 세포체로부터 신호를 받아 다른 신경세포로 신호를 전달한다. 축색의 말단 부분은 여러 개의 종말단추(혹은 축색종말, axon terminals)로 나뉘어 있다.

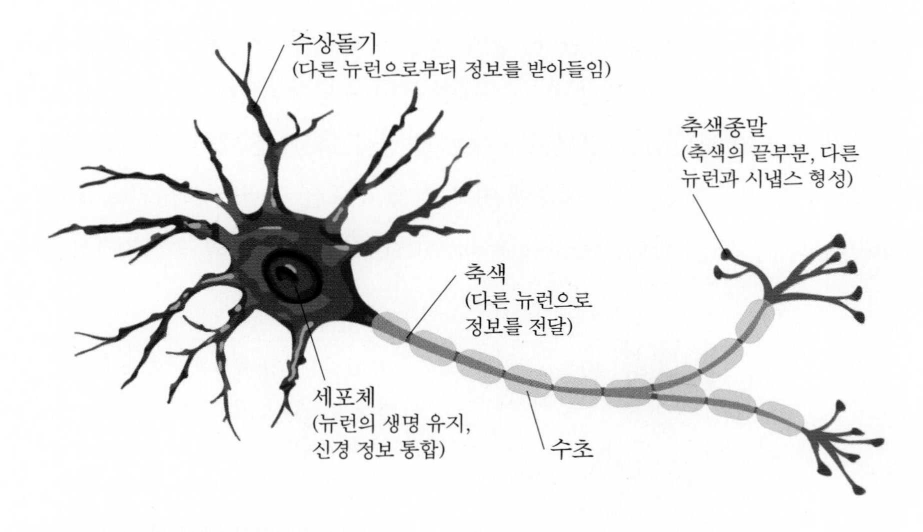

그림 3-3 신경세포의 구조

신경계의 기본 단위는 신경세포다. 인간의 뇌는 약 1,000억 개의 신경세포로 구성되어 있는데, 이는 은하계에 있는 별의 수와 비슷한 정도다. 신경세포는 수상돌기, 세포체, 축색의 세 가지 부분으로 이루어져 있다.

신경세포끼리의 정보 전달은 한 신경세포의 축색과 다른 신경세포의 수상돌기 간의 연결인 시냅스(synapse)를 통해서 이루어진다([그림 3-4]). 시냅스는 신경세포 사이에 있는 아주 작은 공간을 뜻한다. 신경세포들은 신경전달물질

(neurotransmitter)이라 불리는 전기화학 물질을 통해 상호작용한다. 신경세포 내부에서 정보는 활동전위(action potential)라 불리는 전기적 형태로 전달된다. 이 전기 신호가 축색을 따라 축색 끝에 도달하면 신경전달물질의 방출을 자극하게 되고, 정보를 담고 있는 전기화학 물질들이 시냅스를 거쳐 다음 신경세포에 정보를 전달한다. 요컨대, 신경 정보는 신경세포 내에서는 전기적 방식으로, 신경세포 간에는 화학적 방식으로 전달된다.

초기 뇌 발달은 시냅스와 수초에서 일어난다(Steinberg et al., 2011). 우선 시냅스 수준에서의 변화를 살펴보자. 영아의 뇌에서는 시냅스 생성(synaptogenesis) 과정이 활발히 진행된다. 이는 축색과 수상돌기의 성장을 통한 신경세포 간의 연결, 즉 시냅스의 발달을 말한다. 생애 초기 시냅스의 발달은 매우 빠른 속도로 일어난다. 일반적으로 출생 후 첫 6개월 동안 초당 10만 개의 시냅스가 형성되고 2세가 되면 하나의 신경세포는 다른 신경세포와 1만 개의 연결을 만들어낼 정도다. 이러한 빠른 속도 때문에 이 시기를 과도한 시냅스 생성기(exuberant phase)라고 부르기도 한다(Steinberg et al., 2011). 시냅스 생성의 속도는 1세경에

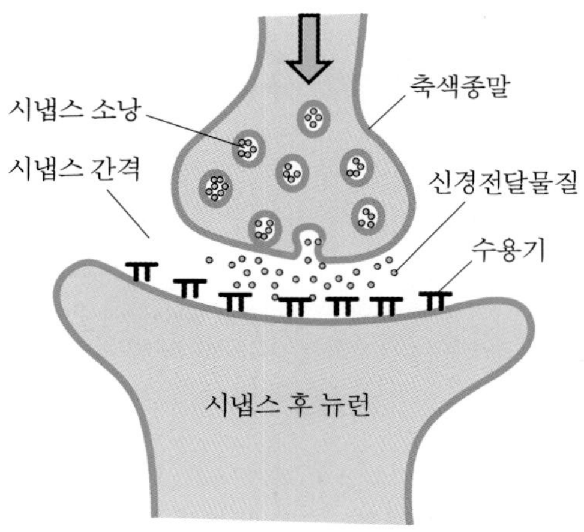

① 활동전위가 축색종말에 도착함

② 활동전위 도착의 영향으로 축색종말의 시냅스 소낭이 터지면서 시냅스 간격으로 신경전달물질이 방출됨

③ 방출된 신경전달물질이 시냅스 후막의 수용기와 결합됨

④ 시냅스 후막의 막전위 변화됨

⑤ 시냅스 후 뉴런의 변화된 막전위의 총합이 흥분 역치를 넘으면 새로운 활동전위가 격발됨

그림 3-4 시냅스의 구조와 시냅스 전달

신경세포 간의 정보 교환은 신경세포 사이의 아주 작은 공간인 시냅스에서 일어난다. 시냅스에서 정보 전달은 신경전달물질이라는 화학물질을 통해 이루어진다.

최고점을 찍은 후 아동 초기가 되면서 감소하게 된다. 여기서 시냅스 생성의 '속도'가 감소한다는 점에 주목할 필요가 있다. 시냅스 생성은 아동기와 생애 전반에 걸쳐 지속된다.

영아 초기에 형성되는 시냅스는 실제로 사용될 양보다 훨씬 많아서 1세경이 되면 뇌의 시냅스의 수는 성인의 뇌보다 약 2배 정도가 더 많다(Couperus & Nelson, 2006). 우리는 '많으면 많을수록 좋다'는 말을 자주 하곤 한다. 그러나 이러한 '다다익선'은 시냅스 발달 과정에는 적용되지 않는다(Steinberg et al., 2011). 시냅스가 지나치게 많이 형성되어 있으면 오히려 뇌의 기능은 비효율적일 수 있다. 따라서 정원사나 농부가 더 크고 좋은 열매, 더 탐스럽고 아름다운 꽃을 얻기 위해 불필요한 가지는 잘라내 버리는 것처럼 시냅스에서도 가지치기가 일어난다. 바로 시냅스 상실(synaptic pruning) 과정이다. 이는 사용되지 않고 필요하지 않은 시냅스가 삭제되는 것을 의미한다(Steinberg et al., 2011). 물론 자주 사용되는 시냅스는 보존된다. 시냅스 상실의 과정은 뇌 기능의 효율성을 증가시킨다. 극단적으로 시냅스 상실이 전혀 일어나지 않는다면 아동의 수상돌기는 너무 촘촘하게 밀집되고 길어져서 지적 장애나 다른 발달장애를 유발할 수 있다(Huttenlocher, 2002).

뇌 발달의 또 다른 핵심 과정은 수초화(myelination)라 할 수 있다. 처음에 신경세포의 축색은 말 그대로 '누드' 상태로 있지만, 점차 수초(myelin)라는 지방 조직이 축색을 감싸게 된다(수초가 있는 축색을 유수축색, 수초가 없는 축색을 무수축색이라고도 한다; Steinberg et al., 2011). 수초화는 정보 전달의 속도를 높인다. 실제로 수초화 이전과 비교해 볼 때 수초화 이후에 축색의 신경 전달 속도는 세 배 이상 증가하는데, 태아기에 시작되어 성인기까지 계속 진행된다(Couperus & Nelson, 2006). 대뇌 영역별로 수초화되는 시기에는 조금씩 차이가 있다. 시각이나 운동과 관련된 일차적 감각 및 운동영역들은 고차적 인지 기능을 담당하는 영역보다 더 일찍 수초화가 된다. 소뇌(cerebellum: 신체 균형과 신체 운동을 담당하는 피질 하 부위)와 대뇌피질의 연결 조직들은 4세경까지 수초화가 되는데, 이 시기 아동들의 운동 조절은 이전과 비교해 볼 때 뚜렷하게 향상된다. 고차적 인지 기능과 관련된 전전두엽의 수초화는 아동 중기와 후기, 청소년기를 거쳐 성인 초기까지 계속된다.

이와 같은 신경계의 변화는 생물학적 성숙과 경험 모두에 의한 것이라 할 수 있다. 뇌의 초기 변화는 유전적으로 결정되어 있다. 따라서 뇌는 일정한 시기에 정해진 방향으로 발달한다. 그러나 중추신경계의 발달은 생물학적 성숙만으로는 온전히 설명할 수 없다. 경험도 중요한 역할을 한다. 예컨대, 다양한 장난감과 탐색이 가능한 복잡한 환경에서 자란 쥐는 일반적인 단순한 실험실 우리에서 혼자 자란 쥐보다 더 무겁고 두꺼운 시각피질을 발달시킨다. 또한 경험이 많은 쥐는 문제 해결도 더 능하다(Greenough, Black, & Wallace, 1987). 이처럼 경험은 뇌의 구조에 영향을 미치고 기능을 변화시킬 수 있다.

2) 자율신경계의 발달

신생아의 행동 중 많은 부분은 생존을 위한 것으로서 의식적인 통제와는 아직 관련이 없는 것도 많다. 호흡, 혈액 순환, 소화 등이 그렇다. 이를 통제하는 자율신경계(autonomic nervous system: ANS)의 발달을 알아보자.

언뜻 보면 아기는 깨어 있을 때나 잠을 잘 때나 계속 입, 눈 그리고 팔다리를 예측할 수 없이 버둥거리는 존재처럼 보인다. 그러나 자세히 살펴보면 영아들은 생각보다 훨씬 규칙적이어서 상당히 예측 가능한 리듬으로 순환(cycle)한다(Rivkees, 2004). 심장의 활동, 폐의 수축 및 확장 그리고 빨기 행동은 초 단위로 반복된다. 이보다는 덜 빈번하지만 영아의 발차기와 흔들기 행동 또한 순환적으로 반복된다(Thelen & Smith, 2006). 이러한 신체 운동은 1~2분에 한 번 정도로 순환 반복된다. 한편 각성과 수면도 번갈아 가면서 반복된다. 수면에는 눈동자가 움직이지 않는 조용하고 깊은 수면 상태인 비REM 수면과 빠른 눈동자 움직임이 나타나는 수면 상태인 REM(Rapid Eye Movement) 수면이 있는데, 영아는 각성, 졸림, REM 수면, 비REM 수면 상태의 순환을 경험하게 된다(Groome et al., 1999).

Steinberg 등(2011)에 따르면 이러한 순환에는 몇 가지 기능이 있다. 첫째, 휴식의 기능이 있다. 어떤 유기체도 끝없이 움직일 수는 없기 때문에 활동한 후에는 휴지기가 있기 마련이다. 둘째, 자기 자극의 기능을 한다. 종종 아기들은 스스로 자극을 만들어 낸다. 이러한 자기 자극, 즉 팔을 흔들거나 다리를 차는 것은 그 운동과 관련된 뇌 영역에서 시냅스의 생성을 촉진한다. 마지막으로, 사회적 활동에 있어 일종의 정보 기능을 한다. 예컨대, 아기의 수면-각성 주기는 양육자로 하여금 언제 잠재우고, 언제 함께 놀아 주어야 하는지에 대한 신호가 된다(Bornstein & Lamb, 2008).

영아의 수면-각성 주기는 양육자로 하여금 언제 어떻게 상호작용해야 하는지에 대한 정보를 제공한다.

3. 반사

신생아를 떠올려 보자. 얼굴은 온통 쭈글쭈글하다. 팔다리는 끊임없이 버둥거린다. 신생아는 스스로 할 수 있는 일이 거의 없어 보인다. 그러나 신생아들도 비록 제한적이긴 하지만 '반사(reflex)' 행동을 보인다. 반사란 소리, 빛, 건드림과 같은 외부 자극에 대해 자연스럽게 나타나는 단순한 불수의적 반응을 말한다(김선진, 2003). 반사는 생존과 밀접한 관련이 있다.

1) 반사의 유형

반사는 세 가지 범주로 나눌 수 있다(Steinberg et al., 2011). 접근반사, 회피반사, 기타 반사가 그것이다.

첫째, 접근반사는 호흡이나 파악, 빨기, 삼키기 등의 '받아들이기'와 관련이 있다. 근원반사는 입 주변의 자극에 대한 반사로 나타난다. 근원반사로 신생아는 자극이 일어나는 쪽으로 머리를 돌려 자극의 원천을 찾는 행동을 하게 된다. 근원반사는 보통 빨기반사로 이어지는데 이는 영아로 하여금 음식을 찾아 섭취하게끔 해 준다.

둘째, 회피반사는 기침, 재채기, 눈깜박임 등이다. 보통 회피반사는 '전부 아니면 전무'의 성격을 띤다. 즉, 이러한 반사 행동이 일어난다면 보통 최대치로 나타나는 경향이 있다. 회피반사를 유발하는 자극들은 주로 신체를 손상시킬 위험이 있는 것들이다. 예컨대, 눈 깜박임 반사는 물체가 안구 가까이 다가오거나 밝은 빛을 눈에 비출 때 눈이 손상되지 않도록 보호하기 위해 유발된다.

셋째, 기타 반사는 과거 인간이 진화해 오는 과정에서 가치를 가지고 있었던 것으로 보인다. 잡기반사와 모로반사가 그 예라고 할 수 있다. 잡기반사(Palmer grasp reflex)는 아기가 쥐고 있는 물체를 갑자기 들어 올리면 그 물체를 꽉 쥐는

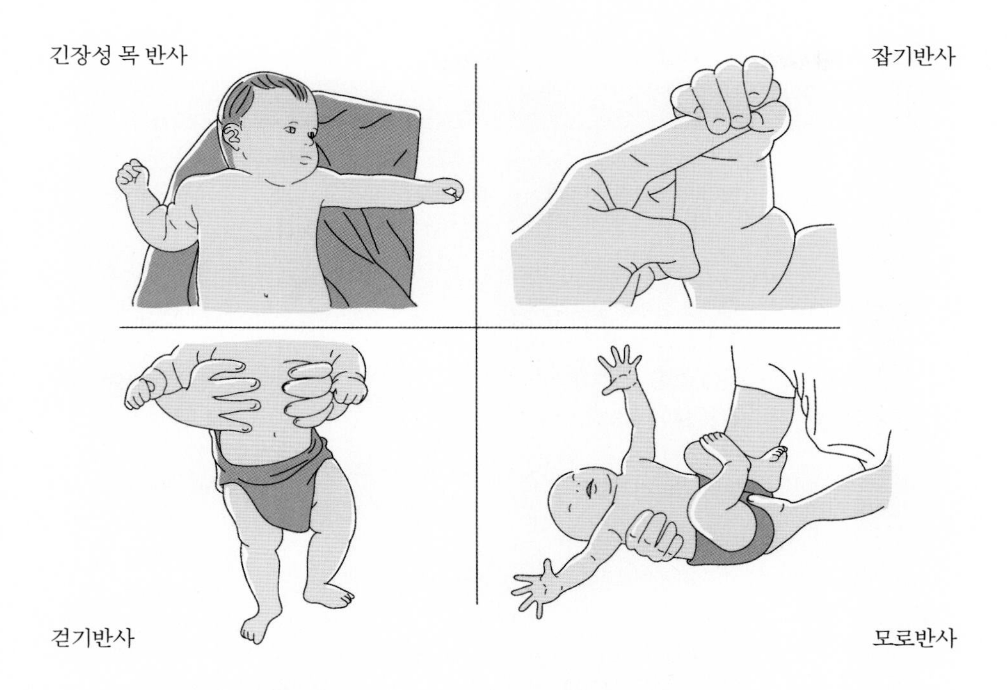

그림 3-5 반사의 예(일부)
반사란 소리, 빛, 건드림과 같은 외부 자극에 대해 자연스럽게 나타나는 반응이다.

것이다. 모로반사(Moro reflex)는 큰 소리가 나거나 갑자기 균형을 잃었을 때 아기가 팔을 크게 뻗으면서 화들짝 놀란 후 몸통 쪽으로 다시 팔을 모으는 반응이다. 모로반사는 아기로 하여금 잠시나마 자신의 체중을 지지할 수 있도록 만들어 양육자가 중심을 잃고 아기를 안고 있다가 떨어뜨리는 것을 방지하는 역할을 한다.

〈표 3-2〉는 반사의 유형과 그것이 유발되는 상황을 정리한 것이다.

표 3-2 영아기 반사의 유형

반사	자극	영아의 반응	소멸 시기
찾기(rooting)	뺨이나 입가를 만진다.	자극을 제시받은 방향으로 얼굴을 돌리고 입을 열고 자극을 집어넣는다.	3~4개월 이후
빨기(sucking)	입가에 물체를 갖다 댄다.	자동적으로 물체를 빨기 시작한다.	3~4개월 이후
눈 깜박임 (blinking)	눈에 빛을 비추거나 입김을 불어 넣는다.	양쪽 눈을 감는다.	영구적(소멸되지 않는다)
바빈스키 (Babinski)	발바닥을 간지럽힌다.	발가락을 짝 펴고 두 발을 서로 꼰다.	9~12개월 사이
잡기(grasping)	손바닥을 건드린다.	손바닥을 꽉 쥔다.	3개월 이후 약화, 12개월 이후 소멸
모로(Moro)	큰 소리를 들려주거나 약간 아래로 흔들어 줌으로써 갑작스러운 자극을 제시한다.	놀라면서 등을 구부리고 머리를 뒤로 젖히면서 팔과 다리를 쫙 편 다음 재빠르게 몸을 움츠린다.	3~4개월 이후
걷기(stepping)	바닥 위에 영아를 일으켜 세운 다음 발이 땅에 닿도록 한다.	마치 걷는 것처럼 발을 움직인다.	3~4개월 이후
수영(swimming)	물속에 담근다.	수영 동작을 한다.	3~4개월 이후
긴장성 목 (tonic neck)	등을 대고 눕힌다.	두 손을 함께 쥐고 주먹 모양을 하면서 때로는 오른쪽으로 고개를 돌린다.	2개월 이후

출처: Santrock (2005), p. 165.

2) 반사와 발달 평가

몇몇 반사들은 원시시대에는 영아의 생존을 유지하는 기능을 했던 것 같다.

예를 들어, 쥐기반사는 원시시대에 어머니의 몸에 붙어서 생활할 때 떨어져서 심하게 다칠지도 모를 위험을 방지했던 것으로 추정된다. 그러나 진화가 진행되면서 점차 불필요해져서 오늘날은 원시시대에서처럼 원래의 기능, 즉 생존에 필수적인 기능을 하기보다는 흔적만 남아 있는 것으로 보인다. 그러나 반사는 영아의 정상 발달 여부를 평가하는 데 있어 좋은 도구가 될 수 있다. 실제로 반사는 신생아 검사의 일부이기도 하다(Apgar, 1953). 대부분의 반사는 출생 이전부터 발달하며, 일반적으로 생후 4~8개월 동안 관찰된다. 그러다가 유형에 따라 차이는 있지만 특정 시점 이후 갑자기 사라져 버린다. 왜 그럴까? 대뇌피질이 발달하면서 피질 아래 부위의 활동을 억제하기 때문이다. 일반적으로 대뇌피질은 피질 아래의 대뇌 부위보다 더 고차적이고 의식적인 행동을 통제한다. 따라서 반사의 소멸은 보다 고차적인 대뇌피질 기능이 등장, 아기의 행동을 통제하기 시작한다는 것을 말해 주며, 정상적인 뇌 발달이 진행된다는 것을 의미한다(곽금주 외, 2005). 이는 영아 발달에서 중요한 특징 한 가지를 보여 준다. 성숙은 종종 새로운 것의 등장만이 아닌 소멸로도 나타난다는 것이다. 이를 분명하게 보여 주는 예가 바로 시냅스 상실과 반사다.

4. 운동 발달

영아기의 운동 발달은 신체 발달과 마찬가지로 출생 이후 2년 남짓한 짧은 기간에 경이로울 정도로 급속하게 일어난다(Adolph & Berger, 2005, 2006). 신생아는 뒤집기조차 할 수 없지만 걸음마기에 접어들어 일단 첫 발을 뗀 아기는 너무나 빨리 움직여서 엄마가 미처 통제하지 못할 정도가 된다. 다른 영역의 발달과 마찬가지로 운동 발달 역시 성숙과 경험의 영향을 받는다(Von Hofsten, 2007). 영아의 운동 발달은 대체로 정해진 순서로 진행되는데 이는 성숙의 영향이다. 또한 경험이 축적됨에 따라, 영아는 보다 정교하게 움직이거나 사물을 조작하는 능력을 갖게 된다(Claxton, Keen, & McCarty, 2003; Keen Carrico, Sylvia, & Berthier, 2003). 운동 발달은 운동에 사용되는 근육의 크기에 따라 대근육 운동과 소근육 운동으로 구분된다. 대근육 운동은 기기, 걷기, 달리기 등 몸통과 사지와 같은 대근육을 이용하는 운동을 말한다. 반면 소근육 운동은 쥐기, 쓰기, 그리기 등 손가락과 같은 소근육을 이용하는 운동을 의미한다.

1) 대근육 운동 발달

5개월이 될 때까지 대체로 영아들은 하루 중 대부분의 시간을 누워 있다. 6개월 정도가 되면 대부분의 아기는 혼자 앉을 수 있고, 주로 자신의 앞에 놓여 있는 것을 보거나 고개를 돌려 주위를 살펴볼 수 있다. 생후 7개월에서 8개월이 되면 아이들은 기기를 시작한다. 기기에 숙달되면 그 이동 속도는 부모를 놀라게 할 정도로 빨라진다. 이 시기 아기들은 일어나려는 노력을 많이 하며, 부모나 가구 등을 붙잡고 움직이기도 하다가, 곧 도움을 받으면서 걷기 시작한다. 평균적으로 대략 1세경이 되면 영아들은 서툴고 어색하게 첫 발을 떼기 시작한다. 이때 아기들의 걸음은 균형을 잡기 위해 엉덩이를 뒤로 뺀 상태에서 뒤뚱거리는 모습이다. 보다 자연스러운 걸음걸이는 2세 무렵 나타난다. 이러한 초기 운동 발달은 규준적 변화를 보인다([그림 3-6] 참조). 즉, 전 세계의 아기들은 비슷한 시기에 기고 비슷한 시기에 첫 걸음마를 한다. 한편 운동 발달에서는 개인차도 관찰된다. 어떤 아기들은 기기를 건너뛰고 생후 9~10개월경 걷기를 시작하기도 한다. 또 어떤 아기들은 18개월이 될 때까지도 걸음마를 하지 않는다.

한국 영아를 대상으로 한 곽금주 등(2005)의 연구에서도 유사한 발달 양상이 관찰되었다. 1개월에는 36.1%의 영아가 엎드려서 머리를 45° 정도 들 수 있었으며, 2개월이 되면 동일한 자세를 취할 수 있는 영아의 비율이 79.7%로 증가하였다. 4개월이 되면 우리나라 영아 중 64.1%가 팔로 지지하고 가슴을 들 수 있게 되는데, 이는 이후 기는 동작의 기초가 된다. 7개월 무렵 82.9%의 영아가

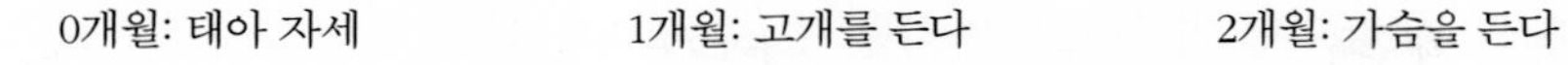

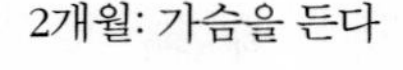

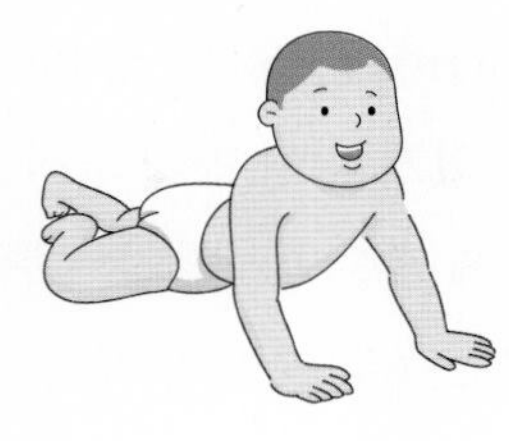

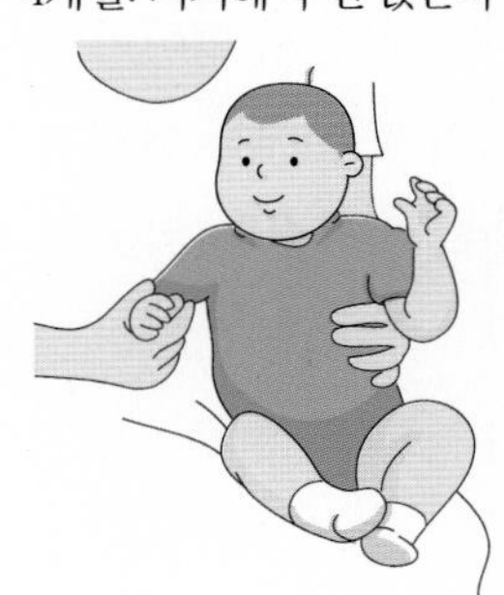

그림 3-6 월령에 따른 대근육 운동의 발달

초기 대근육 운동의 발달은 규준적 변화를 보인다. 즉, 그 발달은 문화 보편적으로 비슷한 시기에 비슷하게 일어나는 경향이 있다.

출처: Kail (2008), p. 130.

바닥에 앉혀 놓으면 양손으로 바닥을 짚고 혼자서 몸을 지탱하여 앉는 자세를 보이며, 75.6%의 영아는 양손으로 바닥을 짚지 않고 똑바로 몇 분간 앉아 있을 수 있게 되어 앉기 동작이 더욱 성숙해짐을 알 수 있다. 기는 동작의 경우도 7개월에서 59.8%의 영아가 엎드려서 한 손만으로 상체를 지탱하면서 고개를 들 수 있고, 65.9%의 영아는 자신의 손과 무릎으로 바닥을 지탱하면서 기는 자세를 할 수 있다. 8개월이 되면 대부분의 영아(91.4%)가 가구를 붙잡고 서 있을 수 있으며 11개월이 되면 69.2%의 영아가 10초 이상 혼자 서 있을 수 있다. 이 능력은 혼자 걸을 수 있는 기초가 된다. 그러다가 12개월 무렵 84.7%의 영아가 손만 잡아 줘도 앞으로 몇 걸음 이동할 수 있게 된다. 이는 [그림 3-6]에서 제시된 것처럼 다른 문화권의 아기들이 보이는 운동 발달의 규준적 변화와 일치하는 것이라 할 수 있다.

2) 소근육 운동 발달

영아기에는 주로 눈과 손의 협응이 발달한다. 신생아들에게 물체가 매달려 있는 것을 보여 주면 손과 발을 움직이기는 하지만 제대로 잡지는 못한다. 생후 5개월이 되어야 손 뻗기가 점점 더 정확해진다. 작은 물체를 잡도록 하면 10개월 이전의 어린 영아는 엄지손가락을 사용하지 않고 손바닥으로 물체를 쥐게 된다(김선진, 2003). 그러나 10개월이 지나면 작은 물체를 잡기 위해 엄지와 집게손가락을 사용한다. 블록 쌓기는 생후 12개월 정도가 되어야 가능하며, 단추를 채우는 등 옷을 입을 수 있는 것은 생후 24개월 정도가 되어야 한다.

한국 영아들의 소근육 운동 발달은 어떨까? 곽금주 등(2005)의 연구에서 3개월이 되면 62.9%의 영아들이 이전 월령보다 더 많은 뻗기 동작을 보였으며, 94.3%의 영아들은 손가락을 입에 넣고 빨 수 있었다. 이는 손과 입의 협응이 3개월 무렵부터 이루어지기 시작한다는 것을 보여 주는 것이다. 5개월이 되면 자의적인 잡기가 가능해져서 장난감을 바닥이나 탁자에 두드리면서 노는 행동을 빈번하게 보인다. 이 시기 영아의 70.7%는 손을 뻗어 블록을 집어드는 것처럼 목표 지향적 뻗기가 가능해져 자의적인 잡기를 할 수 있다. 그러다가 9개월경이 되면 양손의 협응이 본격적으로 이루어지기 시작해서 59%의 영아는 블록을 양손에 동시에 잡을 수 있고, 71.8%는 두 손으로 블록을 마주쳐 두드릴 수 있다. 또한 10개월 된 영아의 55.6%는 블록을 잡아서 컵에 넣을 수 있는데 이것을 통해 물체 잡기뿐 아니라 놓기 능력도 발달하고 있음을 알 수 있다. 또한 12개월 된 영아 중 62.5%가 엄지와 검지로 잡는 정교한 잡기 능력을 보인다. 12개월은 바로 영아가 태어난 뒤로 잡기에서 중요한 전환이 나타나는 시기라고 할 수 있다. 생애 초기 영아는 엄지손가락을 사용하지 않고 손바닥으로 물체를 쥐는 파워 그립(power grip)을 보이는데 점차 엄지손가락과 다른 손가락을 모두 사용하여 물체를 쥐는 정확성 그립(precision grip)을 보이게 된다. 그러다가 24개월이 되면 모든 영아는 음료수를 주면 마신 후에 흘리지 않고 컵을 내려놓는 더욱 정교화된 잡기와 놓기 능력을 갖추게 된다. 이 장의 뒷부분에서 한국 영아의 운동

표 3-3 운동 발달의 규준

나이	대근육 운동	소근육 운동
1개월		물건을 손에 놓으면 쥐기 가능
3~4개월		손을 가지고 놂
5개월	앞에서 뒤로 뒤집기	손 뻗음이 점점 정확해짐
6~8개월	기기 시작	
9개월	지지하며 서기	한 손에서 다른 손으로 물건 이동
10개월	잘 기어 다님	몸 중심 쪽에서 양손을 다른 용도로 사용 가능
1년	기거나 서기 혹은 걷기, 한 층에 두 발씩 계단 올라가기	블록 쌓기, 물 붓기, 손가락으로 음식 먹기 등
2년	계단을 한 층에 한 발씩 오르거나 내려가기	넉넉한 옷 등을 입거나 (왼발, 오른발에 안 맞게) 신발 신기

출처: Macintyre & McVitty (2004): Steinberg et al., (2011), p. 109에서 재인용.

발달을 좀 더 자세히 살펴보겠다.

〈표 3-3〉은 대근육 운동과 소근육 운동의 시기별 발달을 보여 준다.

3) 운동 발달에 미치는 성숙과 경험의 영향

앞서 언급했듯이 초기 운동 발달은 성숙의 영향을 받아 일정한 순서와 형태로 이루어진다. 그렇다면 운동 발달이 전적으로 생물학적 성숙에만 달렸을까? 그렇다고 보기는 어렵다. 비교문화 연구들을 종합해 보면 운동 발달은 부모의 기대와 양육 형태에 따라 영향을 받을 수 있다. 예컨대, Hopkins와 Westra(1988, 1990)는 유럽 문화권과 자메이카, 서아프리카의 말리의 어머니와 영아들을 대상으로 운동 발달에 대한 어머니의 기대와 실제 운동 발달을 연구했다(Steinberg et al., 2011). 그 결과 유럽의 어머니들은 운동 발달이 생물학적 성숙에서 비롯된 것이라고 믿고, 앉기와 걷기 사이의 기기가 중요한 단계라고 보았다. 반면 자메이카 어머니들은 운동 발달에 연습이 필요하다고 믿고 기기를 불필요한 행동으로 보는 경향이 있었다. 네 발로 움직이는 것은 짐승에게나 걸맞다는 것이다. 또한 자메이카의 어머니들은 서구 유럽 어머니들보다 아기들이 앉거나 서기를 더 먼저 할 것으로 기대하였다. 이러한 어머니의 기대와 비슷하게 유럽 문화권에서는 거의 모든 아이가 기는 단계를 거치는 반면, 25%의 자메이카 영아는 기는 행동을 보이지 않았다. 또한 자메이카의 영아들은 더 어린 나이에 앉고 걷기 시작하였다. 문화에 따른 어머니의 기대 차이가 영아에게 다른 경험을 제공했고, 그 결과 영아의 운동 발달은 차이가 난 것이다(Hopkins & Westra, 1990). 이처럼 경험은 유전과 함께 운동 발달에서 중요하다.

5. 한국 영아 발달: 신체 및 운동

이 절에서는 한국 영아의 발달 양상을 『한국영아발달연구』(곽금주 외, 2005)의 자료에 근거하여 살펴보겠다. 한국 영아 발달 연구는 2002년 8월부터 2005년 7월까지 3년에 걸쳐 진행되었으며, 인지, 언어성, 사회성 발달의 큰 틀에서 각 월령별로 세분화된 발달 양상이 측정되었다(곽금주 외, 2005). 그중 1차년도, 즉 2002년 8월부터 2003년 7월까지 1년 동안 진행되었던 연구 결과가 『한국영아발달연구(곽금주 외, 2005)』로 발간되었다. 이 연구의 대상은 생후 1개월부터 36개월까지의 영아 2,727명과 부모였으며, 각 월령별로 70~80명의 영아들이 연구에 참여하였다. 남녀의 비율은 약 51 대 49였으며 서울 및 경기, 충청, 영남, 호남에 걸쳐 전국 규모로 진행되었다(곽금주 외, 2005). 연구대상자의 지역별 표집은 당시 각 지역별 출생빈도에 근거하여 이루어졌으며 구체적으로 서울 및 경기 50%, 충청 약 10%, 영남 30%, 호남 10%의 분포였다. 훈련받은 검사자들이 각 가정을 방문하여 부모가 응답한 설문지와 실제 영아 발달을 알아보기 위해 간단한 검사를 실시함으로써 자료를 수집하였다. 이 절에서는 이 『한국영아발달연구』(곽금주 외, 2005)에 제시되어 있는 영아 발달 준거에 대한 통계 자료들을 해당 영역에서 함축적으로 소개하고자 한다.

1) 한국 영아 발달: 반사

1~6개월 사이 영아에게서 두드러지게 나타나는 것은 바로 반사행동이다. 반사는 영아의 신경계가 정상적으로 발달하고 있는지를 보여 주는 지표로서 주목을 받고 있다(곽금주 외, 2005). 갑작스럽게 큰 소리가 나거나 머리의 위치가 변하면 깜짝 놀라면서 팔다리를 벌렸다가 오므리는 모로반사는 생후 1개월 영아 중 83.1%에게서 나타났는데 월령 증가에 따라 감소되었다(3개월 45.7%, 4개월

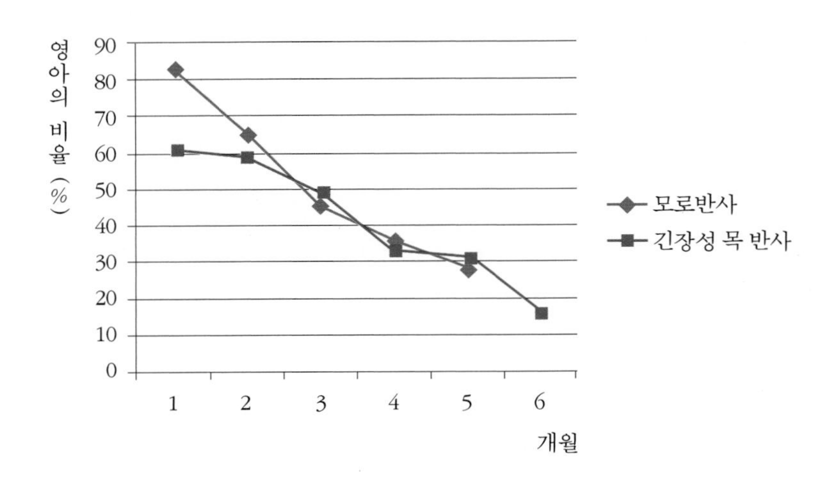

그림 3-7 모로반사와 긴장성 목반사 발달지표(%)

반사행동은 출생 직후 빈번히 나타나다가 중추신경계 발달의 영향으로 점차 사라진다.

35.1%, 5개월 29.3%; 곽금주 외, 2005). 영아의 머리를 한쪽으로 돌려 놓으면 얼굴이 향하는 쪽의 팔을 쭉 뻗으면서 반대쪽 팔을 구부리는 긴장성 목 반사 역시 모로반사와 유사한 발달적 변화를 보인다. 이 반사 역시 생후 1개월에서 가장 많이 나타나다가 월령 증가에 따라 줄어들어 6개월에 이르면 대부분의 영아들에게서 사라졌다(1개월 60.2%, 4개월 33.8%, 6개월 16.4%; 곽금주 외, 2005). 모로반사와 긴장성 목 반사와 같이 반사행동은 출생 직후 빈번하게 나타나다가 중추신경계가 발달하면서 점차 사라진다. 한국 영아들의 반사도 다른 문화권의 영아와 유사하게 2~4개월경 모로반사가, 6개월경 긴장성 목 반사가 사라지는 양상을 보여 준다.

2) 한국 영아 발달: 대근육 운동

영아의 운동 발달에서, 다리나 몸통 등의 대근육 발달이 먼저 이루어지고 손과 손가락 등의 소근육 발달이 더 늦게 이루어진다. 한국 영아의 대근육 발달을

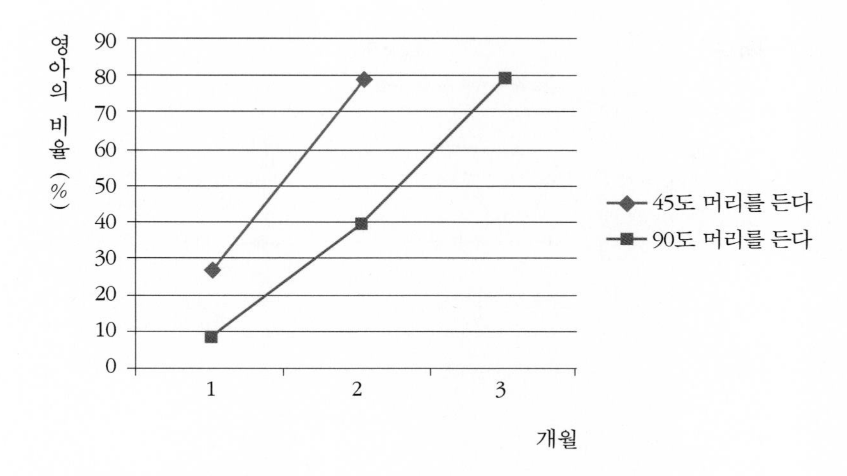

그림 3-8 목 가누기 발달지표(%)

그림에서 볼 수 있는 것처럼 3개월 정도면 대부분의 영아들이 90도 머리를 드는 것이 가능하다. 따라서 이 시기에는 이전보다 더 자유롭게 영아를 안거나 업어서 활동할 수 있게 된다.

목 가누기, 뒤집기, 앉기, 기기, 걷기 및 공 던지기 등의 측면으로 나누어 살펴보겠다. 목 가누기의 경우 1개월 영아 중 36.1%가 엎드린 자세에서 머리를 45도 정도 들 수 있었고 2개월이 되면 그 비율이 79.7%로 늘어났으며 3개월이 되면 90도 정도로 머리를 가눌 수 있는 비율이 80.9%로 증가했다(곽금주 외, 2005). 이처럼 영아들이 머리를 가눌 수 있게 되면서 부모들은 영아를 보다 수월하게 안거나 업을 수 있게 된다(곽금주 외, 2005). 누운 상태에서 몸을 뒤집어 엎드린 자세를 취하는 뒤집기는 3개월부터 서서히 나타나다가 5개월이 되면 대부분의 영아들이 뒤집기를 할 수 있다(3개월 16.2%, 4개월 48.7%, 5개월 88%). 월령별 머리 가누기 발달지표가 [그림 3-8]에 제시되어 있다.

앉기는 4개월부터 26%의 영아에게서 나타나다가 6개월이 되면 75.3%, 8개월에는 88.9%의 영아들이 양손으로 바닥을 짚은 상태에서 앉아서 균형을 잡을 수 있게 된다(곽금주 외, 2005). 한편 앉은 상태에서 양손을 사용하는 다양한 활동이 가능해지는, 바닥에서 손을 떼고 앉기는 8개월에서 9개월 사이 본격적으로 발달한다(곽금주 외, 2005). 앉기의 발달은 [그림 3-9]에 제시되어 있다.

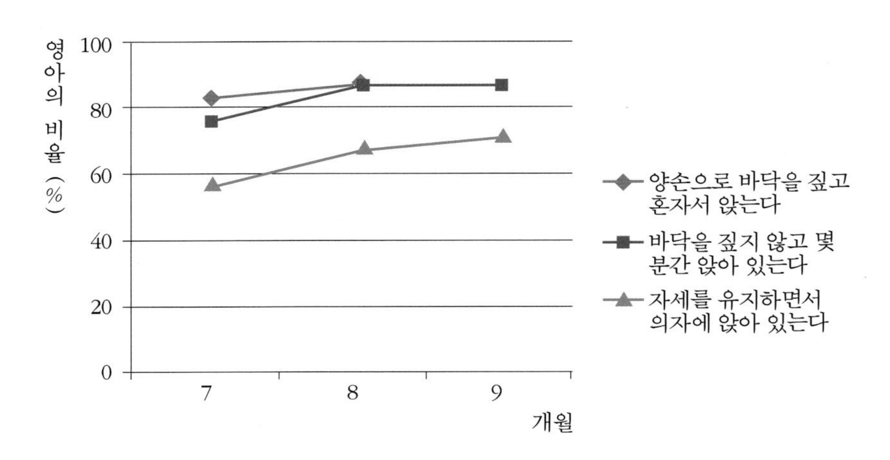

그림 3-9 앉기 발달지표(%)

한국 영아의 경우 앉은 상태에서 양손 사용을 비롯, 다양한 활동이 가능해지는 것은 바닥에서 손을 떼고 앉을 수 있는 8~9개월부터다.

영아들은 목 가누기와 뒤집기, 앉기로부터 시작하여 차츰 스스로 이동을 할 수 있는 대근육 운동을 발달시키게 된다. 기기는 7개월과 8개월 사이에 발달하기 시작하여, 7개월에는 65.9%, 8개월에는 86.4%의 영아가 손과 무릎으로 바닥을 지탱하여 기기를 할 수 있었다. 걷기는 9개월경 35%의 영아가 한 손으로 가구를 잡고 걸을 수 있는 것을 시작으로, 11개월이 되면 75.3%의 영아가 손을 잡아 주면 걸을 수 있게 되고 15개월경에는 75%의 영아들이 혼자서 몇 걸음을 걸을 수 있을 뿐만 아니라 81.9%의 영아가 뒤로 걸을 수 있게 된다(곽금주 외, 2005). 한국의 영아들은 언제부터 계단을 오르내릴 수 있을까? 14개월이 되면 30.7%의 영아가 계단을 오르기 시작하여, 17개월에는 75.7%, 18개월에는 88.3%로 지속적으로 발달하였다. 즉, 17개월 전후로 한국의 영아들은 계단을 오르내릴 수 있게 되는 것으로 보인다. 계단 오르기는 상당한 균형감각을 요구하는 동작인데, 19개월 이후 77.9%의 한국 영아가 혼자서 적어도 두 개 이상의 계단을 오르내릴 수 있게 된다(곽금주 외, 2005).

한편 영아들과 함께 공 던지기 놀이를 할 수 있는 시기는 생후 19개월 이후라고 볼 수 있다. 팔을 뻗어 머리 너머로 공을 던질 수 있는 능력은 19개월에는 73.5%의 영아에게서, 20개월에는 78.5%의 영아에게서 나타난다(곽금주 외, 2005). 바퀴 달린 장난감을 밀면서 코너를 돌 수 있는 기구의 조정능력은 20개월 이후 상당한 수준으로 나타나서 20개월에는 71.4%, 24개월에는 88.6%의 영아들이 이러한 능력을 보인다. 또한 20개월 이후에는 거의 모든 영아(91.4%)가 뛰다가 스스로 멈출 수 있을 정도로 민첩성이 발달하게 된다(곽금주 외, 2005).

3) 한국 영아 발달: 소근육 운동

대근육 운동과는 달리 소근육 운동은 손과 손가락 등 섬세한 근육을 사용하는 동작을 말한다. 주먹을 쥐는 시간이 줄어들고 손바닥을 펴고 있는 동작은 자의적인 잡기를 위한 의도를 반영하는 것인데, 4개월경부터(32.5%) 이러한 발달적 변화가 나타나기 시작한다. 이처럼 자의적인 잡기가 가능해짐에 따라 22.1%의 영아가 장난감을 바닥이나 탁자에 두들기면서 노는 행동을 보였다.

블록과 같은 작은 물체를 잡는 행동은 보다 미세한 손가락 근육을 조절해야 한다. 4개월까지는 영아가 미세한 손가락 근육을 잘 조절하지 못하다가 5개월 무렵부터 45.3%의 영아들이 엄지 안쪽과 나머지 손가락 끝으로 블록을 잡는 행동을 보인다. 이는 7개월 73.2%, 9개월 85%로 점진적으로 발달한다. 4개월 영아 중 45.5%가 우윳병을 쥐어 주면 두 손으로 쥘 수 있었으며 9개월이 되면 63.8%의 영아가 우윳병을 두 손으로 잡고 먹을 수 있었다. 6~12개월 사이 잡기 발달지표는 [그림 3-10]과 같다.

오른손과 왼손을 협응하는 능력은 7개월경 본격적으로 발달해서 7개월에는 45.7%, 8개월에는 53.1%의 영아가 블록을 한 손에서 다른 손으로 옮길 수 있었으며 양손으로 동시에 물체를 잡는 능력은 7개월에 63%에 달했고 이후 8~9개월에서 큰 변화를 보이지 않아서 이 시기 상당히 안정적인 발달을 보이는 경향이 있었다(곽금주 외, 2005).

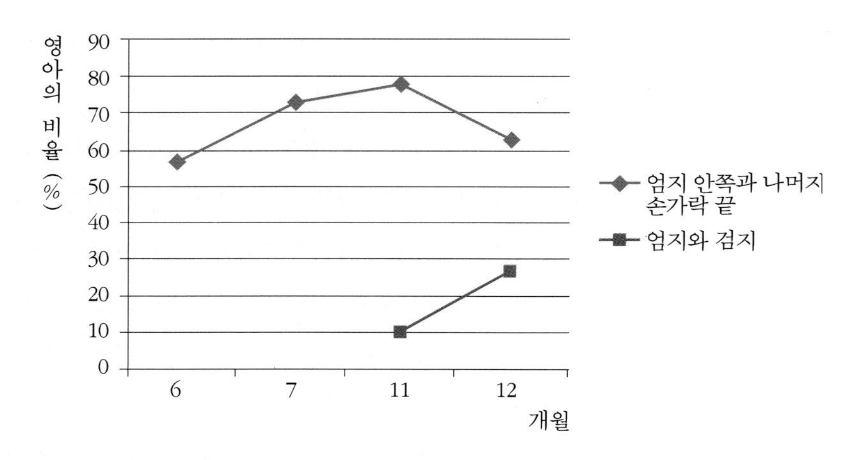

그림 3-10 잡기 발달지표(%)

블록과 같은 작은 물체를 잡는 행동은 보다 미세한 손가락 근육을 조절해야 한다. 4개월까지는 영아가 미세한 손가락 근육을 잘 조절하지 못하다가 5개월 무렵부터 영아들은 엄지 안쪽과 나머지 손가락 끝으로 블록을 잡는 행동을 보인다.

소근육 운동 발달은 생후 1년 즈음보다 급격히 이루어지는데, 13개월 이후 대부분의 영아들이 낙서를 하고(13개월 80.3%, 16개월 92%), 17개월 이후 블록으로 탑을 쌓을 수 있게 된다. 탑을 쌓는 능력은 월령 증가와 함께 발달하여, 4개의 블록으로 탑을 쌓을 수 있는 월령은 18개월 이후였다(18개월 68.8%). 블록 쌓기의 발달지표는 [그림 3-11]에 제시되어 있다.

영아들은 언제부터 병뚜껑을 열 수 있을까? 한국 영아 발달 연구에 따르면 16개월 이후다. 16개월 영아 중 63.2%가 손을 돌려서 뚜껑을 열 수 있었고, 18개월 영아 중 89.6%의 영아가 병을 뒤집어서 내용물을 비워 낼 수 있었다.

이렇게 손 조작능력이 향상되면서 영아들은 혼자서 여러 가지 일들을 할 수 있게 된다. 15개월 영아 중 66.7%, 17개월 영아 중 80%가 혼자서 양말, 모자, 신발, 장갑 등을 벗을 수 있고, 18개월 영아 중 82.9%가 혼자서 포크를 사용할 수 있었다. 19개월 영아 중 82.4%가 음료수를 주면 흘리지 않고 마시고 컵을 내려놓을 수 있었으며 21개월 영아 중 94.2%가 컵을 사용해서 물을 마실 수 있었다.

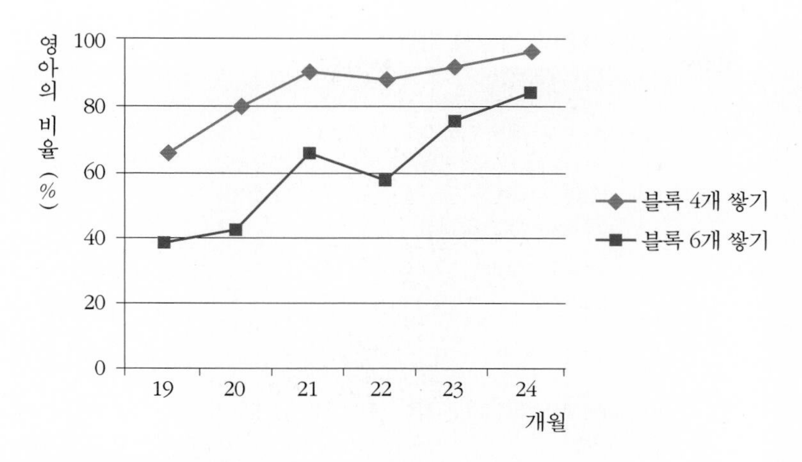

그림 3-11 블록 쌓기 발달지표(%)

블록을 쌓기 위해서는 눈과 손이 협응하여 함께 움직여야 하고 정교하게 힘을 조절해야 한다. 한국 영아의 경우 24개월 정도가 되면 이러한 운동능력이 보다 능숙해진다.

그러나 혼자서 재킷이나 셔츠 등 옷을 입는 행동은 24개월 이후 더 자라야 가능하였다. 한편 오른손잡이인지, 왼손잡이인지를 뜻하는 손에 대한 선호는 대략 3세가 되어야 나타나는데(Hardyck & Petrinovich, 1977: 곽금주 외, 2005에서 재인용), 한국 영아도 36개월 이후 손에 대한 선호가 뚜렷해졌다.

지금까지 살펴본 한국 영아의 신체 및 운동 발달의 주요 변화를 정리하면 다음의 〈표 3-4〉와 같다. 이 표는 앞서 언급했듯이 2002년 8월부터 2003년 7월까지 수집된 자료를 토대로 『한국영아발달연구』(곽금주 외, 2005)에 제시된 것을 축약하여 작성된 것임을 밝혀 둔다. 곽금주 외(2005)의 자료에서 각 월령 중 50% 이상의 영아가 해당 행동을 보인 경우 다음 표에서는 '절반 이상의 영아'가 할 수 있는 것으로, 80% 이상의 영아가 특정 행동을 보인 경우 '대부분의 영아'가 할 수 있는 것으로 표현하였다. 또한 반사는 출현 시기뿐 아니라 소멸 시기도 중요하므로 두 시기를 모두 표시하였다.

표 3-4 한국 영아 발달: 신체 및 운동 영역의 발달적 이정표

월령	반사	대근육 운동	소근육 운동
1~3개월	• 모로반사와 긴장성 목 반사가 나타나기 시작(1개월)	• 엎드린 자세에서 머리를 45도 정도로 들 수 있음(2개월) • 엎드린 자세에서 머리를 90도 정도로 들 수 있음(3개월)	• 장난감을 자의적으로 손으로 잡고 바닥이나 탁자에 두들길 수 있음(4개월)
4~6개월	• 모로반사 사라짐(5개월) • 긴장성 목반사 사라짐(6개월)	• 대부분의 영아가 뒤집기를 할 수 있음(5개월)	
7~9개월		• 절반 이상의 영아가 길 수 있음(7개월) • 대부분의 영아가 양손으로 바닥을 짚은 상태에서 앉을 수 있음(8개월) • 한 손으로 가구를 잡고 걷기 시작(9개월)	• 양손 협응을 통해 블록을 한 손에서 다른 손으로 옮길 수 있음(8개월) • 절반 이상의 영아가 우윳병을 두 손으로 쥘 수 있음(9개월) • 대부분의 영아가 엄지 안쪽과 나머지 손가락 끝으로 미세한 손가락 근육을 이용하여 블록을 잡을 수 있음(9개월)
10~12개월		• 절반 이상의 영아가 손을 잡고 걸을 수 있음(11개월)	
13~18개월		• 절반 이상의 영아가 혼자서 걸을 수 있음(15개월) • 계단을 오르내릴 수 있음(17개월)	• 대부분의 영아들이 낙서를 함(13개월) • 헐거운 병뚜껑을 열 수 있음(16개월) • 절반 정도의 영아들이 4개의 블록으로 탑을 쌓을 수 있음(18개월) • 혼자서 포크를 이용할 수 있음(18개월)
18~24개월		• 두 개 이상의 계단을 오르내릴 수 있음(19개월 이후) • 공 던지기를 할 수 있음(19개월 이후) • 뛰다가 스스로 멈출 수 있음(20개월 이후) • 대부분의 영아가 바퀴 달린 장난감을 밀면서 코너를 돌 수 있음(24개월 이후)	• 대부분의 영아가 컵을 사용해서 물을 마실 수 있음(21개월)

6. 신체 발달을 위한 부모 및 교사의 역할

앞서 언급한 바와 같이 영아의 신체 및 운동 발달은 2년 남짓한 영아기 동안 급속하게 이루어진다. 이처럼 급격한 발달에 부모와 교사는 적절하게 대처해야 한다. 다음에서는 신체 발달에 따른 부모 및 교사의 역할을 살펴보겠다.

우선 부모와 교사는 순환 주기에 맞춘 적절한 보살핌을 제공해야 한다. 영아 순환 주기의 규칙성은 신경계의 성숙을 반영하는 지표다. 동시에 어떻게 양육할지에 대한 중요한 정보이기도 하다. 예를 들면, 영아의 상태는 다음에 무슨 일이 일어날지에 영향을 준다. 어른들은 우는 아기들을 어르고 달랜다. 기분이 좋은 아기들과는 같이 놀고, 뭔가를 가르치곤 한다. 또한 상태는 아기들이 어떻게 학습하는지도 결정한다. 차분한 각성 상태에서 영아들은 접촉이나 시각 자극에 잘 반응하고 부모의 목소리에 귀를 기울이기도 한다. 이 상태에서 유아들은 부모의 얼굴을 관찰하고 그에 익숙해지거나, 침대 위에 매달려 있는 모빌을 바라보기도 한다. 이런 식으로 영아의 상태는 지각 및 인지 발달에 영향을 미친다(Steinberg et al., 2011). 따라서 부모와 교사는 영아들의 이러한 순환 주기 특성을 파악하여 적절하게 반응해 줄 필요가 있다.

또한 부모와 교사는 안전한 탐색 환경을 제공할 필요가 있다. 1장에서 살펴본 운동 발달의 역동적 체계이론에 따르면, 아동의 운동 성취는 여러 다른 심리적 발달에 영향을 미친다(Howe & Lewis, 2005; Thelen & Smith, 2006; Van Geert & Steenbeek, 2005). 예를 들어 보자. 영아는 2개월이면 깊이를 지각할 수 있다. 하지만 높이에 대한 두려움을 보이는 것은 아기들이 스스로 기어 다니면서부터다(Bertenthal & Campos, 1990). 기기라는 운동 발달은 영아로 하여금 거리에 대해 보다 더 정확하게 계산하도록 만들고(인지 발달), 이전의 경험에 근거하여 깊이가 깊어질 때 공포라는 감정을 이끌어 낸다(정서 발달). 운동 발달은 부모-아동 상호작용에도 영향을 미친다. 아기가 처음으로 뒤집기를 했을 때, 일어섰을 때,

혹은 걸음마를 시작할 때 부모들은 가족과 친구, 이웃에게 전화를 걸어서 이 기쁜 소식을 알리곤 한다. 이는 물론 기쁜 소식이다. 그러나 부모들이 앞으로 아기의 일거수일투족에 보다 주의를 기울여야 큰 사고를 예방할 수 있다는 경보이기도 하다. 아기가 움직일 수 있게 됨에 따라 집 안 곳곳을 돌아다니고 누비면서 온갖 찬장과 서랍장을 열고 탐색하는 것은 인지 발달을 가져온다. 그러나 동시에 부모가 한동안 입에 달고 살게 될 "안 돼!"라는 금지에 맞닥뜨리면서 아기는 이제까지와는 다른 사회적 관계를 경험할 수도 있다. 따라서 이러한 시기적 발달을 이해하고 적절하게 대처해야 할 것이다.

특히 보육 장면에서는 안전사고에 철저히 대비할 필요가 있다. 즉, 영아의 운동 발달이 진행되면 모서리 및 코너에 보호대를 설치하고 날카롭거나 집어삼킬 수 있는 놀잇감은 치워 두어야 한다. 또한 계단이나 욕실 등 미끄러운 장소에는 바닥에 미끄럼 방지 장치를 하여야 하며, 갑자기 수도꼭지를 돌리거나 온수기의 버튼을 조작하여 화상을 입을 위험을 방지하기 위하여 물의 최대온도를 적절하게 조정하거나 고정 장치를 해 두는 것이 좋다.

다음은 영아의 신체 및 운동 발달을 촉진할 수 있는 몇 가지 활동이다.

장난감을 잡아라! 기기놀이

아기 바로 앞에 장난감을 둔 다음 바닥을 두드려서 주의를 끌어 장난감을 향해 몸을 움직이게 한다. 아기는 장난감을 집기 위해 팔과 다리를 번갈아 움직이며 기는 경험을 통해 대근육을 발달시킬 수 있다. 아기가 장난감을 잡고 나면 장난감을 조금 더 멀리 떨어진 곳에 둔다. 이때 지나치게 멀리 두면 아기가 포기할 수도 있으므로 유의한다.

맨발로 걷기

날씨가 따뜻해지면 수목원이나 놀이터에 가서 신발을 벗고 맨발로 잔디 위를 걸어 보도록 한다. 넘어지더라도 충격을 완화할 수 있는 안전한 상태에서 아기들이 다리 근육을 움직여 걷는 연습을 하는 것은 걸음마 발달에 도움이 된다.

손가락으로 콩알 집기

10개월경 엄지손가락과 집게손가락만으로 물건을 잡을 수 있게 되면 젤리나 시리얼을 아기 앞에 놓아두고 마음대로 집게 한다. 아기가 물체를 모두 집으면 위치와 개수를 바꾸어 준다. 손가락을 이용한 손놀림을 발달시킬 수 있다. 그러나 이때 반드시 영아에게서 눈을 떼지 말아야 한다. 잡은 것은 입으로 가져가 삼킬 수 있으므로 적당한 크기를 선택한다.

요 약

이 장에서는 영아기 신체 및 운동 발달을 살펴보았다.

1. 영아기 신체 성장에는 다른 발달 영역에도 적용할 수 있는 중요한 일반 원칙이 있다. 두미 방향으로의 발달 및 중심말초 방향으로의 발달이 그것이다. 영아의 신체 발달은 두미 방향으로 진행된다. 즉, 영아의 신장, 체중을 비롯한 여러 신체 부위의 성장은 항상 머리로부터 시작하여 아래 부분으로 점진적으로 진행된다. 동시의 영아의 신체는 중심말초 방향으로 성장한다. 즉, 영아의 신체는 신체의 중심에서 바깥 방향으로 성장이 진행된다.

2. 중추신경계는 뇌와 척수로 이루어진 신경계의 일부로, 정보를 처리하고 행동을 결정하는 역할을 한다. 이러한 신경계의 기본 단위는 신경세포(뉴런)다. 영아기 동안의 신경계 발달은 뇌의 구조 및 신경세포의 기능 발달과도 밀접한 관련이 있다. 한편 자율신경계는 의식적이거나 자발적 통제가 아닌 신체 활동, 즉 호흡, 혈액 순환, 소화를 통제하는 신경계의 영역으로서 영아기를 거치면서 점차 성숙하고, 이에 따라 영아들은 자신의 각성이나 상태를 조절할 수 있게 된다.

3. 생애 초기 시냅스의 발달은 매우 빠른 속도로 일어난다. 영아 초기에 형성되는 시냅스는 실제로 사용될 양보다 훨씬 많아서 1세경이 되면 영아의 뇌의 시냅스의 수는 성인의 뇌보다 약

2배 정도가 더 많다. 이 중 사용되지 않고 필요하지 않는 시냅스는 삭제된다. 이러한 시냅스 생성과 상실의 과정은 뇌가 경험에 따라 수정되기 위해서 핵심적인 과정이라 할 수 있다.

4. 뇌 발달의 또 다른 핵심 과정은 수초화다. 이는 축색을 지방 조직인 수초로 감싸는 과정으로서, 정보 전달의 속도를 높인다.

5. 반사란 특정 자극에 대한 단순한 불수의적인 반응을 말한다. 반사는 원시시대에는 영아의 생존을 유지하는 기능을 했으나 오늘날은 이런 기능은 흔적만 남아 있는 것으로 보인다. 반사는 적절한 시기에 나타나서 적절한 시기에 사라져야 한다. 특히 반사의 소멸은 고차적인 대뇌피질 기능이 등장하여 아기의 행동을 통제하기 시작한다는 것을 말해 주며, 뇌 발달이 정상적으로 진행된다는 것을 의미한다.

6. 영아의 운동 발달은 대체로 정해진 순서로 진행되며 경험이 축적됨에 따라 영아는 보다 정교하게 움직이거나 사물을 조작하는 능력을 갖게 된다. 개인차는 있지만 1개월경 고개를 들기 시작하고 7~8개월경에는 기기 시작하며, 12개월경에는 혼자 걸을 수 있다.

제4장

영아기 감각 및 지각 발달

학/습/개/념

- 시각절벽
- 범주적 지각
- 영아 지향적 언어
- 음소변별 능력
- 감각 간 지각

인간은 세상을 시각, 청각, 촉각, 미각, 후각으로 경험한다. 이 과정을 거쳐야만 보다 고차적인 정보 처리가 가능하다는 점에서 감각과 지각은 정보 처리의 첫 관문이라고 할 수 있다. 영아기 감각 및 지각 발달을 살펴보는 것은 아기들이 세상을 어떻게 받아들이는지, 그 처음을 이해한다는 점에서 의미가 있다. 여기서 감각(sensation)은 주변의 자극들을 감각기관을 통해 받아들이는 과정이며, 지각(perception)은 이렇게 받아들여진 자극을 해석하고 의미를 부여하는 과정이다. 예컨대, 여러분이 어떤 방에 들어갔는데 '향긋한 향기가 난다'라고 후각 자극을 받아들이는 것은 감각 과정이며 '장미 향이다'라고 자극을 해석하는 것은 지각 과정이라고 할 수 있다.

영아기 감각 및 지각과 관련된 질문은 다양하다. 영아들은 세상을 어른들과 똑같이 볼까, 아니면 다르게 볼까? 영아들은 사람의 얼굴을 전체로 파악할까, 아니면 조각조각 부분으로 파악할까? 어머니가 안아 줄 때 그 촉각적 자극을 아기들은 어떻게 받아들일까? 이러한 질문에 답하는 것은 결코 쉬운 일이 아니다. 감각과 지각은 그 본질상 '개인'적인 사건일 수밖에 없다. 그나마 나이 든 아동이나 성인의 자각을 연구할 때는 언어를 사용할 수 있지만 영아들에게는 말을 사용할 수 없으므로 연구하기가 더욱 어렵다. 따라서 연구자들은 행동과 몸짓을 통해 영아의 감각과 지각을 유추할 수밖에 없다. 이러한 한계에도 불구하고 영아의 감각과 지각을 알아볼 수 있는 다양한 방법론이 개발되어 왔다. 그로 인해 현재 영아기 발달 연구에서 감각 및 지각 영역은 주요 연구 영역 중 하나가 되었다(Slater, Field, & Hernandez-Reif, 2007). 또한 지금까지 영아들의 감각과 지각 능력에 대해서도 상당히 많은 사실이 밝혀져 왔다. 그중 하나는 감각의 발달과 성숙에는 시차가 있다는 점이다. 즉, 인간의 오감은 발달이 시작되어 성숙이 완성되는 시점에서 미묘한 차이가 있다(Steinberg, Vandell, & Bornstein, 2011).

시각과 비교해 볼 때 청각은 더 이른 시기부터 보다 성숙한 기능을 보인다. 이 장에서는 영아들이 무엇을 보고, 듣고, 느끼고, 맛보고, 냄새 맡는지를 살펴볼 것이다.

1. 시각

인간의 시각은 가장 복잡하고 가장 잘 발달되어 있는 감각기관이다. 무엇보다 시각은 대부분의 중요한 환경 정보를 받아들인다는 점에서 중요하다. 시각을 통해 사람들은 주변 환경의 물리적 변화를 알아차리고 그것에 자신의 행동을 맞추면서 적응해 간다. 이러한 중요성 때문에 시각의 초기 발달에 대해서는 상당히 많은 연구가 이루어져 왔다(Aslin, 2007). 이런 연구 결과를 종합해서 결론부터 말하면, 시각은 상대적으로 늦게 성숙하는 감각 체계다. 인간의 일상에서 시각이 지니는 중요성을 고려하면 이는 다소 놀라운 것이다. [그림 4-1]은 동일한 거리에서 동일한 대상을 생후 1개월 영아와 성인이 각각 어떻게 지각하

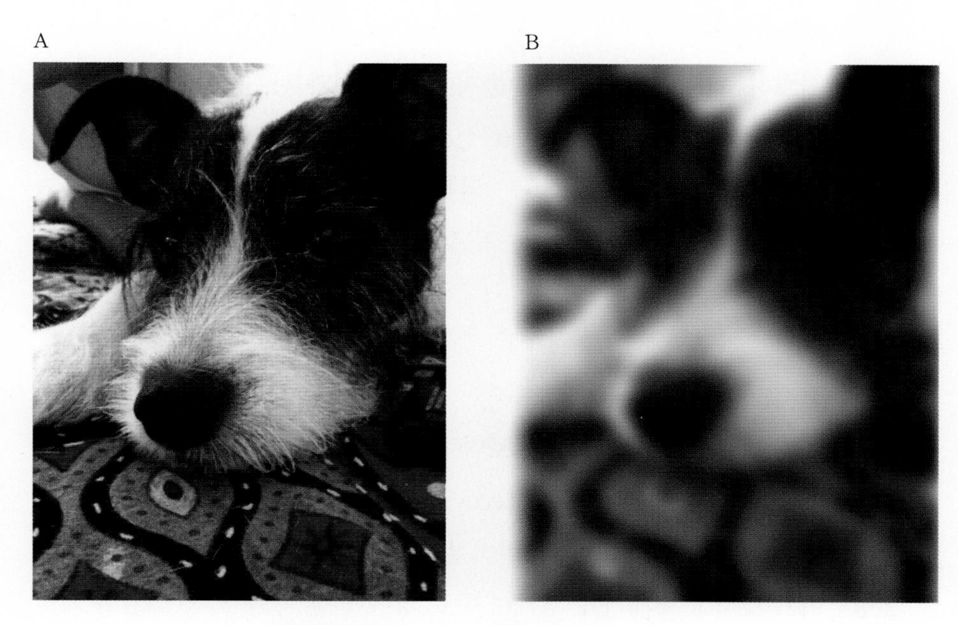

그림 4-1 성인(A)과 생후 1개월 영아(B)가 보는 것

동일한 거리에서 동일한 대상을 보더라도 생후 1개월 영아는 성인보다 훨씬 흐릿하게 지각한다. 성인과 비교해 볼 때 영아의 시력이 상대적으로 떨어지기 때문이다.

는가를 보여 준다. 그림에서 알 수 있는 것처럼 생후 1개월 정도의 영아의 시력은 성인과 비교해 볼 때 상대적으로 떨어져서 성인으로 치면 근시에 가깝다. 그러나 시력은 이후 빨리 발달하여 12개월 정도가 되면 대체로 성인 수준의 시력을 가지게 된다(Adams & Maurer, 1984). 구체적으로 영아는 어떤 시각적 능력을 가지고 있을까? 그리고 이러한 능력은 언제 어떻게 발달할까? 영아의 시각 발달을 형태, 색채, 운동, 깊이의 차원으로 나누어 보다 자세히 살펴보겠다.

1) 형태 지각

앞서 언급한 바와 같이 생애 초기 영아의 시력은 그리 좋지 않다. 그럼에도 불구하고 선호하는 형태가 따로 있다.

(1) 선호하는 형태

영아가 선호하는 자극들은 영아의 좋지 못한 시력과 관련이 있다. 영아들은 일반적으로 뚜렷하게 잘 보이는 형태를 선호한다. 즉, 모서리, 각, 강한 대비 영역, 작은 것보다는 큰 것, 내부보다는 외곽선을 보는 것을 좋아한다(Banks & Ginsburg, 1985). 이러한 시각적 선호는 뚜렷하게 잘 보이는 형태를 보려는 경향성에 의한 것이라 할 수 있다.

(2) 얼굴 지각

영아들은 사람의 얼굴을 다른 자극보다 선호한다(Bornstein & Arterberry, 2003; Gallay, Baudouin, Durand, Lemoine, & Lécuyer, 2006). 이러한 선호는 출생 직후부터 강력하다. 그 이유에 대해서는 확실히 밝혀진 바가 없다. 단, 사람 얼굴은 대부분 명암이 뚜렷하고 형태가 분명하며 주로 영아가 잘 볼 수 있는 적당한 거리에서 제시된다. 이를 고려해 볼 때 얼굴이 영아가 선호하는 자극의 특징을 가지고 있는 것만은 분명한 것 같다.

흥미롭게도 어린 영아들은 침팬지 얼굴도 잘 지각하며 심지어 서로 다른 침팬지 얼굴도 정확하게 구별할 수 있다. 한 연구(Pascalis, de Haan, & Nelson, 2002)에서 생후 6개월 영아들에게 차례로 서로 다른 침팬지 사진을 보여 주었다. 영아들은 각각의 침팬지를 쉽게 구분해 냈고, 새로운 침팬지 사진을 보여줄 때마다 높은 관심을 보였다. 여러분이 동물원에 가서 침팬지 얼굴을 구별해야 한다고 생각해 보자. 아기들처럼 잠깐 보고도 침팬지 얼굴을 모두 구별할 수 있을까? 어른들에게는 불가능에 가까운 일이지만 6개월 된 영아에게는 가능하다. 그러나 이런 능력은 그리 오래 지속되지 않는다. 월령이 증가하면 영아들은 침팬지 얼굴을 구별하지 못한다. 생후 9개월 영아들은 더 이상 침팬지를 구별하지는 못하지만 사람 얼굴은 이전보다 더 잘 변별해 냈다. 월령이 증가할수록 주로 사회적 상호작용을 하게 되는 것은 침팬지가 아닌 사람이다. 따라서 사람 얼굴에 대한 지각이 점점 더 중요해진다. 6개월 이후 아기들이 사람 얼굴 변별에 집중하게 되는 것은 이와 관련된 것으로 보인다.

(3) 물체의 단일성 지각

형태 지각과 관련하여 중요한 질문은 영아들이 언제부터 부분적으로 가려진 대상을 연속적인 단일한 실체라고 인식할까에 대한 것이다(Kellman & Spelke, 1983). 예컨대, 다음의 고양이 사진을 보자. 몸통 부분이 가려져서 머리와 꼬리만 보이는 고양이다. 성인들은 이 사진을 보고 고양이가 몇 마리라고 생각할까? 대부분의 성인은 몸통이 가려져 있는 한 마리의 고양이로 지각한다. 머리만 있는 고양이와 꼬리만 있는 고양이, 총 두 마리의 고양이가 있을 것이라고 대답하는 성인은 극소수일 것이다. 이처럼 성인들은 부분적으로 가려진 대상을 단일한 대상으로 인식한다. 그렇다면 이런 물체의 단일성 지각은 언제부터 나타날까?

Kellman과 Spelke(1983)는 두 개의 실험을 통해 영아의 단일성 지각 능력을 살펴보았다. [그림 4-2]에 나와 있는 자극 A를 보자. 움직이는 막대기의 가운데

고양이의 몸통 부분이 가려져서 머리와 꼬리만 보여도 성인들은 고양이 한 마리로 인식한다. 즉, 이런 상황에서 성인들은 머리만 있는 고양이와 꼬리만 있는 고양이, 총 두 마리가 있다고 인식하지는 않는다. 영아들은 어떨까?

부분이 황갈색 벽돌로 가려져 있다. 성인들은 이 자극을 보고 벽돌 뒤에 놓여 있는 막대기가 하나라고 힘들이지 않고 자동적으로 지각한다. 앞서 제시된 사진처럼 마치 고양이의 몸통 부분이 기둥에 가려져서 일부만 보이더라도 한 마리로 인식하는 것과 같다.

4개월 된 영아들은 어떨까? 연구자들은 영아들도 성인들처럼 [그림 4-2]의 A에 대해서 한 개의 막대기로 지각하는지, 아니면 두 개의 막대기로 지각하는지를 알아보고자 했다. 이를 위해 습관화 방법을 이용, 영아들에게 이 A자극에 습관화하였다. 다음으로, [그림 4-2]에 있는 2개의 검사 자극 B와 C를 보여 주고 응시 시간을 비교하였다.

만일 영아들이 성인들과 마찬가지로 원래의 습관화 단계에서 제시된 막대기를 하나의 단일한 대상으로 지각했다면 검사 자극 B보다는 C를 더 많이 쳐다볼 것이다. 왜냐하면 막대기 두 개(C)는 새로운 자극으로 지각되고, 막대기 한 개(B)는 이전에 보았던 친숙한 자극으로 지각될 것이기 때문이다. 반대로 A에서 벽돌로 가려진 막대를 두 개의 분리된 대상으로 지각했다면, 하나의 막대기인 B를 두 개의 막대기인 C보다 더 오래 쳐다볼 것이다. 이 경우에는 막대기 하나가 새로운 대상이 되기 때문이다. 실험 결과 4개월 된 영아들도 성인처럼 움직

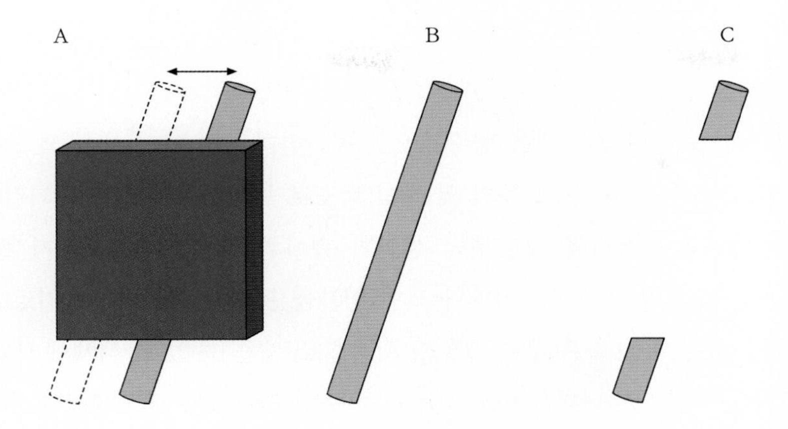

그림 4-2 Kellman과 Spelke(1983)의 연구에서 사용된 실험 자극

A. 영아들은 황갈색 벽돌 뒤에서 앞뒤로 움직이는 막대기에 습관화된다.
B. 온전한 모양의 막대기 한 개
C. 벽돌 위치에 해당되는 부분만큼 떨어져 있는 막대기 두 개

4개월 된 영아들은 A자극에 습관화된 다음 두 개의 실험 자극 B와 C를 보여 주면 B보다는 C를 더 오래 쳐다보았다. 이는 영아들이 움직임 단서가 있을 때에는 성인처럼 물체의 단일성을 지각할 수 있음을 보여 준다.

출처: Shaffer (2002), p. 248.

이는 막대의 가운데 부분이 벽돌에 가려져도 하나라는 것을 인지하였다. 즉, 영아들은 검사 자극 B보다는 C를 더 오래 쳐다보았다. 움직임은 영아들이 막대기가 하나의 물체라는 것을 인지하는 데 필수적인 단서였다.

후속 연구에서도 물체의 단일성 인식에서의 월령 차이가 추가적으로 밝혀졌다. 운동 단서가 제시된 조건에서는 생후 2개월 된 영아도 물체의 단일성을 인식할 수 있었다(Johnson & Aslin, 1995). 반면 신생아들은 부분들이 함께 움직일 때에도 가려진 물체의 단일성을 지각하지 못하였고(Slater, Johnson, Brown, & Badenoch, 1996), 6개월이 되어서야 움직임 단서가 없어도 물체의 단일성을 지각할 수 있게 된다(Craton, 1996).

2) 색채 지각

우리 성인들은 다양한 색을 범주적으로 지각한다. 즉, 여러 가지 색 스펙트럼을 파랑, 녹색, 노랑, 빨강 등의 몇 개의 색조로 묶어서(범주화하여) 지각하는 것이다. 영아들은 4개월 정도부터 성인과 유사한 방식으로 색을 지각한다(Bornstein, 2006a, 2006b). 즉, 이때가 되면 영아들은 성인들과 마찬가지로 여러 다른 색을 붉은 계통 혹은 푸른 계통의 색상별로 묶을 수 있다. 색채에 대한 선호는 3개월 무렵 나타난다(Adams, 1987). 이 무렵 영아들은 파란색이나 초록색보다 노란색과 빨간색을 더 선호한다.

3) 운동 지각

인간이 진화해 오는 과정에서 움직이는 자극은 다른 자극보다 상대적으로 중요한 것이었다(Steinberg et al., 2011). 그러한 자극들은 보호와 영양 공급원이 될 수도 있고 위험한 포식동물일 수도 있으며, 가지고 놀거나 탐색할 기회를 제공할 수도 있다. 따라서 움직임, 즉 운동을 지각한다는 것은 생존에서 무엇보다 중요하다.

영아의 움직임에 대한 지각은 복잡하다(Arterberry & Bornstein, 2001). 영아들은 생후 3개월 반 정도가 되면 서로 다른 방향의 운동을 인식하며, 5개월 정도가 되면 운동의 유형을 구분할 수 있어서 진동 운동(한쪽에서 다른 쪽으로의 움직임)과 회전 운동(원을 그리는 움직임)을 구분한다(Ruff, 1982, 1985).

인간의 움직임에 대한 지각은 어떨까? [그림 4-3]을 보자. A의 점들을 선을 잇지 않고 성인들에게 보여 주었다. 성인들은 특별히 어떤 자극으로도 지각하지 않았다. 그런데 A자극에 운동 단서를 주면 어떨까? 마치 사람이 걸어가는 듯한 패턴으로 움직이도록 만들면([그림 4-3]의 B) 성인들은 보자마자 사람이 걷고 있다고 말했다. 생후 5개월 정도부터 영아들도 동일한 조건에서 성인과 유

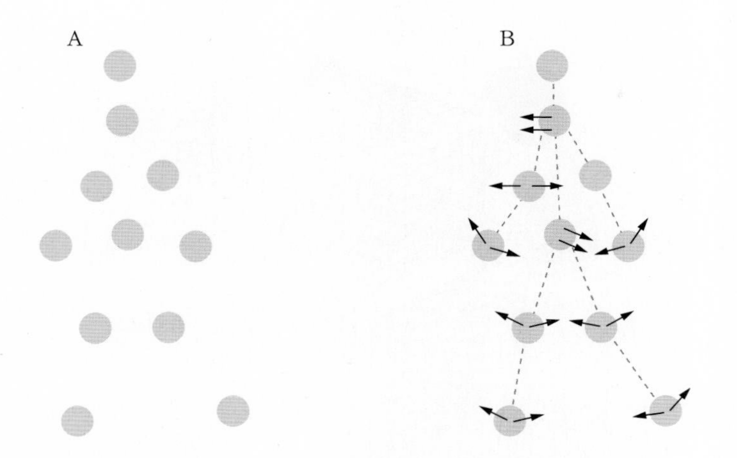

그림 4-3 인간의 움직임에 대한 지각을 연구하기 위해 사용되는 자극

성인과 마찬가지로 5개월부터 영아들은 A자극에 운동 단서를 주어 사람이 걸어가는 듯한 패턴으로 움직이도록 만든 B자극을 보고 인간의 모습을 지각할 수 있다.

출처: Steinberg et al. (2011), p. 115.

사하게 인간의 모습을 지각할 수 있다(Arterberry & Bornstein, 2001).

4) 깊이 지각

지각 능력이 충분히 발달한 성인들은 장애물, 경사면, 깊이와 거리 등 주변 공간의 수많은 물리적 측면을 지각하고 이에 적절히 반응할 수 있다. 영아들은 어떨까? 아기들이 기기 시작하면 부모들은 아기가 높은 곳에서 떨어지지 않도록 만전을 기한다. 아기 침대 옆에 높은 보호대를 치거나, 계단 앞에 보조 문을 만들어 달기도 한다. 기어 다니는 아기가 깊이를 지각하지 못하고 계속 움직이다가 다치면 아기의 안전이 위협받기 때문이다. 그렇다면 영아들은 언제부터 깊이를 지각할 수 있을까? Gibson과 Walk(1960)는 영아의 깊이 지각을 연구하기 위해 '시각절벽' 이라는 장치를 개발하였다([그림 4-4]).

[그림 4-4]에 제시된 바와 같이 시각절벽은 유리를 덮은 커다란 테이블을 중

그림 4-4 영아의 깊이 지각 연구에 사용되는 시각절벽

지각 발달 연구자인 Gibson과 Walk(1960)가 개발한 시각절벽은 안전한 상황에서 영아의 깊이 지각을 연구할 수 있는 실험 장치다. 생후 6~7개월 정도의 영아들은 이 장치의 깊이를 지각하고 회피하는 반응을 보인다.

간에 있는 판자로 이분해 놓은 장치로, 이 장치의 한쪽에는 유리 바로 밑에 무늬가 있는 표면이 있고, 반대편의 깊은 절벽 쪽에는 무늬가 있는 표면이 유리 아래로 상당히 뚝 떨어져 있다.

다른 동물의 갓 태어난 새끼와는 달리 출생한 지 얼마 안 된 어린 영아는 운동 기능이 너무 미숙해서 이동이 불가능하다. 따라서 영아들이 기어 다닐 수 있을 정도로 성장했을 때, 대개 6~7개월경 시각절벽 실험을 실시하게 된다. 이때 시각절벽의 깊은 쪽에 있는 엄마를 마주 볼 수 있도록 영아를 검사대 중앙에 두고 엄마가 아기를 건너오도록 부른다. 만약 2분 내에 아기가 엄마 쪽으로 건너오지 않으면 엄마는 친숙한 장난감을 보여 주면서 또다시 2분 동안 계속해서 건너오도록 한다. 그 결과 7개월경 영아들은 깊은 쪽을 회피하는 경향을 보였다. 6~7개월 정도 된 아이들은 이미 높은 데서 떨어져 본 경험이 있을 것이다. 이러한 경험 때문에 그들은 깊이를 지각하고 회피하는 것으로 보인다. 그렇다면 6~7개월 이전의 아직 기지 못하는 아기들은 어떨까?

한 연구에서 연구자들은 아직 기어 다니지 못하는 4개월 된 영아들을 얕은 쪽과 깊은 쪽의 시각절벽에 놓은 후 그들의 심장 박동 수를 측정하였다(Bertenthal & Campos, 1990). 그 결과, 4개월 된 어린 영아들은 시각절벽의 얕은 쪽보다 깊은 쪽에 있을 때 심장 박동이 증가하는 것이 아니라 감소하였다. 이는 움직이기 훨씬 이전의 어린 영아들도 깊은 쪽과 얕은 쪽을 변별할 수 있다는 것을 의미한다. 그러나 이 시기 영아들은 절벽에 대한 반응으로 두려움을 보이지는 않는 것 같다. 왜냐하면 우리는 두려움이나 공포를 느낄 때 심장이 빨리 뛰는 것을 경험한다. 예컨대, 낭떠러지 바로 앞에 있을 때 심장박동률은 증가한다. 그런데 이 실험에서 4개월 영아들은 깊은 쪽에 있을 때 심장 박동이 '감소'했다. 따라서 어린 영아들은 공포를 느끼는 것 같지는 않다. 그렇다면 이 실험에서 심장 박동 감소는 무엇을 의미할까? 일반적으로 심장박동률의 감소는 공포보다는 주의 집중의 의미로 해석된다(Bertenthal & Campos, 1990). 이는 절벽 지각은 생후 초기 수개월 이내에 이미 나타나지만, 생후 6~7개월 이후가 아니면 두려움을 보이지 않는다는 것을 보여 준다. 6~7개월은 영아들이 기기 시작하는 시기다. 이 시기 아기들은 가만히 누워 있을 때와는 달리 기다가 계단을 지각 못해서 떨어지는 경험을 더 많이 하게 된다. 이런 경험을 통해 깊이에 대한 두려움을 발달시켰을 수 있다. 이처럼 운동 발달은 깊이 지각과 관련이 있다. 동시에 이때쯤 부모는 영아가 떨어질 만한 위험한 장소에 갔을 때 얼굴 표정을 통해 불안을 전달했을 수 있다. 영아는 종종 애매한 상황을 해석하기 위해 부모의 정서적 신호를 이용하므로 6~7개월 된 영아들은 절벽에 대해 두려움을 보였을 수 있다. 이처럼 애매한 상황에서 적절하게 행동하기 위해 주변 사람들의 정서 표현을 이용하는 것을 사회적 참조(social referencing)라고 한다. 사회적 참조의 발달에 대해서는 8장 '영아기 정서 및 기질'에서 보다 자세히 살펴볼 것이다.

2. 청각

시각과 비교해 볼 때 청각은 더 일찍, 더 성숙된 형태로 기능한다. 구체적으로 임신한 지 3개월 정도가 되면 태아가 소리에 반응하기 시작하고(Busnel, Granier-Deferre, & Lecanuet, 1992), 신생아는 큰 소음에 놀라는 반응을 보인다. 또한 영아의 몇몇 청각 능력은 오히려 성인보다 더 뛰어나다. 예컨대, 신생아는 성인보다 높은 음을 더 잘 구별한다(Saffran, Werker, & Werner, 2006).

1) 목소리에 대한 청각적 반응

갓 출생한 신생아도 사람의 음성에 특히 민감하며 단순한 음향보다는 인간의 목소리를 더 선호한다(Saffran et al., 2006). 더 나아가 신생아들은 어머니의 목소리를 특히 선호하며, 그중에서도 태내에서 들었던 내용을 다른 내용보다 더 선호하기도 한다. DeCasper와 Spence (1986)는 '모자 속의 고양이 연구'를 통해 영아가 태내에서 경험한 사건도 기억할 수 있는지 알아보았다. 이 연구에서는 임신부들에게 임신 마지막 6주 동안 매일 두 차례씩 소리 내어 책을 읽도록 했다. 어머니들은 세 가지 동화책 중 하나를 배정받아서, 이 책의 이야기를 뱃속에 있는 아이에게 매일같이 읽어 주었다. 그중 한 권이 『모자 속의 고양이(The Cat in the Hat)』였기 때문에 이 연구를 '모자 속의 고양이 연구'라고 한다. 그 후 태어난 지

DeCasper와 Spence(1986)의 연구에서 사용된 동화책 중 하나인 『모자 속의 고양이』

이틀째 되는 날 연구자는 높은 진폭의 빨기 방법으로 아기들을 검사했다. 이때 사용된 청각 자극은 어머니가 임신 중에 읽어 주었던 이야기와 그 이외의 동화책 이야기였다. 영아들은 출생 이전에 어머니 뱃속에서 들었던 이야기를 듣기 위해 더 열심히 높은 진폭의 빨기 방법에서 사용되는 실험용 젖꼭지를 빨아 대는 경향이 있었다. 이는 영아들이 태내에서 청각 경험을 처리했고 그에 관해 무언가를 기억할 수 있음을 보여 준다. 물론 이 연구에서 신생아들이 기억하는 것은 어머니의 뱃속에서 들었던 내용 자체라기보다는 리듬이나 속도이겠지만, 그것을 감안하더라도 놀라운 능력이라고 할 수 있다.

또한 영아들은 특정한 말투를 다른 것보다 더 선호하는 경향이 있다(Fernald, McRoberts, & Swingley, 2001; Henning, Striano & Lieven, 2005). 영아가 선호하는 말투를 '영아 지향적 언어(infant-directed speech)'라고 한다. 나이 든 아동들이나 성인은 아기에게 성인에게 하는 것과는 다른 말투를 사용하는 경향이 있다. 이러한 영아 지향적 언어의 특징은 음조를 과장시키고 마치 노래하듯 리듬감 있게 말을 하고, 간단한 단어를 반복적으로 사용하고, 축약된 말과 쉬운 문법을 사용하는 것이다(Kitamura, Thanavishuth, Burnham, & Luksaneeyanawin, 2002; Papoušek, Papoušek, & Bornstein, 1985). 이는 분명히 같은 성인끼리의 대화와는 판이하게 다르다. 아기들은 이러한 영아 지향적 언어를 성인끼리의 말투보다 더 선호한다. 심지어 모국어가 아닌 외국어일 경우에도 영아 지향적 언어를 듣는 것을 선호하는 경향이 있다(Saffran et al., 2006). 그렇다면 아기들은 왜 영아 지향적 언어를 선호하는 것일까? 그리고 이런 선호가 영아 발달에 무슨 도움이 될까? 영아 지향적 언어의 몇몇 특징(고저가 확연한 음높이, 과장된 억양, 반복되는 패턴)은 말소리에 영아가 주의를 기울이도록 하며, 말하는 이와 의사소통하는 기회를 증가시키는 등 언어 발달을 촉진하는 기능을 한다. 이러한 기능에 대해서는 7장 '영아기 언어 발달'에서 보다 자세히 살펴보겠다.

2) 언어에 대한 청각적 반응

Patricia K. Kuhl
미국 워싱턴 대학교 학습 및 뇌과학 연구소의 Kuhl은 영아 조기 언어교육과 대뇌 발달 분야의 전문가로서, 발달의 결정적 시기, 이중언어 교육, 언어발달 장애 등 다양한 주제를 연구 중이다. 영아기 언어 노출이 뇌에 미치는 영향에 대한 이론으로 주목받고 있다.

말소리를 이해하기 위해서는 무엇보다 말소리를 변별하는 것이 필요하다. 그러나 연속된 말소리의 흐름 속에서 말소리를 변별하는 것은 어려운 일이다. 예컨대 연속적인 말소리에서 'pa' 음과 'ba' 음의 차이를 구별하는 상황을 가정해 보자. 말소리 자극은 물리적 차원에서 양적 · 연속적으로 변화한다. 즉, 한쪽 끝에는 순수한 'ba' 소리가 있고 여기에 점점 'pa' 소리가 섞이다가 다른 한쪽 끝에는 'pa' 소리가 존재한다. 그러나 성인은 말소리를 이렇게 연속적으로 지각하지 않고 범주적으로 지각한다. 이렇게 변화하는 말소리 자극을 제시하면 성인들은 ba-ba-ba-pa-pa-pa와 같이 들린다고 보고한다. 어린 영아들은 어떨까? 생후 1개월 정도 된 어린 영아들도 성인처럼 말소리를 범주적으로 지각한다. 이는 1970년대 처음 연구된 이래 여러 연구에서 공통적으로 보고되었다(Eimas, Miller, & Zusczyk, 1987; Eimas, Siqueland, Zusczyk, & Vigorito, 1971; Kuhl, 2004).

영아들의 말소리 변별 능력은 매우 뛰어나다. 영아들은 자신이 매일 듣는 모국어가 아니더라도 다른 외국어의 수많은 말소리를 구분할 수 있다(Saffran et al., 2006). 영아의 이러한 능력은 매우 뛰어나서 생후 6~7개월 이전에는 모국어뿐만 아니라 모든 언어의 음소 차이를 지각할 수 있다. 이는 성인보다 더 뛰어난 수준이다(Kuhl, 2004). 영아의 이러한 외국어 음소변별 능력은 생후 6~7개월 전후로 사라진다(Saffran et al., 2006). 즉, 월령 증가에 따라 영아는 대부분의 성인들이 그렇듯 모국어는 잘 알아들을 수 있지만 외국어는 잘 알아듣지 못하게 된다. 아기를 언어학자로 비유하자면 6~7개월 이전의 영아는 지구상 모든 언어를 능통하게 알아들을 수 있는 보편적 언어학자이지만, 6~7개월 이후의 영아는 모국어에만 특화된 언어학자라고 할 수 있다.

3. 기타 감각

시각과 청각 이외에도 영아들은 다양한 감각을 할 수 있다. 예컨대, 아기들은 울다가도 주변 성인들이 부드럽게 쓰다듬어 주면 이내 차분해지고, 다양한 종류의 맛을 변별할 수 있다. 후각 역시 출생 초기부터 상당한 수준으로 발달해 있어서 어머니와 다른 여성의 젖 냄새를 구별할 수도 있다. 이 절에서는 영아들의 촉각, 미각 및 후각 능력에 대해서 살펴보겠다.

1) 촉각

촉각은 오감 중 가장 사회적인 감각이라 할 수 있다(곽금주, 김수정, 김연수, 2011). 시각, 청각, 후각 등은 다른 사람과 직접적으로 근접한 상호작용을 하지 않아도 경험할 수 있다. 예컨대, 다른 사람과 떨어져 있어도 우리는 그 사람을 볼 수 있고, 목소리를 들을 수 있으며, 체취를 맡을 수 있다. 그러나 촉각은 이와 달리 다른 사람과 매우 가까운 직접적 상호작용을 해야 느낄 수 있는 감각이다. 영아가 촉각을 느끼려면, 가까이에서 쓰다듬거나 토닥이는 경험을 해야 한다. 이처럼 촉각은 전형적으로 다른 사람과의 상호작용을 포함하고 있다. 따라서 영아들은 촉각을 통해 '세상'을 배운다고 해도 과언이 아니다(Stack, 2001). Piaget는 영아기를 감각운동기라 했는데, 이 시기 아기들은 보이는 모든 대상을 손을 뻗어 만지고 입으로 가져가서 빤다. 이처럼 촉각적 경험은 영아기에 매우 중요한 감각이다.

Tiffany Field
미국 마이애미 대학교 심리학과의 Field는 초기 연구에서 하루 3회씩 마사지를 받은 영아는 일반적인 의료적 처치만 받은 영아보다 몸무게 증가 속도가 더 빠르고 보다 활동적이며 발달과제에서도 점수가 더 높다는 사실을 발견하였다. Field와 동료들은 이후 일련의 연구를 통해 신체 접촉이 영아의 스트레스나 산모의 통증을 완화시키는 효과가 있음을 입증해 왔다.

촉각은 또한 영아가 부모와 애착을 맺고 친밀감을 유지하는 데에도 결정적이다(Bowlby, 1969; Harlow, 1958). 일찍부터 어머니는 영아를 가슴에 안고 잠재우기도 하고, 달래서 아기의 불안을 감소시키기도 하며, 껴안음으로써 포근함과 애정을 증가시키기도 한다(곽금주 외, 2011). 미숙아나 저체중아 등 고위험 신생아에 지속적인 촉각 자극을 제공해 주는 것은 영아의 신장 및 체중 증가를 향상시킨다(Goldberg & DiVitto, 2002). 실제로 촉각적 자극의 제공은 미숙아 치료에 적용되기도 한다(Field, 2003; Field, Vega-Lahr, Scafidi, & Goldstein, 1986). [그림 4-5]에서 알 수 있는 것처럼 촉각적 자극은 미숙아의 체중 증가에 긍정적인 영향을 미친다. Field(2001)은 조산아들에게 10일간 하루 세 번씩 촉각적 자극을 제시한 다음, 촉각 자극을 받지 않은 집단과 비교하였다. 그 결과, 전자의 집단이 후자보다 몸무게가 더 이른 시기에 더 많이 증가하였다. Harlow (1958)의 원숭이 연구 역시 애착 관계 형성에서 촉각적 만족이 음식

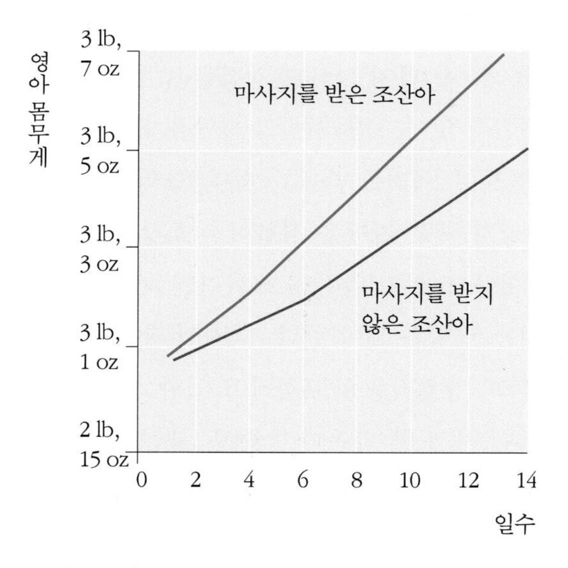

그림 4-5 촉각적 자극(마사지)이 영아의 체중 변화에 미치는 효과

하루 3회씩 마사지를 받은 영아는 마사지를 받지 않고 일반적인 의료적 처치만 받은 영아보다 하루 평균 체중 증가량이 더 크다(Field, Schanberg et al., 1986).

출처: Santrock (2005), p. 132.

보다도 더 강력한 동기원이 된다는 것을 보여 주었다.

우리나라에서도 영아에 대한 엄마의 촉각 자극 유형이 연구되었다(곽금주, 김수정, 정윤경, 2005). 한국 엄마들은 영아들에게 거친 접촉 유형보다는 양육적인 부드러운 접촉을 더 많이 사용했다(김수정, 곽금주, 장유경, 성현란, 심희옥, 2003). 또한 우울하거나 불안한 어머니라 하더라도 수유할 때나 기저귀를 갈아 주거나 목욕시킬 때에는 부드럽고 애정적인 접촉을 하는 경향이 있었다(김수정, 곽금주, 2005). 이에 대해서는 이 장의 5절 한국 영아 발달: 청각과 신체 접촉에서 보다 자세히 살펴보겠다.

영아는 또한 서로 다른 종류의 촉각을 구분하고 각기 다른 식으로 반응한다. 3장에서 살펴본 바와 같이 영아의 볼을 자극하면 근원반사가 일어나지만 3, 4주 된 영아들도 자신의 손보다는 다른 연구자의 손이나 고무젖꼭지로 볼을 문질러 주었을 때 더 강한 반사를 보인다(Rochat, 1997). 이는 영아들이 외부 자극으로부터 야기된 촉각과 자신의 신체로 인한 촉각 경험을 구분하기 때문이다.

2) 미각과 후각

미각과 후각에 대한 연구는 지금까지 살펴본 시각, 청각, 촉각보다는 상대적으로 적다. 그렇지만 미각과 후각은 영아의 일상, 특히 무엇을 먹고 무엇을 먹지 말아야 할지와 밀접하게 관련된 감각이라는 점에서 중요하다(Steinberg et al., 2011).

신생아도 다른 종류의 맛을 구별하고 여러 맛 중에 특정 맛을 선호한다. 신생아는 달고, 시고, 쓴 용액을 혀에 가져다 대면 각기 다른 얼굴 표정을 한다([그림 4-6] 참조). 단 용액을 맛본 신생아는 미소를 짓기도 하고 입술을 오물거리면서 빤다. 신 자극은 입술을 오므리는 행동과 코를 찡그리고 눈을 깜박이는 행동을 유발하고, 쓴 용액은 싫어하는 표정과 뱉는 행동을 유발한다(Oster, 2005). 신생아들은 양수 이외에 다른 맛은 본 적이 없을 것이다. 이 점을 고려할 때 단맛에

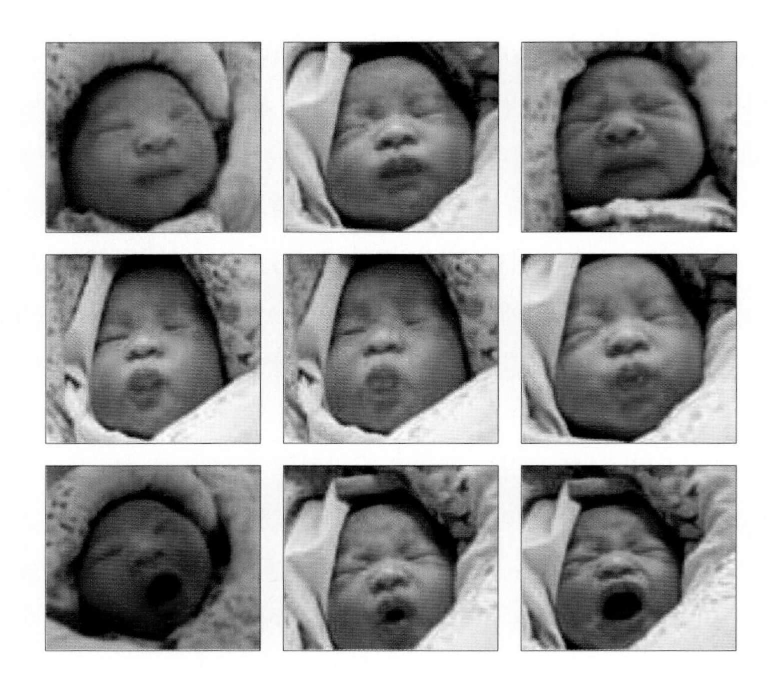

그림 4-6 각기 다른 맛에 대한 신생아의 다른 얼굴 표정들

신생아에게 달고, 시고, 쓴 용액을 혀에 갖다 대면 각기 다른 얼굴 표정을 보인다. 이는 신생아도 다른 종류의 맛을 구별한다는 것을 뜻한다.

출처: Zhang, & Li (2007), p. 204.

대한 선호는 경험에 기인한다고 보기 어렵다. 진화적으로 신생아들이 단맛을 선호하는 것은 생존을 돕는다. 모유도 약간의 단맛이 나기 때문이다(Steinberg et al., 2011).

영아의 후각 역시 초기부터 매우 잘 발달되어 있다. 냄새를 솜에 묻혀서 신생아의 코앞에 가져다 대면 아기들은 냄새에 따라 서로 다른 얼굴 표정을 보인다(Steiner, 1979). 또한 영아들은 냄새에 대한 선호가 분명하다. 바나나 냄새를 맡으면 긍정적인 얼굴 표정을 짓고, 썩은 달걀 냄새를 맡으면 부정적인 얼굴 표정을 짓는다.

모유 수유를 하는 신생아는 엄마의 냄새를 구분할 수 있다(Porter, Makin,

Davis, & Christensen, 1992). 한쪽에는 엄마의 젖이 묻어 있는 거즈를, 그리고 다른 한쪽에는 다른 여성의 젖이 묻어 있는 거즈를 가져다 대면 영아들은 엄마의 냄새가 나는 쪽으로 고개를 돌린다.

4. 감각 간 지각

일상생활에서 일어나는 사건, 사람들에게 제시되는 대상은 보통 하나 이상의 감각 정보를 담고 있다. 예컨대, 목소리 없이 얼굴만 있거나 반대로 얼굴 없이 목소리만 존재하는 사람은 없다. 아기에게 다른 사람들은 볼 수 있는 얼굴과 들을 수 있는 목소리를 동시에 가진 존재다. 얼굴과 목소리는 시공간상에서 통합되기도 한다. 성인들은 그러한 모습, 소리, 감촉을 완전히 서로 분리된 감각으로 경험하지 않고 상호 관련된 것으로 경험한다. 사람들은 소리가 나는 쪽으로 머리를 돌리고, 눈에 보이는 것을 잡기 위해 손을 내민다. 이것이 바로 통합적 감각, 다시 말해 감각 간 지각(intermodal perception)이다. 그렇다면 이런 감각간 지각은 생애 어느 시점부터 가능할까?

1) 시각과 청각 간의 감각 간 지각

Walker(1982)는 생후 5~7개월 영아에게 두 가지 장면을 나란히 보여 주었다. 하나는 어떤 성인이 웃는 얼굴로 뭔가 말하는 장면이었으며, 다른 하나는 똑같은 사람이 화난 표정으로 뭔가를 말하는 장면이었다. 이때 두 장면 중 하나에 해당되는 말소리가 나왔다. 즉, 영아가 눈으로는 나란히 두 개의 장면을 보고 있을 때 들리는 소리는 웃으면서 말하는 소리와 화내면서 말하는 소리 둘 중 하나였다. 그 결과, 영아들은 자신이 듣는 소리에 상응하는 필름을 더 오래 쳐다보았다. 즉, 5개월 무렵이 되면 영아들은 얼굴 표정, 몸짓을 통한 정서의 시각적 표현과

Andrew Meltzoff
미국 워싱턴 대학교 심리학과의 Meltzoff는 아동의 모방, 사회인지, 기억에 대한 영아발달 심리 분야의 권위자다. 최근에는 모방의 대뇌 기제에 대한 연구를 진행하면서 연구 주제 영역을 확장하고 있다.

어조를 통한 청각적 표현 사이의 대응성 지각을 할 수 있다.

또한 영아들은 성별을 기준으로 얼굴과 목소리의 대응성을 지각할 수 있다. 한 연구에서 4개월 된 영아들은 남자 목소리가 들리면 남자 얼굴, 여자 목소리가 들리면 여자 얼굴을 더 오래 쳐다보았다(Walker-Andrews, Bahrick, Raglioni, & Diaz, 1991). 이 시기 영아들은 연령 기준으로 얼굴–목소리의 대응도 이해한다(Bahrick, Netto, & Hernandez-Reif, 1998). 즉, 아동 목소리를 들을 때에는 아동의 얼굴을 더 오래 쳐다보고, 성인 목소리를 들을 때에는 성인의 얼굴을 더 오래 쳐다본다.

Kuhl과 Meltzoff(1982)는 4개월 영아가 /a/–/i/–/u/ 모음 소리와 입술 움직임 대응성을 지각할 수 있는지 알아보았다([그

그림 4–7 Kuhl과 Meltzoff의 실험에서 사용된 절차

화면에 제시된 두 사람이 말을 하고 있는 장면을 영아에게 보여 주었다. 들리는 소리는 한 사람의 입술 움직임에만 상응하는 것이었다. 그 결과 4개월 된 영아도 청각과 시각 간의 대응성을 지각하였다.

출처: Kuhl & Meltzoff (1982), p. 1139.

림 4-7]). 두 사람이 말을 하고 있으나 소리는 한 사람의 입술 움직임에 상응하도록 제시하고 영아들이 어느 얼굴을 쳐다보는지 살펴보았다. 그 결과 4개월 정도의 어린 영아도 대응성을 지각하였다. 신생아도 이러한 대응성 지각을 할 수 있다(Aldridge, Braga, Walton, & Bower, 1999).

2) 시각과 촉각 간의 감각 간 지각

아주 어린 영아들도 시각과 촉각을 통해 얻어진 정보를 통합할 수 있다. 한 연구에서 신생아의 입에 돌기가 달린 젖꼭지(A)를 물리고 잠시 빨게 한 다음, 그 젖꼭지와 돌기가 달리지 않은 미끈한 젖꼭지(B)를 영아에게 보여 주었다([그림 4-8]). 그러자 영아는 새로운 것보다는 익숙한 젖꼭지를 더 많이 쳐다보았다(Meltzoff & Borton, 1979). 29일 된 신생아도 촉각으로만 경험했던 물체를 시각과 대응시킬 수 있었다. 이처럼 영아들도 시각과 촉각이라는 감각 간 지각을 할 수 있다.

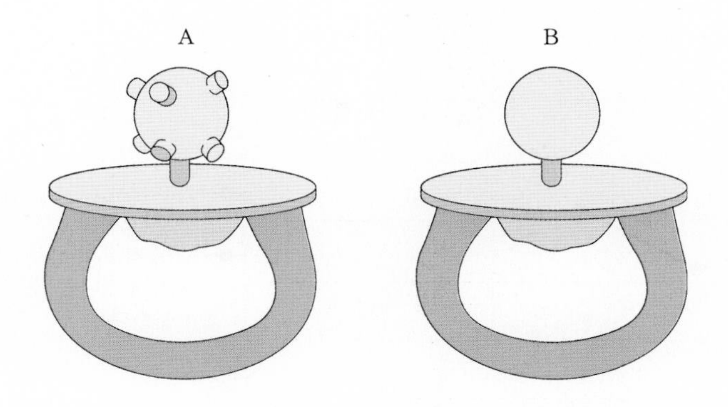

그림 4-8 Meltzoff(1993)의 시각과 촉각 간의 지각 실험에서 사용된 자극

영아의 눈을 가린 다음 돌기가 달린 젖꼭지(A)를 물리고 잠시 빨게 한 다음[촉각], A와 B 두 가지 젖꼭지를 보여 주었다[시각]. 신생아들도 돌기가 달린 젖꼭지(A)와 미끈한 젖꼭지(B) 중 이전에 입을 통해 촉각 경험을 했던 젖꼭지를 더 많이 쳐다보았다.

출처: Meltzoff & Borton (1979), p. 403.

5. 한국 영아 발달: 청각과 신체 접촉

이 절에서는 감각 및 지각영역에서 한국 영아의 발달 양상을 『한국영아발달연구(곽금주 외, 2005)』의 자료에 근거하여 살펴보겠다. 이 연구에서는 영아기 감각 중 청각과 신체 접촉에 초점이 맞춰져 있으므로 이 절에서도 이 두 가지 감각의 발달에 대해서 알아보겠다.

1) 한국 영아 발달: 청각

영아들의 청각은 출생 직후부터 상당한 수준으로 발달되어 있다. 한국 영아들도 생후 2~3개월 무렵이 되면 급속도로 빨리 이루어지는 청각 발달을 보인다. 좌우에서 나는 소리를 구분하는 영아는 1개월에는 47.1%였으나 2개월이 되면 65.3%로 증가하였다. 3개월이 되면 영아들은 아주 근접한 장소에서 나는 소

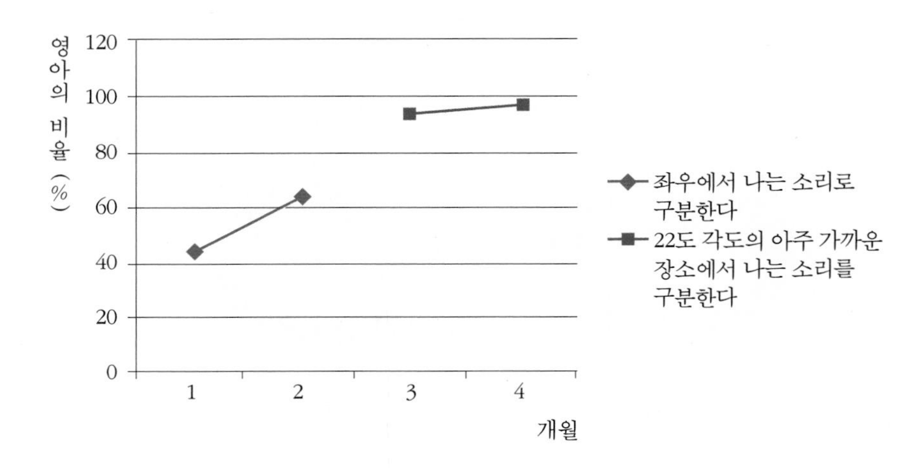

그림 4-9 청각 발달지표(%)

영아들의 청각은 출생 직후부터 상당한 수준으로 발달되어 있다.

리도 어디에서 나는지 구별할 수 있어서 3개월 영아 중 91.4%, 4개월 영아 중 96.1%가 22도 각도의 아주 가까운 장소에서 나는 소리를 구분할 수 있었다.

그렇다면 언제부터 영아들이 목소리에 담긴 감정을 인식할 수 있을까? 그 답은 생후 5개월부터다. 5개월 영아 중 85.3%는 유쾌한 감정을 나타내는 목소리와 불쾌한 감정을 나타내는 목소리를 구분할 수 있었다(곽금주 외, 2005). 한편 비슷한 시기에 86.7%의 영아들이 자기 이름을 부르면 좋아하는 반응을 보였는데 이러한 청각 발달은 사회성 발달의 토대가 된다고 할 수 있다. 즉, 영아들은 양육자의 목소리에 담긴 감정이 유쾌한지 불쾌한지를 구분함으로써 좀 더 적응적으로 반응할 수 있게 되며, 자신의 이름을 인식함으로써 서서히 자기에 대한 개념을 발달시킬 수 있게 된다.

2) 한국 영아 발달: 신체 접촉

영아기 동안 주요한 감각은 신체 접촉(touch)이라고 할 수 있다. 특히 어머니들이 영아들에게 제공하는 신체 접촉은 일종의 의사 전달 기능을 한다(곽금주 외, 2005). 예컨대 영아가 울거나 아기를 재울 때 대부분의 어머니들은 부드럽게 토닥거린다. 그런가 하면 영아가 고집을 피우거나 말을 안 들을 때는 팔을 잡는 등 거친 신체 접촉을 한다. 이처럼 어머니들은 의사를 전달하기 위해 신체 접촉을 이용한다. 바로 이런 의미에서 신체 접촉은 의사 전달의 기능을 한다. 또한 어머니와 영아가 상호작용하면서 나누는 신체 접촉은 둘 간의 애착 특성에도 영향을 준다(곽금주 외, 2005).

1개월 된 영아는 신체 접촉에 대해 호의적으로 반응하여, 대부분의 영아들이 울고 있을 때 안아 올려 주면 울음을 그치거나 조용해지고(97.6%, 곽금주 외, 2005), 신체를 접촉해 주면 좋아하는 반응(95.2%)을 보였다. 월령 증가에 따라 영아들은 신체 접촉을 통해 스스로의 의사를 어머니에게 표현할 수 있게 된다. 몸짓이나 어머니에게 신체 접촉을 하면서 원하는 것을 달라고 하는 행동은 5개월에서 52%, 6개월에서 71.2%로 증가하였다. 보다 더 월령이 증가하면 영아들은 신체 접촉을 통해 더 능숙하고 분명하게 자신의 감정, 특히 애정을 전달할 수 있게 된다. 14개월경 영아의 86.5%가 부모를 껴안거나 입 맞추는 신체 접촉을 통해 애정을 표현하거나 기분이 좋다는 것을 표현했다.

그렇다면 촉각적 자극을 이용한 본격적 학습이 시작되기 시작하는 것은 언제부터일까? 24개월경이 되면 36.7%의 영아들이 촉감 자극을 제공하는 책을 자주 보는데 바로 이 시기부터 촉각에 근거한 학습이 가능해지는 것으로 보인다.

한편 어머니들은 신체 접촉을 통해 영아의 행동을 통제할 수 있는데 예컨대 영아들이 특정한 행동을 한 직후 어머니들이 신체 접촉을 해 주면 영아들은 그 행동을 반복하는 경향이 있다(곽금주 외, 2005). 이러한 경향은 월령 증가와 함께 증가한다(4개월 79.2%, 5개월 82.7%, 6개월 76.7%, 7개월 78%, 곽금주 외, 2005). 또한 [그림 4-10]과 같이 영아를 재우는 상황에서 어머니가 영아에게 제공하는 신체 접촉을 살펴보면 월령에 따라 차이가 있었다. 3개월, 8개월, 13개월 된 영

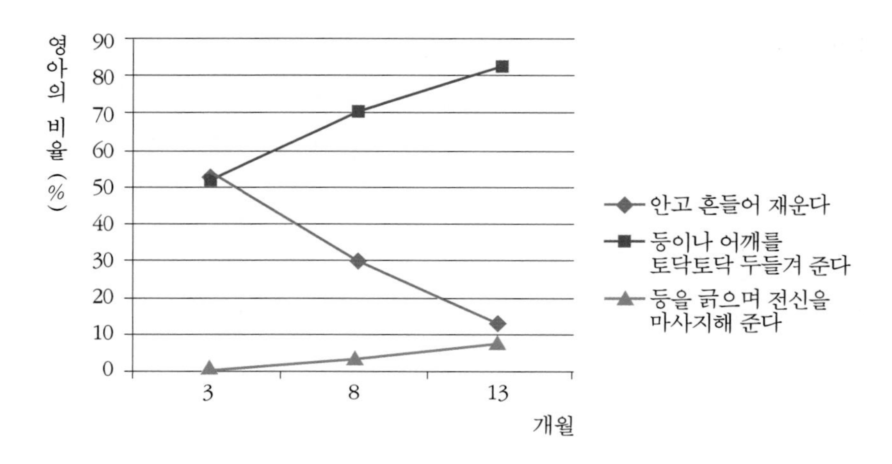

그림 4-10 신체 접촉을 통해 영아를 재우는 방법에서의 월령별 비율(%)

영아의 월령 증가에 따라 어머니들이 재울 때 사용하는 신체 접촉 방법은 조금씩 차이가 있다. 어릴수록 안고 흔들어 재우는 비율이 높고, 월령이 증가할수록 등이나 어깨를 토닥토닥 두들겨 재우는 비율이 높아진다. 등을 긁으며 전신을 마사지해 주면서 재우는 신체 접촉 유형은 상대적으로 사용빈도가 낮았다.

아를 가진 어머니들이 아기를 재울 때 사용하는 신체 접촉 방법은 어릴수록 안고 흔들면서 재우는 것이었다(3개월 53.7%, 8개월 30%, 13개월 12.8%). 반면 등이나 어깨를 토닥토닥 두들겨 주면서 재우는 방법은 월령 증가와 함께 늘어났다(3개월 51.9%, 8개월 71%, 13개월 83%, 곽금주 외, 2005).

지금까지 살펴본 한국 영아의 청각 및 신체 접촉 발달의 주요한 변화를 정리하면 〈표 4-1〉과 같다. 이 표는 제3장에서 제시된 바와 같이 『한국영아발달연구』(곽금주 외, 2005) 자료에서 각 월령 중 50% 이상의 영아가 해당 행동을 보인 경우 다음 표에서는 '절반 이상의 영아'가 할 수 있는 것으로, 80% 이상의 영아가 특정 행동을 보인 경우 '대부분의 영아'가 할 수 있는 것으로 표시하였다.

표 4-1 한국 영아 발달: 청각 및 신체 접촉 영역의 발달적 이정표

월령	청각	신체 접촉
1~3개월	• 절반 이상의 영아가 좌우에서 나는 소리를 구분할 수 있음(2개월) • 아주 근접한 장소에서 나는 소리도 어디에서 나는지 정확하게 구별할 수 있음(3개월)	• 대부분의 영아가 신체 접촉에 호의적으로 반응함(1개월)
4~6개월	• 대부분의 영아가 양육자의 유쾌한 감정을 나타내는 목소리와 불쾌한 감정을 나타내는 목소리를 구분할 수 있음(5개월) • 대부분의 영아가 자기 이름을 부르면 좋아함(5개월)	• 절반 이상의 영아가 신체 접촉을 통해 원하는 것을 달라고 행동함(6개월)
7~12개월		• 절반 이상의 영아가 특정 행동을 한 후 어머니들이 신체 접촉을 해 주면 그 행동을 반복함(7개월)
13~18개월		• 대부분의 영아가 부모를 껴안거나 입맞추는 신체 접촉을 통해 애정이나 기분을 표현할 수 있음(14개월)
18~24개월		• 영아들이 촉감 자극을 경험할 수 있는 책을 자주 보기 시작함(24개월)

6. 감각 및 지각 발달을 위한 부모 및 교사의 역할

앞서 살펴본 바와 같이 영아기 동안에는 다양한 감각 활동이 이루어진다. 또한 앞서 3장 '영아기 신체 및 운동 발달'에서 보았듯이 영아기 동안 영아가 무엇을 감각하고 경험하는지에 따라 시냅스의 형성 및 가지치기가 진행된다. 이 시기 동안 특정 자극이 결핍된다면 이후 회복하기가 힘들다. 영아의 감각과 지각 발달을 촉진하고 돕기 위해서 부모와 교사는 다양한 감각적 탐색 활동을 제공할 필요가 있다.

영아기는 다양한 감각 자극을 통해 탐색을 하면서 감각 및 지각 발달을 이루어 가는 시기라고 할 수 있다. 이때 명심할 것은 대부분의 발달에는 주로 발달이 이루어지는 시기가 정해져 있다는 점이다. 따라서 시기를 앞당긴 무리한 조기교육도, 시기가 늦어 자극받아야 할 기회를 놓치는 것도 발달에는 도움이 되지 않는다. 따라서 영아기 내에서도 시기에 적절하게 자극을 제시하는 것이 필요하다. 예컨대, 영아의 시각은 12개월을 전후해서 발달한다. 선천성 백내장인

영아의 월령과 발달 수준에 맞추어 모빌 등의 자극을 제공하는 것이 좋다.

아기를 생후 24개월이 지나 수술했을 때는 시각장애의 확률이 높지만, 생후 12개월 이전에 수술하면 시각이 정상적으로 발달할 수 있다. 이처럼 부모와 교사는 영아의 월령을 고려하여 탐색 활동을 제공해 주는 것이 필요하다.

시기에 적절한 모빌 보여 주기

특히 영아들은 오감을 통해 사물을 확인한다. 보고, 듣고, 냄새 맡고, 빨고, 만지는 감각을 통해 영아의 두뇌는 자극을 받고 시냅스를 정교하게 할 수 있다. 영아의 발달을 촉진하기 위해 부모와 교사는 다양한 감각적 탐색 기회를 제공하는 것이 좋다. 예컨대, 시각 및 청각을 자극하기 위해 소리가 나는 모빌이나 딸랑이를 제공하고 적절한 치아 발육기를 제공해 촉각적 경험을 하도록 하는 것도 도움이 된다. 출생 초기에는 흑백의 단순한 모빌을, 이후 월령이 증가하고 시력이 발달하면 다채로운 색상의 모빌을 제공하는 것이 좋다.

물놀이

물놀이는 영아의 촉각, 시각, 청각을 모두 자극할 수 있다. 물놀이 동안 영아는 흐르는 물소리를 듣고 물이 뿜어져 나오는 것을 보고 그것을 피부로 느낄 수 있다. 주의할 점은 영아가 물놀이를 할 때에는 아무리 적은 양이라도 옆에서 지켜보아야 한다는 것이다.

폭신폭신, 보들보들… 다양한 촉각 자극 제공하기

촉감인형, 오뚝이, 부드러운 공 등을 제공하여 빨고 만지고 두드리는 놀이를 통해 형태와 질감 간 관련성을 학습할 수 있는 기회를 제공하는 것도 좋다. 이러한 경험을 통해 영아의 감각 간 지각 능력은 발달될 수 있다. 이때 특히 보육현장에서는 안전을 위협할 수 있는 놀잇감이 없는지를 주의 깊게 살펴야 한다. 또한 어떤 물건이든 입으로 가져가는 영아의 특성을 고려하여 놀잇감을 정기적으로 세척함으로써 위생 관리를 철저히 하는 것이 필요하다.

요 약

고차적인 정보 처리 및 사회적 관계가 발달하기 위해서는 우선 영아가 세상을 어떻게든 받아들여야 한다. 영아의 감각 및 인지를 살펴보는 것은 아기들이 세상을 어떻게 받아들이는지에 대한 첫 관문을 이해한다는 점에서 그 의미가 있다.

1. 생후 1개월 정도의 영아의 시력은 상대적으로 떨어지지만 이후 급격히 발달하여 12개월 정도가 되면 대체로 성인 수준의 시력을 획득하게 된다.

2. 시각절벽은 유리를 덮은 커다란 테이블을 중간에 있는 판자로 이분해 놓은 장치로 깊이 지각을 연구하는 실험 절차다. 영아들은 6~7개월경에 깊이를 지각하고 깊이에 대한 공포도 느끼지만 2개월경에 이미 깊이를 지각할 수 있다.

3. 시각과 비교해 볼 때 청각은 상대적으로 더 일찍, 더 성숙된 형태로 기능한다. 따라서 태아가 임신연령으로 3개월 정도가 되면 소리에 반응하기 시작하고, 신생아는 큰 소음에 놀라는 반응을 보인다.

4. 영아들은 특정한 말투를 다른 것보다 더 선호하는 경향이 있다. 영아가 선호하는 말투를 영아 지향적 언어라고 한다. 영아 지향적 언어는 언어 습득을 돕는 기능을 한다.

5. 생후 1개월 정도 된 어린 영아들도 성인처럼 말소리를 범주적으로 지각하며, 비록 자신이 매일 듣는 모국어가 아니라 하더라도 다른 언어의 수많은 말소리들을 구분할 수 있다. 영아의 이러한 능력은 매우 뛰어나서 생후 6~7개월 이전에는 모국어뿐만 아니라 모든 언어의 음소 차이를 지각할 수 있다. 이러한 영아의 비모국어의 음소변별 능력은 생후 6~7개월을 전후하여 사라진다.

6. 시각과 청각 이외에도 영아들은 다양한 감각을 할 수 있다. 예컨대, 아기들은 울다가도 주변 성인들이 부드럽게 쓰다듬어 주면 이내 얌전해지고, 다양한 종류의 맛을 변별할 줄도 안다. 후각 역시 출생 초기부터 상당한 수준으로 발달해 있어서 어머니와 다른 여성의 젖 냄새를 구별할 수도 있다.

7. 시각, 청각 그리고 촉각으로 얻어진 정보는 생애 초기부터 조정 · 통합된다. 이를 통합감각 혹은 감각 간 지각이라고 한다.

제5장

영아기 인지 발달에 대한 Piaget 이론과 도전

학/습/개/념

- 단계와 적응
- 감각운동기 하위 6단계
- 대상영속성
- A not B 오류
- 기대위배 방법
- 유능한 영아 관점
- 직관적 수 세기
- 얼굴 표정 모방

사람들은 살면서 주변의 다양한 대상을 지각하고 기억하며 그 특성을 배우기도 하고 그것에 대해 생각하기도 하며 관련된 문제들을 해결하기도 한다. 이 모두가 인지에 해당하는 지적 과정이라 할 수 있다. 인지(cognition)란 인간을 둘러싼 여러 가지 환경 자극의 의미와 내용을 심적 표상으로 재구성한 다음 보유, 변환, 산출하는 심리적 과정을 말한다(이정모 외, 2003). 발달심리학에서 인지 발달은 사고, 기억, 문제 해결, 범주화, 추론, 언어 발달 등을 망라하는 포괄적인 개념이다. 이처럼 인지의 개념이 포괄적이기 때문에 인지 발달에 대한 이론도 매우 다양하다. 이 장에서는 우선 가장 영향력 있는 인지발달 이론가 중 한 사람인 Jean Piaget(1896~1980)의 영아기 인지 발달, 즉 감각운동 발달의 여섯 가지 하위 단계로부터 인지 발달을 살펴보고자 한다. Piaget는 1950년대 '영아 지능'이라는 용어를 처음으로 사용하면서 동시대 연구자들이 간과해 왔던 아기들의 인지 능력에 주목하였다(Flavell, Miller, & Miller, 2003). 그가 여러 흥미로운 발달 현상과 이론적 쟁점들을 제기한 이래로 후속 연구자들은 영아들이 어떻게 생각하고 기억하며 문제를 해결하고 세상을 탐색해 나가는지를 밝혀 왔다.

Piaget 이후의 후속 연구자들은 더 정밀하고 객관적이며, Piaget가 활동할 당시에는 없었던 정교한 연구방법론을 이용하였다. 어떤 연구들에서는 Piaget 이론의 정확성이 재확인되기도 했고, 또 어떤 연구에서는 Piaget 주장의 타당성에 대한 의문이 제기되기도 했다. Piaget 이론과 수많은 후속 연구가 축적되면서 영아기 인지 발달에 대해서는 과거와 비교해 볼 때 상당히 많은 사실이 밝혀져 왔다. 이 장에서는 아기들이 어떻게 세상을 이해하고 적응하는지에 대한 이론과 주요 연구 결과들을 살펴보고자 한다.

1. 영아기 인지 발달에 대한 Piaget의 관점

Jean Piaget는 자신의 자녀인 Jacqueline, Lucienne 그리고 Laurent이 출생 후

어떻게 발달하는지를 주의 깊게 관찰하고 실험한 결과를 토대로 오늘날 가장 영향력 있는 인지발달 이론을 제시하였다. Piaget의 주장에 따르면, 영아들은 운동적, 감각적 활동을 통해 세상과 상호작용하고 이를 바탕으로 공간, 시간, 인과관계, 물리적 개념 등 세상을 이해한다(Lamb, Bornstein, & Teti, 2002). 이는 동시대의 다른 발달 연구자들과는 다소 거리가 있는 주장이었다. 당시의 관점에서 영아들은 기본적으로 환경으로부터의 정보를 수동적으로 받아들이는 수용자에 불과하였다. 반면 Piaget는 영아들이 비록 단순하기는 하지만 환경 탐색을 통해 자신의 지식과 인지를 능동적으로 구성하는 존재라고 보았다(Flavell et al., 2003). 이 기본적인 개념은 Piaget 이후 지금까지 영아 인지에 대한 기본적 관점이 되어 왔다(Steinberg, Vandell, & Bornstein, 2011). 영아기는 Piaget의 이론에서 감각운동기에 해당되며 6개의 하위 단계가 포함된다. 이를 구체적으로 살펴보기에 앞서 Piaget 이론의 기본 개념을 간략히 살펴보겠다.

1) Piaget 이론의 기본 개념

Piaget에 따르면, 사람은 궁금한 것을 못 참는 호기심이 많은 존재다. 사람들의 여러 인지적 활동은 호기심을 해소하기 위한 내적 동기에서 나온다. 영아 또한 환경에 대한 적극적, 능동적인 탐색자라는 것이 Piaget의 주장이다(Flavell et al., 2003).

(1) 단계

Piaget는 인지 발달을 질적으로 확연히 차이가 나는 네 가지 단계(stage)로 구분하였다. 감각운동기(sensori-motor stage, 출생~만 2세) 동안 영아들은 감각과 운동 반응을 통해 세상을 탐색한다. 전조작기(preoperational stage, 만 2~7세) 동안 아동은 상징 기술을 습득한다. 상징(symbol)이란 어떤 대상이나 개념에 대하여, 그것을 연상시키는 구체적인 사물이나 말 혹은 기호로 바꾸어 나타내는 것을 말한다(이정모 외, 2003). 예컨대, '고양이'라는 단어는 '야옹' 하고 울고 높은 곳에서도 상처 없이 뛰어내리며 화가 날 때는 발톱으로 할퀴는 동물을 나타낸다. 이 시기 동안 아동들이 습득하는 문자 및 숫자 체계는 상징 기술의 한 예라고 할 수 있다(Shaffer & Kipp, 2009). 하지만 전조작기 동안 아동들은 자신의 사고를 머릿속에서 되돌리거나, 지금과는 다른 관점에서 대상이 어떻게 보이는지 헤아리거나, 외양이 매우 다르게 보일지라도 실체는 변화되지 않는다는 것을 이해하지 못한다. 이러한 이해는 구체적 조작기(concrete operational stage, 만 7~11세)에 접어들어야 가능하다. 구체적 조작기 동안 논리적 사고는 크게 발달한다. 그러나 여전히 한계는 있다. 아동들은 눈에 보이는 구체적인 물리적 세계에 대해서만 논리를 적용할 수 있을 뿐이다. 마지막 발달 단계는 형식적 조작기(formal operational stage, 11세 이후)다. 이 시기가 되면 청소년들은 보다 상징적, 추상적, 가상적인 세계에 대해서도 논리적으로 사고할 수 있게 된다.

(2) 적응

앞서 살펴본 바와 같이 Piaget는 인지 발달이 질적으로 서로 다른 네 가지 단계를 거치면서 진행된다고 보았다. 그런데 이런 인지 발달 과정은 궁극적으로 적응(adaptation)의 과정이라 할 수 있다(Lamb et al., 2002). 즉, 아동들이 세상에 적응해 가는 과정이 곧 인지 발달 과정이라는 것이다. 또한 인지 발달은 전체적으로는 일련의 단계를 거쳐 일어나는 질적 변화 과정이지만, 흥미롭게도 인지 발달의 어느 단계에서든 아동들은 동일한 적응 과정을 거쳐 인지를 발달시킨다. 즉, 감각운동기든, 형식적 조작기든, 아동들은 다음에 살펴보게 될 동화와 조절 과정을 거쳐 세상에 적응한다.

아동들이 새로운 대상을 접하게 되면 자신이 기존에 가지고 있는 이해의 틀에 맞추어서 대상을 이해하려고 한다. 이를 동화(assimilation)라고 한다. 어떤 아기가 자기 집 반려견인 치와와를 보면서 강아지라는 말과 개념을 배웠다고 가정해 보자. 그 아기는 한동안 털이 달린 네 발 동물은 무조건 '강아지'라고 부른다. 동화 과정을 통해 새로운 정보를 받아들이는 것이다. 어느 날 이 아기가 동물원에 가서 사자를 보고 '강아지'라고 말하자 어머니가 저것은 강아지가 아니라 '사자'라고 정정해 주었다. 이때 사자라는 '네 발 달린 동물'은 무조건 '강아지'라는 기존의 틀로는 도저히 이해할 수 없는 새로운 대상이다. 이처럼 기존의 인지 구조로는 이해할 수 없는 새로운 대상에 맞닥뜨렸을 때 아동은 자신의 인지 구조를 변화시킴으로써 새로운 대상을 이해한다. 이 경우 아기들은 세상에는 '네 발 달린 동물'이 있고 거기에는 '강아지'도, '사자'도 포함된다는 것을 깨닫게 된다. 인지 구조가 변화되는 것이다. 이러한 과정을 조절(accommodation)이라고 한다. 이러한 동화와 조절의 과정은 어떤 인지 발달 단계에 있든 동일하다. 이를 기능적 불변성이라고 부른다(Flavell et al., 2003).

2) 감각운동기 하위 6단계

감각운동기 동안, 영아들은 환경을 탐색하고 이해하고자 할 때 감각과 행동을 이용한다. 예컨대 영아들에게 새로운 장난감을 주면 이내 입으로 가져가거나 던져 보는 행동을 한다. 영아들은 보기, 듣기, 만지기, 빨기, 깨물기, 움켜쥐기 등의 행동과 시각, 청각, 촉각, 미각, 후각 등의 감각을 통해 세상을 배우기 때문이다. Piaget는 감각운동기의 인지 발달은 연속적인 6개 하위 단계를 거친다고 주장했다. 다음에서 각각의 발달을 보다 자세히 살펴보겠다.

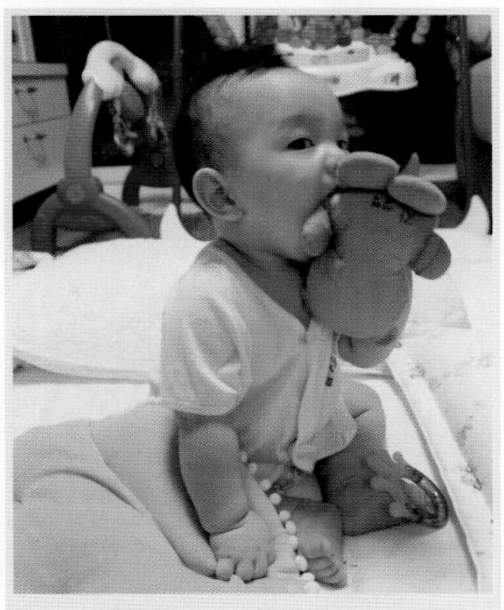

영아는 세상에 대해 능동적으로 배우기 위해 물체를 움켜쥐고 입으로 가져가 빤다.

(1) 감각운동기 1단계: 반사 활동

출생부터 생후 1개월까지에 해당되는 반사운동기 동안 영아들은 자극에 대한 반응으로 주로 반사적인 행동을 보인다. Piaget에 따르면, 영아의 반사는 이후 인지 발달의 초석이며 월령 증가에 따라 조금씩 발달해 간다(Johnson & Slater, 2007). 예컨대 빨기반사를 살펴보자. 3장에서 살펴보았듯이 빨기반사는 입에 들어오는 것은 무엇이든 빨려고 하는 반사다. 아기는 처음에는 반사적으로 빨다가 나중에는 입안에 들어온 물체의 형태에 따라 혀나 입술의 움직임을 변화시키기도 한다.

(2) 감각운동기 2단계: 1차 순환반응

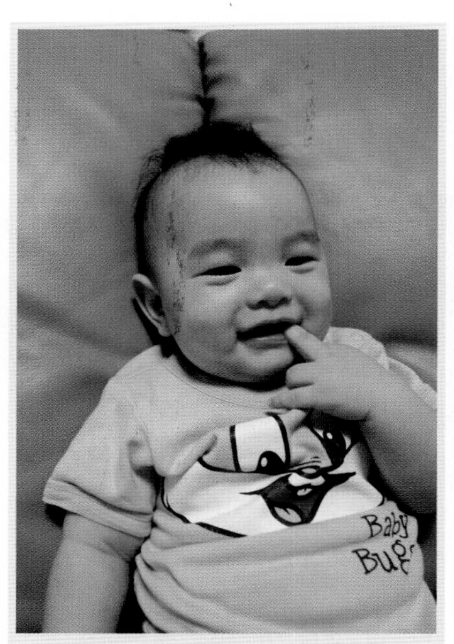

3.5개월 영아가 자신의 손을 입에 넣고 빨아 본다. 영아는 흥미를 느끼고 이 동작을 반복한다. 이를 1차 순환반응이라고 한다.

순환반응(circular reactions)이란 Piaget의 인지 발달 단계에서 '반복'을 의미한다. 왜 반복할까? 어떤 행동이 재미있기 때문이다. 최초의 순환반응이 일어나는 시기는 1~4개월이다. 이 시기의 순환반응을 1차 순환반응이라고 한다. 여기에서 '1차'란 흥미를 유발하는 사건이 영아의 신체와 관련된 것이라는 의미다. 예컨대, 영아들이 버둥거리다가 우연히 입안에 손가락을 넣었다고 하자. 빨기반사로 인해 영아는 그것을 빤다. 영아는 손가락 빠는 것에 재미를 느끼고 반복적이고 의도적으로 손가락을 입 속에 넣는다.

(3) 감각운동기 3단계: 2차 순환반응

이 단계에서 2차 순환반응(secondary circular reactions)은 '흥미로운 사건을 만드는 절차를 발견하는 것'으로 묘사된다(Johnson & Slater, 2007). 2차 순환반응은 영아가 외부 세계에 있는 대상과 사건에 흥미를 느껴 반복하는 것으로서 4~8개월 사이에 나타난다. 2차 순환반응은 처음에는 우연히 시작될 수 있다. 예컨대 우연히 상자 뚜껑을 덜컥거렸더니 소리가 났다고 하자. 이후 아동들은 소리를 듣기 위해서 상자를 덜컥거리는 행동을 반복한다. 이 외에도 반복적으로 공을 굴리거나 발로 차서 튀어 오르게 하는 행동 등은 2차 순환반응의 예라 할 수 있다.

7개월경 영아는 장난감을 우연히 누른다. 그러자 장난감에서 소리가 나는 재미있는 결과가 얻어진다. 이것을 다시 경험하기 위해 영아는 장난감을 누르는 동작을 반복하는데 이를 2차 순환반응이라고 한다.

(4) 감각운동기 4단계: 2차 순환반응의 협응

2차 순환 반응은 8~12개월 동안 협응된다(coordination of secondary circular reactions). 이 시기 동안 영아들은 목표를 달성하기 위해 두 개의 행동을 협응한다. 영아들은 협응을 통해 수단-목적 행동을 하기도 한다. 예컨대, 영아들은 어떤 장난감을 잡기 위해 그 장난감 위를 덮고 있는 아버지의 손을 치우기도 한다. 여기에서 하나의 행동(손을 치우는 것)은 목적(장난감을 잡는 것)에 대한 수단이라고 할 수 있다.

(5) 감각운동기 5단계: 3차 순환반응

3차 순환반응(tertiary circular reactions)은 12~18개월 사이에 발달한다. 이 단계에서 영아들은 서로 다른 결과를 얻기 위해서 여러 가지 새로운 행동들을 해

3차 순환반응 단계에서 영아들은 다양한 결과를 산출하기 위해서 각기 다른 행동을 해 본다.

본다. 3차 순환반응이 2차 순환반응과 다른 점은 의도성에 있다. 2차 순환반응이 단순한 탐색을 위한 행동이라고 한다면 3차 순환반응은 의도적으로 다른 결과를 얻기 위한 여러 가지 행동을 하는 것이다. 예컨대, 이 시기 영아들은 호스의 각도나 짜내는 강도에 따라 수돗물이 나오는 양과 속도가 다른지를 알아보기 위해 다양한 시도를 해 본다.

(6) 감각운동기 6단계: 심적 표상

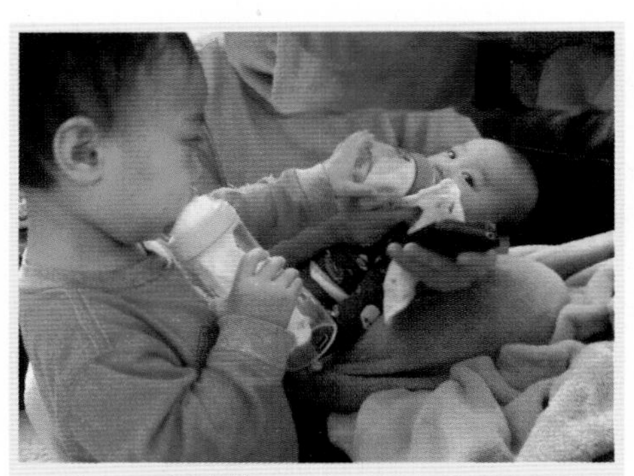
22개월 무렵 영아는 마치 자신이 엄마인 것처럼 가장하면서 어린 동생에게 우유를 먹인다. 이것이 가능한 것은 이 무렵부터 영아들이 어떤 경험을 마음속으로 표상할 수 있기 때문이다.

Piaget에 따르면, 18~24개월에 해당되는 심적 표상(mental representation) 단계는 사고가 시작되는 시기라 할 수 있다. 이 단계에서 영아들은 심적 표상을 할 수 있게 된다. 예컨대, 공이 소파 밑으로 굴러 들어가면 영아들은 소파 주위에서 서성거리면서 공이 다시 나타나기를 기다리기도 한다. 이러한 행동이 가능한 것은 심적 표상 능력으로 인해 영아들이 보이지 않는 물체의 행방을 상상할 수도 있기 때문이다.

앞에서 살펴본 일련의 감각운동기의 발달 6단계를 정리하면 〈표 5-1〉과 같다.

표 5-1 감각운동기 발달 6단계

단계	연령	발달적 특징
반사활동 (reflex activity)	0~1개월	• 세상에 대한 지식을 습득하는 일차적 자원인 반사적 행동, 즉 빨기, 잡기, 큰 소리에 반응하기(모로반사) 등이 나타남 • 다양한 반사 도식의 사용을 통해 환경을 탐색하고 이해하게 됨
1차 순환반응 (primary circular reactions)	1~4개월	• '특정 반응 → 만족 → 특정 반응 → 만족…'이라는 의미에서 '순환적'인 반응을 보임 • 이 시기 영아들은 자신의 신체와 관련된 사건에 흥미를 느끼고 반복함
2차 순환반응 (secondary circular reactions)	4~8개월	• 자신의 외부 대상에게서 일어나는 사건에 흥미를 느끼고 이를 다시 반복함
2차 순환반응의 협응 (coordination of secondary circular reactions)	8~12개월	• 두 개 이상의 행동을 협응하여 어떤 목적을 성취하기 시작함 예) 영아가 성냥갑을 잡으려 했을 때 쿠션으로 가리면 성냥갑을 잡기 전 쿠션을 치움
3차 순환반응 (tertiary circular reactions)	12~18개월	• 영아들은 새로운 원인과 결과 간의 관계에 대해 가설을 세우고 결과를 변화시키기 위해 다양한 행동을 함 예) 영아들은 북에서 어떤 소리가 나는지 보려고 처음에는 장난감 북을 북채로, 다음에는 연필로, 블록으로, 망치로 두드려 봄
심적 표상 (mental representation)	18~24개월	• 눈앞에 없는 사물이나 사건들을 심적으로 표상하기 시작함 예) 지연모방

3) 감각운동기의 주요한 인지적 성취: 대상영속성의 발달

감각운동기 동안 영아들은 대상영속성(object permanence)의 개념을 이해하게 된다. 대상영속성이란 자신의 행동이나 지각과는 무관하게 한 대상이 존재함을 아는 것이다. 즉, 영아가 대상영속성을 이해한다는 것은 사물이 눈앞에 보이지 않거나 만질 수 없을 때에도 여전히 존재한다는 것을 아는 것이다(Baillargeon, 2002). 이는 나이 든 아동이나 성인들에게는 너무나도 기본적이고 상식적인 믿음이다(Fogel, 2001). 예를 들어, 여러분이 학교에서 수업을 듣고 있는 동안 이성 친구는 카페에서 차를 마시고 있다고 해 보자. 수업을 듣고 있는 동안에는 그 사람을 보거나 목소리를 들을 수는 없지만, 우리는 그 사람이 이 세상에 계속 존재한다는 것을 안다. 이처럼 대상영속성 때문에 사람들은 대상이 시야에서 사라졌을 때도 계속 존재하며 대상과 자신의 상호작용과는 독립적으로 그 대상이 존재할 수 있음을 믿게 된다.

Piaget에 따르면, 어린 영아들은 대상영속성을 이해하지 못한다. 대상영속성의 개념은 성장과 함께 서서히 획득되기 때문이다. 따라서 어린 영아들의 세상은 바로 지금, 여기에서 지각할 수 있는 것으로 구성된다. 말 그대로, 영아들에게 세상은 "눈에서 멀어지면 마음에서도 멀어지는(out of sight, out of mind)" 존재다. 예컨대 생후 2개월 된 영아들에게 새로운 장난감을 보여 주면 영아는 흥미를 보이면서 손을 뻗쳐 잡으려고 한다. 그러나 영아의 손이 장난감에 닿기 전에 장난감과 영아 사이를 천으로 가리면 아기는 찾는 행동을 중단한다. 방금 전까지의 관심이 무색하게도, 아기는 마치 그 장난감이 세상에 더 이상 존재하지 않는 것처럼 행동한다. 그러나 월령이 증가하여 8개월 정도가 되면 영아들은 흥미로운 장난감이 시야에서 사라진다고 해서 그것에 대한 관심을 쉽사리 거두지 않는다. 보이지 않는다고 해서 그것이 세상에서 사라진다고는 생각하지 않기 때문이다(Bogartz, Shinskey, & Schilling, 2000; Krojgaard, 2003; Mash, Arterberry, & Bornstein, 2007).

일단 대상영속성을 이해하게 되면 영아들은 더 이상 즉각적인 감각 정보에만 의존하지 않는다. 이런 의미에서 대상영속성은, 세상에 대한 정보를 마음속에 담아두는 심적 표상(mental representation)으로 가는 첫 관문이라 할 수 있다.

대상영속성이란 자신의 행동이나 지각과는 무관하게 어떤 대상이 존재함을 아는 것이다. 영아기 동안 대상영속성은 서서히 획득된다. 어린 영아들은 어떤 대상이 눈에 보일 때에는 흥미를 보이기도 하지만 장난감이 보이지 않게 되면 마치 그것이 세상에 더 이상 존재하지 않는 것처럼 행동한다.

대상영속성은 왜 중요할까? 우리는 일상생활에서 대상물들이 가려져서 보이지 않게 되는 경우를 많이 경험하지만, 그럼에도 그 대상이 그대로 존재함을 알고 있다. 또한 대상영속성으로 인해, 대상들이 끊임없이 나타났다 사라지는 변화하는 세상을 혼란 없이 받아들일 수 있다. 즉, 대상영속성은 세계의 물리적 속성에 대한 가장 기본적 지식이라 할 수 있다.

Piaget는 생후 2년에 걸쳐 대상영속성이 단계적으로 발달한다고 주장했다. 다음에서 영아기 동안 이루어지는 대상영속성의 발달 양상을 살펴보겠다.

(1) 감각운동기 1, 2단계

〈표 5-2〉에 제시되어 있는 바와 같이, Piaget에 따르면 감각운동기 1, 2단계에는 영아들에게 대상영속성의 개념이 거의 없다. 단 2단계 말에 접어들면 대상영속성의 개념이 어렴풋이 나타난다. 공이 굴러 침대 밑으로 사라지면 영아들은 공이 사라진 지점을 잠시 바라볼 뿐이다.

(2) 감각운동기 3단계

3단계에 해당되는 4~8개월경 영아들은 흥미를 보였던 물체의 일부분만 나오도록 보자기로 가리면 보자기를 제거하고 물체를 찾아내기 시작한다. 그러나 물체가 완전히 가려지도록 보자기를 덮었을 때에는 마치 물체가 사라진 것처럼 행동한다. 우리나라 영아를 대상으로 한 연구(곽금주 외, 2005)에서는 8개월경 절반 이상의 영아들(72.8%)이 부분적으로 숨겨진 물체를 찾을 수 있었다.

(3) 감각운동기 4단계

감각운동기 4단계에 해당되는 8~12개월에 접어들면 영아들은 이제 물체를 완벽하게 가리더라도 보자기를 벗겨서 물체를 찾아낸다. 대상영속성의 개념이 보다 분명하게 발달하기 시작하는 것이다. 그러나 이 시기 영아들의 대상영속성에서는 중대한 결함이 있다. 즉, 아기들은 A not B 오류를 보인다. A not B 오류란 다음과 같다.

❶ 8~12개월 영아들 앞에서 덮개 A에 물체를 감추는 것을 보여 준다. 그러면 아기는 덮개를 치우고 대상을 찾아낸다.
❷ 이를 반복한다.
❸ 이번에는 영아가 잘 볼 수 있도록 대상을 덮개 A 옆에 있는 B에 감춘다.

영아는 어떻게 행동할까? 영아는 여전히 A를 찾아보고 거기서 아무것도 못

그림 5-1 A not B 오류

감각운동기 4단계 영아(8~12개월)는 물체를 완벽하게 가리더라도 물체를 찾아내지만 A not B 오류라는 중대한 결함을 보인다. 즉, 그림에서 주황색 보자기 밑에 감추어진 물체를 찾는 경험을 한 영아는 그 물체를 회색 보자기 밑에 감추는 것을 보더라도 여전히 주황색 보자기 밑에서 물체를 찾으려고 한다.

찾으면 찾는 행동을 중지한다. 영아들은 마치 물체를 숨기는 고유한 장소가 A인 것처럼 여기는 것 같다. 직접적으로 눈에 보이는 물체의 위치 이동을 이해하지 못하는 것이다([그림 5-1] 참조).

우리나라 영아의 경우 12개월경 93.1%의 영아가 부분적으로 숨겨진 물체를 찾을 수 있고 80.6%의 아기들이 완전히 감추어진 물체를 찾을 수 있다(곽금주 외, 2005).

(4) 감각운동기 5단계

A not B 오류는 감각운동기 5단계인 12~18개월에 사라진다. 이 시기의 영아는 더 이상 A not B 오류는 보이지 않지만 물체의 비가시적인 위치 이동은 여전히 이해하지 못한다.

❶ 영아들 앞에서 흥미로운 물체를 불투명한 컵 안에 넣는다. 이 상태에서 영아는 컵 속에서 물건을 찾을 수 있다.
❷ 다음으로 컵을 바닥에 놓고 보자기를 씌운다.
❸ ❷의 상태에서 컵을 뒤집어서 안에 있던 물체를 바닥에 둔 채로 컵만 보자기 바깥으로 꺼낸다.

이때 영아들은 흥미로운 물체를 컵에서만 찾을 뿐 보자기 아래에서 찾으려는 시도를 좀처럼 하지 않는다. 영아들은 물체의 비가시적 위치 이동에 대해서는 아직 이해하지 못하는 것이다. 우리나라 영아들을 대상으로 한 연구에서도 18개월경 보이지 않는 상태에서 위치가 바뀐 물건을 찾는 것은 27.6%에 불과했다(곽금주 외, 2005).

(5) 감각운동기 6단계

18~24개월에 해당하는 감각운동기 6단계에서 영아들은 대상영속성의 개념

이 완전하게 발달하여 비가시적 위치 이동에 대한 이해도 가능하다.

지금까지 살펴본 감각운동기 하위 6단계에 따른 대상영속성의 발달은 〈표 5-2〉에 정리되어 있다.

앞서 살펴본 Piaget의 대상영속성 발달에 대한 주장에 대해 여러 후속 연구가 이루어졌다. 후속 연구자들은 Piaget가 고안한 과제 수행에 영향을 미칠 수 있는 다른 변인들이 무엇인지 알아보았다. 예컨대, Diamond(1985, 1991, 1995)는 4단계인 8~12개월 사이에 영아들이 보이는 A not B 오류는 영아들의 부족한 운동 반응 조절 때문일 수도 있다고 가정하고 B 장소에 물체를 숨기더라도 A 장소를 찾아보는 영아들의 행동을 관찰하였다. 그 결과, 일부 영아는 B 장소를 바라보면서도 몸은 자동적으로 A 장소로 가서 찾는 행동을 보였다. Diamond는 이를 근거로 영아는 이전과는 다른 장소, 즉 새로운 B 지점에 대상이 숨겨져 있다는 것을 알기는 하지만 이전에 대상을 찾았던 장소를 다시 찾아보는 운동

표 5-2 감각운동기 6단계에 따른 대상영속성의 발달

단계	연령	발달적 특징
반사활동	0~1개월	• 움직이는 물체를 추적하나 사라지면 무시하고, 후반에는 대상이 사라진 장소를 잠시 응시하나 곧 무시함
1차 순환반응	1~4개월	
2차 순환반응	4~8개월	• 자신의 행위와 독립적 실체로서의 대상을 어느 정도 이해함 • 친숙한 물체인 경우 일부분만 보고도 그 물체를 알아보고 잡으려 하지만 일부분이 나와 있거나 투명한 덮개로 덮인 경우에 한함
2차 순환반응의 협응	8~12개월	• 친숙한 물체를 완전히 덮더라도 찾아냄 → A not B 오류(A not B error)
3차 순환반응	12~18개월	• A not B 오류를 극복하나 보이지 않는 대상의 이동은 이해 못함
심적 표상	18~24개월	• 비가시적 위치 이동도 이해할 수 있음

반응을 억압하지 못하기 때문에 A not B 오류를 보이는 것이라고 주장하였다. 이러한 경향은 생후 7~12개월 사이 대뇌 전두엽의 성숙과 함께 줄어들게 된다. 전두엽은 조절 행동과 밀접한 관련이 있다. 전두엽 발달로 인해 운동 반응을 잘 조절하게 되면 영아는 숨겨진 대상을 (틀린 줄을 알면서도) 틀린 장소(즉, A)에서 계속 찾으려는 경향을 억제하게 된다(Diamond, 1991, 1995).

Diamond(1985, 1991, 1995)의 지적 이외에도 영아 발달에 관한 Piaget의 주장에 대해서는 여러 연구가 이루어져 왔다. 다음에서 이러한 연구들을 좀 더 자세히 살펴보겠다.

2. Piaget에 대한 도전: 유능한 영아 관점

Piaget 이후 연구자들은 주로 Piaget가 연구할 당시에는 존재하지 않았던 새로운 연구 방법을 통해서 그의 주장을 재검증하는 데 초점을 맞추었다. 전반적으로 Piaget는 영아가 알고 있는 바를 과소평가했다는 비판을 받고 있다(Shaffer & Kipp, 2009). 한 가지 중요 비판은 Piaget는 영아가 움직임, 즉 감각운동기 중 '운동'을 통한 이해만을 지나치게 강조했다는 점이다. 그러나 영아들이 운동을 통해서만 무언가를 배우고, 움직임을 통해서만 자신의 능력을 표출할 수 있는 것은 아니다. 실제로 Décarie와 Ricard(1996)는 엄마가 임신 첫 3개월 동안 탈리도마이드 진정제를 복용한 영향으로 사지가 기형으로 태어난 아기들도 비록 영아기의 정상적인 감각 운동 경험은 없었지만 몇몇 정상적인 인지 능력을 발달시켰음을 발견하였다(Steinberg et al., 2011). 이처럼 Piaget가 영아의 능력, 특히 대상개념과 관련한 아동의 능력을 과소평가하게 된 데에는 그가 사용한 연구 방법의 특성에도 원인이 있다. 다음에서 Piaget 이후의 연구를 살펴보자.

1) 영아의 물리적 대상에 대한 이해 능력

Piaget의 실험에서 대상영속성 유무를 판단할 때 기준이 되는 것은 물체를 찾는 탐색 행동이었다. 따라서 그는 영아가 탐색 행동을 하지 않으면 곧 대상영속성의 개념을 이해하지 못한다고 보았다. 그러나 탐색 행동을 하지 않는다는 것 자체는 영아가 효과적인 탐색 방법을 모른다거나 탐색하려는 성향이 없다는 것을 뜻할 뿐, 물체가 계속 존재한다는 사실을 영아가 알지 못한다는 것을 직접적으로 입증하는 것은 아니다(Lamb et al., 2002). 따라서 대상영속성은 Piaget가 연구했던 것과는 다른 방법으로 연구될 필요가 있었다. 그중 하나가 대상개념에 위배되는 불가능한 상황과 가능한 상황을 보여 주고 영아가 각각에 달리 반응하는지를 보는 것이다. 바로 기대위배(violation of expectation) 방법이다. 이 방법의 기본 가정은 자신의 사전 지식과 일치하지 않는 사건은 영아를 놀라게 하거나 당황하게 만들고 이러한 놀라움은 여러 행동으로 나타난다는 것이다. 응시 시간의 증가, 심장 박동 수의 변화, 당황하는 표정 등이 이런 행동이다. 이 연구 방법은 아직 말을 못하고 잘 움직이지 못하는 영아에게 적합하다는 장점이 있다(Johnson & Slater, 2007). 영아는 기어가거나 탐색 행동을 할 필요 없이 자신의 기대에 위배되는 사건을 단순히 쳐다보기만 하면 된다. 기대위배 방법의 대표적인 연구자로는 Baillargeon을 들 수 있다.

Renee Baillargeon
미국 일리노이 대학교의 심리학자 Baillargeon은 행동으로 탐색할 필요가 없는 기대위배 방법을 통해 언어적 능력이 제한된 영아의 인지 능력에 대해서 많은 것을 밝혀 왔다.

(1) 대상영속성에 대한 이해

Baillargeon(1987)은 ‘도개교 실험’을 통해 4.5개월 영아의 대상영속성을 알아보았다. 도개교(跳開橋, 영어로는 drawbridge)란 중세 유럽의 성에 주로 놓여 있는 다리다. 중세에는 외부 침입으로부터 성을 지키기 위해 주위의 땅을 파서

물로 채우고 다리를 건너 성으로 출입하도록 했다. 이 다리를 도개교라고 하는데 고정되어 있는 것이 아니라 평상시에는 들려 있다가 파수병이 외부인의 신원을 확인하고 나면 내려졌다고 한다. Baillargeon(1987)의 실험 장치가 이런 도개교와 매우 비슷했기 때문에 이 실험을 도개교 실험이라고 부른다.

[그림 5-2]에서 제시된 바와 같이 이 실험은 크게 습관화 단계와 검사 단계로 구성되었다. Baillargeon은 습관화 단계에서 영아에게 스크린이 앞뒤로 180° 회전하는 것([그림 5-2]의 A)을 반복해서 보여 주었다. 영아가 이 사건에 익숙해지

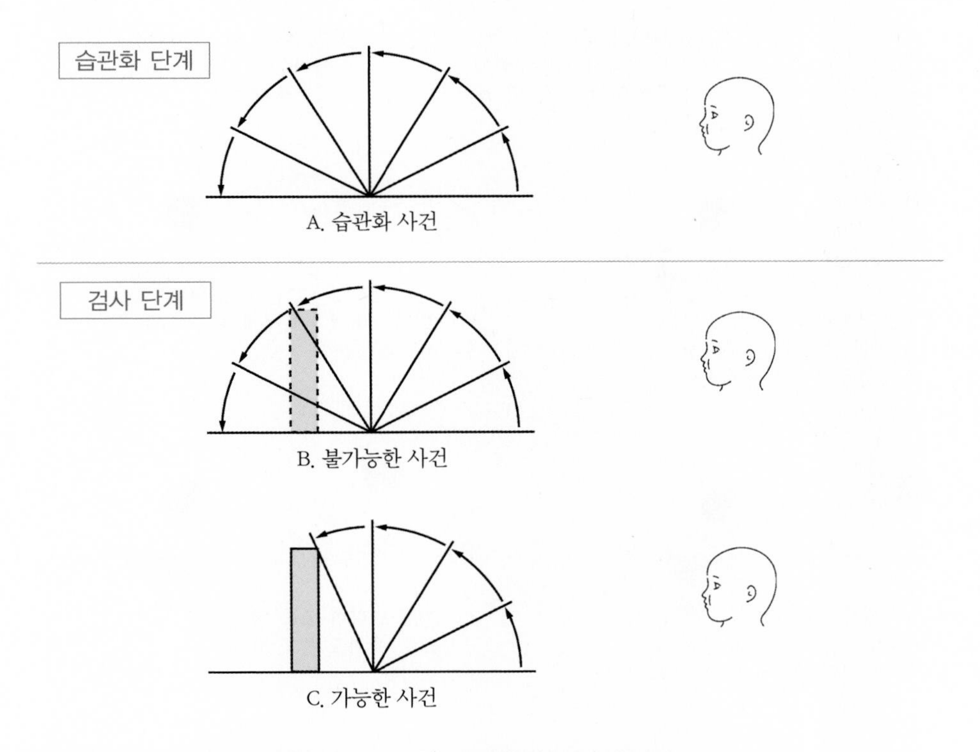

그림 5-2 Baillargeon(1987)의 기대위배 실험에서 사용된 자극

운동 능력이나 이동 능력이 필요 없는 과제에서는 Piaget가 주장한 것보다 더 어린 영아도 대상영속성에 대한 이해를 보인다. [그림 5-2]에서 사건 A에 습관화된 4.5개월 영아들은 이후 검사 단계에서 불가능한 사건(B)을 가능한 사건(C)보다 더 오래 쳐다본다.

출처: Baillargeon (1987), p. 656.

면 습관화 단계는 종료되었다. 이 단계에서 영아가 사건에 익숙해졌다는 것은 스크린 회전 사건에 대한 영아의 응시 시간이 처음보다 줄어드는 것을 의미했다. 습관화 단계 다음으로는 검사 단계로 넘어가 새로운 사건을 보여 주었다.

검사 사건에는 습관화 사건과 달리, 스크린이 회전하는 궤도에 스크린보다

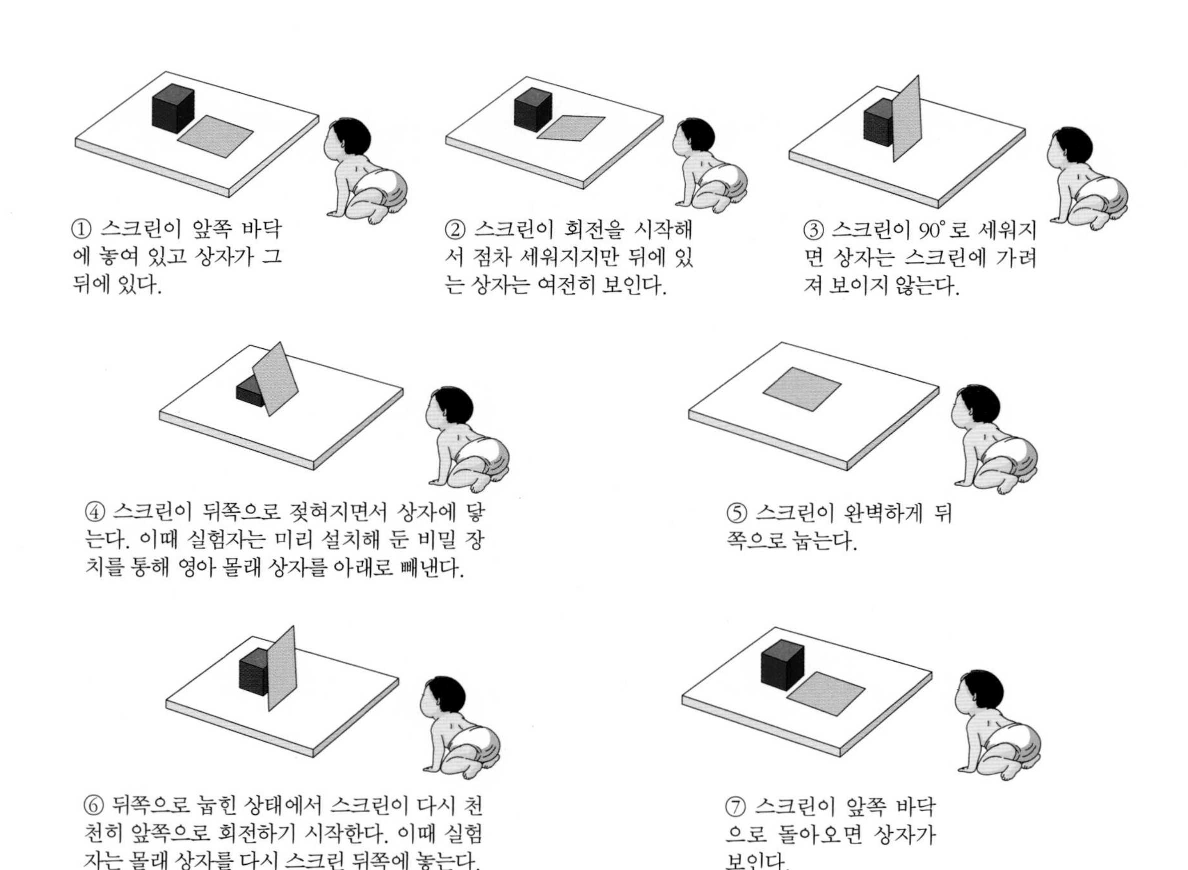

그림 5-3 Baillargeon(1987)의 기대위배 실험에서 제시된 불가능한 사건

[그림 5-2]의 불가능한 사건(B)을 영아의 입장에서 바라본 것이다. Baillargeon(1987)은 영아가 보지 못하는 사이에 비밀 장치를 통해 적절한 시점에서 박스를 아래로 빼내거나 제자리에 두어서 영아로 하여금 불가능한 사건을 목격하도록 했다.

출처: Kail (2008), p. 162.

키가 작은 상자가 있었다. 영아는 실험이 시작되어 스크린이 회전을 시작할 때에는 상자를 볼 수 있으나 스크린이 90° 회전한 이후부터는 상자를 볼 수 없었다. 검사 단계에는 불가능한 사건([그림 5-2]의 B)과 가능한 사건([그림 5-2]의 C)이 있었다. 우선 불가능한 사건(B)을 자세히 살펴보면 [그림 5-3]과 같다.

요컨대, 불가능한 사건(B)은 스크린이 상자가 있는 데까지 회전하고 계속해서 180° 회전하는 것이었다. 여기서 영아가 보기에 상자는 스크린이 회전하는 데 전혀 장애가 되지 않았다. 한편 가능한 사건(C)은 스크린이 회전하다 상자에 닿으면 더 이상 회전하지 않고 멈추는 사건이었다. 가능한 사건을 자세히 살펴보면 [그림 5-4]와 같다.

이 실험에서 불가능한 사건([그림 5-2]의 B, 더 자세한 것은 [그림 5-3] 참조)은 영아들에게 새로운 것이 아닐 수도 있다. 왜냐하면 영아들은 스크린이 180° 회

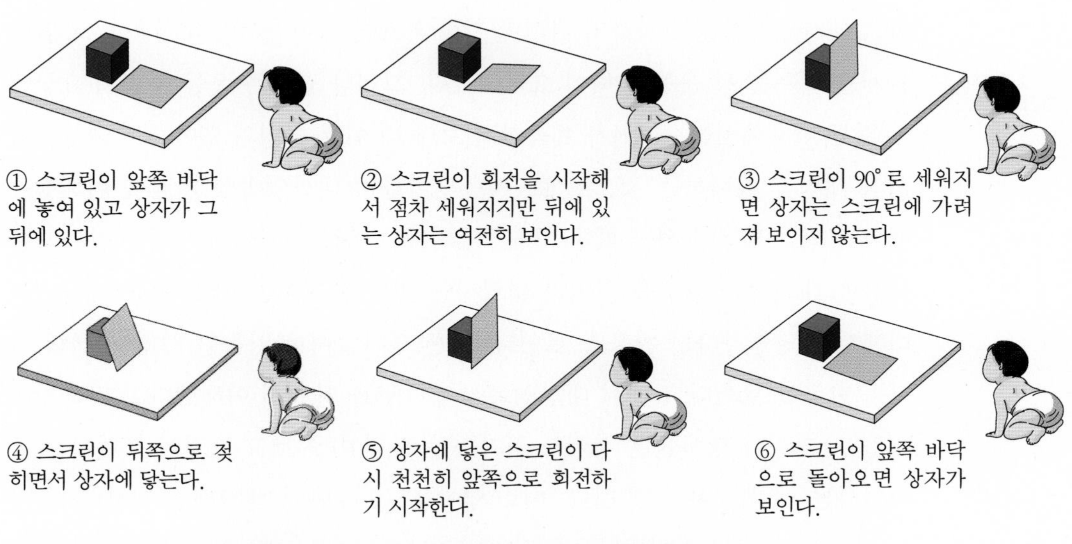

그림 5-4 Baillargeon(1987)의 기대위배 실험에서 제시된 가능한 사건

[그림 5-2]의 가능한 사건(C)을 영아의 입장에서 바라본 것이다. 이 조건에서 회전하던 스크린은 박스에 부딪힌 다음 제자리로 돌아온다.

출처: Kail (2008)을 참조하여 재구성.

전하는 것([그림 5-2]의 A)을 습관화 단계에서 이미 봤기 때문이다. 그러나 영아들이 대상영속성의 개념을 이해하고 있다면 불가능한 사건은 가능한 사건([그림 5-2]의 C, 더 자세한 것은 [그림 5-4] 참조)보다 더 새롭고 기대를 벗어나는 것이다. 하나의 물체(즉, 스크린)가 다른 물체(즉, 상자)를 마치 마술처럼 통과하는 것으로 보이기 때문이다. 영아들에게 대상영속성의 개념이 있다면 불가능한 사건은 일어날 수 없는, 매우 이상한 사건이다.

만일 영아들이 대상영속성을 이해하고 있다면 결과가 어떨까? 아마도 예상을 벗어나는 사건인 불가능한 사건을 가능한 사건보다 오래 쳐다볼 것이다. 실제로 대부분의 4.5개월 영아들은 대상영속성에 위배되는 불가능한 사건을 대상영속성에 위배되지 않는 가능한 사건보다 더 오래 쳐다보았다. 일부 3.5개월 영아도 유사한 반응을 보였다. 여기서 4.5개월은 Piaget 이론에서는 아직 대상영속성 개념을 이해하지 못하는 시기라는 점에 주목해야 한다. 즉, Piaget가 영아의 대상영속성을 측정하기 위해 실시한 과제는 기어가거나 대상을 덮고 있는 물체를 치우는 등 운동 능력이 요구되었다. 그러나 별다른 운동 능력이 요구되지 않는 과제에서는 Piaget가 예측한 것보다 더 이른 월령의 영아들도 대상영속성의 개념을 이해하는 것으로 보인다. 영아들이 대상영속성 개념을 이해했을 때 예상되는 행동을 하기 때문이다. 즉, 위에서 언급한 대로 영아들은 불가능한 사건에 대해서는 예상을 벗어나 놀랍다는 반응을 보이는 반면 가능한 사건에 대해서는 당연하다는 반응을 보였다. 물론 영아들이 불가능한 사건에 대해 놀라는 반응을 보였다고 해서 대상영속성의 개념을 완전히 이해했다고 말하기는 어렵다. 그러나 영아들은 적어도 불가능한 사건(B)을 보고 그것이 무언가 잘못되었다는 것만은 아는 것 같다. 어린 영아들도 Piaget가 생각했던 것보다 더 많은 것을 알고 있는 것이다.

(2) 기타 물리적 지식에 대한 이해

Baillargeon을 위시한 일련의 연구자는 기대의 위배 패러다임에 근거하여 대상영속성 이외에도 중력, 관성, 연속성, 고체성(solidity), 지지(support) 등 여러 형태의 물리적 지식을 연구하였다(Aguiar & Baillargeon, 1999; Baillargeon, 1995; Kim & Spelke, 1999; Spelke, 1998; Spelke, Breinlinger, Macomber, & Jacobson, 1992). 이를 종합해 보면, 영아들의 물리적 지식은 영아기 내에서도 월령에 따라 점차 정교화된다. 어린 영아들의 초기 개념은 원시적이고 이분법적이며 매우 단순하다. 영아들은 이 초기 개념을 시간의 흐름에 따라 더 많은 경험을 통해 수정하고 정교화한다. 이러한 과정이 거듭되면 결국 영아기 말에 이르러 물리적 사건에 대한 영아의 예측은 성인의 예측과 별반 다르지 않을 정도로 정확해진다(Baillargeon, 2002).

그런데 여기서 주목할 점은 어린 영아들의 초기 개념이 비록 매우 단순하기는 하지만 이후 발달의 토대가 되기에는 충분할 정도로 핵심적이라는 점이다. 예컨대, 한 연구(Spelke et al., 1992)에서는 2.5개월 된 영아들을 대상으로 [그림 5-5]와 같은 습관화 사건(A)에 반복 노출하였다. 다음으로 불가능한 사건(B)과 가능한 사건(C) 두 가지를 제시하고 영아의 응시 시간을 비교하였다. 그 결과, 영아들은 불가능한 사건이 제시되었을 때 놀라며 더 오래 응시하였다. 이는 영아가 스크린 뒤에서 공이 사라진 뒤에도 그 움직임을 계속 추적했기 때문에 가능한 반응이다. 즉, 2개월경의 어린 영아들도 대상영속성의 개념을 가지고 있다.

앞서 살펴본 것처럼 Piaget 이후의 연구자들은 상당히 어린 영아들도 Piaget의 생각보다 뛰어난 인지적 능력을 보인다는 점을 입증해 왔다. 물론 어린 영아들의 능력은 결코 완벽한 것이 아니다. 또한 영아기 내에서도 분명히 연령 효과가 존재한다(Flavell et al., 2003). 그럼에도 불구하고 어린 영아들이 이처럼 다채로운 핵심적 능력을 가지고 있다는 것은 매우 놀랍다. 영아들이 가지고 있는 또 다른 능력은 무엇일까?

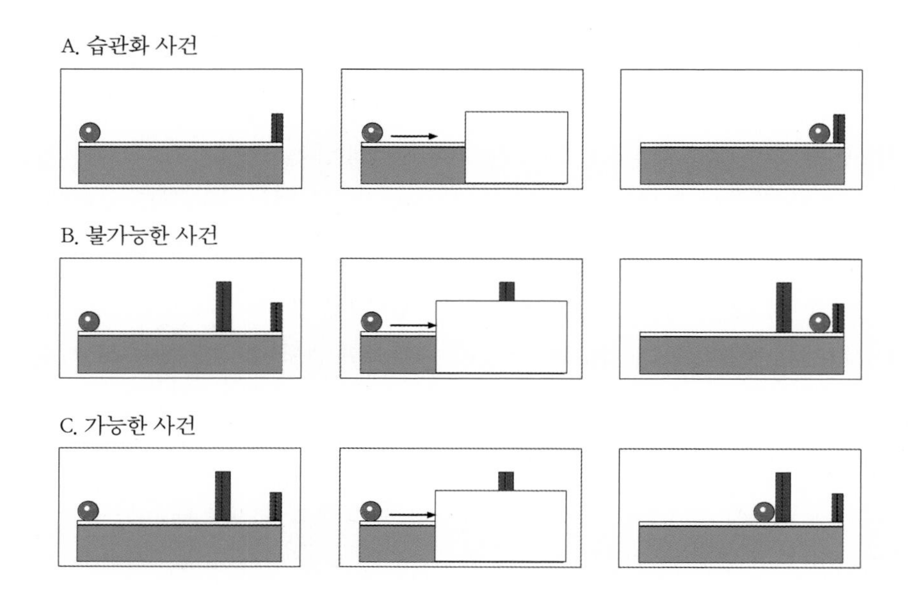

그림 5-5 Spelke 외(1992)의 실험에서 제시된 사건

2.5개월 영아들에게 공이 굴러가서 오른쪽 벽에 닿는 사건(A)에 습관화시켰다. 다음의 검사 단계에서 불가능한 사건(B)과 가능한 사건(C)을 보여 주었다. 불가능한 사건(B)은 공이 중간에 장애물이 있는데도 습관화 사건에서처럼 오른쪽 벽까지 굴러가서 닿아 있는 사건이며, 가능한 사건은 장애물에 막혀 더 이상 오른쪽 벽까지 굴러가지 못한 사건(C)이다. 2.5개월 영아들은 이 실험에서 불가능한 사건(B)을 가능한 사건(C)보다 더 오래 쳐다보았다.

출처: Lamb et al. (2002), p. 218.

2) 영아의 수 개념 이해 능력

어린 영아들은 상당한 수 개념도 가지고 있다. 그렇다면, 영아는 더하기와 빼기도 이해할 수 있을까? 한 연구(Wynn, 1992)에서 5개월 된 영아들에게 한 개의 물체를 보여 준 뒤 스크린으로 가려서 영아들이 그것을 보지 못하게 하였다. 그리고 가려진 스크린 뒤로 손 하나가 나타나서 또 하나의 물체를 놓는 것을 보여 주었다. 다음으로 스크린을 치우고 어떤 때는 불가능한 사건, 즉 한 개의 물체가 놓여 있는 것을 보여 주었고 어떤 때는 가능한 사건, 즉 두 개의 물체가 놓여 있는 장면을 보여 주었다([그림 5-6]).

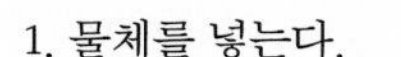

1. 물체를 넣는다.

2. 스크린을 올린다.

3. 두 번째 물체를 더한다.

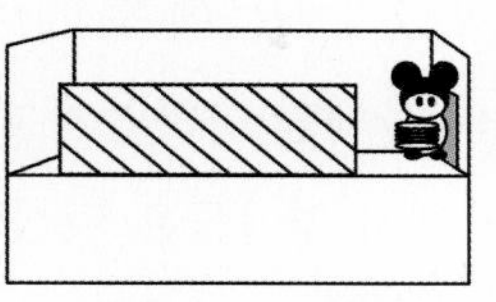

4. 빈손을 보여 준다.

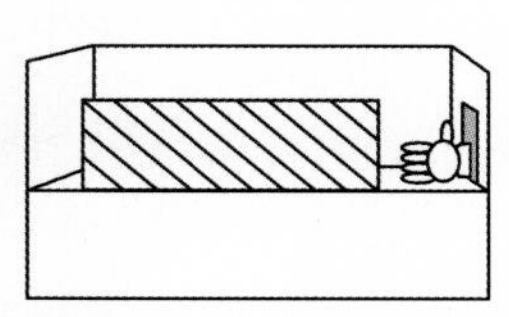

그러고 난 뒤: **A. 가능한 사건**

5. 스크린을 내린다.

6. 두 개의 물체를 보여 준다.

B. 불가능한 사건

5. 스크린을 내린다.

6. 한 개의 물체를 보여 준다.

2−1=1 혹은 2 사건의 순서

1. 물체를 넣는다.

2. 스크린을 올린다.

3. 빈 손을 스크린 뒤로 넣는다.

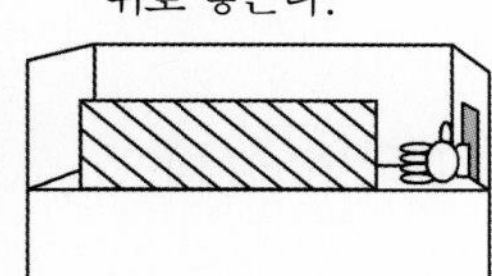

4. 한 개의 물체를 꺼낸다.

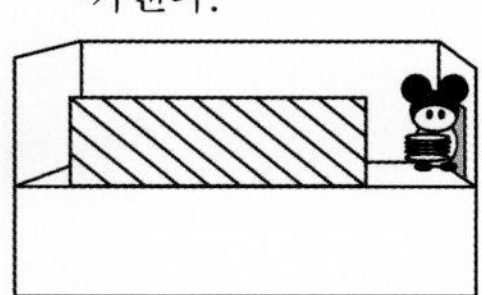

그러고 난 뒤: **A. 가능한 사건**

5. 스크린을 내린다.

6. 한 개의 물체를 보여 준다.

B. 불가능한 사건

5. 스크린을 내린다.

6. 두 개의 물체를 보여 준다.

그림 5-6 Wynn(1992)의 실험에서 사용된 자극과 실험 절차

영아들의 수 개념을 보여 주는 가장 영향력 있는 연구 중 하나가 Wynn(1992)의 미키마우스 실험이다. 이 실험에서는 5개월 된 영아들이 작은 수에 대한 덧셈과 뺄셈을 이해하는지를 알아보았다. 처음에는 미키마우스 하나를 보았다가 손이 나타나서 무대 위에 미키마우스 인형을 놓고 사라지는 사건에서, 영아들은 1+1=2이 되는 가능한 사건보다는 1+1=1이 되는 불가능한 사건을 유의하게 더 오래 쳐다보았다. 반면 처음에 미키마우스 2개를 보았다가 스크린 뒤에서 1개가 제거되는 사건에서, 영아들은 2−1=1이 되는 가능한 사건보다는 2−1=2가 되는 불가능한 사건을 더 오래 쳐다보았다. 영아들도 적은 수에 대한 간단한 산수 조작에 대해서는 그 결과를 예측할 수 있는 것이다.

출처: Wynn (1992), p. 749.

영아들은 가능한 사건보다 불가능한 사건을 더 오래 쳐다보았다. 이것은 영아들이 1+1=2를 이해하고 있다는 것을 보여 준다. 즉, 영아들은 물체 하나에 다른 하나가 더해졌기 때문에 두 개의 물체가 있을 것으로 기대했는데 막상 기대와는 달리 하나의 물체만 나타났기 때문에 불가능한 사건을 더 오래 바라보았던 것이다. 이 연구에서 영아들은 덧셈뿐 아니라 2−1=1과 같은 작은 수의 뺄셈도 이해하였다. 즉, 5개월 된 영아들도 적은 수끼리의 덧셈과 뺄셈을 이해해서 물체를 더하면 전체 수가 늘어나고, 물체를 빼면 전체 수가 줄어든다는 것을 이해하고 있는 것 같다. 이처럼 수를 지칭하는 단어들을 배우기 이전에도 영아들은 직관적 수 세기(subitizing)를 통해 적은 수를 파악할 수 있다. 직관적 수 세기란 몇 개 안 되는 물체들은 일일이 그 수를 세지 않고 전체 수를 직접 판단하는 과정을 뜻하는데, 인지적 노력이 별로 들지 않으며 비교적 정확하다(성현란 외, 2003). 그 범위는 1~5 혹은 6개이며 인간이 선천적으로 타고나는 기본 능력이라 할 수 있다.

3) 영아의 모방 능력

영아는 출생 직후 몇몇 얼굴 표정을 따라 할 수 있다(Meltzoff & Moore, 1999).

영아는 다양한 모방 행동을 보인다.

얼굴 표정 모방은 간단해 보이지만 결코 그렇지 않다. 엄마와 아기가 마주 보고 있는데 엄마가 입을 벌리자 아기가 그 모습을 모방하는 것을 생각해 보자. 이때 영아는 엄마가 입을 벌리는 모습만을 볼 수 있을 뿐 자신이 입을 벌려 엄마를 모방하는 것을 관찰할 수는 없다. 그리고 엄마의 입과 대응되는 신체 부위가 자신의 입이라는 것도 알아야 한다. 이는 어린 영아들에게는 상당히 높은 수준의 능력이다.

한 연구(Meltzoff & Moore, 1977)에서 신생아들이 이 같은 모방을 할 수 있는지 알아보았다. 실험은 암실에서 진행되었다. 실험자의 얼굴에 조명을 비추어서 아기가 뚜렷하게 잘 볼 수 있도록 한 상태에서 실험자는 입 벌리기, 무표정한

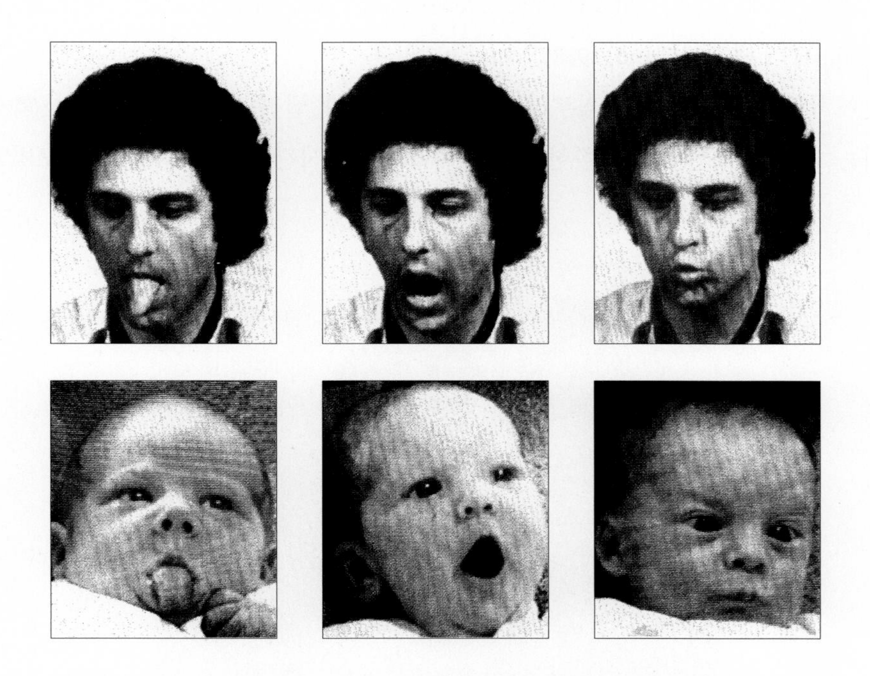

그림 5-7 Meltzoff와 Moore(1977)의 실험에서 관찰된 영아의 얼굴 표정 모방

Meltzoff와 Moore(1977)의 실험은 출생한 지 얼마 안 된 영아들도 성인의 표정을 모방할 수 있음을 보여 주었다.

출처: Meltzoff & Moore (1977).

얼굴, 혀 내밀기의 표정을 짓고 그동안 아기의 얼굴을 비디오카메라로 근접 촬영하였다. 다음으로, 아기에게 언제, 어떤 제스처를 보여 주었는지 모르는 관찰자가 이 비디오테이프를 보고 입 벌리기와 혀 내밀기를 채점하였다. 그 결과, 신생아들은 상당한 모방 능력을 보여 주었다. 아기들은 실험자가 입을 벌렸을 때 자신도 입을 많이 벌렸고 실험자가 혀를 내밀었을 때 자신도 혀를 더 많이 내밀었다. 처음 발표되었을 때 이 실험은 큰 화제가 되었다. 갓난아기, 심지어 태어난 지 45분밖에 안 된 아기도 자기 얼굴을 한 번도 보지 않은 상태에서 다른 사람의 얼굴 표정을 따라 한다는 것은 매우 놀라웠기 때문이다. 이후의 여러 연구에서도 유사한 결과가 보고되면서 많은 이가 신생아의 모방 능력을 인정하고 있다(Field et al., 1983; Heimann, 1989; Kaitz, Meschulach-Sarfaty, Auebach, & Eidelman, 1988; Reissland, 1988; Vinter, 1986).

이처럼 영아는 매우 일찍부터 다른 사람을 흉내 낼 수 있을 뿐만 아니라 빠르게는 14개월 무렵부터 관찰한 행동을 어느 정도 시간이 지난 다음에도 모방할

그림 5-8 Meltzoff(1988)의 지연모방 실험에서 영아들에게 보여 준 행동

14개월 된 영아에게 이마로 전등을 켜는 것을 보여 주면 일주일 후에도 관찰한 행동을 기억했다가 모방할 수 있다. 지연모방 능력을 가지고 있는 것이다.

출처: Meltzoff (1988).

수 있다. 한 연구에서 14개월의 영아들에게 한 성인이 몸을 앞으로 기울여서 이마로 전등을 켜는 것을 보여 주었다(Meltzoff, 1988; [그림 5-8] 참조). 일주일 후, 이 행동을 본 영아들과 그렇지 않은 통제집단의 영아들 앞에 전등을 놓고 어떻게 행동하는지를 관찰하였다. 그러자 이전에 이 행동을 목격한 영아의 2/3가 일주일 전 성인이 했던 것과 똑같이 전등에 이마를 갖다 대었다. 그러나 통제집단의 영아들은 그렇지 않았다. 이처럼 14개월 영아들은 자신이 본 것을 기억했다가 시간이 지난 다음에 모방할 수 있다. 최근 Meltzoff(2009)는 영아의 모방은 인간에게 타고난 기제이며 이를 토대로 타인의 생각을 이해하는 능력이 발달한다고 주장하고 있다.

3. 유능한 영아 관점에 대한 비판

현재 여러 발달 연구자들은 Piaget가 영아의 지각 및 인지 능력을 대단히 과소평가했다는 데에 동의한다(Birney, Citron-Pousty, Lutz, & Sternberg, 2005; Keil, 2006). 이 장에서 살펴본 것처럼 영아의 대상영속성, 수 개념, 모방 등에서의 유능성은 모두 Piaget의 예측보다 더 이른 시기에 나타난다. 즉, 영아는 매우 유능한 존재라고 할 수 있다. 이러한 유능한 영아 관점은 과소평가되어 왔던 영아의 진면목을 정확하게 알려 준다는 점에서 의미가 있다. 그러나 이 입장 역시 몇 가지 제한점이 존재한다.

첫째, 영아들이 이처럼 일찍부터 여러 가지 기본 개념을 이해할 수 있다면 왜 더 나이 많은 아동들은 때로 유사한 개념에 대한 이해에서 어려움을 경험하는지를 명확하게 설명하지 못한다. 예컨대, 앞서 살펴본 것처럼 3개월 영아들도 대상영속성을 이해한다. 그런데 때로 더 나이가 많은 3세 아동들도 고양이에게 개 마스크를 씌우고 나서 어떤 동물인지 물어보면 '개'라고 대답한다([그림 5-9]). 그들은 고양이의 얼굴이 마스크 너머로 더 이상 보이지 않을지라도 여전히

개 마스크를 씌운 모습

그림 5-9 DeVries(1969)의 실험에서 3세 아동들에게 제시되었던 고양이

DeVries(1969)는 3세 아동들에게 왼쪽 고양이를 보여 준 다음 고양이에게 개 마스크를 씌우고 그 동물이 무엇인지 물어보았다. 3세 아동들은 외양과 실제를 구별하지 못하고 '개'라고 대답하였다. 유능한 영아 관점은 유능한 영아기를 벗어난 아동들이 보이는 어려움을 명확하게 설명하지 못한다.

출처: DeVries (1969), p. 8.

존재한다는 것을 모른다(DeVries, 1969). 왜 3세 아동들은 고양이에게 개 마스크를 씌워도 여전히 고양이라는 점을 이해하지 못할까? 우리는 나이가 들수록 점점 더 많은 것을 이해하고 인지 과제에서 더 나은 수행을 보이는 것이 자연스럽다고 생각한다. 그런데 이런 실험 결과는 정반대를 나타내는 것 같다. 즉, 유능한 영아 관점에 근거해서 발달을 살펴보면 나이 든 아동의 인지적 수행이 영아의 뛰어난 수행보다 못한 것 같은 인상을 준다. 지나치게 영아의 유능성에 초점을 맞추는 경향 때문이다. 요컨대, 유능한 영아 관점은 다소 모순된 것처럼 보이는 역전된 연령차의 원인을 충분히 설명하지 못한다.

둘째, 유능한 영아 관점은 영아들의 뛰어난 초기 능력이 어떻게 경험과 상호작용하여 발달을 이루는지에 대해서는 분명히 설명하지 못한다. 물론 최근 이론-이론, 단원이론, 모사이론 등이 제시되어 영아의 능력과 경험 간 상호작용을 통한 발달 기제에 대한 설명을 제시함으로써 이러한 한계를 어느 정도 극복하려는 시도를 하고 있다(Flavell et al., 2003).

4. 한국 영아 발달: 대상영속성 및 모방

이 절에서는 Piaget의 이론에서 다루어진 바 있는 대상영속성 및 모방능력이 한국 영아의 경우 어떻게 발달하는지를 『한국영아발달연구』(곽금주 외, 2005)의 자료에 근거하여 살펴보겠다.

1) 한국 영아 발달: 대상영속성

앞서 기술한 바와 같이 대상영속성이란 대상들이 그것을 지각하는 사람과는 독립적으로 존재한다는 것을 인식하는 것이다(곽금주 외, 2005). 예컨대 커튼 뒤에 가려진 창문이 보이지 않더라도(시각적으로 지각되지 않는다고 하더라도) 계속 창문이 존재한다는 것을 아는 것은 대상영속성을 이해하고 있기 때문이다. 한국 영아들의 대상영속성은 어떻게 발달할까? 『한국영아발달연구』(곽금주 외, 2005)에 따르면 생후 2개월 무렵이 되면 76.6%의 영아는 물체가 사라진 방향을 쳐다본다. 이와 같은 시각적인 추적 및 사라진 물체에 대한 응시는 대상영속성 개념의 가장 기초적인 단계(곽금주 외, 2005)라고 할 수 있다.

대상영속성의 발달에서 사라진 물체에 대한 응시 다음 단계는 부분적으로 숨겨진 물체를 찾을 수 있는 행동인데 한국 영아들은 6개월 이전까지는 이러한 행동을 거의 보이지 않다가 6개월 무렵부터 부분적으로 숨겨진 물체를 찾을 수 있다(4개월 3.9%, 5개월 20%, 6개월 75.3%, 7개월 70.7%, 8개월 72.8%, 9개월 87.5%; 곽금주 외, 2005). 이러한 결과는 생후 4개월까지 대상물을 숨겨 시야에서 사라지게 하면 대상을 찾으려고 하지 않는다는 Piaget의 견해와 일치하는 것이라 할 수 있다.

부분적으로 물체가 숨겨진 상황은 물체의 부분을 영아가 볼 수 있으므로 단서가 제공되는 반면, 완전히 물체가 숨겨진 상황은 이러한 단서가 없는, 더 어려운 과제라고 할 수 있다. 그렇다면 한국의 영아들은 언제부터 완전히 숨겨진 물체를 찾을 수 있게 될까? 『한국영아발달연구』(곽금주 외, 2005)에 따르면 한국 영아들은 9개월 무렵부터 숨겨진 물체를 찾는 행위의 기초가 되는, 상자를 보면 뒤지는 행동을 한다(9개월 80%, 10개월 94.9%). 또한 실제 완전히 숨겨진 물체를 찾을 수 있는 것은 10개월 무렵부터 월령 증가에 따라 증가한다(10개월 73.4%, 11개월 81.5%, 12개월 80.6%, 13~14개월 85%; 곽금주 외, 2005). 요컨대 생후 11~12개월 무렵 영아들은 더 이상 대상이 눈에 보이지 않을지라도 그것이 존재한다는 것을 아는 대상영속성의 개념을 이해하게 되는 것으로 보인다. 이는 Piaget가 8~12개월(감각운동기 4단계) 이후부터 영아들이 완전히 숨겨진 물체를 찾을 수 있다고 주장한 것과 일관되는 결과라고 할 수 있다. 한편 대상영속성 개념의 가장 마지막 단계는 보이지 않는 상태에서 다른 위치로 옮겼을 때 물체를 찾는 것이다. 한국 영아의 경우 17~18개월에는 25%의 영아가 이러한 과제에서 성공한다. 즉, 17~18개월 무렵부터 서서히 대상영속성의 개념을 완성해 가는 것으로 보인다.

종합하면 한국 영아들을 대상으로 일상에서 대상영속성 개념의 발달을 살펴보면 Piaget의 관찰과 유사한 양상을 보인다. 이는 Piaget 이후의 Baillargeon과 같은 연구자들이 영아의 응시시간을 이용하여 정교하게 실험실에서 측정했을 때에는 Piaget의 주장보다 더 이른 시기에 영아가 대상영속성을 이해한다는 결과와는 다소 차이가 있는 것처럼 보일 수 있다. 그러나 이러한 결과는 측정 상황에서의 차이를 고려하여 이해할 필요가 있다. 즉, 한국 영아 발달의 자료는 정교한 연구방법론을 적용하기 어려운 일상생활에서 영아의 행동을 관찰한 것이므로 Piaget의 주장과 일치되는 것이며 통제된 실험실 상황에서는 Piaget 후속 연구자들의 연구결과와 유사한 수행을 보일 것으로 추측할 수 있다.

2) 한국 영아 발달: 모방

한국 영아들을 대상으로 모방행동의 발달을 살펴보면, 출생~6개월 사이 모방행동을 보인 영아는 극히 적었으며 모방할 행동의 난이도에 따라서도 모방 비율이 달라졌다(곽금주 외, 2005). 모방할 행동이 단순할 때와 복잡할 때 한국 영아들의 모방행동이 어떻게 변화하는지 살펴보자.

우선 단순한 행동에 대한 모방을 살펴보면 6개월 영아 중 23.3%가 물건 두드리는 것을, 15.1%가 팔 흔드는 것을, 1.4%가 팔목 돌리는 것을 모방하였다. 7~12개월 사이에는 전반적으로 월령이 증가함에 따라 모방하는 영아의 비율이 증가하기는 했으나 그 비율이 절반 정도에 해당되었다. 구체적으로 살펴보면 다음과 같다. 물건 두드리는 것을 모방하는 비율은 7개월 34.1%, 8개월 37%, 9개월 38.8%이었다. 팔을 흔드는 것을 모방하는 비율은 7개월 8.5%, 8개월 18.5%로 변화하였으며 팔목 돌리기를 모방하는 영아는 8개월에도 1.2%로 극소수였다. 특히 팔목 돌리기를 모방하는 영아의 비율이 적었던 것은 물건 두드리기나 팔 흔들기에 비해 상대적으로 어렵고 생소한 행동이었기 때문인 것으로 보인다(곽금주 외, 2005).

그렇다면 복잡한 행동에 대한 모방은 어떨까? 한국 영아 발달 연구에서 복잡한 행동에 대한 모방은 컵 흔들기로 측정되었다. 여기에는 블록을 컵에 담고 블록이 컵에서 빠지지 않도록 힘을 조절해서 흔드는, 여러 행동이 포함되어 있었다. 즉, 앞에서 언급된 물건 두드리기나 팔 흔들기보다 더 어렵고 복잡한 행동이라고 할 수 있다. 한국 영아들은 9개월 무렵부터 복잡한 행동을 모방하기 시작하여, 월령 증가와 함께 그 비율이 증가되는 경향을 보인다(9개월 38.8%, 11개월 55.6%).

좀 더 월령이 증가하면 영아들의 모방은 보다 능숙해진다. 영아 앞에서 정수리를 두드리거나 귓불을 당긴다고 생각해 보자. 영아가 상대처럼 자신의 정수리를 두드리거나 귓불을 당기는 행동을 모방하는 것은 지금까지 살펴본 모방에 비해 어렵다. 자신이 하는 행동의 결과를 볼 수 없으며, 상대방의 행동과 자신의 행동을 맞추기 위해서는 행동과 얼굴에 대해 심적으로 표상하고 있어야 하기 때문이다(곽금주 외, 2005). 정수리 두드리는 행동은 16개월부터 나타나기 시작해서 20개월까지 점진적 증가를 보이며(16개월 26.3%, 17개월 25.3%, 18개월 23.7%, 19개월 33.8%, 20개월 34.3%), 귓불 당기기도 유사한 양상을 보였다(16개월 17.1%, 17개월 20%, 18개월 26.3%, 19개월 27.9%, 20개월 30%). 이러한 모방은 21개월에 접어들면서 갑작스러운 변화를 보여서 정수리 두드리는 동작은 50.7%, 귓불 당기기 동작은 46.4%의 모방률을 보였다. 이러한 결과는 감각운동기 4단계 이후 생소한 반응에 대한 모방이 증가한다고 했던 Piaget의 주장이나, 출생 직후부터 얼굴표정을 모방할 수 있었다고 했던 Meltzoff 등의 연구 결과와는 다소 차이가 있다. 이에 대해 곽금주 외(2005) 연구자들은 실험한 모방행동이 영아들의 흥미를 유발하지 못했을 수 있으며 낯선 검사자라는 모방 대상의 차이 때문일 수 있다고 해석하였다.

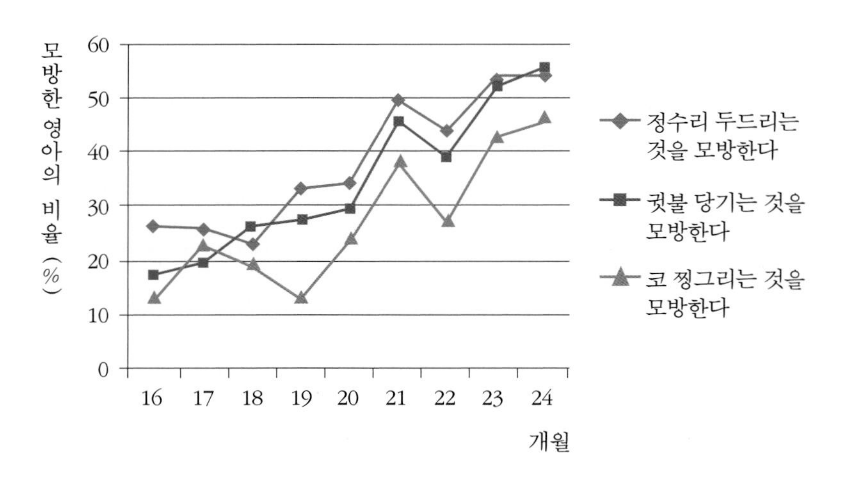

그림 5-10 모방 발달지표(%)

월령이 증가할수록 영아들은 자신이 하는 행동의 결과를 볼 수 없고, 상대와 자신의 행동을 맞추기 위해 심적 표상을 해야 하는 어려운 모방도 할 수 있다.

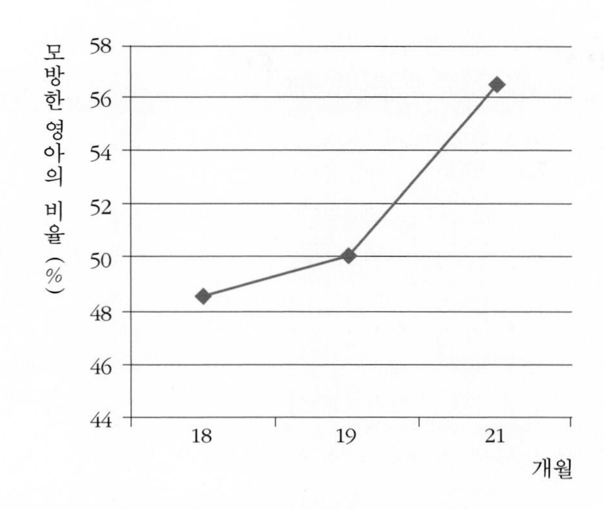

그림 5-11 월령에 따른 TV 등장인물에 대한 모방

18개월 무렵부터 TV 등장인물의 행동에 대한 모방이 증가하여 19개월 이후에는 절반 이상의 영아들이 이러한 모방을 보인다.

한편 TV에 등장하는 인물의 행동에 대한 모방은 어떻게 발달할까? 18개월에는 48.7%, 19개월에는 50%, 21개월에는 56.5%의 영아들이 TV에 등장하는 인물에 대한 행동을 모방하였다. 따라서 이 무렵부터 영아들이 매체의 인물들을 모방하고, 학습할 수 있는 것으로 보인다.

지금까지 살펴본 한국 영아의 대상영속성 및 모방 영역의 주요한 변화를 정리하면 〈표 5-3〉과 같다. 이 표는 제3장에서 제시된 바와 같이 곽금주 외(2005)의 『한국영아발달연구』 자료에서 각 월령 중 50% 이상의 영아가 해당 행동을 보인 경우 '절반 이상의 영아'가 할 수 있는 것으로, 80% 이상의 영아가 특정 행동을 보인 경우 '대부분의 영아'가 할 수 있는 것으로 표시한 것이다.

표 5-3 한국 영아 발달: 대상영속성 및 모방 영역의 발달적 이정표

월령	대상영속성	모방
1~3개월	• 절반 이상의 영아가 물체가 사라진 방향을 바라봄(2개월)	
4~6개월	• 절반 이상의 영아가 부분적으로 숨겨진 물체를 찾을 수 있음(6개월)	• 팔 흔들기나 물건 두드리기 등 단순한 행동에 대한 모방을 보이기 시작함(7개월)
7~12개월	• 대부분의 영아가 상자를 보면 뒤지는 행동을 함(9개월) • 절반 이상의 영아가 완전히 숨겨진 물체를 찾을 수 있음(10개월) • 대부분의 영아가 완전히 숨겨진 물체를 찾을 수 있음(12개월)	• 절반 이상의 영아가 블록을 컵에 넣고 빠지지 않도록 힘을 조절해서 흔들기와 같은 복잡한 행동에 대해 모방할 수 있음(11개월)
13~18개월	• 보이지 않는 상태에서 다른 위치로 옮겼을 때 물체를 찾기 시작함(17~18개월)	
18~24개월		• 절반 정도의 영아가 정수리 두드리기 및 귓불 당기기 등 그 결과를 직접 눈으로 볼 수 없는 행동을 모방할 수 있음(21개월) • 절반 이상의 영아가 TV에 등장하는 인물의 행동을 모방할 수 있음(21개월)

5. 유능한 영아 관점과 부모 및 교사의 역할

이 장에서 우리는 영아들이 얼마나 유능한 존재인지를 보여 주는 여러 과학적 연구 결과를 소개하였다. 이에 따르면, 아기들은 Piaget가 생각했던 것처럼 단순히 행동하고 느끼는 데 그치는 것이 아니라 생각하고 추론하고 학습하는 존재다. 흥미로운 점은 영아들의 인지가 상당히 일찍부터, 최소한 성인들만큼 풍부하면서도 추상적이고 복잡하다는 것이다. 그렇다면 영아들의 유능성을 지속시키기 위해서는 부모나 교사가 어떻게 해야 할까? 무엇보다 충분한 상호작

용의 제공이 필요하다.

Gopnik, Meltzoff와 Kuhl(1999/2006)에 따르면 유능한 영아의 관점에는 세 가지 요소가 포함된다([그림 5-12]). 영아들이 가지고 있는 선천적인 뛰어난 토대, 학습 능력, 주변의 다른 사람들이 그것이다. 선천적 토대란 우리가 지금까지 살펴보았던 영아의 유능성을 의미한다. 아기들은 마치 부팅된 컴퓨터와 같이 이미 실행할 준비가 되어 있는 강력한 프로그램을 가지고 태어난다는 것이 유능한 영아 관점의 핵심 주장이다. 한편 학습 능력은 영아가 이미 가지고 있는 능력을 보다 풍부하게 하고 수정하여 더 복잡하고 추상적인 이해를 가능케 한다. 유능한 존재로서 영아는 이처럼 강력한 학습 기제를 엔진으로 삼아 단시간에 많은 것을 습득하게 된다. 일단 첫 단어를 시작한 이후 아기들이 얼마나 빨리 엄마의 말투를 흉내 내는지를 떠올려 보면 이것이 잘 이해될 것이다. 무엇보다 아기 주변의 사람들, 특히 양육자는 자신도 자각하지 못하는 상태에서 자연스럽게 영아의 인지 발달을 지원하게끔 프로그램되어 있다. 영아의 유능성을 유

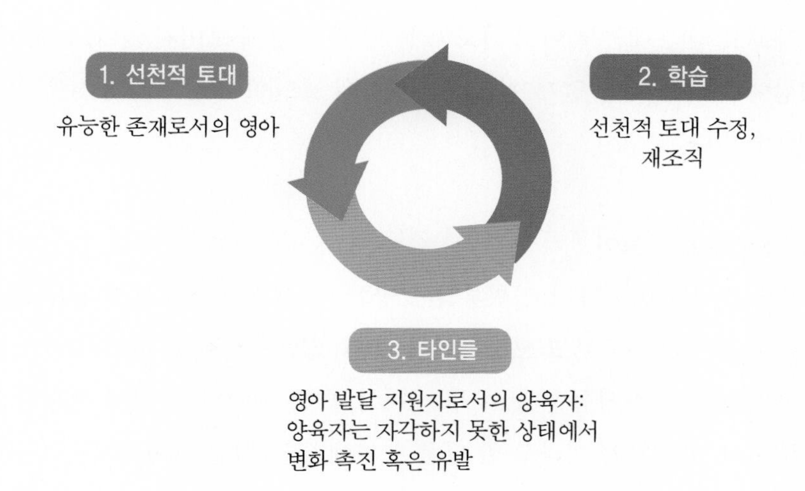

그림 5-12 유능한 영아와 발달의 기제

유능한 영아의 관점에는 아기들이 가지고 있는 선천적인 토대, 뛰어난 학습 능력, 그리고 자연스럽게 영아의 인지 발달을 지원해 주는 주변의 다른 사람이라는 세 가지 요소가 포함된다.

지하기 위해서는 바로 이 세 번째 요소에 주목할 필요가 있을 것이다.

유능한 영아 관점에 따르면, 아기들의 강력한 학습 능력은 부모나 교사 등의 놀이 과정에서 자연스럽게 발휘된다. 그렇다면 부모와 교사가 어떻게 '놀아 주어야' 할까? 연구자들은 아기들과 함께 있을 때 성인들이 저절로 하게 되는 행동들, 즉 마주 보면서 말하고 놀고 익살스러운 표정을 지으며 아기말투로 말하는 행동을 하면 된다고 주장한다.

까꿍놀이

예컨대, 아기들과 함께 하는 '까꿍놀이'는 영아의 대상영속성을 촉진해 줄 수 있는 자연스러운 놀이다. 부모나 교사가 손수건으로 얼굴을 가렸다가 다시 나타나며 '까꿍'을 외치면 아기는 손수건 뒤에 엄마나 교사가 있다는 것을 깨달아 가게 된다. 부모나 교사 이외에도 아기가 관심을 보이는 장난감이나 물체를 손수건으로 가렸다가 까꿍놀이를 하면 영아들은 물체가 보이지 않을 때에도 그것이 존재할 수 있다는 것을 인식하게 된다. 또한 얼굴을 가린 상태에서 '까꿍'이라고 소리만 내는 놀이도 시도해 볼 만하다. 눈에 보이지 않아도 소리만으로 대상이 있다는 것을 알게 됨으로써 영아의 불안이 경감되는 동시에 인지가 발달될 수 있다.

따라 해 보기 놀이

앞에서 우리는 아기들이 일찍부터 모방할 수 있음을 살펴보았다. 아기들은 어른들이 하는 행동을 보고 모방하면서 많은 것들을 배운다. 아기가 따라 하기 쉽고 재미있어 하는 활동을 보여 주는 것이 좋다. 예컨대, 바닥에 색종이 조각들을 뿌리고 "잘 보렴."이라고 한 다음 상자에 담는 것을 보여 준다. 그다음 아기가 따라 하도록 하는 놀이를 할 수도 있다. 다른 사람이 하는 행동을 모방할 수도 있으며 색종이 조각들을 상자에 담는 과정을 통해 대소근육 운동도 증진시킬 수 있다.

눈코입 찾기 놀이

양육자와 아기는 마주 보고 눈이나 코를 찾는 놀이를 하곤 한다. "눈, 눈, 눈, 입, 코!" 식으로 제일 마지막에 언급하는 얼굴 부위를 아기가 자기 얼굴에서 찾는 놀이다. 대부분의 아기들은 이 놀이를 좋아한다. 간단하기도 하지만 다음에 어떤 부위를 짚을지 예측하게 되기 때문이다. 이 놀이를 통해 예측이 맞을 때도 재미를 느끼지만 예측과 맞지 않을 때에도 놀라움과 함께 재미를 느낄 수 있다. 이때 제일 마지막에 얼굴 부위를 말할 때 잠시 멈추는 시간을 조금씩 달리하는 것도 좋다.

요 약

이 장에서는 영아기 인지 발달에 대한 Piaget의 관점과 유능한 영아 관점을 살펴보았다.

1. Piaget는 인지 발달이 질적으로 서로 다른 네 가지 단계, 즉 감각운동기, 전조작기, 구체적 조작기, 형식적 조작기를 거치면서 진행된다고 보았다. 또한 4단계를 거쳐 이루어지는 인지 발달 과정은 궁극적으로 적응의 과정으로서 사람들은 동화와 조절을 통해 자신의 인지적 구조를 수정한다.

2. 영아기는 Piaget의 인지 발달 4단계 중 첫 단계인 감각운동기에 해당한다. 감각운동기 동안 영아들은 환경을 탐색하고 이해하고자 할 때 감각적, 행동적 방식을 사용한다. 영아들은 감각운동기 하위 6단계를 거치면서 점차 스스로의 인지를 발달시켜 나가게 된다.

3. 대상영속성 혹은 대상개념이란 대상이 자신의 행동이나 지각과는 무관하게 존재하며 독립적으로 공존함을 믿는 것으로, 우리 자신을 포함한 모든 대상의 본질과 행동에 관해 공유하고 있는 묵시적이고 상식적인 믿음이다. 그러나 어린 월령에서는 대상영속성을 이해하지 못하고 A not B 오류 등 한계를 보인다. 감각운동기 전반에 걸쳐 영아들은 대상영속성의 개념을 차츰 이해하게 된다.

4. 전반적으로 Piaget는 영아가 각각의 연령에서 무엇을 알고 있는지 과소평가했다는 비판을 받고 있다. 최근에는 기대위배 방법에 근거한 연구들을 통해 영아가 가지고 있는 다채로운 뛰어난 능력들이 보고되었다. 이를 토대로 유능한 영아 관점이 제기되었다.

5. 유능한 영아 관점에서 볼 때, 영아들은 Piaget의 주장보다 더 이른 시기에 대상영속성을 이해하며 매우 단순하기는 하지만 이후 발달의 토대가 되기에는 충분할 정도로 핵심적인 능력을 가지고 있다. 생후 5개월 된 영아들도 직관적 수 세기를 통해 적은 수를 빠르게 파악할 수 있으며 생후 1개월에 다른 사람을 흉내 낼 수 있을 뿐만 아니라, 빠르게는 14개월에도 지연 모방을 할 수 있다. 이처럼 유능한 영아 관점은 과소평가되어 왔었던 영아의 진면목을 정확하게 알려 준다는 점에서 의미가 있다.

6. 유능한 영아 관점은 영아들이 이처럼 일찍부터 여러 가지 기본 개념을 이해할 수 있다면 왜 더 나이 많은 아동들은 때로 유사한 개념에서 어려움을 경험하는지를 명확하게 설명하지 못한다. 또한 유능한 영아 관점은 영아들이 가지고 있는 뛰어난 초기 능력이 어떻게 경험과 상호작용하여 발달을 이루는지에 대해서는 분명히 설명하지 못한다.

제6장

영아기 심적 표상과 영아 지능

학/습/개/념

- 범주화
- 습관화 과제
- 순차적 접촉 과제
- 상징
- Rovee-Collier의 모빌 과제
- 영아기 기억상실증
- 영아 지능
- Gesell 발달검사
- Bayley 영아발달검사

생후 18개월이 된 지수는 인형 목욕시키기에 심취해 있다. 대야에 물을 받고, 인형의 옷을 벗기고, 인형을 씻긴 다음 수건으로 인형의 몸을 두드려 닦는다. 마지막으로 다시 옷을 입힌다. 엄마가 지수를 목욕시킬 때와 똑같은 순서다. 이런 행동이 가능한 것은 지수의 머릿속에서 다양한 인지 발달이 진행되었기 때문이다.

앞서 5장에서 살펴본 바와 같이 Piaget가 감각운동기 인지 발달에 대한 주장을 제기한 이래로 여러 연구자는 지수와 같은 영아들이 가진 다양한 인지 능력을 밝혀 왔다. 출생 후 월령이 증가하고 경험이 쌓여 감에 따라 영아들은 세상에 대한 정보들을 쌓아 간다. 이때 영아의 지식은 일정한 규칙에 따라 분류되고 범주화된다. 이것이 심적 표상이다. 심적 표상이란 5장에서 언급하였듯이 세상에 대한 정보를 여러 가지 정신적 부호를 통해 마음속에 담아두는 것을 말한다. 정신적 부호에는 무언가에 대한 심상(image)이나 의미 등이 있다. 위 지수의 예로 돌아가 보자. 지수가 인형 목욕시키기를 하기 위해서는 머릿속에 엄마가 자신을 목욕시킬 때 일어나는 사건들이 시각적 심상으로 저장되어 있어야 할 것

영아의 머릿속에서 다양한 인지 발달이 진행됨에 따라 영아는 엄마가 과자를 주는 것과 유사하게 동생에게 과자를 줄 수 있게 된다. 특히 영아기 심적 표상은 이러한 행동을 가능하게 하는 능력이다.

이다. 또한 이러한 경험을 거듭하면서 지수는 목욕이라는 단어의 의미를 알게 될 것이다. 목욕과 관련된 이런 심적 표상으로 인해 지수는 인형을 목욕시킬 수 있는 것이다. 이러한 영아기 심적 표상 능력은 영아기 지능 평가를 통해 측정되기도 한다. 6장에서는 이처럼 영아들의 심적 표상과 관련된 주요 연구 결과들을 살펴보고자 한다. 보다 구체적으로 범주화 및 상징 능력의 발달과 기억 능력, 더 나아가 영아기 지능을 알아볼 것이다. 특히 영아기 지능에서는 영아기 지능과 이후 지능 간 관련성에 대한 논쟁을 알아보겠다.

1. 심적 표상

5장에서 논의한 것처럼 Piaget는 영아기 말엽에 접어들면 점차 표상적 사고의 발달이 진행된다고 주장하였다. 러시아의 발달심리 연구자인 Vygotsky 또한 영아기 동안 유사한 변화가 일어난다고 보았다(Lamb, Bornstein, & Teti, 2002). 일단 심적 표상 능력이 발달하면 영아들은 어떤 대상을 내적으로 처리할 수 있게 된다. 즉, 지금 현재 눈앞에 보이지 않는 대상에 대해서도 말하고 생각할 수 있게 되는 것이다.

범주화는 세상을 요약하고 정리하는 데 도움이 된다. 범주화되어 있지 않으면 정보의 검색 및 저장이 어렵다.

1) 범주화

어떤 규칙이나 논리 없이 마구잡이로 책이 꽂혀 있는 도서관에 간다고 가정해 보자. 심리학과 관련된 책은 요리책 옆에 놓여 있다. 소설책은 의학서적 바로 밑 선반, 프랑스어 사전 옆에 꽂혀 있다. 이런 도서관에서 책을 한 권이라도 찾으려고 하면 말 그대로 난장판을 뒤지는 악몽과 같은 경험을 해야 할 것이다. 다행히도 현실에서 이런 도서관은 없다. 도서관의 책들은 비슷한 것끼리 범주화되어 있어서, 소설은 소설끼리, 사전은 사전끼리 비슷한 장소에 꽂혀 있다.

범주화(categorization)란 유사하거나 동일한 대상에 대한 심적 표상을 지칭하는 개념으로서 각각의 대상을 어떠한 법칙에 따른 집합으로 나누는 과정을 말한다(Harnad, 1987; Quinn, 2007). 범주화는 서로 조금씩 차이가 있는 대상을 비슷하게 처리하도록 한다. 또한 범주화는 수많은 새로운 대상에 대한 지나치게 인지적인 처리 부담을 감소시키는 역할을 한다.

(1) 범주화의 기능

책이 종류별로 정리되어 있는 도서관과 뒤죽박죽 꽂혀 있는 도서관이 있다. 둘 중 책을 찾는 것이 더 쉬운 곳은 어디일까? 책이 범주별로 꽂혀 있는 도서관일 것이다. 바로 여기에 범주화의 이점이 있다. 범주화는 세상을 요약하고 정리하는 데 큰 도움이 되기 때문에 사람들은 세상을 범주화한다. Bornstein(1984)에 따르면 범주화의 장점은 다음과 같다.

첫째, 범주화는 정보의 저장과 검색을 용이하게 한다. 성인들이 컴퓨터 파일들을 저장하는 것을 생각해 보자. 흔히 서로 관련 있는 파일들을 한 폴더에 저장하는데, 이렇게 하면 시간이 지난 뒤에도 필요한 정보를 쉽게 찾아낼 수 있다.

둘째, 범주화는 학습의 일반화에 도움이 된다. '강아지'라는 범주를 배우고 우리 집 강아지, 옆집 강아지, 아래층 강아지도 모두 같은 범주의 구성원이라는 것을 학습한 영아들은 한 구성원의 특성을 같은 범주에 속하는 다른 구성원에게도 일반화할 수 있다. 예컨대 우리 집 강아지가 멍멍 짖는다는 것을 배운 영아들은 '멍멍 짖는다'는 특성을 우리 집 강아지뿐 아니라 옆집 강아지에게도, 아래층 개에게도 널리 적용할 수 있다. 즉, 범주의 모든 구성원에게 적용되는 내용은 일일이 매번 새롭게 학습할 필요가 없다. 이처럼 범주의 구성원 하나가 가진 특성은 그 구성원에만 국한되지 않고 같은 범주에 속하는 다른 구성원에 대한 정보가 된다.

이처럼 범주화가 가지는 여러 강점은 영아의 인지 발달을 촉진한다. 그렇다면 영아의 범주화 능력은 어떻게 연구될 수 있을까?

(2) 범주화 능력의 연구 방법

영아의 범주화 능력에 대한 연구는 크게 세 가지 방법을 통해 이루어지는데 습관화 과제, 순차적 접촉(sequential touching), 모방이 그것이다.

습관화 과제에서는 영아에게 우선 동일한 범주에 속하는 여러 예를 제시하여 친숙해지도록 한다. 습관화가 이루어지고 나면, 영아들에게 동일한 범주에

그림 6-1 습관화 과제를 이용한 범주화 능력 실험의 예

습관화 단계에서 영아들에게 얼룩말, 고양이, 참새, 고래 등 동물을 차례대로 보여 준다. 영아가 습관화되면 검사 단계에서는 습관화 단계에서 제시되지 않았던 동물, 즉 강아지와 자동차를 보여 준다. 만일 영아에게 범주화 능력이 있다면 개보다 자동차를 더 오래 쳐다볼 것이다. 개는 동물 범주에 속하므로 지금까지 친숙화한 자극들과 함께 묶고, 자동차는 동물 범주에 속하지 않으므로 묶지 않는 것이다.

출처: Berk (2012), p. 235.

속하지만 이전 단계에서는 포함되지 않았던 새로운 예와 다른 범주에 속한 예를 보여 준다. 예컨대, [그림 6-1]에서 보이는 것처럼 영아들이 동물과 인공물을 범주화할 수 있는지를 알아보려고 할 때 우선 습관화 단계에서는 동물 범주에 속하는 여러 예(얼룩말, 고양이, 참새, 고래)를 차례대로 보여 준다. 다음으로, 검사 단계에서는 습관화 단계에 포함되지 않았던 개와 자동차를 보여 준다. 만일 영아들이 자동차를 더 오래 응시한다면 범주화한 것이라고 볼 수 있다. 즉, 영아들은 새로운 개는 지금까지 친숙화한 자극들과 함께 묶어 범주화한 반면 자동차는 그렇게 하지 않은 것이다. 다시 말해, 영아들은 새롭게 제시된 개 자극을 친숙한 것으로, 그리고 자동차는 동물 범주에 속하지 않는 새로운 것으로 취급한 것이다. 이러한 방법을 통해 영아들도 인공물과 동물에 대해서 범주화할 수 있음을 알 수 있다(Arterberry & Bornstein, 2001, 2002a, 2002b).

영아의 범주화 능력은 영아가 각기 다른 범주에 속한 물체들을 어떻게 가지고 노는지를 통해서도 알 수 있다. 이를 순차적 접촉 방법이라고 하는데 12~30개월 영아에게 적용할 수 있다(Quinn, 2007). 여기서는 두 가지 범주에서 나온 여러 자극을 영아에게 제시한다. 이때 사용되는 자극은 대개 입체로 된 작은 모형들이다. 이것을 영아 앞에 흩어 놓은 다음 영아의 행동을 관찰한다. 예컨대, 아기들에게 동물(말, 소, 백조, 펭귄)과 가구(의자, 침대, 책상, 탁자) 모형을 제시했다고 가정하자. 아기들이 말과 소처럼 같은 범주에 속하는 물체를, 말과 의자처럼 서로 다른 범주에 속하는 물체들보다 더 자주 연달아 만지면, 물체들을 범주화하고 있다고 결론 내릴 수 있다. 이때 같은 범주에 속하는 물체를 다른 범주에 속하는 물체보다 더 자주 만지는 정도가 우연 수준보다 많아야 한다(Rakison & Lupyan, 2008).

영아의 범주화 능력을 측정하는 또 다른 방법으로는 모방이 있다(McDonough & Mandler, 1998). 이는 9~20개월의 영아들에게 사용할 수 있는데, 순차적 접촉에서 제시되는 자극과 유사한 작은 사물 모형을 제시하고 그 사물에 대한 행동을 실험자가 보여 준다. 그다음 영아에게 여러 자극을 제시하고 이전에 관찰했

그림 6-2 순차적 접촉 방법을 통한 영아의 범주화 능력 관찰(왼쪽이 David Rakison)

출처: http://www.cmu.edu

던 모방 행동을 얼마나 일반화하는지 본다. 예컨대, 실험자가 강아지 인형을 쓰다듬는 행동을 보여 준 다음 영아에게 고양이 인형, 토끼 인형, 장난감 의자를 준다. 영아가 관찰한 행동을 동일한 범주의 다른 자극들에게도 모방하고, 다른 범주의 자극들에게는 모방하지 않는다면 그들이 범주화하고 있다고 본다.

순차적 접촉과 모방을 이용한 연구들을 종합하면 영아들의 범주화 능력은 다음과 같이 발달한다. 만 12개월이 되면 영아는 동물과 탈것을 구분할 수 있다. 그러다가 18개월이 되면 동물 중에서도 개와 고양이를 각각 다른 범주로 묶을 수 있게 된다. 가장 구체적인 범주 이해, 예컨대 강아지 중에서도 서로 다른 품종의 강아지, 즉 시베리안허스키끼리, 또 시츄끼리 서로 다르게 묶는 것은 3세가 되어야 한다(Steinberg, Vandell, & Bornstein, 2011).

2) 상징

상징(symbol)이란 어떠한 대상, 사건, 개념 등에 대하여, 그것을 상기시키거나 연상시키는 구체적인 사물이나 감각적인 말이나 사물로 바꾸어 나타내는 일을 뜻한다(이정모 외, 2003; DeLoache, 2004). 예컨대, '강아지'라는 글자를 보면 우리는 이 단어가 어떤 동물을 뜻하는지 안다. 즉, 강아지는 털이 북슬북슬하고, 가족이 귀가하면 뛰어오르면서 환영하고, 낯선 사람이 오면 멍멍 짖는 동물을 상징한다. 상징이 있기 때문에 우리는 다른 사람에게 '강아지'라는 동물에 대해 이야기하기 위해서 실제 강아지를 데려오지 않아도 된다. '강아지'라는 글자만 보여 줘도, 아니면 '강아지'라는 말만 한마디 해도 상대는 그것이 어떤 동물을 상징하는지 이해할 수 있기 때문이다. 이러한 상징은 대부분의 문화에서 글자나 숫자의 형태로 존재하며, 그 사회에 잘 적응하기 위해서는 다양한 상징 기술을 습득해야 한다. 즉, 우리는 글자를 읽고 숫자의 의미를 알아야 정상적으로 사회생활을 할 수 있다. 마트에 우유를 사러 갈 때도 상징 능력이 있어야 딸기우유인지 초코우유인지, 유통기한이 얼마나 남았는지, 가격은 얼마인지를 알 수 있다. 영아들도 예외는 아니다. 일상에서 아기들은 그림책, 사진, 신문, 컴퓨터 등 다양한 종류의 상징을 접하게 된다. 또 연령이 증가할수록 상징에 노출되는 빈도는 더욱 높아진다. 따라서 영아기 동안 상징 능력의 기본 토대가 발달되어야 이후 사회에서 잘 기능할 수 있게 된다.

연령이 증가할수록 영아들은 점점 더 많은 그림책, 사진, 신문 등 다양한 종류의 상징을 접하게 된다.

상징 이해 능력은 영아기 전반에 걸쳐 점진적으로 발달한다. 초기 영아들은 2차원 그림을 지각할 수는 있는 것으로 보인다. 예컨대, 5개월 된 영아들은 자신들에게 친숙한 사람들과 장난감의 그림을 알 수 있으며, 또한 그림과 실제 사물을 구별할 수 있다. 심지어 갓 태어난 신생아도 단순한 모양의 2차원 상징을 인식한다(Slater, Rose, & Morison, 1984). 그러나 어린 영아들은 상징의 의미는 잘 이해하지 못하는 것 같다. 한 연구(DeLoache, Pierroutsakos, Uttal, Rosengren, & Gottlieb, 1998)에서 연구자들은 9개월 영아에게 실물과 매우 유사한 사물을 컬러 그림으로 보여 주었다. 대부분의 영아는 그림을 문지르고 두드리고 때리기도 했고, 지면에서 떼어 내려 하거나([그림 6-3]의 A), 입을 가져다 대기도 했다([그림 6-3]의 B). 이러한 영아들의 행동은 문화 보편적이다. 미국 중서부 지역의 영아뿐 아니라 상대적으로 외진 지역에서 그림을 많이 접할 기회가 없었던 영아들도 그림에 대해서 비슷하게 반응했다(DeLoache et al., 1998, 연구 3; DeLoache, Uttal, & Pierroutsakos, 2000).

Judy S. DeLoache
DeLoache는 영아들이 사진, 그림책, TV 등 다양한 상징을 어떻게 이해하게 되는지에 대한 연구들을 진행하고 있다. DeLoache와 동료들의 연구에 따르면 상징 이해 능력은 영아기 전반에 걸쳐 점진적으로 발달한다.

9개월 영아들의 이러한 반응은 묘사된 사물이 실제와 유사하면 유사할수록 더욱 자주 나타난다(Pierroutsakos & DeLoache, 2003). 그러나 이러한 반응은 월

A

B

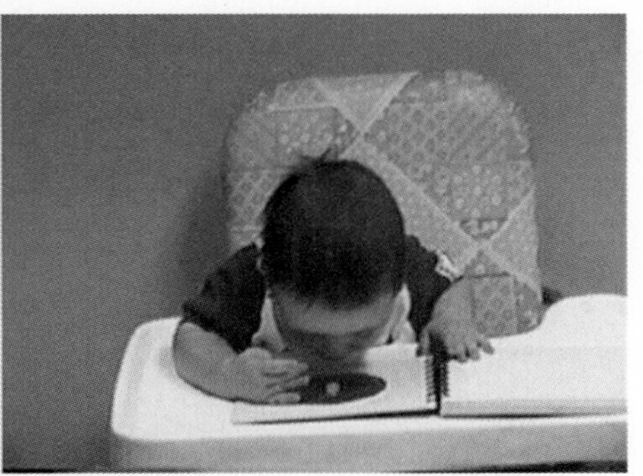

그림 6-3 젖병 그림을 보고 움켜쥐거나(A), 입을 가져가는(B) 9개월 영아의 반응

묘사된 사물이 실제와 유사하면 유사할수록, 즉 단순한 그림보다는 사진일 때 9개월 영아들은 그림에 대해서 실물인 것처럼 반응하는 경향을 보인다.

출처: Pierroutsakos & DeLoache (2003), p. 153.

령 증가에 따라 점차 감소하여 묘사된 사물이 실제와 매우 유사한 그림이더라도 19개월에는 거의 보이지 않는다. 나이 든 영아들은 젖병 그림을 보았을 때 그것을 가리키거나 이름을 이야기한다. 어린 영아들처럼 젖병 그림을 떼어내려고 하거나 입을 가져가지 않는다. 이는 아마도 발달과 함께 영아들이 여러 상징에 노출되는 과정에서 다음의 두 가지 중요한 측면을 학습했기 때문일 것이다. 즉, 영아들은 점차 묘사된 사물을 조작하려고 하는 것은 소용이 없다는 것과 그림이라는 상징에 대해서 문화적으로 적절한 행동이 무엇인지, 곧 손으로 만지는 것이 아니라 바라보는 것이 적절함을 깨닫게 된다(DeLoache, 2004).

2. 기억 발달

기억(memory)이란 자기 주변의 여러 자극과 사건에 대한 정보들을 저장했다가 필요할 때 적절하게 사용하는 인지 과정을 말한다. 사람들은 컴퓨터처럼 정보를 부호화하고, 저장했다가 인출한다. 컴퓨터에 비유하자면 부호화(encoding)란 자판이나 스캐너를 통해 컴퓨터에 자료를 집어넣는 과정이며, 저장(storage)이란 파일을 사용하지 않을 때 보관하는 것이다. 마지막으로 인출

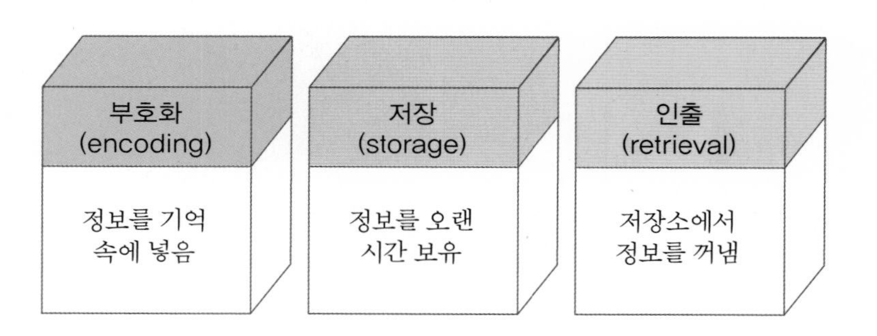

그림 6-4 기억의 과정: 부호화, 저장, 인출

인간은 컴퓨터와 유사하게 정보를 부호화하고, 쓰지 않을 때에는 저장했다가 필요할 때는 인출한다.

(retrieval)이란 저장되어 있는 파일을 불러내는 것이다.

기억이 없다면 우리 삶은 극도로 혼란스러울 것이다. 매 순간 새로운 것을 배워야 하고 내가 누구인지도 모를 것이다. 이처럼 기억은 중요하다. 영아에게도 마찬가지다. 과거의 경험이 유지되지 않고 사라진다면 영아들은 그처럼 빨리 지식을 습득해 갈 수 없을 것이다. 따라서 영아기 인지 발달에서 기억은 매우 중요한 과정이라 할 수 있다. 그러나 오랫동안 영아들의 기억 능력에 대해서는 회의적인 시각이 대부분이었다(Herbert & Pascalis, 2007). 예컨대, Piaget(1954)는 영아가 어떤 정보를 상징적으로 표상하는 능력은 24개월이 되어서야 습득되기 때문에 생후 첫해 동안 영아들은 뭔가를 기억할 수 없을 것이라고 보았다. 그러나 이러한 주장은 후속 연구자들에 의해 반박되어 왔다. 영아가 자궁 속에서 들었던 사람의 목소리를 기억한다는 모자 속의 고양이 연구(DeCasper & Spence, 1986)가 대표적이다. 우리는 이 연구를 4장에서 이미 살펴보았다. 다음에서는 영아들의 기억 능력에 대하여 알아보겠다.

1) 기억 능력의 연구 방법

성인이나 언어를 습득한 아동은 누가, 언제, 어디서, 무엇을, 어떻게, 왜와 같이 육하원칙에 따라 자신의 기억을 말로 설명할 수 있다. 그러나 언어 능력이 제한된 영아의 기억은 이렇게 연구할 수 없다. 따라서 영아기 기억 능력을 살펴보기 위해서는 다른 방법이 필요하다.

영아의 기억을 연구하기 위한 방법으로는 습관화와 지연모방이 있다. 습관화를 이용한 방법에서는 습관화 단계와 검사 단계 간 시간 간격을 조정함으로써 단기기억과 장기기억을 측정한다(Berk, 2012). 단기기억은 습관화 단계와 검사 단계 간 시간 간격을 초 혹은 분 단위로 짧게 둔다. 즉, 습관화 단계 직후 검사 단계로 넘어간 다음 영아들의 반응을 본다. 반면 영아의 장기기억은 습관화 단계와 검사 단계 간 시간 간격이 일 혹은 주 단위로 길다. 즉, 습관화 단계에 노출된 다음 하루 혹은 이틀 뒤 검사 단계로 넘어간다. 이렇게 하면 영아들의 단기기억과 장기기억을 연구할 수 있다. 지연모방을 이용한 방법에서는 몇몇 낯선 동작을 보여 주고 영아들이 이것을 시간 지연 후에 재연할 수 있는지를 통해 기억 능력을 측정한다.

2) 기억 발달

영아의 기억은 연령과 함께 향상된다. 습관화도 기억과 관련이 있다. 습관화의 정의를 상기해 보자. 어떤 자극을 계속 보면 그에 대한 반응이 감소하는 것이 습관화다. 습관화가 되기 위해서는 한 자극을 이전에 본 기억이 있어야 한다. 영아는 월령이 증가함에 따라 더 빠르게 습관화되는데, 이는 영아의 기억이 빠르게 발달한다는 것을 보여 준다. 어제 만났던 사람의 얼굴을 며칠 뒤 알아보는 것도 기억이다. 예컨대, 한 실험에서 5개월 된 영아는 어떤 얼굴 사진을 2분 동안 본 다음 2주일이 지난 후에도 그 얼굴을 알아보았다(Fagan, 1984). 일상에서도 영아의 기억 능력을 확인할 수 있다. 7개월 무렵의 아기들도 엄마가 짝짜꿍하는 것을 보면 다음 날 엄마가 짝짜꿍을 시작하면 따라 할 수 있다. 더 나이가 들면 엄마 얼굴만 보고도 먼저 짝짜꿍하면서 손뼉을 치기도 한다.

심리학에서 기억은 재인과 회상의 두 가지 과정으로 구분된다. 재인(recognition)이란 현재 경험하고 있는 자극이나 정보가 과거의 학습을 통해 기억 속에 저장되어 있는 자극이나 정보와 같은 것임을 알아보는 인지 과정이다. 한편 회상(recall)이란 어떠한 구체적인 도움이 없이 기억에서 정보를 꺼내는 과정이다. 예를 들어 보자. 재인은 시계를 보여 주면서 "이 시계가 네 시계니?"라고 질문하는 경우다. 이때 사람들은 지금 보고 있는 시계가 자신의 기억 속에 있는 시계와 같은 것인지 확인하면 된다. 한편 회상은 시계를 보여 주지 않고 "네 시계가 어떻게 생겼는지 설명해 봐."라고 질문하는 것이다. 이때 사람들은 단서가 없는 상태에서 시계의 특징에 대한 정보를 기억으로부터 꺼내야 한다.

다음에서 영아기의 기억 발달을 재인과 회상으로 나누어 살펴보겠다.

(1) 재인

영아들은 월령이 증가할수록 더 많은 정보를 더 오랫동안 기억한다(Hsu & Rovee-Collier, 2006; Rovee-Collier & Cuevas, 2009; Sheffield & Hudson, 2006). Rovee-Collier와 동료들은 2개월 영아의 요람 위에 모빌을 달아 둔 후 아기의 발에 끈을 매어 모빌과 연결하였다. 영아들은 발로 차면 모빌이 흔들린다는 것을 곧 깨닫고 모빌을 움직이려고 계속 발을 차는 행동을 반복했다([그림 6-5] 참조). 하루 뒤 영아를 다시 그 요람으로 데려왔다. 발에 끈을 매어 두지 않았음에도 아기는 모빌을 보고 여러 번 발을 차는 행동을 했다. 이틀 뒤에 다시 요람으로 온 아기들도 마찬가지였다. 이는 영아들이 어떤 사건을 적어도 하루나 이틀간 기억할 수 있음을 보여 준다. 이러한 기억 기간은 월령에 따라 점차 증가한다. 모빌 실험에서 아기가 6개월경이 되면 2주가 지난 후에도 기억할 수 있었

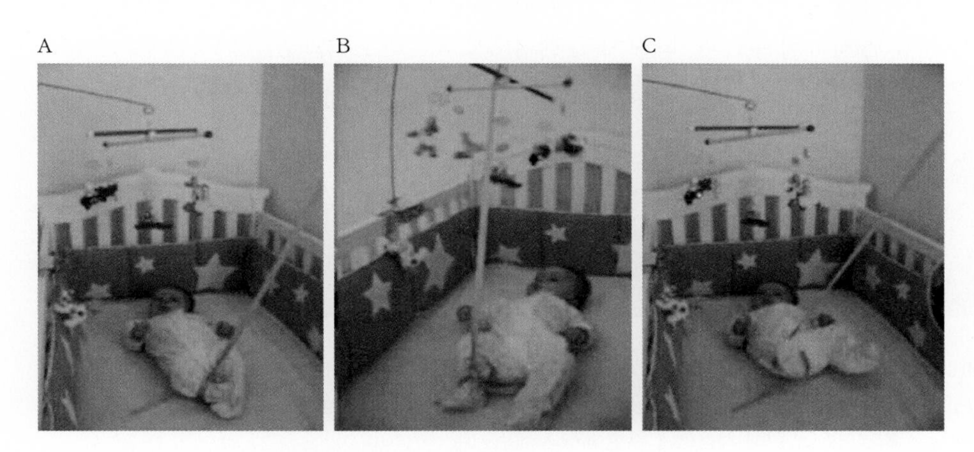

그림 6-5 Rovee-Collier와 동료들의 모빌 과제

2개월 영아의 요람 위에 모빌을 달아 둔 후 아기 발에 끈을 매어 모빌과 연결하였다. 영아들은 모빌을 움직이려고 계속 발을 차는 행동을 한다. 하루 뒤 영아들을 같은 장소로 데리고 오면 영아는 모빌을 보고 발차기를 한다. 어떤 사건을 적어도 얼마간 기억할 수 있는 것이다.

출처: Rovee-Collier & Cuevas (2009), p. 166.

다. 시간이 지난 뒤 영아가 요람으로 돌아왔을 때 그 사건을 한번 상기시키면, 예컨대 실험자가 아기 앞에서 모빌을 흔들어 주거나 하면 기억은 더욱 오래 지속된다.

이처럼 영아의 기억 능력은 생후 초기부터 존재하기는 하지만 처음부터 완벽한 것은 아니다. 나이 어린 영아와 나이 든 영아를 비교하면 차이가 있다 (Lamb et al., 2002). 즉, 나이 든 영아들은 더 어린 아기들보다 더 오랫동안 정보를 기억할 수 있으며 어떤 자극이나 사건을 기억에 집어넣는 데 걸리는 시간도 더 짧다. 또한 나이가 들수록 자신이 재인하는 대상이나 사건이 전에 경험한 친숙한 것임을 분명하게 인식하게 되는 것으로 보인다.

(2) 회상

Rovee-Collier 등의 모빌 실험에서 영아들이 보이는 기억 능력은 재인 능력이라 할 수 있다. 앞서 언급했듯이 재인에는 기억 단서가 있다. 모빌 실험에서도 발을 차는 움직임에 대한 단서로서 모빌이 제시되었다. 반면 회상은 기억 단서가 존재하지 않는다. 따라서 일반적으로 회상은 재인보다 더 어렵다.

A

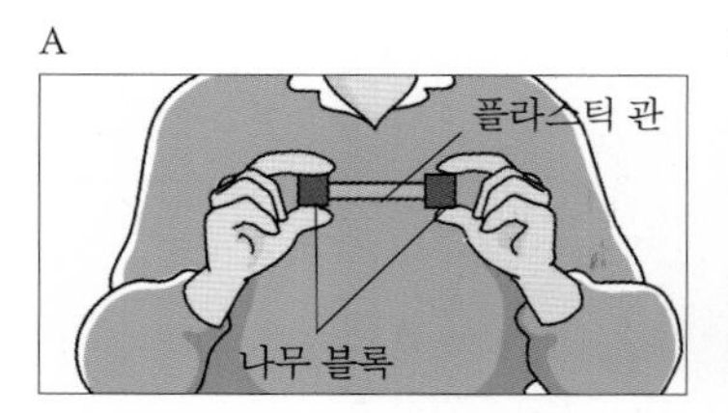

B

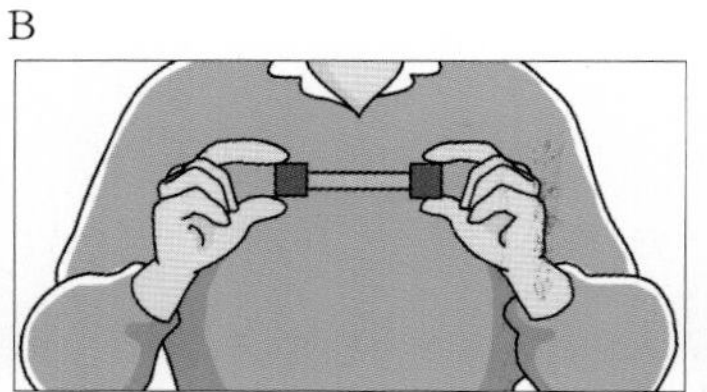

C

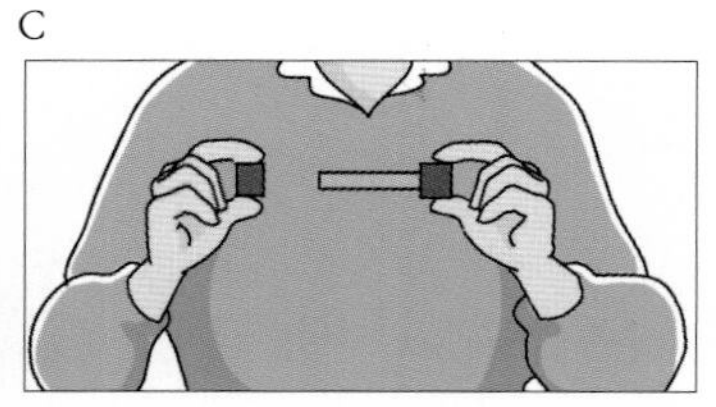

그림 6-6 Meltzoff(1985)의 지연모방 과제

Meltzoff는 영아들이 이전에 관찰했던 행동을 시간 지연 다음에도 모방할 수 있는지를 통해 영아의 기억을 연구하였다. 위의 그림은 지연모방을 위해 사용했던 특별하게 제작된 나무 아령이다.

A. 이 아령은 딱딱한 플라스틱 관과 나무 블록 두 개로 구성된 것으로 양쪽에 힘을 주고 나무 블록을 당기면 블록과 플라스틱 관이 분리될 수 있었다. 실험자는 영아와 마주 보고 앉아서 일련의 행동을 보여 주었다.
B. 실험자가 아령을 양손으로 잡는다.
C. 실험자가 아령을 당겨서 분리한다. B와 C를 세 번 반복하여 보여 준 다음 24시간 후에 영아에게 아령을 주고 행동을 관찰했다. 그 결과, 14개월 된 영아들은 24시간의 지연 후에도 즉각적으로 아령을 당겨서 분리했다.

출처: Meltzoff (2011).

영아의 회상 능력을 알아보기 위해서는 영아들에게 일련의 연속 동작들을 보여 준 다음 나중에 이 영아들이 행동들을 재현하는지 보는 지연모방(deferred imitation)을 이용한다. Meltzoff(1985)는 지연모방을 이용하여 영아의 기억을 측정하였다. 이 연구에서는 14개월 영아들을 3개 집단으로 구분하였다. 모방 조건의 영아들에게는 [그림 6-6]과 같이 실험을 위해 특별하게 제작된 나무 아령을 가지고 그것을 분리하는 동작을 보여 주었다. 이 아령은 딱딱한 플라스틱 관과 나무 블록 두 개로 구성되었는데([그림 6-6]의 A) 얼핏 보면 하나로 보이지만 양쪽의 나무 블록을 잡고 힘을 주어 당기면 플라스틱 관과 블록을 분리할 수 있었다. 실험자는 영아와 탁자에 마주 보고 앉아서 아령을 양손으로 잡은 다음([그림 6-6]의 B), 힘을 주어 아령을 분리하였다([그림 6-6]의 C). 통제 조건의 영아들에게는 아령을 회전시키는 동작을 보여 주었고 기저선 조건의 영아들에게는 아무런 동작도 보여 주지 않고 그저 아령을 주고 가지고 놀게끔 했다. 24시간 후 영아들을 다시 실험실로 데리고 와서 아령을 주었다. 그 결과, 모방 조건의 영아들이 통제 조건과 기저선 조건의 영아들보다 더 많이 하루 전에 관찰한

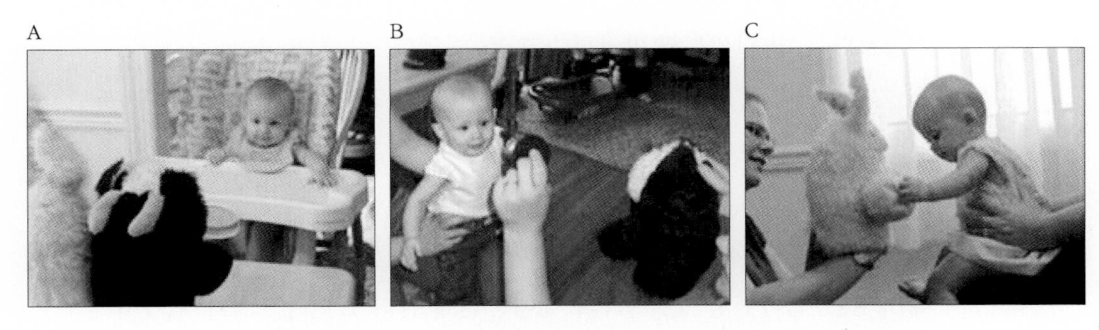

그림 6-7 Barr, Marrott과 Rovee-Collier(2003)의 연구에서 사용된 지연모방 절차

이 실험에서는 영아들에게 손가락 인형과 관련된 일련의 세 가지 동작을 보여 주고 시간이 지난 다음에 그 동작을 얼마나 기억하고 모방하는지를 살펴보았다. 연구자들은 영아들에게 양손에 손가락인형을 끼우고 보여 준 다음 그중 하나를 잡아당겨 벗기기(A), 벗긴 손가락 인형을 흔들기(B), 손가락 인형을 다시 손에 끼워 주기(C)와 같은 행동을 보여 주었다. 하루가 지난 후 다시 인형을 보여 주자 영아들은 시간이 지난 다음에도 어제 봤던 행동을 모방하였다. 영아들은 월령이 증가할수록 지연모방을 잘했는데, 이러한 지연모방은 6개월 이후 본격적으로 발달하는 것으로 보인다.

출처: Rovee-Collier & Cuevas (2009), pp. 160-174.

실험자의 행동을 모방해서 아령을 분리했다. 이러한 지연모방은 영아들에게도 기억 능력이 있음을 보여 준다.

한 연구(Barr, Marrott, & Rovee-Collier, 2003)에서는 손에서 손가락 인형을 잡아당기기([그림 6-7]의 A), 손가락 인형을 흔들기([그림 6-7]의 B), 손가락 인형을 손에 다시 끼워 주기([그림 6-7]의 C) 등 일련의 행동을 영아에게 보여 주었다. 하루가 지난 후 영아들에게 어제 봤던 행동을 인형에게 해 보라고 했다. 그 결과, 영아의 월령이 높을수록 지연모방을 잘했다. 6개월 영아들의 지연모방 수행은 다른 월령(12, 18, 24개월)에 비해 현저하게 낮았다. 이는 이전에 모델의 행동을 한번도 관찰한 적이 없는 영아들의 수행과 별다른 차이가 없었다. 반면 18개월과 24개월 된 영아의 수행은 가장 좋았다.

요컨대, 영아들은 월령이 증가할수록 더 적은 단서와 더 짧은 친숙화 기간으로도 사건을 더 오랫동안 기억할 수 있다. 또 다른 연구들에서 9개월 영아들은 24시간이 지난 후에도 세 가지 행동을 기억할 수 있으며(Meltzoff, 1988), 14개월 영아들은 2개월이 지난 후에도 그 행동을 기억할 수 있었다(Meltzoff, 1995). 이러한 지연모방에 대한 연구 결과에 비추어 보면 영아의 회상 능력은 Piaget의 주장보다는 더 일찍부터 발달한다고 볼 수 있다.

3) 영아기 기억상실증

가장 어렸을 때의 기억을 떠올려 보자. 어떤 일이 기억나는가? 유치원 다닐 때 짝꿍을 좋아했던 일? 가족과 놀이동산에 놀러 갔던 일? 치과에 가서 충치를 뽑던 일? 최초의 기억을 떠올려 보도록 하면 대부분의 사람은 4~5세 무렵의 일을 기억한다. 그렇다면 아기 때의 기억도 할 수 있을까? 첫 걸음마를 뗄 때 옆에서 엄마가 했던 말? 돌잔치에서 돌잡이 때 잡았던 물건? 계단을 기어 올라가다 굴러떨어져 울던 일? 엄마 뱃속에 있을 때의 기억은 어떨까?

성인들에게 가장 어렸을 때의 기억을 떠올려 보라고 하면 대부분 영아기 동안에 일어난 사건들은 기억하지 못한다(Davis, Gross, & Hayne, 2008). Sigmund Freud(1917)는 이러한 현상을 영아기 기억상실증(infantile amnesia)이라고 불렀다. Freud는 영아기 기억상실증의 원인이 충격적인 외상 사건(trauma)에 대한 기억을 억제하는 데 있다고 주장하였다. 반면 이후의 연구자들은 Freud와는 다른 원인들을 지적한다. 최근에는 다음과 같은 영아기 기억상실증의 원인들이 언급되고 있다.

첫째, 영아기 동안의 자기개념의 미숙이 원인이 될 수 있다. 자기 자신을 한 개인으로서 다른 사람과 분리된 존재로 인식할 수 있는 자기개념의 발달은 영아가 자신에 대한 기억을 저장, 유지, 인출할 수 있도록 하는 중요한 요인이다(Howe & Courage, 1997). 그런데 자기개념은 영아기 전반에 걸쳐 서서히 발달되며 특히 영아 후기에 본격적으로 발달하는 경향이 있다(Lewis & Brooks-Gunn, 1979). 따라서 자기개념이 미처 발달하지 못한 영아기 동안의 일은 시간이 지난 후에도 잘 기억되지 못하는 것으로 보인다.

둘째, 언어 역시 영아기 기억상실증의 원인이 될 수 있다. 한 연구(Simcock & Hayne, 2002)에서는 2세 영아를 대상으로 언어와 기억 간 관련성을 살펴보았다. 이 연구에서 연구자들은 '축소시키는 기계'를 이용하여 커다란 장난감을 기계에 넣었을 때 작은 장난감이 나오는 사건을 보여 주었다. 이때 계기판에 불이 들어오도록 레버를 내리는 동작, 상자에서 커다란 장난감을 꺼내는 동작, 기계에 장난감을 넣은 다음 꺼내는 동작 등 일련의 동작이 영아들에게 제시되었다. 6~12개월 후 아동들에게 예전의 사건에 대해 기억나는 것은 무엇이든 말해 보도록 했다. 동시에 기계를 다시 한 번 조작해 보도록 했다. 그 결과, 아동들은 전에 관찰했던 동작을 행동으로 보여 주었다. 그러나 언어적 기억은 그만큼 좋지 못했다. 또 언어로 잘 기억했던 아동들도 사건 당시에 쓰인 어휘가 아닌 새로운 어휘를 사용하지 못하였다. 이는 말을 통해 과거 기억을 꺼내기 위해서는 과거 그 기억이 언어적으로 입력될 필요가 있음을 보여 준다. 그렇기에 언어가 미숙한 영아기 동안 주로 행동을 통해 입력된 경험을 나이 들어서 언어적으로 회상하는 것은 매우 어려울 것이다.

3. 영아 지능

지금까지 우리는 영아들이 어떤 인지적 능력을 가지고 있는지를 살펴보았다. 그렇다면 이러한 인지적 능력에서 개인차는 없을까? 이처럼 아동들이 얼마나 많은 내용을 이해하는지, 또한 같은 또래의 아동들이 얼마나 차이를 보이는지는 지능과 관련된 문제라 할 수 있다.

지능의 개인차는 주로 지능검사를 통해 측정된다. 지능검사를 통해 인지 발달을 연구하는 입장을 심리측정적 관점이라고 한다(Siegler, 2007). Piaget의 이론과 비교해 볼 때, 심리측정적 관점은 과정보다는 결과에 더 초점을 맞추는 경향이 있다. 즉, 아동들이 어떤 종류의, 얼마나 많은 문제에 정확하게 답했는지가 중요하다. 영아들에게도 지능이 존재할까? 다음에서 영아기 지능에 대해 살펴보겠다.

1) 지능의 측정

영유아용 발달검사 중 가장 오래된 검사는 Gesell과 Amatrude(1947)가 개발한 Gesell 발달검사(Gesell Development Schedules: GDS)다. 이는 출생부터 60개월의 영유아를 대상으로 신경체계 성숙의 평가가 목적인 검사로서, 영역별 아동의 발달지수(DQ)를 산출할 수 있다. Gesell 발달검사에는 아동의 적응행동, 대근육운동, 소근육운동, 언어, 개인-사회적 행동의 총 5개 영역이 있으며 아동의 발달지수는 각 영역에서 아동이 얻은 점수를 생활연령으로 나눈 다음 100을 곱하여 산출된다. 발달지수가 75 이하면 발달장애, 76~85면 발달장애 의심, 86 이상은 정상 발달 범주로 평가한다(곽금주, 2002).

가장 널리 사용되는 영아 발달검사 중 하나는 Bayley 영아발달검사(The Bayley Scales of Infant Development: BSID)다. 1920년대부터 Nancy Bayley는 영아기의 심적, 운동적 발달을 측정하기 위해 노력했다. Bayley 영아발달검사는 영아기 동안의 빠른 성장과, 다른 발달 단계와는 구별되는 특징을 고려하여, 영아기에 적합한 특수한 절차와 방법을 이용하여 개발되었다(곽금주, 2002). Bayley 영아발달검사에는 세 가지 하위 척도, 즉 정신척도, 운동척도, 행동평정척도가 있다. 주로 평가되는 것은 영아의 대근육 및 소근육 운동, 사회적 능력, 언어 능력 등이다. 이 척도는 1~42개월까지의 연령 범위를 포괄한다.

Nancy Bayley (1899~1994)
Bayley는 Bayley 영아발달검사의 개발자다. 이는 생후 1개월부터 생후 42개월까지 영유아의 발달 기능을 개별적으로 측정하는 검사다.

근래에는 습관화 속도 및 새로운 자극에 대한 반응 회복에서의 영아들의 반응에 주목하여 영아기 지능을 측정하려고 한다(Kavsek, 2004). 습관화가 정보 처리의 다양한 측면을 반영하기 때문이다. 즉, 신속한 습관화를 위해서는 정보 처리 속도가 빨라야 하며, 단기기억과 주의집중 능력이 뛰어나야 하고, 자극의 특성을 효율적으로 입력해야 한다. 이를 이용하여 Fagan(1981)은 영아기 습관화에서의 개인차를 측정하는 영아 검사를 개발하였다. 영아기 습관화에서의 개인차와 이후 지능 간 관련성에 대해서는 다음 절에서 보다 상세히 알아보겠다.

2) 영아기 지능과 이후의 지능: 영아기 습관화와 아동기 지능

어렸을 때 지능이 높으면 나이 들어서도 지능이 높을까? 지능에 연속성이 존재하는지, 초기 지능검사 점수가 이후의 지능검사 점수와 어떤 관련성을 지니는지에 대해서는 오랫동안 논쟁이 계속되어 왔다(Kavsek, 2004). 그런데 아동기와 성인기 지능 측정과는 달리 영아기 지능 측정에는 몇 가지 제한점이 있다. 그중 한 가지는 검사의 타당도(validity)와 관련된 문제다. 타당도는 '검사가 측정하고자 하는 것을 측정하는 정도'를 뜻한다. 예컨대, 사람들의 행복을 신발 사이즈로 측정하는 것은 전혀 타당하지 않다.

(1) 영아기 발달지수와 아동기 지능

대학생들을 대상으로 'IQ' 측정의 타당도를 평가하려 한다고 가정해 보자. 이 경우 IQ 점수가 학점 등 다른 영역에서의 수행과 얼마나 연관성이 있는지 살핌으로써 타당도를 평가할 수 있다. 그러나 영아들의 경우는 지능검사 수행을 비교할 명확한 지표가 마땅히 없다(Steinberg et al., 2011). 따라서 영아 검사의 타당도를 평가하는 한 가지 방법은 영아기 때의 검사 점수를 나중의 검사 점수와 비교하는 것이다. 만일 영아기 발달지수가 아동기나 성인기 동안의 지능지수와 높은 상관을 보인다면, 그 영아 검사는 영아기의 지능을 측정하고 있다고 결론 내릴 수 있을 것이다. 그러나 Bayley(1949)가 영아발달검사 결과와 이후 지능 간 관련성에 대한 종단 연구를 했을 때, 3~4세에서의 검사 수행은 18세경 지능검사 수행과 거의 관련이 없었다. 아동이 약 6세 정도가 돼서야 비로소 이후 연령에서의 지능검사 수행 간 상관이 있는 것으로 나타났다. 즉, 성인 지능은 빠르게는 6세 때 시행된 지능검사로부터 예측될 수 있으나, 더 어린 나이에서 시행된 검사로부터는 예측되지 못한다. 요컨대, 영아기의 발달지수는 후기의 지능과는 연속성이 거의 없는 것으로 보인다(Colombo, Mitchell, Dodd, Coldren, & Horowitz, 1989). 영아기의 지적 능력이 아동기나 이후의 지능을 예측하지 못하는 주된 이유는 이 둘 간에 질적 차이가 있기 때문이라 할 수 있다. 실제로 표준화된 영아 검사는 감각, 운동적, 사회적 기술을 주로 측정하는 반면, 이후 연령에 적용되는 표준화된 검사는 언어적 사고와 개념 형성, 문제 해결 등 추상적 능력을 강조한다.

(2) 영아기 정보 처리 특성과 아동기 지능

앞서 언급한 바와 같이 근래에는 영아기 동안의 정보 처리 능력을 후기 지능 예측의 지표로 활용하려는 움직임이 있다. 이러한 지표에는 자극이 반복될 때의 습관화 속도와 재인기억이 있다(Bornstein & Sigman, 1986).

습관화와 재인은 밀접하게 관련되어 있다. 습관화가 빠르게 일어난다는 것은 자극을 기억 속에 부호화하고, 그 자극이 다시 제시되었을 때 이미 알고 있는 자극이라는 것을 확인(재인)한 다음, 그것을 더 이상 주목하지 않는 것을 의미한다. 이는 효율적인 정보 처리의 특성이기도 하다. 앞서 언급한 바와 같이 Fagan(1990)은 이를 이용하여 영아의 지능을 측정하는 검사를 개발하였다.

영아기의 습관화와 재인기억은 이후의 지능과 상관이 높다(성현란, 배기조, 곽금주, 장유경, 심희옥, 2005; Colombo et al., 1989; Lewis & Brooks-Gunn, 1981). 6개월 때 재인기억은 짧게는 4, 5세의 지능(Sigman, Cohen, Beckwith, & Parmelee, 1986; Rose, Feldman, Wallace, & McCarton, 1989, 1991), 길게는 11세의 지능(Rose & Feldman, 1995)과 상관이 있었다. 국내에서도 성현란 외의 연구(2005)에서 6개월 영아들의 시각적 재인기억 및 습관화는 17개월 때 지능을 예측하였다.

요컨대, 새로운 경험을 선호하고 새로운 정보를 탐색하여 신속하게 받아들이는 영아는 빠르고 효율적인 정보 처리자라고 할 수 있다. 왜 그럴까? 여러분이 기말고사 직전에 뭔가를 외워야 한다고 가정해 보자. 시간은 제한되어 있고 마음은 조급한데 시험 범위 앞부분은 여러 번 읽었고 뒷부분은 상대적으로 거의 보지 못한 상황이다. 제한된 시간 동안 어느 부분에 더 많이 집중해야 할까? 익숙한 것보다는 익숙지 못한 것에 더 주의

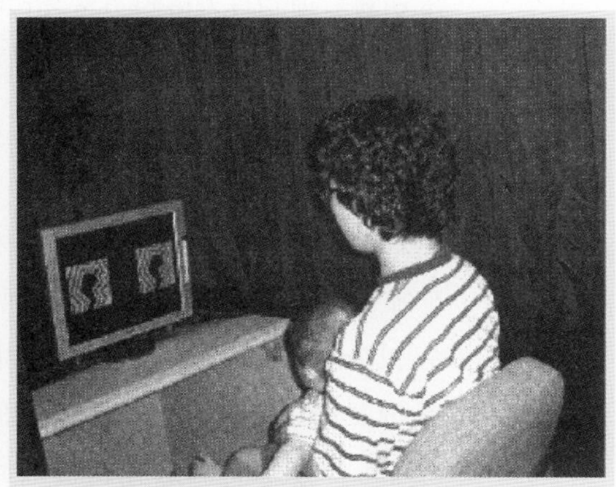

영아기 재인기억은 이후의 지능과 상관이 높다. 이 사진은 성현란 외(2005)의 실험 상황이다.

출처: 성현란 외(2005), p. 7.

를 기울이는 것이 효율적일 수 있다(Bornstein, 1998). 습관화 및 재인기억은 이처럼 정보 처리의 효율성을 반영한다. 실제로 다운증후군처럼 나이 들어서 더 낮은 지능을 보일 것으로 예상되는 영아들은 다른 영아들보다 습관화 속도가 느리다. 습관화가 빨리 되는 영아들은 이후 아동기에 접어들었을 때 전통적인 인지 능력 평가에서 더 잘 수행하는 경향이 있다(Strid, Tjus, Smith, Meltzoff, & Heimann, 2006; Tasbihsazan, Nettelbeck, & Kirby, 2003; Tsao, Liu, & Kuhl, 2004).

4. 한국 영아 발달: 범주화의 토대로서 개념 이해

앞서 범주화란 유사하거나 동일한 대상에 대한 심적 표상을 지칭하는 개념으로서 각각의 대상을 어떤 집단으로 묶는 것이라고 정의한 바 있다(Harnad, 1987; Quinn, 2007). 이처럼 여러 대상을 어떤 집단으로 묶기 위해서는 일단 각각의 대상에 대한 개념을 습득해야 할 것이다. 한국 영아들의 개념은 어떻게 발달할까? 이 절에서는 형태, 수, 무게, 길이 등 다양한 개념을 한국 영아들이 어떻게 이해하게 되는지를 살펴볼 것이다.

1) 한국 영아 발달: 형태 및 수 개념 이해

우선 형태 개념에 대한 발달은 동그라미, 네모, 세모 모양의 모형판의 빈 공간에 맞는 도형을 찾아 맞추도록 한 과제에서의 영아들의 수행을 통해 살펴볼 수 있다(곽금주 외, 2005). 동그라미 형태에 대해서 13개월에는 50%, 14개월에는 62.2%, 15개월에는 72.2%, 18개월에는 89.5%, 23개월에는 93.1%의 영아가 이해하고 있었다. 네모 형태에 대해서는 13개월 21.8%, 14개월 48.6%, 15개월 54.2%, 18개월 73.7%, 23개월 91.7%의 영아가 이해할 수 있었다. 마지막으로 세모 형태에 대해서는 13개월에는 20.5%, 14개월에는 29.7%, 15개월에는

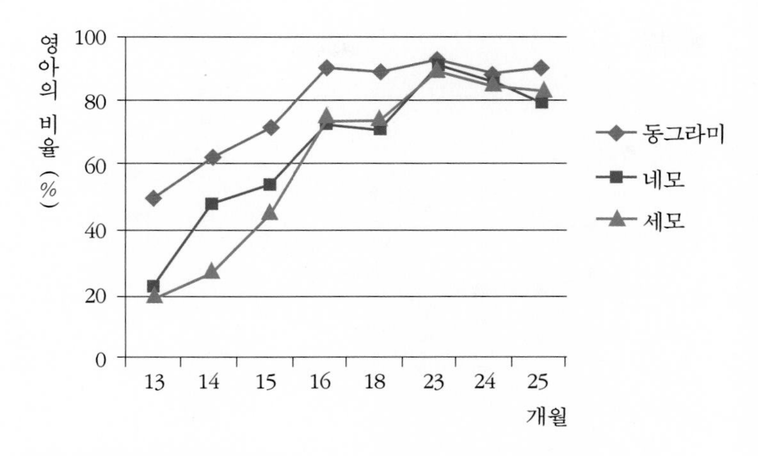

그림 6-8 형태 개념 발달 지표(%)

한국 영아들의 형태 개념은 13개월 이후부터 서서히 증가한다. 여러 형태 중 동그라미 개념을 가장 먼저 이해한 다음 네모와 세모 개념도 이해하게 된다.

44.4%, 18개월에는 75%, 23개월에는 88.9%가 이해하였다(곽금주 외, 2005). 요컨대 영아들은 여러 형태 중 동그라미 형태에 대해서 가장 먼저 개념화하고 이해하는 것으로 보인다.

수에 대한 개념 이해는 24개월부터 서서히 발달하는 것으로 보인다. 영아들에게 블록을 몇 개 늘어놓은 다음 손을 내밀어 "한 개 주세요."라고 검사자가 물건을 달라고 요구했을 때의 수행을 통해 수 개념을 측정할 수 있다. 이런 과제에서의 영아의 수행을 살펴보면, '하나'의 경우 정확하게 반응한 영아들은 월령 증가에 따라 증가하는 경향이 있었다(24개월 39.2%, 26개월 51.4%, 30개월 57.1%). '둘'이라는 숫자에 대해서는 24개월 26.6%, 26개월 21.6%, 30개월 37.7%의 영아가 이해하고 있었다. '셋'에 대해서는 24개월 영아 중 7.6%만이 이해하고 있어서 '하나'나 '둘'에 대해서 보다 더 늦은 시기에 이해하는 것으로 나타났다. 실제로 '셋'에 대한 이해는 이후 26개월 12.2%, 30개월 14.3%의 영아들만 이해했고 36개월이 되어서도 절반이 안 되는 영아(46.3%)들만 이해하는 데 그쳤다.

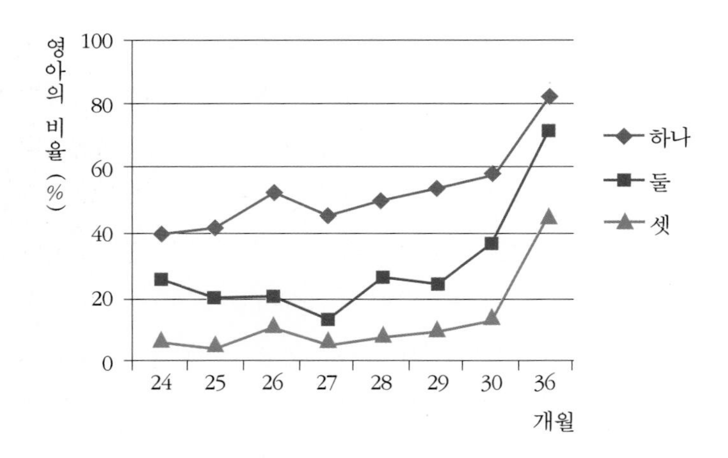

그림 6-9 수 개념 발달지표(%)

한국 영아들의 수 개념은 24개월 이후부터 서서히 증가한다. '하나'에 대한 이해가 가장 빠르고 '셋'에 대한 이해는 36개월이 되어서도 절반이 안 되는 영아(46.3%)들만 이해하는 데 그쳤다.

2) 한국 영아 발달: 사물의 용도 및 특성에 대한 이해

사물의 용도, 즉 집안에서 흔히 볼 수 있는 친숙한 사물이 어떤 용도로 쓰이는지는 12개월부터 서서히 이해하기 시작하여 월령 증가에 따라 증가하는 것으로 보인다(12개월 43.1%, 15개월 88.9%, 18개월 93.4%). 21개월이 넘어서면 물건을 놓는 장소를 어떻게 인식하는지를 살펴보았을 때 거의 대부분의 영아가 사물에 대한 개념을 알고 있는 것으로 보인다(21개월 88.4%, 23개월 88.9%). 또한 상황이나 활동에 맞는 옷에 대해서는 25~28개월 영아의 40~45%가 알고 있었다(곽금주 외, 2005).

또한 한국 영아들은 26개월 무렵부터 자극들을 크기, 길이, 무게의 차원에서 변별하기 시작한다. 두 자극을 변별하는 과제에서, 더 큰 것을 고르라고 하면 26개월 영아 중 54.1%, 29개월 영아 중 70.5%가 정답을 맞혔다. 또한 둘 중 긴 것을 고르라고 하면 26개월에서 47.3%, 29개월에서 57.7%가 더 긴 것을 선택했다. 마지막으로 둘 중 무거운 것을 고르라고 했을 때에는 26개월 영아 중

54.1%, 29개월 영아 중 62.8%가 올바르게 수행했다. 물론 이러한 개념 이해와 변별은 아직까지 초보적인 수준이며 이후 더 많은 발달적 진전을 보인다(곽금주 외, 2005).

지금까지 살펴본 한국 영아의 범주화 및 개념 영역의 주요 변화를 정리하면 다음의 〈표 6-1〉과 같다.

표 6-1 한국 영아 발달: 개념 이해 영역의 발달적 이정표

월령	형태 개념	수 개념	용도 개념	특성(크기, 길이, 무게) 개념
13~18개월	• 절반 정도의 영아가 동그라미 형태를 알고 있음(13개월)		• 대부분의 영아가 친숙한 사물의 용도를 이해할 수 있음(18개월)	
18~24개월	• 대부분의 영아가 네모와 세모 형태를 알고 있음(23개월)		• 대부분의 영아가 친숙한 사물의 장소를 이해할 수 있음(21개월)	
24~30개월		• 절반 정도의 영아들이 '하나'를 이해할 수 있음(24개월)	• 상황이나 활동에 맞는 옷에 대해 이해하기 시작함(25개월)	• 절반 정도의 영아가 길이에 근거하여 두 자극을 변별할 수 있음(29개월) • 대부분의 영아가 크기에 근거하여 두 자극을 변별할 수 있음(29개월)
30~36개월		• '둘'에 대해서 이해하기 시작함(30개월)		• 무게에 대하여 이해하기 시작함(30개월)

5. 인지 발달을 위한 부모와 교사의 역할

5~6장에 걸쳐 우리는 영아들이 상당한 인지 능력을 가지고 있음을 보여 주는 연구들을 살펴보았다. 종합해 보면, 요람 속에서 사지를 버둥거리고 침을 흘리는, 무력해 보이기만 하는 영아들의 머릿속에서는 지금까지 우리가 추측했던 것보다 훨씬 더 다양한 일이 벌어진다. 이는 영아들의 지적 능력에 관한 오랜 믿음을 뒤흔드는 것이다. 1890년 William James가 아기의 세계에 대한 관점을 "색깔과 소리가 무질서하게 난무하는 하나의 커다란 혼란"이라고 설명한 이래 오랫동안 사람들은 영아가 미숙하다고 생각해 왔다. 아기들은 그저 가장 기본적인 감정만을 이해하고 주변의 사물을 흉내 낼 뿐이었다. 그러나 지금까지 우리가 살펴본 것처럼 영아는 우리 예상보다 훨씬 더 뛰어난 능력을 보이는 존재다. 이러한 새로운 발견을 토대로 연구자들은 영아에 대한 평가 방식을 바꾸어 왔다. 예컨대, 연구자들은 단순히 신체적 성장을 추적하는 것에 더하여 영아들이 어떤 사물을 더 오래 쳐다보는지, 전에 봤던 대상과 새로운 대상을 구별하는지 등을 관찰함으로써 이후의 인지적 발달을 예측하려고 시도한다. 그렇다면 부모와 교사가 영아들의 인지 발달에 어떤 역할을 할 수 있을까? 적절하고 자유로운 탐색 환경의 제공이 필요하다.

앞서 다양한 감각 자극의 제공이 아동 발달에 도움이 된다고 언급하였다. 여기서 '다양함'은 곧 '많음'을 의미하는 것은 아니다. 어떤 부모들은 이를 오해하여 새로운 볼거리와 소리, 사람, 새로운 음식 등 온통 새로운 자극으로 아이의 하루를 채우기 위해 노력하기도 한다. 일찍부터 문화센터에 등록하여 다양한 자극을 주고, 잠깐 산책을 나갈 때조차 유모차에 장난감을 매달고, 아기가 잠들어 있는 시간에까지 음악을 틀어 놓는 것은 자칫 과도한 자극이 될 수 있다. 대뇌 시냅스 발달을 위해서는 충분한 자극도 필요하지만, 습득한 경험과 지식을 되새길 수 있는 휴식 역시 필요하다. 실제로 영아들은 과도한 자극이 주어질 때는 시선을 돌리고 눈을 감거나 잠을 잔다(Maurer & Maurer, 1988). 영아들은 적당한 수준으로 자극받는 것을 선호하고 자극이 지나칠 경우에는 불안을 느끼면서 울음을 터뜨린다. 영아가 불안을 느낄 때 주변의 자극들을 입력하기란 쉽지 않고 애당초 의도했던 인지 능력 촉진이 어렵다는 것은 분명하다. 따라서 일단 안전이 보장되는 환경을 조성한 다음에는 영아들이 자유롭게 탐색하도록 보장하는 것이 필요하다. 지나치게 간섭하거나 다른 자극을 더하지 않아야 한다. 보육교사는 다양한 색, 모양, 질감, 소리를 탐색할 수 있는 놀잇감을 제공하되 충분한 시간 동안 영아가 놀잇감을 가지고 놀 수 있도록 도와줄 필요가 있다. 다음에서 아기의 인지 발달에 도움을 줄 수 있는 몇 가지 방법을 생각해 보겠다.

양말 찾기 놀이

이제 막 범주화 개념을 습득해 가는 영아들에게는 자연스럽게 자극을 주면서 범주에 대한 이해를 넓혀 갈 수 있는 기회를 제공하는 것이 중요하다. 이를 위해서는 빨래 개기나 간단한 정리에 참여시키는 것도 좋다. 예컨대 빨래를 개면서 "양말은 어떤 거야?" "이건 수건이야."라고 말을 걸거나 비슷한 종류의 옷가지끼리 모아 보도록 한다. 이를 통해 아기는 자연스럽게 비슷한 것과 다른 것, 같은 범주에 속하는 것에 대한 이해를 쌓아 갈 수 있을 것이다.

앨범 보기

가족이나 친지 등 아기에게 중요한 사람들의 사진을 보여 주면서 사진을 손가락으로 짚으면서 같이 이야기를 나눈다. 말을 시작한 아기에게는 사진이 찍혔을 당시의 일을 이야기해 주거나 질문하는 것도 좋다. 예컨대, "할머니가 우리 집에 오셔서 같이 맛있는 거 먹었던 거 기억나니?"와 같은 이야기를 나눔으로써 아기의 회상 기억 발달을 촉진할 수 있다. 보육 장면에서도 사진을 이용하여 비슷한 이야기를 나눌 수 있을 것이다.

크기가 각기 다른 블록 및 인형 놀이

영아들에게 비슷하지만 조금씩 다른 블록, 포개어지는 컵이나 인형을 제시하는 것도 인지 발달을 도울 수 있다. 형태는 동일하지만 크기가 다른 대상들을 접하면서 자연스럽게 형태나 크기에 대한 이해를 쌓을 수 있기 때문이다. 특히 러시아 전통인형처럼 차곡차곡 포개어지는 컵(nesting barrels)이나 인형은 영아의 흥미를 끌 수 있다. 제일 큰 컵을 열어 보면 조금 더 작은 컵이, 그 컵을 열어 보면 또 더 작은 컵이 나오는 식으로 마지막에는 가장 작은 컵이 나오는 것을 보여 준다. 이때 장난감을 가지고 노는 아기를 주의 깊게 살필 필요가 있다. 영아는 너무 작은 장난감을 자칫 삼킬 수 있기 때문이다.

요 약

이 장에서는 영아들의 심적 표상과 관련된 주요 연구 결과들을 살펴보았다.

1. 범주화는 지각을 구조화하고 명료화하는 역할을 하며 정보의 저장과 검색을 쉽게 하는 역할을 한다. 또한 범주화는 새로운 학습과 기존 학습의 일반화를 가능하게 한다. 12개월경에는 동물과 탈것을, 18개월경에는 개와 고양이를, 3세경에는 고양이의 서로 다른 품종을 범주화할 수 있다.

2. 상징 능력(symbolic competence)의 발달은 영아기 동안의 주요한 성취 과제 중의 하나다. 상징 이해 능력은 영아기 전반에 걸쳐 점진적으로 발달한다. 9개월경 영아들은 2차원 그림을 지각할 수는 있는 것으로 보인다. 그러나 이 영아들은 상징의 의미는 잘 이해하지 못하는 것 같다. 하지만 월령이 증가할수록 이러한 이해는 점차 발달하여 18~19개월경 나이 든 영아들은 그림이 제시되었을 때 그저 그것을 가리키고 이름을 명명하면서 반응하는 경향이 있다.

3. 기억(memory)은 한 개인의 의식, 경험, 지식, 그리고 세상에 대한 해석의 바탕이 된다. 영아의 기억을 연구하는 방법으로는 습관화, 조작적 조건형성, 지연모방 등이 활용되어 왔다. 영아가 정확하게 기억하는 능력은 연령과 더불어 향상된다. 구체적으로 영아는 월령이 증가함에 따라 더 빠르고 더 효과적으로 습관화되는데, 이것도 영아기 기억의 발달을 반영하는 것이다. 영아들은 월령이 증가할수록 더 많은 정보를 더 긴 시간 동안 기억하는 경향이 있다.

4. 영아가 기본적인 기억 능력, 즉 재인과 회상 능력을 가지고 있다고 하더라도 영아기를 벗어난 사람들은 영아기 동안의 기억을 하지 못한다. 이러한 영아기 기억상실증은 자기개념의 미숙과 언어 능력의 미숙 때문에 나타나는 것으로 보인다.

5. 연령 증가에 따라 지능에 연속성이 존재하는지, 초기 지능 수행이 이후의 지적 수행과 어떤 관련성을 지니는지에 대해서는 오랫동안 논쟁이 계속되어 왔다. 영아기의 지적 능력이 후기의 지능과 연속적인 관계에 있는가에 대해서는, 표준화된 심리측정 도구로 측정하였을 때 연속성이 거의 없는 것으로 보인다. 그러나 새로운 경험을 선호하고 탐색하며 새로운 정보를 신속하게 받아들이는 영아는 빠르고 효율적인 정보 처리자라고 할 수 있으며, 이러한 정보 처리 특성에 대한 지표는 이후 지능의 조기 지표로 활용될 가능성이 있다.

제7장

영아기 언어 발달

학/습/개/념

- 고개 돌리기 선호 절차
- 연결 문제
- 이해 언어와 산출 언어
- 신속표상대응 혹은 빠른 대응
- 목 울리기와 옹알이
- 어휘 폭발
- 제약
- 과잉 확장과 과소 확장
- 대상범위 제약
- 분류제약
- 상호배타성 제약
- 어휘대조 제약
- 일어문
- 이어문 혹은 전보문
- 보편문법
- 영아 지향적 언어
- 순서 지키기
- 언어적 반응성

언어는 인간을 다른 동물과 구분 짓는 핵심적 특성이다(Hollich & Houston, 2007). 그러나 영아들은 나이 든 아동이나 성인처럼 원활하게 언어를 사용하지 못한다. 이러한 영아기 특성은 영어에서 영아를 지칭하는 단어들에서도 드러난다. infant는 라틴어 in과 fans로 구성되어 있는데, 이는 문자 그대로 '말하지 못하는 사람'이라는 의미다. baby라는 단어도 '옹알이(babble)'와 어근이 같다(Lamb, Bornstein, & Teti, 2002). 그러나 영아기 전반에 걸쳐 언어 발달은 그 어떤 영역의 발달보다 빠르게 진행된다. 이는 영아기 동안 일어나는 가장 인상적인 발달 중 하나다.

다른 사람의 말을 듣고 이해하는 것은 나이 든 아동이나 성인에게는 너무나 자연스럽고 쉬운 일이지만 어린 영아에게는 그렇지 않다. 성인들은 쉬지 않고 단어들을 말하므로 영아가 단어를 구분해 내는 일은 매우 어려울 수 있다. 엄마가 어떤 문장을 말할 때를 생각해 보자. 말소리에는 띄어쓰기가 없다. 영아에게 엄마의 말은 '우리귀여운아기뭐하고있니엄마를보고있다고엄마가지금뭘하고있을까' 처럼 들릴 것이다. 그래서 영아가 말을 이해하기 위해서는 연속된 소리를 문장 혹은 단어로 나누고, 개별 단어들이 무엇을 뜻하는지 이해하고, 단어들을 연결하는 문법 구조를 분석해야만 한다. 더욱이 이러한 복잡한 과정을 엄마가 말하는 동시에 진행해야 한다. 어린 영아들이 이처럼 복잡한 과제를 해결하는 방법을 2년 남짓한 기간 동안 습득한다는 것은 매우 놀라운 일이다. 따라서 오랫동안 사람들은 영아가 언어를 습득하게 되는 수수께끼에 관심을 기울여 왔다. 4세기에 성 Augustine(2003)은 아동이 손윗사람들을 따라 함으로써 언어를 배운다고 주장하였고, Skinner(1957)는 아동이 학습의 원칙을 통해 언어를 배운다고 주장하였다. 그런가 하면 Chomsky(1965)는 영아가 언어를 습득할 수 있는 선천적 능력을 가지고 세상에 태어난다고 주장하였다. 이 장에서는 영아기 언어 발달에 대해서 살펴보겠다.

1. 언어 연구 방법과 언어 발달 양상

영아기 동안에는 급속한 언어 발달이 진행된다. 영아들이 어떻게 그렇게 빨리 언어를 습득할 수 있는지에 대해서는 여러 사람이 관심을 기울여 왔다. 13세기 로마 황제였던 Frederick 2세도 그중 하나였다(Santrock, 2008). 그는 그리스어와 라틴어, 독일어, 프랑스어, 이탈리아어, 아랍어에 두루 능통했다고 한다. 수학과 기하학, 천문학, 언어학에도 관심이 있어서 이탈리아 나폴리에 대학을 세우고 자신이 태어나고 자랐던 팔레르모 궁전 안에 연구소를 세울 정도였다. 이처럼 학구열이 대단했던 그는 어느 날 아무도 아이들에게 말을 걸지 않았을 때 영아들이 어떤 언어를 말하는지 알고 싶었다. 이를 위해 갓 출생한 영아들에게 부모가 말을 걸면 무조건 아기들을 죽이겠다고 협박하고 아기들을 관찰했다. 그러나 결과적으로 실험은 성공하지 못했다. 연구 참여자들의 탈출이 속출했기 때문이다. 현재 영아 언어에 대해 진행되는 연구는 Frederick 2세와는 매우 다른 방법론을 동원한다. 다음에서 영아기 언어 연구 방법론에 대해서 살펴보겠다.

1) 언어 연구 방법

영아기에 언어가 어떻게 발달하는지 이해하기 위해서 연구자들이 사용하는 방법은 다음과 같다.

(1) 녹음 및 관찰

첫 번째 방법은 영아들이 일상에서 누구와 무엇을 말하는지를 관찰하고 녹음하고 분석하는 방법이다. 이 방법을 통해 영아가 상호작용을 하면서 얼마나 많은 발성을 하는지를 알 수 있다. 녹음은 영아가 초기에 발성하는 말이 생각보

녹음 및 관찰은 부모와 영아의 상호작용을 녹음하고 전사하여 분석함으로써 영아의 언어 발달을 연구하는 방법이다.

다 더 정교하다는 것을 보여 준다(Flege, Bohn, & Jang, 1997).

(2) 부모 보고를 통한 체크리스트

언어 발달을 연구하는 또 다른 방법은 부모 보고를 통해 자료를 얻는 것이다. 부모 보고는 구체적으로 육아일기(Dromi, 1987; Weir, 1962)나 체크리스트(Fenson et al., 1993; Maital, Dromi, Sagi, & Bornstein, 2000)를 통해 얻는다. 고전적 언어 발달 연구 중에는 자녀에 대한 부모의 육아일기로부터 나온 정보를 이용한 것이 많다. 그러나 2장에서 언급한 대로 부모의 육아일기는 자칫 편향될 위험이 있으므로 최근에는 부모가 직접 체크리스트에 아동의 표현어휘와 이해어휘를 체크하는 방식이 많이 사용된다. 대표적인 언어 체크리스트로는 M-B CDI(MacArthur-Bates Communicative Development Inventory)가 있다. M-B CDI는 타당도와 신뢰도가 검증된 어휘 체크리스트로(Fenson et al., 1993), 국내에서도 배소영과 곽금주(2011)에 의해 표준화되었다.

(3) 고개 돌리기 선호 절차

영아의 말소리 지각을 연구하는 방법으로 고개 돌리기 선호(head turn preference) 절차가 있다(Kuhl, 2004). 이 절차는 2장 영아기 연구 방법에서 소개된 대로 영아의 조건화를 이용한 실험 방법이다. 여기서는 영아 앞에서 흥미로운 장난감을 보여 주고 주목하게 한다([그림 7-1]의 A). 한쪽에는 스피커가 설치되어 있고 스피커에서는 소리가 나오고 있다. 동일한 소리가 반복되다가 변화된다. 소리가 변화되면 스피커 주변에 불이 켜지고 숨어 있던 장난감이 나와서 움직인다. 영아가 그 장난감을 보기 위해 고개를 돌리면 장난감은 영아가 고개를 돌리고 있는 동안 계속 움직인다([그림 7-1]의 B). 이런 시행이 여러 번 반복되면 영아는 소리가 변화되면 장난감 쪽으로 고개를 돌린다. 이러한 영아의 행동을 분석하면 영아가 어떤 소리를 선호하고 어떤 소리들을 변별할 수 있는지를 알아볼 수 있다.

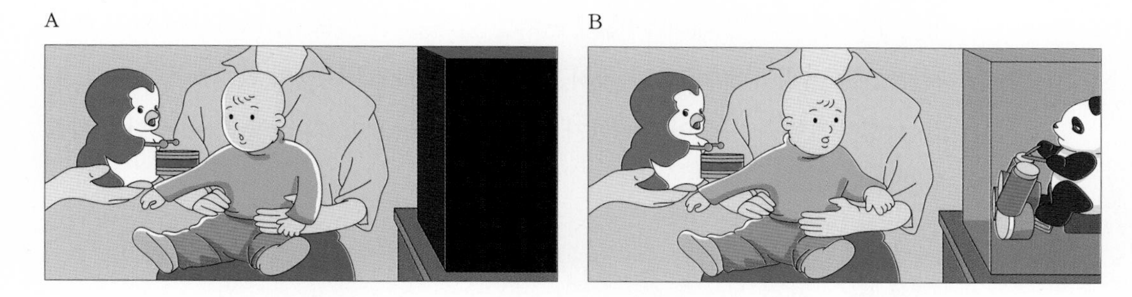

그림 7-1 고개 돌리기 선호 절차의 예

영아가 한쪽을 보고 있는 동안 오른쪽에 있는 스피커에서는 동일한 소리가 반복된다(A). 스피커에서 나오는 소리에 변화가 생기고 스피커 주변에 숨어 있던 장난감이 작동한다(B). 이런 시행을 반복하면 영아는 스피커에서 나오는 소리가 달라질 때 장난감 쪽으로 고개를 돌린다. 이를 통해 영아의 말소리 지각을 연구할 수 있다.

2) 언어 발달 양상

언어 발달의 첫 단계는 울음이다.

영아가 성장하면서 거치는 언어 발달의 중요한 단계에는 어떤 것들이 있을까? 이를 살펴보기에 앞서 이해와 표현의 개념을 구분할 필요가 있다. 이해(comprehension) 혹은 수용은 언어를 알아듣는 것을, 산출(production) 혹은 표현은 언어를 말하는 것을 뜻한다. 일반적으로 언어 이해는 산출보다 일찍 발달한다. 8~12개월이 되면서 영아들은 곧잘 단어들을 이해하기 시작한다. 반면 평균 13개월이 될 때까지는 좀처럼 첫 단어 산출이 나타나지 않는다. 일반적으로 영아는 13개월이 되면 대략 50개의 단어를 이해할 수 있으나, 18개월이 되기 전까지는 산출 어휘가 50개가 채 되지 않는다(Menyuk, Liebergott, & Schultz, 1995). 따라서 영아기에는 이해어휘(영아가 이해할 수 있는 단어)가 산출 어휘(영아가 말할 수 있는 단어)보다 훨씬 많다.

(1) 초기 발성

영아들은 출생 당시부터 울기 시작하는데, 이는 일반적으로 괴로움을 표현한다. 생후 1~2개월경 아기들은 목 울리기(cooing)를 한다. 이는 부모와 상호작용을 할 때나 우유를 먹고 나서 기분이 좋을 때 주로 나타나며 울음소리와는 달리 혀를 입의 뒤쪽으로 향하고 입술을 둥글게 만들면서 내는 소리다. 영아가 생후 6~7개월 정도가 되면 옹알이(babbling)를 하기 시작한다. 이는 소리를 반복하는 형태로 나타나며 옹알이가 거듭될수록 말소리와 점점 더 유사해진다(Siegler & Alibali, 2007). 불완전한 초기 발성을 보완하기 위해, 8~12개월경 영아들은 의사소통을 위해 몸짓을 사용하기 시작한다. 잘 가라는 의미로 손을 흔든다거나 원하는 물건이 있음을 나타내기 위해 가리키는 것 등이 그 예다(Lock, 2001). 이러한 초기 언어 발달은 환경보다는 성숙의 영향이 더 큰 것으로 보인다. 부모나 본인에게 청각장애가 있어서 음성적 자극을 입력받지 못하는 아기들도 처음에는 옹알이를 한다(Bloom, 2001).

아기는 첫 단어를 말하기 이전에도 목 울리기나 옹알이와 같은 발성을 한다.

(2) 말소리 인식

영아들은 실제로 단어를 말하기 이전에도 상당히 많은 말소리를 구분할 수 있다(Houston, 2005). 지구상의 언어에는 서로 다른 약 600개의 자음과 200개의 모음이 존재하는 것으로 알려져 있지만 각 언어는 평균적으로 약 40개 정도의 음소만을 사용한다. 그런데 4개월 정도의 영아들은 자신의 모국에서 주로 사용하는 음소뿐 아니라 인간의 말소리를 구성하는 150개의 소리를 구분할 수 있다. 아기를 언어학자에 비유하자면 전 세계 모든 언어에 능통한 “보편적 언어학자(universal linguist)”라 할 만하다(Kuhl, 2004). 그러나 6~7개월 무렵이 되면 영아들은 모국어의 말소리만 구분할 수 있다.

(3) 첫 단어

일반적으로 10~15개월경 첫 단어가 나타나기 시작한다. 영아의 첫 단어에는 중요한 사람(엄마, 아빠), 친근한 동물(강아지, 고양이), 교통수단(자동차), 장난감(공), 음식(우유), 신체 부위(눈), 의류(모자), 집안 용품(시계), 인사말(잘 가, 빠이

빠이)이 있다(Bloom, 2000). 아이들은 종종 한 단어를 가지고 다양한 의도를 표현하는데, 이를 일어문이라고 한다. 예컨대 '공'이라는 단어는 '저것은 공이다.' '나는 공을 갖고 싶다.' 혹은 '나는 공을 던진다.' 등 다양한 의미를 표현한다.

일단 첫 단어를 표현하게 된 이후부터 영아들의 표현어휘는 급격하게 발달한다(Camaioni, 2001). 어휘 폭발(vocabulary spurt)은 대략 18개월에 나타나기 시작하는 영아의 급격한 어휘 발달을 말한다. 18개월 영아는 평균적으로 50개의 단어를 말할 수 있으나 두 살이 되면 대략 200개의 단어를 말할 수 있다. 우리나라 영아들을 대상으로 한 연구(장유경, 2004b)에서는 영아들이 20~21개월 사이에 100개의 어휘를 습득하며 23~24개월 사이에는 어휘 폭발이 일어나서 하루 평균 3~4개의 새로운 어휘를 습득한다.

언어 발달 초기 영아들은 단어의 의미를 적용하는 데 있어서 몇 가지 실수를 보인다. 단어의 의미를 과잉 확장하거나 과소 확장하는 것이다(Hollich & Houston, 2007). 과잉 확장(overextension)이란 단어와 관련이 없거나 적절하지 않은 사물에까지 단어의 의미를 확장하여 사용하는 것을 말한다. 예컨대, 영아

표 7-1 과잉 확장된 단어의 예

단어	지시 대상
공	공, 풍선, 공깃돌, 사과, 달걀, 털 뭉치, 구형의 물통(Rescorla, 1980)
고양이	고양이, 고양이가 항상 앉아 있는 TV 위 장소(Rescorla, 1980)
달	달, 반달 모양의 레몬 조각, 식기 세척기에 달린 원 모양의 다이얼, 분홍색과 자주색 원으로 만들어진 벽걸이, 동그란 과자 반쪽(Bowerman, 1978)
눈	눈, 말의 하얀 꼬리, 흰색 융으로 만들어진 침대 시트, 바닥에 흘린 하얀 우유 자국(Bowerman, 1978)
아기	자신의 거울 상, 자신의 사진이 들어 있는 액자, 다른 사람의 사진이 들어 있는 액자(Hoff, 2001)
신발	신발, 양말(Hoff, 2001)

출처: Hoff (2001), p. 183.

들은 양이나 사자 등 다른 동물들도 멍멍이라고 부르곤 한다. 〈표 7-1〉은 과잉 확장의 예를 보여 준다. 반면 과소 확장(underextention)이란 단어를 실제 의미보다 더 제한되거나 지나치게 협소한 의미로 사용하는 것을 말한다. 예컨대, 영아들은 자기 집 고양이만 야옹이라고 부르고 옆집 고양이는 야옹이라고 부르지 않는다.

(4) 두 단어 발화

18~24개월이 되면 영아들은 한 번에 두 단어를 말하기 시작한다. 두 단어로 된 문장들은 많은 부분이 생략되어 있지만 의미를 간결하게 전달한다. 이렇듯 짧고 간결하게 경제적으로 단어를 결합하는 두 단어 발화를 전보식 발화(telegraphic speech)라고도 한다(Santrock, 2008). 아동들은 두 단어 발화 단계를 지나 곧 세 단어, 네 단어, 다섯 단어 결합 등 문법적으로 보다 복잡한 문장들을 말하게 된다.

지금까지 우리는 영아기에 보이는 여러 중요한 언어 발달 단계를 살펴보았다. 〈표 7-2〉는 영아기 동안 나타나는 언어 발달의 주요 이정표다.

표 7-2 영아기 언어 발달의 주요 이정표

월령	주요 발달적 이정표
출생	울음
1~2개월	목 울리기
6~7개월	옹알이
8~12개월	가리키기 등 몸짓 사용 단어에 대한 이해 시작
12~13개월	첫 단어
18개월	어휘 폭발 시작
18~24개월	두 단어 발화

출처: Santrock (2005), p. 331.

3) 언어 발달의 개인차

〈표 7-2〉에서 볼 수 있는 것처럼 언어 발달은 대부분의 아동에게서 비슷한 시기에 비슷한 형태로 진행된다. 그러나 같은 연령이라 하더라도 첫 단어를 말하는 시기나 어휘 급증 시기에는 상당한 개인차가 있다(Bates & Carnevale, 1993; Bloom, 1998). 영아들이 첫 단어를 말하는 평균 연령은 13개월이고, 갑자기 어휘가 늘기 시작하는 시기는 평균 18개월 무렵이다. 그러나 첫 단어를 말하는 시기와 어휘 폭발에서는 영아마다 편차가 있다. 어떤 아기들은 10개월 정도가 되면 첫 단어를 말하는가 하면 또 어떤 아기들은 17개월이 되어서야 말문을 연다. 또한 어휘 폭발은 13개월부터 시작되는 경우도 있지만 25개월 무렵부터 시작되기도 한다.

(1) 양적 측면에서의 개인차

우선 양적인 측면에서의 개인차를 살펴보자. 13개월 무렵 일부 영아는 10개의 단어를 이해하고, 또 어떤 아이들은 75개의 단어를 이해한다. 같은 시기 어떤 영아들은 표현어휘가 한 개도 없는 반면, 어떤 영아들은 27개를 표현한다(장유경, 2004a; Tamis-LeMonda & Bornstein, 1991). 20개월 무렵, 영아의 표현어휘에서의 개인차는 10개에서 500개의 단어로 다양하다(장유경, 2004b; Bornstein, Hahn, & Haynes, 2004).

(2) 질적 측면에서의 개인차

영아들은 질적 측면에서도 개인차를 보인다. 18명 아동의 어휘 발달을 연구한 Nelson(1973)은 영아들의 초기 어휘를 분석한 결과 참조적 스타일과 표현적 스타일로 구분하였다(Goldfield, 1986). 참조적(referential) 스타일은 초기 어휘 중 명사가 높은 비율을 차지하고 있고 주로 주변에 있는 것들을 지칭하는 경우가 많다(공, 고양이, 사과). 한편 표현적(expressive) 스타일은 초기 단어에 비교적 동사가 많고, 주로 기분과 바람을 소통하기 위한 사회적 언어들(안아 줘, 배고파, 엄마 가자)을 사용하는 경우를 말한다. 물론 대부분의 아동은 참조적 스타일과 표현적 스타일의 특징을 조금씩 띠고 있으며 상황에 따라 다른 어휘를 적용하는 경향이 있다.

2. 언어 발달의 기제

지금까지 언어 발달이 월령 증가에 따라 어떻게 일어나는지를 살펴보았다. 출생 직후 울어 대기만 하던 신생아는 영아기 말이 되면 다채로운 단어를 말한다. 둘을 비교해 보면 언어 발달이 얼마나 급격한 변화인지 짐작할 수 있다. 그렇다면 과연 무엇 때문에 영아기 급격한 언어 발달이 일어나는 것일까? 다음에서 영아기 언어 발달을 가능하게 하는 기제(mechanism)들에 대해 살펴보겠다.

1) 어휘 습득의 기제

아기가 12개월 무렵에 첫 단어를 말하기 시작한 이후, 단어학습은 빠르게 진행된다. 평균적으로 3세 아동은 대략 3,000단어의 어휘를 가지는데 이는 약 12~36개월 사이에, 평균적으로 하루에 새로운 단어를 4개씩 습득하는 속도에 해당한다(MacWhinney & Bornstein, 2003). 어떻게 이것이 가능할까?

일반적으로 단어학습은 시간과 노력이 많이 드는 과정이라고 간주되어 왔다. 예컨대, 아기에게 부모가 '토끼'라는 단어를 이야기했다고 하자. 아기는 단어가 지시하는 것이 토끼의 귀, 토끼의 하얀 털 색, 토끼의 빨간 눈이 아니고 토끼 자체라는 사실을 어떻게 알까? 또한 토끼 두 마리가 있는 상황에서 말해진 토끼라는 단어는 '토끼 두 마리'라는 복수형을 뜻할 수도 있다. 이렇듯 토끼라는 명칭이 의미할 수 있는 것은 무궁무진하다. 이를 연결 문제(immediate reference problem)라고 한다. 또 토끼라는 단어의 의미를 제대로 추측해 낸다고 해도 남아 있는 문제가 있다. 이 단어를 어떤 대상에게 확대해야 할까? 이를 확대 문제(extension problem)라고 한다. 이를 해결하는 것은 결코 간단하지 않다(Quine, 1960). 영아는 이런 문제들을 어떻게 해결하는 것일까?

(1) 빠른 대응

만일 영아들이 토끼라는 단어의 진정한 의미를 경험을 통해 습득한다면 엄청나게 긴 시간이 소요될 것이다. 그러나 영아는 성인이 단어를 주의하여 사용한다면 꽤 빠르게 단어의 사용을 어떻게 확대하는지 알아낸다. 성인이 물체를 몇 번만 명명하면, 영아들은 자신이 들은 단어의 의미를 잘 파악한다(Markman, 1999). 실제로 아동은 놀라울 정도로 뛰어난 단어 학습자다. 앞서 언급한 것처럼 영아들의 단어학습이 매우 빠르게 일어난다는 사실은 여러 연구 결과에서 밝혀져 왔다(MacWhinney & Bornstein, 2003). 영아들의 단어학습은 한 번 혹은 몇 번의 경험을 통해 어떤 단어의 의미를 적어도 일부나마 신속히 습득한다. 이러한 과정을 빠른 대응(fast-mapping) 혹은 신속표상 대응이라고 한다.

(2) 제약

이처럼 빠르게 진행되는 아동의 단어학습은 제약(constraints)의 개념으로 설명할 수 있다(Markman, 1999). 제약의 기본 개념은 다음과 같다. 앞서 연결 문제에서 보았듯이 영아들이 어떤 새로운 단어를 접할 때 그 단어의 의미가 될 수 있는, 논리적으로 가능한 수많은 해석이 존재한다. 영아는 그중 소수만을 고려한다. 예컨대, '토끼'라는 말을 처음 들은 영아들은 그것이 특정 동물의 신체 부위라든지, 그 동물과 주변에 있는 물체라든지, 어떤 특정한 위치에 있는 동물이라든지 하는 생각은 애초부터 전혀 하지 않는다. 이런 가능성은 처음부터 배제되기 때문에 그 단어가 실제로 무엇을 의미하는지 알아내는 일은 좀 더 간단해진다. 즉, 아동이 새로운 단어를 들을 때마다 그 단어가 의미할 수 있는 모든 가능성을 일일이 고려하는 것이 아니라 몇 가지 가설만을 가지고 단어를 학습하게 되기 때문에 그처럼 빨리 단어학습이 진행되는 것이다. 이것은 바로 제약 때문이다. 영아들의 단어학습에 영향을 미치는 제약으로는 몇 가지가 있다.

1 대상범위 제약

기본적인 제약으로 대상범위 제약(혹은 온전한 대상 가정 혹은 전체 대상 가정; whole-object constraint)이 있다. 이는 어떤 단어가 대상의 일부나 그 속성이 아닌 전체 대상을 가리킨다는 가정을 뜻한다. 대상범위 제약에 따르면 영아가 털이 있고 깡총거리는 동물을 보면서 토끼라는 단어를 들으면 그것이 토끼의 꼬리와 같은 신체 일부 혹은 털 색깔과 같은 속성이 아니라 그 동물 전체를 가리킨다고 가정할 것이다.

2 분류 제약

두 번째로 분류 제약(혹은 분류학적 가정, taxonomic constraint)이 있다. 대상범위 제약은 단어학습을 시작할 때는 유용하다. 그러나 그것만으로는 단어가 어떻게 확장되어야 할지 알기는 어렵다. 예를 들어서, 어떤 영아가 집에서 키우는 토끼를 보면서 처음 토끼라는 단어를 들었다고 하자. 그렇다면 토끼라는 단어를 또 어떤 대상들에게 써야 할까? 토끼가 먹는 당근? 토끼의 집? 아니면 옆집 토끼? 토끼의 먹이, 토끼가 사는 장소 등 토끼와 주제상의 관련이 있는 것들에도 '토끼'라는 말을 쓸 수 있지만 영아들은 분류 제약에 따라 단어의 사용을 확장시킨다. 즉, 영아들은 단어들이 동일한 범주에 속하는 대상을 지칭한다는 분류 제약에 따라 '토끼'라는 단어를 '당근'에 대해서 확장하지 않고 털이 있고 깡총거리는 다른 동물, 그러나 처음 토끼라는 단어를 배웠던 우리 집 토끼가 아닌 옆집 토끼로 확장할 것이다.

3 상호배타성 제약

상호배타성 제약(mutual exclusivity constraint)은 각 대상이 하나의 명칭만을 가지고 있다는, 서로 다른 단어가 가리키는 대상들은 상호 배타적이라는 믿음이다. 예컨대, '개'라는 단어가 어떤 동물을 뜻하는지 이미 알고 있는 영아가 어느 날 TV를 보고 있다고 가정하자. TV에서는 개가 토끼를 쫓는 장면이 나오고 있는데 엄마가 "어, 저기 개가 토끼를 쫓아가고 있네."라고 말했다. 이 영아는 '토끼' 라는 단어를 이때 생전 처음 들었다. 그래도 영아는 '토끼'가 무엇을 뜻하는지를 상호배타성 제약을 이용해서 알아낸다. 즉, 영아는 이미 개라는 단어와 그것이 무엇을 뜻하는지를 알고 있으므로 TV 장면에서 개에게 쫓겨 달아나는 흰 동물이 개라는 가능성을 배제할 것이다. 또 각 대상이 하나의 명칭만을 가지고 있으므로 뒤에서 쫓아가는 동물이 개라면 개에게 쫓기는 동물은 토끼라고 생각할 것이다. 이처럼 영아는 상호배타성 제약을 이용하여 토끼라는 단어를 올바른 대상, 즉 개가 아닌 토끼에 적용할 가능성이 커진다.

4 어휘대조 제약

어휘대조 제약(lexical contrast constraint)은 한 단어 이상을 사용하여 동일한 대상을 지칭할 때 도움이 된다. 예컨대, "저기 멍멍이가 있네, 시베리안허스키네."라는 소리를 들었을 때 이미 멍멍이라는 단어를 알고 있는 영아들은 어휘대조 제약을 이용하여 시베리안허스키란 눈이 파랗고 털이 많이 난 속성을 가진 특별한 종류의 개를 지칭하는 것임을 알게 된다.

네 가지 제약을 정리해 보면 〈표 7-3〉과 같다.

표 7-3 영아기 어휘 습득에 사용되는 제약

제약	설명
대상범위 제약 (object scope constraint)	• 가장 기본적인 제약 • 단어가 대상의 일부나 그 속성이 아닌 전체 대상을 가리킨다는 가정
분류 제약 (taxonomic constraint)	• 단어들이 동일한 범주에 속하는 대상을 지칭한다는 제약 • 주로 단어의 사용 확장에 적용
상호배타성 제약 (mutual exclusivity constraint)	• 각 대상이 하나의 명칭만을 가지고 있다는, 서로 다른 단어가 가리키는 대상들은 상호 배타적이라는 가정
어휘대조 제약 (lexical contrast constraint)	• 각 단어는 독특한 의미를 갖는다는 가정 • 주로 한 단어 이상을 사용하여 동일한 대상을 지칭할 때 적용

2) 문법 습득의 기제

영아들이 한 번에 한 단어 이상을 발성할 줄 알게 되면 문법[grammar, 또는 구문론(syntax)]이 언어에서 점차 중요해진다. 문법이란 단어들을 결합하여 의미 있고 해석 가능한 문장으로 만드는 법칙을 뜻한다. 신생아들도 문법 정보에 민감하고(Shi, Werker, & Morgan, 1999) 6개월 정도가 되면 명사, 동사, 형용사와 같은 내용어를 듣는 것을 관사나 전치사와 같은 문법어를 듣는 것보다 선호한다(Shi & Werker, 2001). 이러한 생애 초기부터의 문법에 대한 지식을 기반으로 급속한 문법 습득이 이루어진다.

B. F. Skinner(1904~1990)
Skinner는 아동이 모방과 강화를 통해 문법적 규칙을 습득하게 된다고 보았다.

문법 습득과 관련해서는 천성과 양육 간 논쟁이 있었다. 문법 습득에 미치는 양육의 효과를 강조하는 이들은 학습이론가들이다. 대표적으로 Skinner(1957)는 아동이 문법적 법칙을 모방과 강화를 통해 습득하게 된다고 주장하였다. 그에 따르면, 영아들은 한 단어 다음에 어떤 단어가 올 것 같은지를 경험을 통해 학습하게 된다. 예컨대, '멍멍이가 내 과자를 먹었다.'는 말이 되지만, '과자 멍멍이 먹었다.'는 의미가 통하지 않고 문법에도 맞지 않는다. 영아는 일상에서 전자를 후자보다 더 많이 듣게 되고 이런 경험을 통해 문법을 배우게 된다.

그러나 Noam Chomsky(1965)는 Skinner를 위시한 행동주의자들의 문법 발달에 대한 설명이 지나치게 단순하며 영아들의 문법 습득을 설명하는 데 제한이 있다고 비판하였다. 그의 비판의 요지는 다음 두 가지다.

첫째, 부모의 강화는 문법의 정확성에 초점을 맞추기보다는 문법이 틀릴지라도 의미가 통하는지에 초점을 맞추어 이루어진다는 점이다. 예컨대, 어떤 영아가 과자를 먹으면서 "나를 빵을 먹는다."라고 말한다고 생각해 보자. 부모들의 일차적인 반응은 뭘까? 우선 "네가 먹는 건 빵이 아닌 과자야."라고 고쳐 줄까, 아니면 "얘, '나를'이 아니라 '나는'이라고 해야지."라고 고쳐 줄까? 대부분의 부모들은 전자의 반응을 보일 것이다. 부모들은 아동들의 말에서 일차적으로 틀린 의미를 정정하지 문법부터 교정해 주지는 않는다. 이렇듯 영아들의 문법 습득이 대부분 단순한 모방과 강화에 의한 것이라고 보기에는 무리가 있다.

둘째, 영아들이 언어 습득 초기에 보이는 실수들은 성인의 언어에서는 좀처럼 나타나지 않는 것들이다. 따라서 모방을 통해서 학습했으리라고 보기는 어렵다. 예컨대, 우리나라 아동들이 종종 하는 '삼촌이가 방에 들어간다.'나 영어권 아동들이 말하는 'I goed.'와 같이 문법 습득 초기에 보이는 실수들을 보자. 아동 주변의 성인들이 이런 문장을 말하지는 않는다. 아동이 주변 성인들에게서 이런 문장을 들어서 학습했다고 볼 수는 없는 것이다. 그럼에도 비슷한 시기의 많은 아동이 비슷한 실수를 한다. 이러한 측면을 고려하면 영아들의 문법 습득이 부모로부터의 입력에만 의존한다고 보는 것은 무리가 있다. 그렇다면 영아의 문법 습득은 어떻게 이루어질까?

Chomsky에 따르면, 문법 습득은 영아의 뇌에 타고난 보편문법(universal

grammar)의 결과다. 보편문법이란 Chomsky가 유전적으로 결정된 언어 능력을 설명하기 위해 도입한 추상적인 개념으로, 모든 언어에 보편적으로 내재하는 문법이다(한광희 외, 2000).

Noam Chomsky
Chomsky는 영아가 뇌 속에 타고난 보편문법을 통해 문법을 습득하게 된다고 보았다.

보편문법은 언어 환경이 다르더라도 영아들의 문법 습득 결과가 놀라울 만큼 유사한 이유를 설명할 수 있다. 물론 보편문법을 담당하는 대뇌 구조는 아직까지 명확하게 확인된 바 없다. 단, 부분적으로 일부 대뇌 부위가 특정 언어의 측면과 관련되어 있다는 보고는 있다. 예컨대 좌뇌에 존재하는 두 언어 중추, 즉 브로카 영역(Broca's area)과 베르니케 영역(Wernicke's area)이 그것이다(Sakai, 2005).

브로카 영역([그림 7-2]의 A)은 1861년 프랑스의 의사였던 Broca가 발견한 좌뇌의 한 부분으로, 이 부분이 손상되면 소리 내서 말을 하는 데 문제를 보인다. 베르니케 영역([그림 7-2]의 B)은 1874년 Wernicke가 발견한 부분으로서, 이 부분이 손상되면 유창하게 말을 할 수는 있지만 말을 이해하는 데 심각한 손상을 보인다.

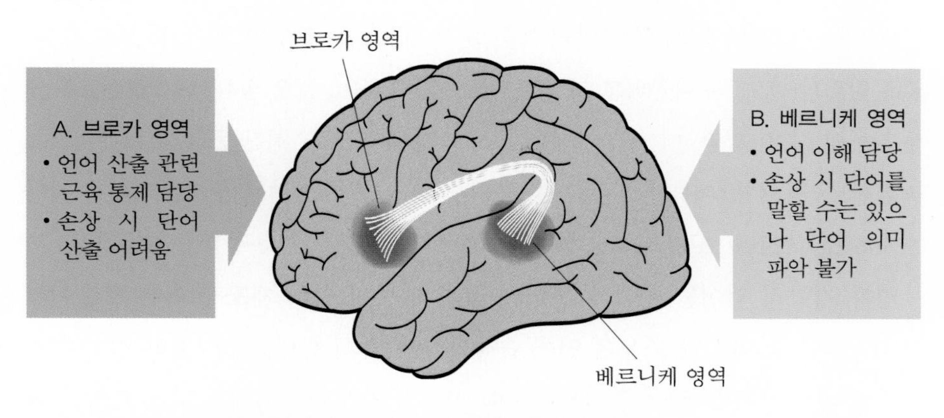

그림 7-2 좌뇌의 언어중추: 브로카 영역과 베르니케 영역
브로카 영역은 언어 산출을, 베르니케 영역은 언어 이해를 담당한다.

3. 언어 발달에 영향을 미치는 요인

다른 영역의 발달도 마찬가지이지만 영아들은 부모와 상호작용하는 과정에서 언어 발달을 경험하게 된다. 영아의 언어 발달과 관련된 몇몇 양육자 요인을 다음에서 살펴보겠다.

1) 영아 지향적 언어와 순서 지키기

"어이구우, 우리 예쁜이이, 엄마한테 꽃을 갖다 주는 거예요오? 아주 예에쁜 장미꽃이네에! 자아, 따라 해 봐, 꼬옻, 꼬옻!" 어디선가 높은 음, 과장된 억양, 그러면서도 느릿하고 단어 사이의 긴 멈춤이 있는 말소리가 들린다. 소리 나는 쪽으로 고개를 돌리면 십중팔구 아기와 엄마가 함께 있다. 이처럼 성인들은 영아들에게 말을 할 때 같은 성인끼리 대화할 때와는 다른 독특한 방식을 채택한다. 이를 영아 지향적 언어(infant-directed speech)라고 한다. 영아 지향적 언어는 영아들의 언어 환경에서 찾아볼 수 있는 재미있는 현상이다. 성인이 아기에게 이야기할 때의 억양, 말하는 속도 그리고 단어 선택은 성인과 대화할 때와는 확연히 다르다. 영아 지향적 언어의 독특한 특성으로는 리듬과 말투(더 높은 음, 더 넓은 범위의 빈도, 더 다양하고 과장된 억양), 단순화(더 짧은 발화, 더 느린 속도, 구절 사이의 더 긴 멈춤, 더 적은 절과 조동사), 반복(더 짧은 시간 동안 더 많은 반복), 특별한 유형의 단어('맘마' 등), 내용(아동의 일상과 관련된 주제들) 등이 있다 (Steinberg, Vandell, & Bornstein, 2011).

영아 지향적 언어는 영아의 능력에 맞춘 일종의 언어 재포장 혹은 조율이라고 할 수 있다. 이러한 조율은 언어 습득을 용이하게 한다. 또한 영아 지향적 언어는 영아의 주목을 끌어서 의사소통이 지속적으로 이루어지게 하는 기능을 한다. 영아 지향적 언어는 비의식적이며 문화 보편적인 현상이라 할 수 있다

(Papoušek, & Papoušek, 2002; Papoušek, Papoušek, & Bornstein, 1985). 성인뿐 아니라 아동들도 자기보다 어린 아기에게 말을 할 때는 영아 지향적 언어를 쓴다. 4세 아동들도 2세 영아에게 이야기할 때와 또래 아동과 이야기할 때는 확연히 다르다(Dunn & Kendrick, 1982). 청각장애 엄마들도 청각에 이상이 없는 엄마들이 영아 지향적 언어를 사용하는 것처럼 영아에게는 수화를 단순하게 수정한다(Erting, Thumann-Prezioso, & Sonnenstrahl-Benedict, 2000).

양육자들은 영아 지향적 언어를 통해 영아의 언어 발달을 촉진할 뿐 아니라 대화의 기본적 원리를 일찍부터 학습시킨다. 다른 사람이 말할 때는 동시에 말하지 말고 기다리는 것이 바로 대화의 기본 원리인 순서 지키기다. 영아와 엄마 사이의 상호작용을 관찰해 보면 둘은 동시에 말하기보다는 순서 지키기(turn-taking)를 한다(Jasnow & Feldstein, 1986). 옹알이를 하는 영아들은 성인과 순서 지키기를 할 때 더 모국어의 말소리와 비슷한 소리를 산출하는 경향이 있다(Bloom, Russell, & Wassenburg, 1987).

2) 부모-영아 상호작용

초기 언어 습득이 이루어지는 영아기 동안의 주된 상호작용 상대는 양육자이며 영아기 언어 발달에 미치는 부모의 영향은 매우 크다.

(1) 부모의 말의 양

한 연구에서 전문직 부모와 생활보호대상자 부모들의 생후 10개월 영아들을 대상으로 가정에서의 언어학습 환경을 비교했다(Hart & Risley, 1995). 대부분의 영아들은 정상적인 발달 과정을 거치면서 말하는 것을 배우고 기본적인 형태소들을 습득할 수 있었다. 그러나 부모가 영아에게 얼마나 말을 많이 하는지, 그리고 영아들의 이후 언어 발달 수준은 어떤지 등은 상당한 개인차가 있었다. 10~36개월 무렵 발달 초기 언어 환경은 36개월의 언어 발달 수준뿐만 아니라

양육자의 말의 양과 반응성은 영아의 언어 발달에 중요한 영향을 미친다.

6~9세의 지능검사와 언어 능력 검사 결과와도 관련이 있었다. 전문직 부모들은 생활보호대상자 부모들보다 영아에게 말을 훨씬 더 많이 했으며, 이것은 영아들의 어휘 발달과 상관이 있었다. 더 나아가 말을 하는 방식에서도 두 집단 간에 상당한 차이가 있었다. 생활보호대상자 가정의 부모들은 상황 기술을 하는 경우도 드물었고, 과거에 대한 이야기도 많이 하지 않았으며, 꼼꼼하고 자세하게 이야기를 하는 경우도 거의 없었다. 한편 이 연구에서는 사회경제적 지위(SES)로 설명할 수 없는 상당한 변산도 있었다. 동일한 SES을 가진 엄마들 중에서도, 어떤 엄마들은 전체 관찰 시간의 3% 정도만 영아와 대화한 반면, 또 어떤 엄마들은 97% 정도 대화하였다(Bornstein & Ruddy, 1984).

(2) 부모의 반응성

부모가 영아에게 하는 말의 양뿐 아니라 반응성 역시 중요하다(Bornstein, Tamis-LeMonda, & Haynes, 1999; Tamis-LeMonda & Bornstein, 2002). 반응적인 엄마를 둔 영아는 덜 반응적인 엄마를 둔 영아보다 더 이른 시기에 문장을 말한다. 한 연구(Goldstein & Schwade, 2008)에서는 9개월 된 영아들을 두 집단으로 나누어 엄마와 놀도록 했다. 이때 한 집단의 어머니에게는 아기가 옹알이를 할 때마다 활짝 웃거나 토닥이는 등 즉각적으로 반응을 보이도록 하였다. 반면 다른 집단의 어머니는 미소를 짓되 아기의 행동과는 상관없이 불규칙하게 반응하도록 하였다. 엄마가 보이는 반응의 수를 통일하기 위해서 전자의 집단에 속한 어머니가 아기에게 웃거나 토닥이는 반응을 하면 그 신호가 다른 방에서 놀고 있는 다른 집단 아기의 어머니에게 전달되도록 했다. 신호를 전달받은 어머니는 그때 자기 아기가 무슨 소리를 내든 상관없이 웃거나 토닥였다. 결과적으로 두 집단의 어머니가 아기에게 보여 준 반응의 수는 동일했지만 아기의 행동에 대한 반응성에서는 차이가 있었다. 다음으로 아기의 옹알이를 측정하고 분석하였다. 즉각적인 반응을 받은 아기는 그렇지 않은 아기보다 옹알이를 더 많이 하고, 더 일찍 보다 복잡한 수준의 옹알이를 발달시켰다. 이처럼 아기가 말을 하지 못할 때도 반응을 보이는 것은 언어 발달을 촉진한다.

한국의 영아들을 대상으로 한 연구에서도 유사한 결과가 얻어졌다. 12개월 당시 어머니의 언어적 반응성은 15개월의 어휘와 관련이 있었다(김연수, 곽금주, 2010). 한편 엄마의 반응성 유형은 월령에 따라 차이가 있다. 즉, 고월령 영아(23~36개월)의 어머니가 저월령 영아(13~24개월)의 어머니보다 질문하기와 피드백을 더욱 많이 하는 경향이 있다. 또한 영아기 전반에 걸쳐 어머니의 긍정적인 피드백(칭찬, 대답, 되묻기)은 영아의 어휘 발달에 영향을 미친다(이지연, 이근영, 장유경, 2004). 이는 생후 13개월과 20개월의 두 시점에서도 어머니의 언어적 반응성 유형이 달라진다는 신민경(2006)의 연구와도 일관되는 것이다.

4. 한국 영아 발달: 언어

이 절에서는 『한국영아발달연구』(곽금주 외, 2005)에 제시된, 한국 영아의 언어 발달을 살펴보겠다.

1) 한국 영아 발달: 언어 이해

앞서 기술한 바와 같이 언어에 대한 이해 혹은 수용은 언어를 알아듣는 것을 뜻한다. 한국 영아의 언어 이해 발달을 살펴보면 우선 1~6개월 사이 영아들은 자신에게 말을 걸면 미소로 반응하는 등 말소리에 반응하기 시작한다(4개월 77.9%, 5개월 81.3%, 6개월 90.4%).

또한 영아들의 단어 이해를 살펴보면 6개월 미만에는 단어에 흥미를 보이기는 하나 적절한 반응을 보이지는 못한다(곽금주 외, 2005). 즉, 영아들은 '이리 와'나 '빠이빠이'와 같은 말에 적절하게 반응하지는 못하지만 이례적으로 '안 돼'와 같이 강한 어조에는 행동을 멈추었다(5개월 34.7%, 6개월 68.5%). 더 월령이 증가하면 강한 어조가 아니라 보통 어조로 '안 돼'라고 해도 알아들어서 하던 행동을 멈춘다(7개월 41.5%, 8개월 82.7%).

영아의 월령이 증가하면서 이해할 수 있는 언어의 폭도 커진다. 13개월 이후 영아들은 자신과 가족, 주변의 친숙한 물건들을 지칭하는 단어에 대해 이해할 수 있게 된다. 14개월 이후에는 60%의 영아가 '어머니' 외에 '아빠' '할머니' '할아버지'와 같은 일반적인 가족 명칭을 이해할 수 있으며 신체 부위에 대한 이해도 증가하게 된다(14개월 70.3%, 18개월 82.7%). 또한 15개월 이후에는 대부분의 영아들(79.2%)이 가까이 있는 친숙한 일상 사물의 명칭을 듣고 가져올 수 있게 된다.

19개월 이후 영아들은 소유나 금지, 시간이나 수량을 나타내는 말을 이해할 수 있게 된다. 소유자와 소유물의 관계는 19개월 영아 중 83.3%, 21개월 영아 중 92.8%의 영아가 이해할 수 있었다. 또한 금지에 대해서는 19개월 72.1%, 21개월 81.2%의 영아가 이해하였다. 또한 영아들은 20개월 이후가 되면 시간을 표현하는 단어 중 적어도 1개를 이해할 수 있으며, 22개월 이후가 되면 수량을 표현하는 단어 중 적어도 3개를 이해할 수 있었다.

그렇다면 개별 단어가 아니라, 긴 문장을 이해할 수 있는 것은 언제부터일까? 18개월 이후 영아들은 다섯 단어 이상으로 구성된 긴 문장을 이해하기 시작하며, 이러한 이해는 월령 증가에 따라 더 증가한다(22개월 48.7%, 24개월 54.4%).

2) 한국 영아 발달: 언어 표현

언어 산출 혹은 표현은 언어를 말하는 것을 뜻하는데, 생후 6개월 미만은 말을 하기 위한 전 단계에 해당한다. 진정한 의미에서의 말소리라고 할 수는 없지만 2개월 이후 82.8%의 영아들이 2개 이상의 모음으로 옹알이를 시작하고 3개월 이후에는 'ㅂ, ㅃ, ㅁ, ㅍ'이 들어간 소리를 내며 이러한 양상은 월령 증가와 함께 증가한다(3개월 20%, 5개월 52%). 보다 말에 가까운, 자모음을 결합한 옹알이는 4개월경부터 시작되어, 점차 증가된다(4개월 32.1%, 6개월 63%, 7개월 70%; 곽금주 외, 2005). 6개월 무렵부터는 영아들이 같은 음절을 반복하여 소리 내는 행동을 보이는데 이는 월령과 함께 증가하였다(6개월 39.7%, 7개월 51.2%, 8개월 72.8%).

한편 도움을 청할 때 큰 소리로 어머니나 가족을 부르는 행동은 13개월에서 57.7%, 15개월에서 81.9%의 영아들에게 나타났다. 다양한 의성어의 사용은 14개월 이후부터 두드러지는데, 14개월 영아 중 47.3%, 16개월 영아 중 57.3%가 특히 노는 동안 이러한 행동을 보였다.

19~24개월 영아들이 사용하는 어휘 수는 급격하게 증가하게 되는데, 이 시기 영아들은 두 단어로 이루어진 단순한 형태의 문장을 사용하기 시작하며, 부정어도 사용하며, 자신을 표현하기도 한다. 구체적으로 22개월에는 38.2%, 24개월에는 78.5%의 영아가 부정어를 사용한다. 또한 이 시기에는 자신의 감정, 느낌, 욕구를 말로 표현할 수 있게 된다(19개월 58.8%, 21개월 72.5%). 무엇보다 19개월~24개월 영아들은 이전보다 질문을 많이 하는데, '뭐야?'라는 질문은 22개월 35.7%, 23개월 51.4%의 영아들에게서 관찰되었다.

3) 한국 영아 발달: 어휘 수

한국 영아들은 언제부터 단어를 말할 수 있을까? 9개월 영아 중 40%가 표현할 수 있는 어휘는 1~3개였으며, 10개월 영아 중 57%가 표현할 수 있는 어휘는 1~10개였다. 보다 구체적으로 살펴보면, 7~13개월 사이에 여아가 표현할 수 있는 어휘는 6.05개, 이해할 수 있는 어휘는 35.42개였으며, 남아의 경우는 표현어휘 4.19개, 이해어휘 30.55개였다.

12~14개월에는 평균 22.1개 단어를 표현하고 75.2개 단어를 이해할 수 있으며, 15~17개월에는 40.7개 단어를 표현하고 102.4개 단어를 이해할 수 있었다. 또한 표현어휘는 이후에도 지속적으로 증가하며(19개월 60.93개, 20개월 90.58개, 21개월 121.34개), 특히 21개월을 기점으로 표현어휘 수가 100개를 넘게 된다(곽금주 외, 2005). 한편 하루 평균 3개의 새로운 어휘를 획득하게 되는 어휘폭발은 23개월에서 24개월 사이에 관찰되었다. 성차 역시 이 시기 동안 관찰되었는데, 21개월 이후 여아는 남아보다 60~100개 더 많은 표현어휘를 가지고 있었다(곽금주 외, 2005).

월령에 따른 이해어휘와 표현어휘의 발달지표를 그림으로 나타내면 [그림 7-3] [그림 7-4]와 같다.

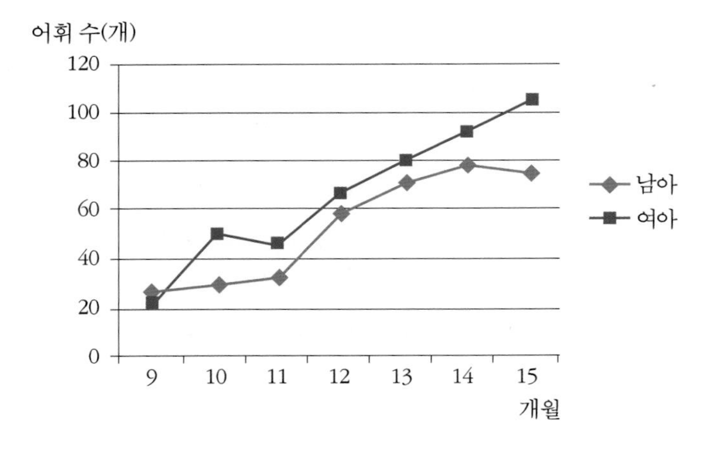

그림 7-3 이해어휘 발달지표(%)

남아와 영아의 이해어휘는 생후 1년이 되기 전부터 차이가 나타난다. 여아의 경우 이해어휘가 100개를 넘어서는 시점은 15개월이다.

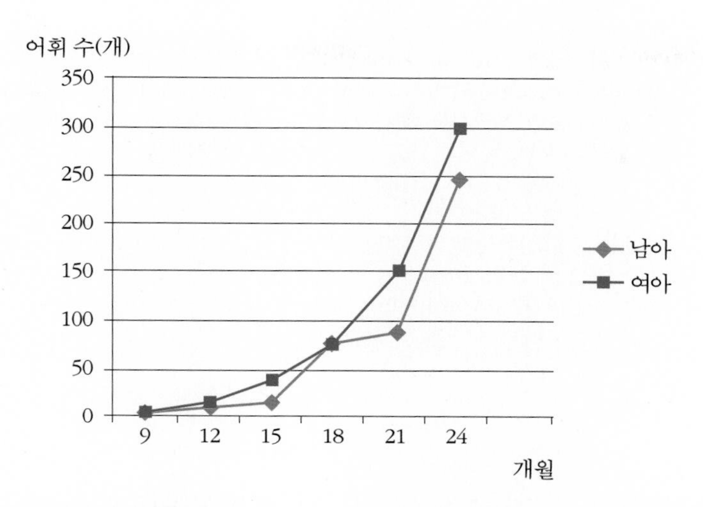

그림 7-4 표현어휘 발달지표

21개월 이후에는 표현어휘 수에서 여아가 남아를 앞서는 경향이 두드러진다. 또한 23개월에서 24개월 사이에 약 115개의 어휘가 증가하는 급격한 어휘 발달이 나타나는데, 이는 하루 평균 3개의 새로운 어휘를 획득할 정도로 급격한 것이다.

지금까지 살펴본 한국 영아의 언어 발달에서 주요한 발달적 이정표는 〈표 7-4〉에 제시되어 있다.

표 7-4 한국 영아 발달: 언어 영역의 발달적 이정표

월령	언어 이해	언어 표현
1~6개월	• 대부분의 영아들이 말소리에 반응함(6개월) • 절반 이상의 영아가 강한 어조로 말하는 '안 돼'를 알아들음(6개월)	• 대부분의 영아가 2개 이상의 모음으로 옹알이를 함(2개월)
7~12개월	• 대부분의 영아가 보통 어조로 말하는 '안 돼'를 알아들음(8개월)	• 절반 이상의 영아가 자모음을 결합한 옹알이를 함(7개월)
13~18개월	• 절반 이상의 영아가 자신, 가족, 주변의 친숙한 물건들을 지칭하는 단어를 이해할 수 있음(15개월)	• 대부분의 영아가 도움을 청할 때 어머니나 가족을 부름(15개월) • 절반 이상의 영아가 놀이 중 다양한 의성어를 사용함(14개월)

(계속)

19~24개월	• 대부분의 영아가 소유를 나타내는 말을 이해할 수 있음(19개월) • 대부분의 영아가 금지에 대해 이해할 수 있음(21개월) • 시간을 표현하는 단어 중 적어도 1개를 이해할 수 있음(20개월) • 수량을 표현하는 단어 중 적어도 3개를 이해할 수 있음(22개월) • 절반 이상의 영아가 다섯 단어 이상의 긴 문장을 이해할 수 있음(24개월)	• 절반 이상의 영아가 자신의 감정, 느낌, 욕구를 말로 표현함(19개월) • 절반 이상의 영아가 '뭐야?' 라는 질문을 함(23개월)

5. 언어 발달을 위한 부모 및 교사의 역할

영아의 '지능 향상 프로그램' 이나 '플래시카드' '아기 봐 주는 비디오' 처럼 현대 사회에는 아기들을 더 영리하고 말을 잘하게 만든다고 광고하는 다양한 제품이 넘쳐난다. Kuhl(2007)에 따르면, 이러한 제품에 지나치게 의존하는 것은 영아의 언어 발달에 별 도움이 못 된다. 이러한 인위적인 개입들은 자칫 영아와 성인들 사이의 정상적인 상호작용을 왜곡할 위험성을 지니고 있기 때문이다. 실제로 TV를 보여 주거나 오디오테이프를 틀어 주는 것은 언어 발달을 자극하지 못한다(Kuhl, Tsao, & Liu, 2003). Kuhl과 동료들(2003)은 첫 번째 실험에서 10~12개월 된 미국 영아를 대상으로, 중국어를 모국어로 쓰는 사람과 5시간 동안 함께 놀면서 중국어를 듣도록 했다. 그리고 다른 10~12개월 된 영아들을 비교집단으로 포함시켜, 똑같은 시간 동안 똑같이 놀았지만 영어만을 듣도록 했다. 그 후 영어에는 없고 중국어에만 존재하는 말소리들을 들려준 다음 말소리가 달라질 때 영아들이 얼마나 민감하게 변별하는지를 측정했다. 그 결과가 [그림 7-5]의 A에 제시되어 있다. 그래프에서 볼 수 있는 것처럼 중국어 화자와 상호작용했던 실험집단 영아들([그림 7-5]의 A 중 중국어에 노출된 미국 영아)은 일상에서 언제나 중국어를 듣고 자란 중국 영아들([그림 7-5]의 C 중 중국어만 배우는 영아)과 비슷하게 수행했다. 한편 Kuhl 등(2003)은 두 번째 실험에서 중국어를 쓰는 성인이 말하는 장면을 비디오테이프로 10~12개월 된 영아들에게 제시했다. 시간과 내용은 앞서 실제로 중국어를 쓰는 성인과 상호작용했던 조건과 동일했다. 이 비디오테이프는 중국말을 하는 성인이 영아를 직접 바라보는 것처럼 생생하게 촬영되었다. 영아들은 비디오에 높은 흥미를 나타냈고 성인을 열심히 바라보는 등 주의를 집중했다. 그럼에도 중국어 말소리를 변화시켰을 때 이 영아들의 수행([그림 7-5]의 B 중 왼쪽 영아)은 첫 번째 실험에서의 통제집단 영아들, 즉 영어에만 노출된 미국 영아의 수행과 별다른 차이가 없었다. 더욱이 이런 영아들은 비디오 없이 오디오를 통해 중국어 말소리에만 노출된 미국 영아들([그림 7-5]의 B 중 오른쪽 영아)과도 유사한 수행을 보였다. 즉, 사람과

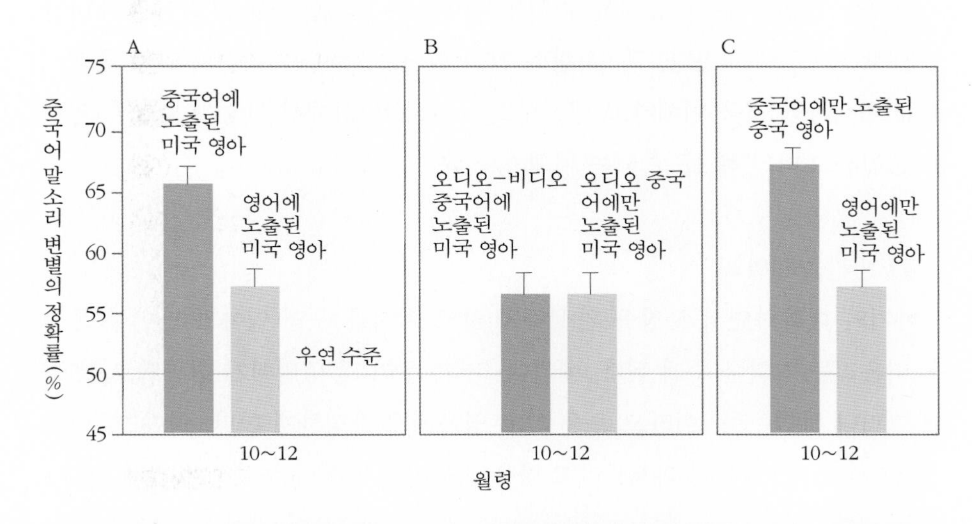

그림 7-5 Kuhl 등(2003)의 연구에서 10~12개월 영아의 중국어 말소리 변별에 대한 정확률

A. 실제 사람과 상호작용하면서 중국어 혹은 영어에 노출된 영아의 중국어 말소리 변별 결과
B. 실제 사람 없이 중국어에 노출된 영아의 중국어 말소리 변별 결과
C. 중국어만 배우는 중국 영아와 영어만 배우는 미국 영아의 중국어 말소리 변별 결과

언어는 실제 사람과 상호작용하는 과정에서 가장 잘 습득된다. A에서 실제 중국어 화자와 상호작용하면서 중국어에 노출된 미국 영아들은 C에서 일상에서 중국어만 배우는 중국 영아만큼이나 중국어 말소리 변별을 잘했다. 반면 B에서처럼 실제 사람과의 접촉 없이 오디오나 비디오로 중국어에 노출된 미국 영아들은 A에서 영어에 노출된 미국 영아들처럼 중국어 말소리를 잘 변별하지 못했다.

의 직접적 면대면 상호작용 없이 비디오 혹은 오디오를 통해서만 언어를 접하는 것은 영아가 그 언어를 습득하는 데 별 효과가 없다.

TV는 모방 능력을 키우는 등 언어 발달에 도움을 주기도 하지만 역기능이 훨씬 많다. TV는 대화하는 것이 아니라 일방적으로 보고 듣는 것이다. TV에서 나오는 사람의 말을 아이가 따라 하는 것은 가능하나 반응을 보일 필요는 없다. 상호작용이 없기 때문에 언어 능력을 발달시키지 못하고, 자칫 대화의 기술도 결핍되게 만들 수 있다. 여기서 알 수 있듯이 영아의 언어 발달을 위해서는 부모 및 교사의 풍부하고 반응적인 자극의 제공이 필요하다.

우리 함께 해요

뽀뽀하기, 안아 주기, 만세하기, 악수하기 등의 그림을 준비하고 그림에 나와 있는 행동을 이야기한다. "두 사람이 안고 있어요. 엄마(선생님)도 안아 줄래?" 처럼 지시하는 것을 이해하고 행동하도록 한다. 일상에서 다양한 행동을 언어로 표현하고 따라 해 볼 수 있는 기회가 된다.

빈칸을 채워요

아기와 대화하면서 문장을 완성하지 않고 여지를 두면 영아가 단어나 문장을 떠올리는 기회를 주게 된다. 예컨대 "저기 우리 집 멍멍이가 현관으로 갔네. 왜 그러냐 하면……." 이라고 운을 띄고 영아에게 완성하게 한다. 영아는 "산책 가려고!" 혹은 "아빠가 와서!" 라고 다음에 들어갈 단어나 문장을 생각해 낸다.

마음대로 주제가

영아와 함께 가사나 리듬을 마음대로 노래하는 것은 영아로 하여금 언어를 통해 어떤 상황을 묘사할 수 있음을 알려 준다. 아기에게 우유를 먹일 때나 기저귀를 갈 때 혹은 목욕할 때 주제가를 만들어 반복해서 들려준다. 리듬이 풍부한 자극은 영아가 말소리를 익히는 데 도움이 된다.

요 약

이 장에서는 인간을 다른 동물과 구분 짓는 핵심적 특성인 언어가 영아기 동안 어떻게 발달하는지 알아보았다.

1. 영아기 동안에는 급속한 언어 발달이 진행된다. 영아기에 언어가 어떻게 발달하는지 이해하기 위해서 연구자들은 관찰 및 녹음을 하고, 부모 보고를 통해 자료를 얻거나 고개 돌리기 선호 절차를 이용한다.

2. 이해 혹은 수용은 언어를 알아듣는 것을, 산출 혹은 표현은 언어를 말하는 것을 뜻한다. 일반적으로 언어 이해는 산출에 선행하는 경향이 있다. 13개월경 영아의 이해어휘는 50개지만, 산출 어휘는 18개월이 되어야 50개가 된다.

3. 영아들은 생후 1~2개월경 목 울리기, 생후 6~7개월경 옹알이를 하기 시작한다.

4. 영아들은 일반적으로 10~15개월경 첫 단어를 말하기 시작한다. 일단 첫 단어를 표현하게 된 이후부터 영아들의 표현어휘는 급격하게 발달한다. 대략 18개월에 나타나기 시작하는 영아의 어휘에서의 급격한 발달을 어휘 폭발이라 한다. 우리나라 영아를 대상으로 한 연구에서는 23~24개월경 어휘 폭발이 나타났다.

5. 언어 습득 초기 영아들은 과잉 확장 및 과소 확장과 같은 실수를 보인다. 그럼에도 불구하고 영아들의 단어학습은 한 번 혹은 몇 번의 경험을 통해 어떤 단어의 의미를 적어도 일부나마 신속히 습득한다. 이러한 과정을 빠른 대응 혹은 신속표상 대응이라고 한다.

6. 빠르게 진행되는 아동의 단어학습은 제약의 개념으로 설명할 수 있다. 영아들의 단어학습에 영향을 미치는 제약으로는 대상범위 제약, 분류 제약, 상호배타성 제약, 어휘대조 제약 등이 있다.

7. 영아들이 한 번에 한 단어 이상을 발성할 줄 알게 되면, 단어들을 결합하여 의미 있고 해석 가능한 문장으로 만드는 법칙을 뜻하는 문법이 점차 아동의 언어에서 중요해진다. 문법 발달에 대해서 학습이론가와 Chomsky는 다른 관점을 가지고 있다.

8. 성인들은 영아들에게 말을 할 때 성인에게 말을 할 때와는 다른 독특한 방식을 채택한다. 이를 영아 지향적 언어라고 한다. 영아 지향적 언어는 아기의 주의를 끌어서 의사소통이 지속적으로 이루어지게 하는 기능을 한다.

9. 부모가 영아에게 얼마나 말을 많이 하는지, 영아들이 이후 궁극적으로 어느 수준의 언어 발달을 보이는지에 있어서는 상당한 개인차가 존재한다. 부모의 영아에 대한 말의 양과 반응성을 모두 고려해 볼 때 어머니의 언어적 반응성은 특히 중요하다.

제8장 영아기 정서 및 기질

학/습/개/념

- 정서 표현
- 1차 정서와 2차 정서
- 정서 이해
- 사회적 참조
- 기질
- Thomas와 Chess의 모형
- Rothbart 모형
- Buss와 Plomin의 모형
- Goldsmith 모형
- 조화의 적합성

언어가 미숙한 영아는 울음이나 미소 등 정서에 의존하여 의사소통한다. 영아의 정서적 반응은 정서, 욕구, 신체 상태 등 여러 가지를 포함한다. 월령 증가에 따라 영아들이 보이는 정서 표현의 변화는 부모와의 상호작용에 영향을 미치게 된다. 영아들은 출생 당시에는 주변 사람 누구에게나 미소를 보내지만 어느 정도 월령이 증가한 후에는 친숙한 양육자에게만 선택적 미소를 짓는다. 선택적인 사회적 미소는 양육자와 영아 간 애착 형성을 촉진하는 기능을 한다. 그런가 하면 기질은 영아가 사건에 어떻게 반응하는가에 영향을 미친다. 부모들은 이러한 반응에 근거하여 자녀들을 어떻게 다루고 격려하고 혹은 훈육할지를 결정하게 된다. 동일한 사건에 대해서도 영아에 따라 다르게 반응할 수 있기 때문이다. 어떤 영아는 엄마가 살짝 인상만 찌푸려도 울거나 눈치를 보기도 하고, 또 어떤 영아는 좀처럼 동요하지 않는다. 이 두 영아에 대해 훈육하는 방식은 서로 다를 수밖에 없을 것이다.

영아들이 보이는 정서 표현은 부모와의 상호작용에 영향을 미친다.

이 장에서 우리는 초기 정서 발달과 기질의 중요한 특성들을 살펴볼 것이다. 우선 출생 후 영아기 동안 어떻게 정서가 분화되는지, 또 어떻게 다른 사람의 정서를 이해하게 되는지를 알아볼 것이다. 다음으로 출생 직후부터 나타나는 개인차인 기질의 개념을 다룰 것이다. 영아기의 기질은 이후 성격의 기본 토대가 된다. 이 과정에서 양육자와의 상호작용이 어떤 영향을 미치는지에 대해서도 알아보겠다.

1. 정서 발달

중간고사를 망쳤을 때, 기말 보고서 기한이 코앞에 닥쳤을 때, 사랑하는 사람이 아플 때, 갑자기 바퀴벌레를 보았을 때, 사람 많은 곳에서 넘어졌을 때, 우리는 정서를 느끼게 된다. 정서(emotion)란 한마디로 정의하기가 어렵지만 일반적으로 환경적 사건에 의해 발생하는 주관적 느낌을 말한다. 또한 정서에는 호흡, 심장 박동, 혈압 등 여러 생리적 변화와 미소, 찡그림 등 외현적 행동이 뒤따른다.

신생아도 기쁨이나 슬픔 같은 기본적 정서를 보인다. 연령이 증가하면 정서는 점차 복잡하게 분화되고 다른 사람의 정서도 이해할 수 있게 된다. 정서 발달에는 영아 자신이 느끼는 정서의 표현뿐 아니라 다른 사람이 표현하는 정서에 대한 이해도 포함된다. 우선 영아기 정서 연구의 방법부터 살펴보겠다.

1) 정서 연구 방법

4장에서 살펴봤던 것처럼 신생아들은 달콤한 맛에 대해서는 긍정적인 얼굴 표정을, 신맛이나 쓴맛에 대해서는 부정적인 얼굴 표정을 나타낸다. 그런가 하면 신생아들도 기쁨이나 슬픔과 같은 기본적 정서를 표현하고, 고통이나 배고픔 같은 생존과 직접적으로 관련된 경험에 반응할 때도 성인과 유사한 표정을 보인다. 그러나 신생아들의 정서는 미분화된 상태에 있다. 월령이 증가함에 따라 정서는 분화되어 영아가 표현할 수 있는 정서의 가짓수는 많아지고, 보다 섬세하고 복잡한 정서를 표현할 수 있게 된다.

물론 얼굴 표정이 언제나 진정한 정서 상태를 나타내는 것은 아니다. 사람들은 실제 감정과는 다른 표정을 짓기도 한다. 그럼에도 얼굴은 근육 활동이 많아 미묘한 차이에 의해서도 다양한 표정을 전달할 수 있다. 그렇기에 얼굴 표정은 다른 사람의 정서를 평가하는 주요한 수단이 된다.

이 점에 착안하여 연구자들은 영아의 얼굴 표정에 나타난 정서를 평가하기 위한 측정 체계를 만들어 내기 위해 노력해 왔으며, 그 결과 해부학에 근거한 표정 측정 체계를 만들어 냈다(Lamb, Bornstein, & Teti, 2002). 대표적인 영아기 표정 측정 체계로는 MAX(Maximally Discriminative Facial Movement Code; Izard, 1978; Izard & Dougherty, 1982), MAX의 축약판인 AFFEX(Izard & Dougherty, 1982), Baby FACS(Baby Facial Action Coding System for Infants and Young Children; Oster, 2005)가 있다. 이 중 가장 먼저 개발된 MAX는 여러 가지 자극 상황에서 영아의 표정을 녹화해서 분석한 것에 기반을 둔다. 여기에는 영아가 좋아하는 장난감을 줬다 뺏기, 낯선 사람이 영아에게 다가가기, 영아의 손에 얼음 조각 갖다 대기, 레몬 조각을 입에 대기 등 다양한 상황이 포함되었다. MAX, Baby FACS, AFFEX 등은 정서 상태를 특징짓는 표정의 요소와 그 요소들의 조합 패턴을 이용하여 영아들의 정서 상태를 측정하도록 되어 있다. 예컨대, 눈썹, 입, 뺨의 근육 등을 관찰해서 눈썹이 치켜 올라가고 입을 벌렸을 때에는 놀란 표정이라고 규정한다.

Caroll Izard
Izard는 영아의 얼굴 표정에 나타난 정서를 평가하기 위한 측정 체계를 개발하였다.

2) 정서 표현의 발달

일반적으로 정서는 1차 정서와 2차 정서로 구분된다(Lewis, 2007). [그림 8-1]은 출현 시기에 따라 1차 정서와 2차 정서를 정리한 것이다.

(1) 1차 정서의 발달

생후 6~8개월까지 영아들은 기쁨, 놀람, 슬픔, 분노, 공포, 혐오 등의 정서를 표현한다(Izard & Malatesta, 1987). 이러한 정서들을 1차 정서(primary emotion) 혹은 기본 정서(basic emotion)라고 한다. 1차 정서는 다른 정서와 비교해 볼 때 상대적으로 일찍, 즉 생후 8개월을 전후하여 출현한다(Izard, 1978). 이처럼 일찍, 세계 모든 문화권의 영아에게서 나타나기 때문에 1차 정서라고 부른다. 1차 정서의 발달에는 생물학적 토대가 있다. 신체 성장과 초기 언어 발달에 일정한 시

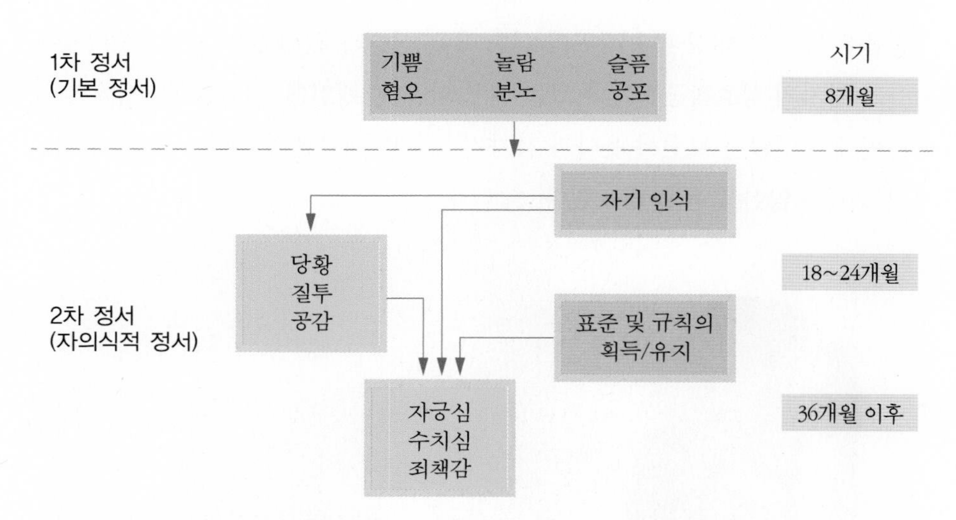

그림 8-1 영아기 1차 정서와 2차 정서의 발달

1차 정서는 기본 정서라고도 하는데, 생후 6~8개월 사이에 처음 표현되며 인간뿐 아니라 다른 동물들에게서도 나타난다. 한편 2차 정서는 자의식적 정서라고도 한다. 2차 정서가 발달하기 위해서는 자기 인식, 스스로의 행동을 평가하기 위한 사회적 표준 및 규칙의 습득 등 인지적 능력이 필요하다.

간표가 있는 것과 비슷하다. 예컨대, 영아들이 비슷한 시기에 비슷한 순서로 앉고 서고 걷는 것처럼, 또 목 울리기나 옹알이를 한 다음에 첫 단어를 말하는 것처럼 영아들의 정서 발달도 비슷한 시기에 비슷한 형태로 이루어진다. Lewis (2007)에 따르면 1차 정서는 다음과 같이 출현한다.

1 공포와 분노

1차 정서 중에서도 공포와 분노의 표정은 3~4개월 무렵 관찰된다(Lemerise & Dodge, 2000). 생후 6~7개월경 영아들은 시각절벽에 있을 때 공포를 표현한다. 월령이 증가할수록 불쾌한 사건, 통제를 받는 사건, 좌절 사건에 대해 분노를 표출하는 빈도가 증가한다. 18~19개월 무렵 영아에게 원하는 장난감을 보여 준 다음 팔을 잡아 만지지 못하게 하면 영아들은 분명한 분노의 표정을 보인다.

2 슬픔

슬픔은 바라는 대상이나 행위의 철회 혹은 상실과 관련된다. 3개월 영아들은 엄마가 갑자기 상호작용을 멈추었을 때 슬퍼한다. 예컨대, 엄마들이 3개월 영아 맞은편에서 얼굴을 보면서 웃다가 갑자기 멈추면 대부분의 영아는 슬픈 표정을 짓고 오래지 않아 울음을 터뜨린다.

슬픔은 바라는 대상의 철회나 상실과 관련된다.

③ 기쁨

2~3개월경 사람에 대한 초기 미소는 반사적인 것이다(Fraiberg, 1974). 그러나 월령 증가에 따라 아기는 엄마, 아빠 혹은 손윗형제의 얼굴과 같이 자기가 좋아하는 사람에 대해서만 미소를 짓게 된다. 즉, 이때부터 영아들은 알고 있는 사람들의 얼굴 등 친숙한 자극에 직면하였을 때 미소 지으며 흥미와 기쁨을 표현하기 시작한다.

1차 정서 중 하나인 기쁨은 2~3개월경 나타난다.

④ 혐오

혐오 또한 일찍부터 관찰된다. 혐오는 영아들이 불쾌한 맛이 나는 음식물을 입에 넣었을 때 그것을 뱉어내려는 입 주변의 얼굴 근육 움직임으로 표현된다. 불쾌한 뭔가를 뱉어내는 것은 생존과 밀접하게 관련되어 있다. 불쾌한 맛은 보통 상한 음식에서 나기 때문이다(Lewis, 2007). 요컨대, 3개월 무렵부터 영아들은 적절한 맥락에서 흥미, 기쁨, 슬픔, 분노, 혐오를 보여 준다.

정서 발달은 인지 발달과 밀접한 관련이 있다. 인지가 발달함에 따라 영아는 여러 가지 상황을 인식할 수 있게 되고, 이러한 능력은 정서 발달에 기여하게 된다. 예컨대, Lewis(2007)에 따르면 영아에게서 초기 분노는 목표 달성을 방해하는 장애물이 나타났을 때 관찰된다. 여기서 영아가 목표를 고려하기 위해서는 목표를 세우고 수단을 고르는 인지 발달이 선행되어야 한다. 이 외에도 12개월경 낯선 사람에 대한 영아의 공포 반응은 상황과 사람에 대한 자신의 인지적 틀이 일치하지 않기 때문일 수 있다. 즉, 눈 앞에 낯선 사람이 있을 때 영아들이 공포를 느끼는 것은 주변에 있는 것은 주로 친숙한 사람의 얼굴이라는 틀에 맞지 않는 상황이 혼란스럽기 때문이다(Kagan, 1976: Shaffer & Kipp, 2009 재인용). 이처럼 인지 발달과 정서 발달은 밀접한 관련이 있다.

(2) 2차 정서의 발달

영아의 자기개념이 발달하면서, 18개월경 자의식적 정서 혹은 2차 정서가 나타난다. [그림 8-1]에서 볼 수 있듯이 2차 정서는 질투, 당황함, 공감, 자긍심, 수치심 등 1차 정서보다 높은 수준의 심적 능력이 필요하다. 2차 정서를 느끼기 위해서는 자기개념의 발달과 사회적 기준 및 자신의 행동을 평가하기 위한 규칙 획득이 먼저 일어나야 한다. 예컨대, 수치심을 느끼기 위해서는 자신이 무엇을 잘못했는지를 알아야 한다(Lewis, 2007). 최근의 정서 발달 연구들은 2차 정서가 상당히 일찍부터 출현한다는 것을 보여 준다. 다음에서 2차 정서의 발달을 살펴보겠다.

1 질투

질투는 18~24개월 사이에 출현한다. 영아들은 엄마가 다른 영아들에게 관심을 보일 때, 다른 성인에 대해서 주의를 기울일 때보다 더욱 강한 질투를 표현한다(Draghi-Lorenz et al., 2005). 1세 이전의 어린 영아들도 질투할 수 있다는 연구도 있다. Hart와 동료들은 2세 이전의 어린 영아들을 대상으로 질투의 출현 시기 및 개인차와 관련된 변인들을 연구하였다. 한 연구(Hart, Field, del Valle, & Letourneau, 1998)에서 엄마들이 책을 읽거나 아기 크기의 인형에 주의를 기울일 때 12개월 아기들이 질투를 보이는지 알아보았다. 이 연구에서 영아의 질투는 엄마를 더 많이 쳐다보는 것, 자신에게 주목하라고 요구하듯 우는 것 등으로 측정되었다. 그 결과 영아들은 엄마가 책을 볼 때보다 인형에 관심을 보일 때 더 많이 질투를 보였다. 또한 낯선 성인이 인형을 안을 때보다 엄마가 인형을 안을 때 더욱 질투했다. 생후 6개월 영아도 질투를 한다는 후속 연구도 있다(Hart, Jones, & Field, 2003). 또한 부모에게 정서일기를 써 보라고 하면 생후 7~9개월경 영아들이 처음으로 질투를 보이며 11개월이 되었을 때 질투가 보다 분명해진다(Draghi-Lorenz, 2000).

2 당황

24개월 무렵이 되면 영아들은 당황함을 표현한다. 이 시기에 주스를 마룻바닥에 엎지른 영아는 당황해하면서 고개를 숙인다. 한 연구(Lewis, Sullivan, Stranger, & Weiss, 1989)에서는 9~24개월 사이의 영아를 대상으로 당황함과 자기 인식 사이의 관계를 보았다. 둘은 비슷한 시기에 나타났다. 즉, 당황함을 표현한 영아들은 대부분 거울 속의 자신도 인식할 수 있었다. 이를 기반으로 Lewis 등은 당황함이 자기 인식이 출현하는 생후 2년이 지난 시점에서 나타난다고 보았다.

3 자긍심과 수치심

자긍심과 수치심은 아동이 성공과 실패를 경험하는 과정에서 관찰된다. Stipek, Recchia와 McClintic(1992)에 따르면, 자긍심은 아동이 과제 수행에 대한 주변 사람들의 반응에 관심을 가지기 시작할 때인 2세 말에 나타난다. 이 무렵 영아들은 과제를 잘 수행하거나 목표를 달성하고 나면 미소를 짓거나 어른들을 올려다본다. 수치심도 이와 비슷한 시기에 나타난다. 어려운 퍼즐을 맞추는 데 실패한 영아들은 고개를 숙이는 등의 행동을 보인다.

타인의 얼굴 표정이나 동작을 통해 드러난 정서적 신호를 읽는 정서 이해 능력은 영아기 전반에 걸쳐 발달한다.

요컨대, 영아들은 월령 증가에 따라 다양한 감정을 표현한다. 인지 발달과 더불어 영아들이 표현할 수 있는 정서의 유형은 보다 다양해지고 복잡해진다. 그렇다면 다른 사람들의 정서를 인식하고 이해하는 능력은 영아기 동안 어떤 변화를 거칠까?

3) 정서 이해의 발달

정서 발달에는 자신이 느끼는 정서를 표현하는 것뿐 아니라 타인의 얼굴 표정이나 동작을 통해 드러난 정서적 신호를 읽는 것도 포함된다. 이것을 정서 이해라고 한다.

(1) 얼굴 표정에 대한 이해

출생 후 1개월 반에서 2개월 정도가 되면, 영아는 기쁨과 분노 등 서로 다른 정서를 표현하는 얼굴 표정을 구분하기 시작한다(Bornstein & Arterberry, 2003). 또한 3~6개월 영아들은 엄마가 함께 면대면 상호작용을 하다가 반응을 하지 않는 '무표정(still-face)'을 보이면 이를 알아차리고 이전과는 다른 반응을 한다(Adamson & Frick, 2003).

(2) 사회적 참조

여러분이 이국적인 식당에 처음 갔는데 물이 담긴 접시가 나왔다고 생각해 보자. 식전에 마시라는 것인지 혹은 손을 씻으라는 것인지 도무지 알 수가 없다. 어떻게 해야 할까? 대부분의 사람은 다른 테이블에 앉아 있는 사람들이 어떻게 행동하는지를 살필 것이다. 사람들은 익숙지 않거나 낯선 상황에서 다른 사람의 행동을 길잡이로 삼는다. 영아도 마찬가지다. 어떻게 행동해야 할지 모호한 상황에서 영아는 도움을 청하려는 듯 엄마의 얼굴을 바라본다. 불확실하거나 모호한 상황에서 다른 사람의 정서를 행동의 길잡이로 삼는 현상을 사회적 참조(social referencing)라고 한다(Feinman, Roberts, Hsieh, Sawyer, & Swanson, 1992).

사회적 참조를 위해서는 세 가지 능력이 필요하다(김근영, 2008; Baldwin &

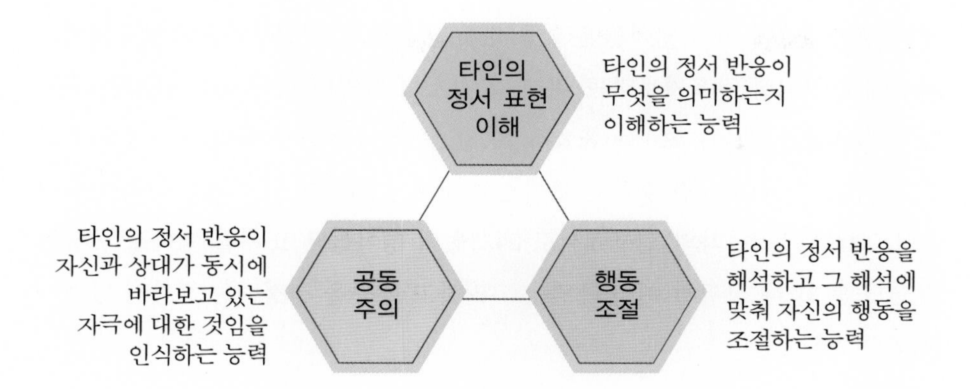

그림 8-2 사회적 참조를 위해 필요한 세 가지 능력

사회적 참조를 위해서는 타인의 정서 반응을 이해해야 하며, 타인과 공동주의를 형성할 수 있어야 하고, 타인의 정서 반응에 대한 해석에 맞춰 자신의 행동을 조절할 수 있어야 한다.

Moses, 1996, [그림 8-2] 참조). 첫째, 진정한 의미의 사회적 참조를 하기 위해서 영아는 타인의 정서 반응으로부터 사회적 정보를 처리해야 한다. 이는 영아가 타인의 특정 정서 표현을 탐지하고 다른 정서와 변별하며 그 의미를 이해하는 것을 뜻한다. 둘째, 영아는 타인으로부터의 정서적 메시지가 자신과 상대가 동시에 바라보고 있는 바로 그 자극에 대한 것임을 인식하고 함께 주의를 기울여야 한다. 이를 공동주의(joint attention)라고 한다. 만일 공동주의가 없다면 영아의 사회적 참조 행동은 자극에 대한 정보를 인지적으로 추구하는 것이기보다는 단순히 특정 정서에 대한 반사적 행동이 될 것이다. 셋째, 영아들은 타인으로부터 받은 정서적 단서를 인지적으로 해석하여 그 해석에 맞게 자신의 행동을 조절할 수 있어야 한다. 이러한 사회적 참조의 하위 능력들은 영아기 전반에 걸쳐 점진적으로 발달된다.

사회적 참조는 생후 7개월경부터 시작된다. 이 시기부터 영아들은 타인의 얼굴 표정을 읽고 그 의미를 알 수 있다(Nelson & Dolgin, 1985). 12개월 무렵부터는 보다 다양한 상황에서 빈번하게 일어난다(김근영, 2008; Kim & Kwak, 2011; Walden, 1991). 영아기 후반인 18~24개월에 이르면 사회적 참조는 보다 정교해

진다. 예컨대, 이 시기 영아들은 양육자도 잘 모르는 것 같은 낯선 상황에서는 자신에게 친숙한 양육자보다는 원래 그 장소에 있었던 낯선 이의 표정을 주로 살피며(Stenberg, 2003; Walden & Kim, 2005), 낯선 사람들 중에서도 그 상황에 대한 지식을 더 많이 가진 것처럼 보이는 이로부터 정보를 얻으려고 노력한다(김근영, 2008). 우리나라의 연구에서도 24개월의 영아들은 18개월 영아보다 사회적 참조를 할 때 상황의 여러 측면을 고려하고 행동을 결정하는 경향이 있었다(김연수, 2011).

지금까지 영아기 정서 발달을 살펴보았다. 출생 직후부터 영아들은 정서를 표현할 수 있고 월령이 증가할수록 다양한 유형의 정서를 읽을 수 있다. 이 장의 서두에서 말한 것처럼 정서는 양육자들에게 영아가 가진 특성을 보여 주는 단서다. 정서적 반응을 보고 양육자는 아기를 어떻게 다룰지 결정한다. 겁이 많은 아기와 좀처럼 겁을 내지 않는 아기가 있다고 하자. 부모들은 이 둘을 다르게 다루고, 다르게 진정시키고, 경우에 따라 영아가 다르게 반응하도록 만들려고 시도할 것이다. 지금부터 다루게 될 기질은 이와 관련된 개념이라고 할 수 있다.

2. 기질

우유가 평소보다 조금 뜨거울 때 얼굴을 살짝 찡그리고 마는 아기가 있는가 하면 젖병을 밀어내면서 울어 대는 아기도 있다. 또 어떤 아기는 조용하고 행동이 느리지만 어떤 아기는 부산스럽고 행동이 재빠르다. 이처럼 아기들의 행동이 조금씩 다른 것은 타고난 기질이 다르기 때문이다. 여기서 기질(temperament)이란 정서적, 행동적 반응에서의 개인차를 말한다(Gross, 2011).

자극 민감성이나 활동 수준 등 기질에서의 개인차는 유전의 영향이 크다. 실제로 일란성 쌍생아 간의 유사성은 .8, 이란성 쌍생아 간의 유사성은 .5 이하로,

낯선 자극에 대한 반응이나 자극 민감성, 활동 수준 등의 기질은 생물학적 토대를 가지고 있으며 기질을 기반으로 성인기 성격이 형성된다.

유전적 유사성이 큰 관계일수록 기질적 특성이 유사하다(Goldsmith & Lemery, 2000; Goldsmith, Lemery, Aksan, & Buss, 2000). 이는 기질이 생물학적 토대를 가지고 있음을 의미한다. 또한 기질은 비교적 지속적이며 이를 토대로 성인기 성격이 형성된다.

1) 기질의 정의와 측정 방법

Thomas와 Chess(1977)가 처음 연구를 시작한 이래 기질은 다양한 영역에서 개인차의 기원으로 논의되어 왔다(Rothbart, 2004). 그런데 기질을 구성하는 차원이 무엇인가에 대해서는 연구자들마다 견해가 다르다. 지금부터 대표적인 기질 모형들을 살펴보고 각각의 모형에서 어떤 방식으로 기질을 측정하는지를 알아보겠다.

(1) Thomas와 Chess의 모형(1977)

Thomas와 Chess가 뉴욕 종단 연구(New York Longitudinal Study: NYLS)에서

제시한 전통적인 기질 모형에 따르면 기질에는 다음과 같이 아홉 가지 차원이 있다.

- 활동 수준(activity level): 우유 먹기, 목욕하기, 옷 입기 등 일상생활에서의 신체 활동량
- 접근-회피(approach-withdrawal): 새로운 사건이나 새로운 자극(장난감, 음식 등)에 대한 반응
- 적응성(adaptability): 상황 변화에 대한 적응의 용이성
- 기분(quality of mood): 부정적 정서와 긍정적 정서의 비율
- 주의 범위/지속성(attention span/persistence): 활동의 지속기간과 장애에 직면했을 때 활동을 계속하려는 의지
- 산만성(distractibility): 외부 사건이나 자극에 의해 진행 중인 행동이 쉽게 방해받는 정도
- 규칙성(regularity): 수유 시간, 수면 주기, 배변 습관 등의 예측 가능성
- 반응의 강도(intensity of reactions): 긍정 및 부정적인 반응의 에너지 수준
- 반응의 역치(threshold of responsiveness): 반응을 유발하는 데 필요한 자극의 양

NYLS 모형에서는 이 아홉 가지 차원에 근거하여 영아들을 '쉬운 기질(easy)' '까다로운 기질(difficult)' '더딘 기질(slow to warm up)'의 세 가지 기질 유형으로 분류한다. 〈표 8-1〉은 세 가지 기질 프로파일의 특성을 요약한 것이다. 모든 영아가 세 가지 기질 중 하나로 분류되는 것은 아니다. Thomas와 Chess(1977)의 연구에 참여한 아기 중 35%는 어디에도 속하지 않았다.

Thomas와 Chess(1977)는 처음에 다양한 자연스러운 상황에서 아동들을 관찰함으로써 기질을 측정하였으나, 이후 Carey와 McDevitt(1978)이 개발한 질문지(Revised Infant Temperament Questionnaire: RITQ)도 함께 측정하여 종합적으로 기

표 8-1 NYLS 연구의 초기 기질 프로파일

기질 유형	특징
쉬운 기질	• 표집의 40% • 차분하고 거의 대부분 긍정적 기분 • 새로운 경험에 개방적, 적응적 • 규칙적이며 예측 가능한 습관
까다로운 기질	• 표집의 10% • 민감하고 불규칙적 • 일상에서의 변화에 강하게 반응 • 새로운 사람이나 상황에 적응하기 어려움
더딘 기질	• 표집의 15% • 활발하지 못하고 수동적 • 새로운 사람이나 상황에서 움츠러드는 경향

질 프로파일을 산출하였다. 한편 Bates, Freeland와 Lounsbury(1979)는 NYLS 모형에서 '까다로움'에 초점을 둔 영아기 기질 특성 질문지(Infant Characteristics Questionnaire: ICQ)를 개발하였다.

Thomas와 Chess(1977)의 연구에서는 영아기 기질의 지속성도 밝혀졌다. 영아기 동안 까다로운 기질을 보였던 아동은 초등학교 입학 후 학교에서 또래관

Alexander Thomas(왼쪽)와 Stella Chess(오른쪽)
Thomas와 Chess는 뉴욕 종단 연구를 통해 영아들의 기질을 쉬운 기질, 까다로운 기질, 더딘 기질의 세 가지 유형으로 분류하였다.

계와 주의 집중에 문제가 있었다. 한편 더딘 기질의 아동들은 학교 환경에 적응하는 데 시간이 오래 걸리는 경향이 있었다.

(2) Rothbart 모형

Rothbart에 따르면, 기질은 크게 반응성과 자기조절의 두 가지 차원으로 구성된다(Rothbart, 2004; Rothbart, Sheese, & Posner, 2007).

- 반응성(reactivity): 정서적 반응의 강도로서 영아가 자극에 대해 얼마나 빠르고 강렬하게 반응을 보이는지를 뜻한다. 반응성에는 긍정적 정서와 부정적 정서가 모두 포함된다.
- 자기조절(self-regulation): 영아가 스스로의 반응을 얼마나 잘 통제하는지를 말한다. 자기조절에는 어떤 대상을 오래 쳐다보는 주의 집중도 포함된다.

Mary Rothbart
오리건 대학교 심리학과 교수인 Rothbart는 기질 연구의 대가로 평가받는다. 1982년 개발한 부모 보고를 기반으로 한 영아 행동 질문지(Infant Behavior Questionnaire)는 현재 영아 기질에 대해 가장 널리 사용되고 있는 측정 도구다.

Rothbart(2004)는 반응성과 자기조절이 생물학적 기반을 가지고 있으며 생리적, 행동적 반응으로 나타난다고 보았다. 즉, 영아는 흥미로운 장난감을 보면 미소 짓고 무서운 동물을 보면 울음을 터뜨린다. 새로운 장난감을 오래 쳐다보는 것도 행동적 반응 중 하나다.

이 모형은 또한 영아의 기질적 특성이 양육자와 주위 환경과 상호작용하여 발달의 방향을 결정한다고 본다. 쉽게 화를 내고 좌절을 견디지 못하는 영아와 사람이나 사물에 대해 긍정적 정서 반응을 주로 보이는 영아는 다른 상호작용을 할 것이다.

Rothbart 모형에서는 전문적 훈련을 받은 관찰자가 가정이나 실험실에서 아기의 반응을 관찰하기도 하지만, 부모를 대상으로 하는 설문지를 사용하기도 한다. 부모용 영아 기질 측정치는 영아 행동 질문지(Infant Behavior Questionnaire: IBQ)다.

(3) Buss와 Plomin의 모형

Buss와 Plomin(1984) 모형은 기질의 세 가지 핵심 차원으로 정서성, 활동성, 사회성을 제시한다. 이 3차원의 머릿자를 따서 EAS 모형이라고 한다(Gross, 2011).

Robert Plomin
Plomin은 행동유전학 분야의 권위자로서 기질의 세 가지 핵심이 정서성, 활동성, 사회성에 있다고 주장하는 EAS 모형을 제시하였다.

- 정서성(Emotionality): 통제할 수 없는 자극에 대한 영아의 부정적인 반응의 정도를 말한다. Rothbart 모형의 반응성과는 달리 정서성 차원은 부정적 반응만을 고려한다.
- 활동성(Activity): 영아의 말과 행동에서의 속도와 강도를 의미한다. 활동성이 높은 영아는 계속 움직이고 활동이 격렬한 반면, 활동성이 낮은 영아는 조용하고 행동이 느리다.
- 사회성(Sociability): 다른 사람과 함께 있으려고 하는 정도다. 사회성이 높은 영아는 처음 보는 사람에게도 잘 웃으며 다가가지만 사회성이 낮은 영아는 겁먹은 표정으로 엄마 곁에 붙어서 꼼짝도 하지 않는다.

NYLS 모형이나 Rothbart 모형과 마찬가지로, EAS 모형 역시 영아의 기질은 환경과 상호작용한다고 본다.

(4) Goldsmith 모형

Goldsmith(1996) 모형은 기질에는 공포, 분노/좌절, 즐거움, 흥미 지속성, 활동 수준의 다섯 가지 차원이 있다고 본다.

- 공포(Fear): 새로운 자극에 대해서 영아가 보이는 부정적인 정서의 정도를 의미한다. 공포 수준이 높은 영아는 높은 의자에 앉아서 무서운 마스크를 볼 때 매우 강한 공포를 보인다.
- 분노/좌절(Anger/Frustration): 활동이 통제되었을 때 영아가 보이는 흥분과 울음, 저항을 말한다. 분노 수준이 높은 영아는 팔을 잡혀서 장난감을 가지고 노는 것이 방해받았을 때 더 강하게 저항하고 크게 운다.
- 즐거움(Joy/Pleasure): 새롭거나 재미있는 활동을 하는 동안 영아가 표현하는 즐거움의 정도를 뜻한다. 즐거움 수준이 높은 영아는 술래잡기 게임을 할 때 많이 웃고 즐거워한다.
- 흥미/지속성(Interest/Persistence): 자극이나 과제에 대한 주의 집중 기간을 의미한다. 흥미/지속성 수준이 높은 영아는 혼자서도 블록놀이를 계속한다.
- 활동 수준(Activity level): 일상에서 보이는 영아의 말과 행동에서의 속도와 강도를 의미한다. 활동 수준이 높은 영아는 말이 빠르고 행동이 민첩하다.

Hill Goldsmith
Goldsmith는 기질에 공포, 분노/좌절, 즐거움, 흥미지속성, 활동 수준의 다섯 가지 차원이 포함된다고 보았다.

Goldsmith(1996)는 16~36개월의 아동 기질을 측정하기 위하여 걸음마 아동 행동 평가 질문지(Toddler Behavior Assessment Questionnaire: TBAQ)를 개발하였는데 이는 Rothbart의 IBQ를 보완하여 확장한 것이다. 또 Lab-Tab(Laboratory Temperament Assessment Battery)이라는 직접 관찰 도구도 개발했다. 여기에는 몇 가지 기질 특성을 관찰할 수 있는 3~5분 정도의 상황이 있다. 예컨대, 공포는 영아를 높은 아기용 의자에 앉히고 뱀파이어나 괴물 마스크를 보여 주는 상황에서 평가된다. 또한 활동 수준은 장난감 바구니에 접근하는 상황에서 영아의 반응을 관찰함으로써 평가된다. 이때 영아들이 장난감 상자에 손을 뻗치고 활발하게 조작하는지, 아니면 얌전히 바구니 속 장난감들을 들추는지 등이 중요한 기준이 된다.

영아의 기질을 측정하는 방식은 크게 두 가지다(Steinberg, Vandell, & Bornstein, 2011). 하나는 설문지를 통해 영아를 잘 아는 양육자들에게 기질적 특성을 물어보는 것이다. IBQ나 TBAQ 등이 이에 해당된다. 다른 하나는 자연스럽게 기질적 특성을 드러낼 수 있는 상황에서 영아를 살펴보는 관찰법이다. Lab-TAB이 그 예다.

〈표 8-2〉는 각 기질 모형에 포함된 차원과 측정 도구들을 정리한 것이다.

표 8-2 기질 모형 요약

	기질의 차원	기질 평가 도구
Thomas & Chess(1977)/ Carey & McDevitt (1978)	아홉 가지: 활동 수준 접근-회피 적응성 기분 주의 범위/지속성 산만성 규칙성 반응의 강도 반응의 역치	Revised Infant Temperament Questionnaire(RITQ)
Rothbart(2004)	두 가지: 반응성 자기조절	Infant Behavior Questionnaire(IBQ)
Buss & Plomin(1984)	세 가지: 정서성 활동성 사회성	Emotionality Activity Sociability Questionnaire(EAS)
Goldsmith(1996)	다섯 가지: 공포 분노/좌절 즐거움 흥미/지속성 활동수준	Toddler Behavior Assessment Questionnaire(TBAQ) Lab-TAB

출처: Gross (2011), p. 298.

2) 기질과 환경의 상호작용: 조화의 적합성

Rothbart(2004)에 따르면 기질은 부모의 양육 행동과 서로 영향을 주고받으면서 변화된다. 영아의 기질에 따라 양육자의 양육 태도도 변하지만 반대로 부모의 양육 태도가 영아의 기질을 변화시킬 수 있다. 이는 까다로운 기질이나 느린 기질이 반드시 성장 후 부적응이나 부모와의 관계 악화를 초래하지는 않음을 의미한다. 설사 지나치게 느린 기질 특성을 가진 영아라 하더라도 부모가 기다려 주고 환경에 적응할 수 있도록 적극적으로 도움을 준다면 긍정적인 방향으로 발달될 수 있다.

이는 조화의 적합성(goodness of fit)이라는 개념으로 설명할 수 있을 것이다(Chess & Thomas, 1996; Lerner, Theokas, & Bobek, 2005). Thomas와 Chess(1977)에 따르면, 영아의 적응과 발달은 영아의 기질과 환경적 요구 사이의 상호작용 그리고 조화 정도에 달려 있다. 수줍음을 생각해 보자. 영아의 15% 정도는 선천적으로 숫기가 없고 겁이 많으며 조심스럽다. 앞서 살펴본 기질 유형 중 더딘 기질에 해당되는 영아들이다. Fox, Henderson, Marshall, Nichols와 Ghera(2005)는 9개월 영아들을 대상으로 수줍음의 고저에 따라 낯선 사람과 상호작

영아의 이상적인 발달은 영아의 기질과 부모의 양육 행동이 얼마나 조화를 이루는가에 달려 있다. 영아의 기질에 따라 부모가 인내심을 가지고 영아의 요구에 민감하게 대처하는 것이 중요한다.

용할 때 행동과 뇌 활동에서 어떤 차이가 있는지를 살펴보았다. 낯선 사람이 인사를 하자 수줍음이 많은 영아들은 부쩍 긴장한 모습을 보였으며 뇌에서는 불안과 관련된 부위의 활동이 활발해졌다. 반면 수줍음이 적은 영아들은 낯선 사람에게 손을 뻗으면서 다가갔고 긍정적 정서와 관련된 뇌 부위의 활동이 활발해졌다. 이처럼 수줍은 영아들은 그렇지 않은 영아와 같은 자극에 대하여 다르게 행동하고 반응한다. 그런데 이들 중 어떤 아이는 그러한 기질을 극복하고 다른 사람들과 잘 어울리는 기술을 배우는 것처럼 보인다. 반면 어떤 아이들은 나이가 들수록 오히려 더 악화되기도 한다. 이런 차이는 어디에 기인하는 것일까? Fox와 동료들(2005)은 수줍은 영아를 대상으로 15년간의 종단 연구를 실시한 결과 부모의 양육 방식에 따라 이후 발달이 달라진다고 지적하였다. 부모가 과잉보호를 하거나 수줍음을 극복하도록 격려하지 않았던 영아들은 성장 후에도 여전히 수줍어하고 소심했다. 반면 부모가 자녀로 하여금 정서적 문제에 잘 대처할 수 있도록 온정적으로 도와주고 정서를 공감해 준 영아들은 수줍은 특성을 잘 극복할 수 있었다([그림 8-3] 참조).

이 둘의 조화가 잘 이루어질 때, 발달은 최적화될 수 있다.

그림 8-3 조화의 적합성 개념

긍정적인 발달에는 여러 경로가 존재할 수 있다. 이는 소위 좋은 기질들이 언제나 최적의 발달을 만들고, 나쁜 기질이 언제나 이후의 행동 문제를 예측할 수 있다는 주장이 얼마나 단순한 것인지를 반증한다. 영아는 다른 사람과 상호작용하는 과정에서 자신의 기질적 특성을 드러낸다. 동시에 양육자들은 영아의 기질에 순응하기도 하고, 경우에 따라서는 상황에 맞게 다듬는 역할을 한다(Steinberg et al., 2011). 이것이 원활하게 이루어질 때 영아의 발달은 긍정적인 방향으로 최적화될 수 있을 것이다.

3. 한국 영아 발달: 정서

영아가 사회적 존재가 되어 간다는 것은 다른 사람들과 상호작용하는 과정에서 다른 사람의 정서를 이해하고, 또 자신의 정서를 타인에게 적절하게 표현하는 것이라고 할 수 있을 것이다. 한국 영아들의 정서적 측면에서의 발달을 『한국영아발달연구』(곽금주 외, 2005)에 제시된 자료를 축약함으로써 살펴보겠다.

1) 한국 영아 발달: 정서 이해

앞서 언급한 바와 같이 타인의 얼굴 표정이나 동작을 통해 드러난 정서적 신호를 읽는 것을 정서 이해라고 한다.

한국 영아의 경우 3개월부터 약 절반 정도의 영아들이 다른 사람이 짓는 표정들을 구분할 수 있으며(3개월 52.9%, 4개월 40.3%, 5개월 58.7%), 친숙한 사람의 목소리를 통해서도 주의를 주는 것인지, 화를 내는지, 다정한 것인지를 구분할 수 있다(3개월 55.7%, 5개월 64%).

더 월령이 증가하여 7개월경부터 어머니들은 영아들이 사회적 참조를 할 수

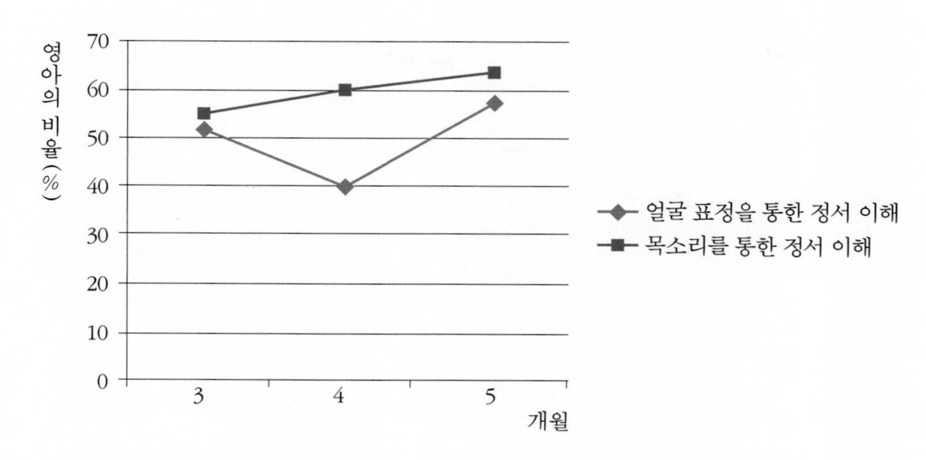

그림 8-4 정서 이해 발달지표(%)

타인의 얼굴 표정과 목소리를 통해 드러난 정서를 인식하고 이해하는 능력은 상당히 일찍부터 나타난다. 3개월경부터 약 절반 정도의 영아들이 이러한 이해를 보인다.

있다고 보고한다. 사회적 참조의 정의를 다시 한 번 상기해 보면, 불확실하거나 모호한 상황에서 다른 사람의 정서를 행동의 길잡이로 삼는 것이다(Feinman et al., 1992). 구체적으로, 어머니들은 장난감을 가지고 놀 때 어머니가 자신을 보고 있는지를 계속 쳐다본다고 답하였다(60%). 또한 9개월 무렵이 되면 71.3%의 어머니들은 자녀가 화자의 말투로 그 사람의 기분을 아는 것 같다고 답하였다.

2) 한국 영아 발달: 정서 표현

정서 표현이란 말 그대로 자신이 느끼는 정서를 표현하는 것을 의미한다. 한국 영아의 정서 표현을 알아보기 위해 부모보고를 수집한 결과, 대략 6개월 무렵부터 응답한 어머니의 82.9%가 영아의 현재 정서 상태를 알 수 있다고 답했다. 즉, 영아의 기쁨과 불안을 자주 알 수 있다는 것이다. 영아들을 기쁨을 상당히 일찍부터 표현해서 소리 내어 웃고(1개월 38.6%, 2개월 76%, 3개월 88.6%, 4개월 92.2%, 5개월 98.7%), 다른 사람이 말을 걸면 미소로 반응하기도 한다(4개월

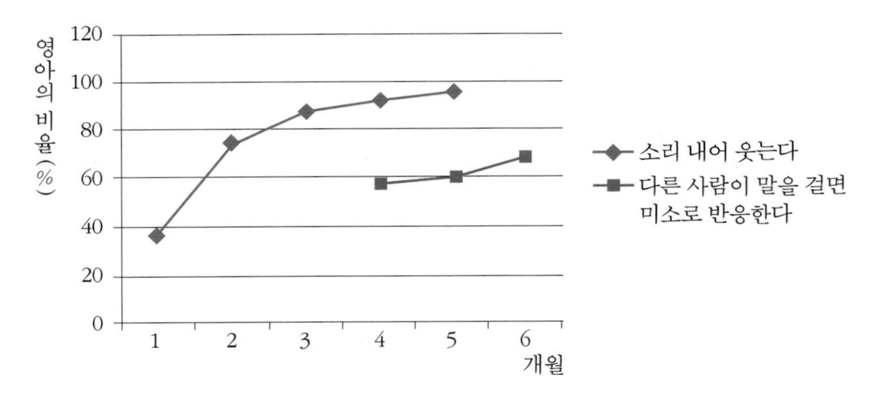

그림 8-5 정서 표현 발달지표(%)

기본 정서 중 하나인 기쁨의 표현은 출생 직후부터 나타난다. 어머니 보고에 따르면 1~3개월 이후부터 영아들은 소리 내어 웃거나 미소 짓는 등 기쁨을 표현한다.

77.9%, 5개월 81.3%, 6개월 90.4%).

3) 한국 영아 발달: 정서단어 이해와 표현

영아들이 정서단어를 습득하는 것은 중요한 정서 발달의 측면이라 할 수 있다. 왜냐하면 정서단어는 외적으로 관찰하기 힘든, 사람들의 내적인 상태를 나타내는 것이기 때문이다(김민화, 곽금주, 상한란, 심희옥, 장유경, 2003). 김민화 외(2003)는 한국 영아 발달 연구에서 18~36개월 영아의 어머니들에게 한국 정서-기술 단어 목록 중 자녀들이 이해하고 표현할 수 있는 단어를 체크하도록 했다. 그 결과 한국 영아들은 18개월부터 36개월에 이르기까지 이해하고 표현할 수 있는 정서단어의 수는 월령과 함께 증가되었다. 그러나 28개월 미만의 영아의 경우, 이해할 수 있는 단어보다 표현할 수 있는 단어의 수가 유의하게 적었으며 성차가 있어서 여아가 남아보다 정서단어를 더욱 많이 표현하는 경향이 있었다. 그 발달 양상은 [그림 8-6]에 제시되어 있다.

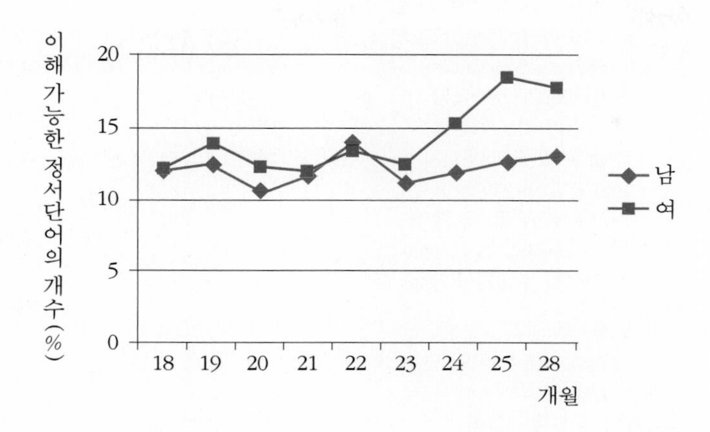

그림 8-6 정서단어 이해 발달지표(%)

한국 영아의 경우 정서단어의 이해는 18개월에 약 13개 단어를 이해하게 된 이후 큰 증가를 보이지는 않았다.

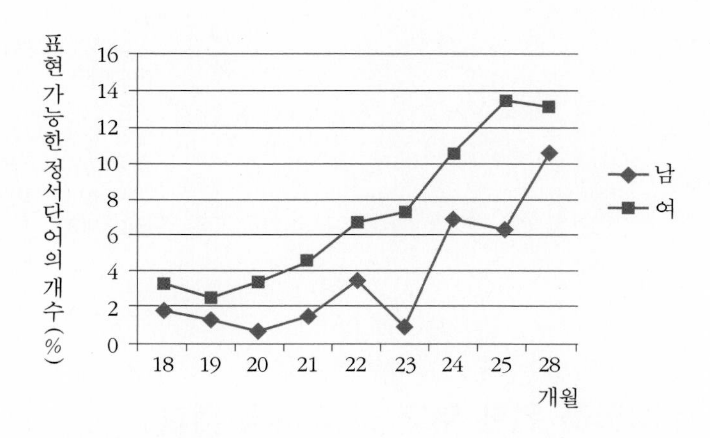

그림 8-7 정서단어 표현 발달지표(%)

한국 영아의 경우 여아가 남아보다 더 많은 정서단어를 표현하는 것으로 나타났다.

지금까지 살펴본 한국 영아의 정서 발달에서 주요한 발달적 이정표는 〈표 8-3〉에 제시되어 있다.

표 8-3 한국 영아 발달: 정서 영역의 발달적 이정표

월령	정서 이해	정서 표현	정서단어의 이해/표현
1~6개월	• 절반 정도의 영아들이 다른 사람이 짓는 표정을 구분할 수 있음(5개월) • 절반 정도의 영아들이 친숙한 사람의 목소리를 통해 그 사람의 정서 상태를 구분할 수 있음(6개월)	• 대부분의 영아가 기쁨을 표현할 수 있음(3개월)	
7~12개월	• 불확실하거나 모호한 상황에서 다른 사람의 얼굴 표정을 살피는 사회적 참조를 시작함(7개월) • 절반 이상의 영아가 말하는 사람의 말투로 그 사람의 기분을 알 수 있음(9개월)		
13~18개월			• 평균 12.36개의 정서단어를 이해하고 2.47개의 정서단어를 표현할 수 있음(18개월)
19~24개월			• 평균 13.24개의 정서단어를 이해하고 8.44개의 정서단어를 표현할 수 있음(24개월)

4. 정서 발달을 위한 부모 및 교사의 역할

사회가 점차 학업 성취와 경쟁을 강조하면서 양육자들도 주로 영아의 지적 측면에 초점을 맞추어 왔다. 그러나 정서 역시 영아의 행동과 적응에 많은 영향을 미친다. 지난 4장부터 7장까지 우리는 영아의 인지 및 언어 발달을 촉진할 수 있는 부모 및 교사의 역할을 살펴보았다. 지금까지 언급된 방법들이 지적 발

달을 촉진하기 위해서는 그 바탕에 영아의 정서와 기질에 대한 고려가 있어야 한다. 영아의 정서 발달을 위해서 부모와 교사는 영아가 표현하는 정서 및 기질에 적합한 반응을 제공할 필요가 있다.

엄마와 함께 춤을!

엄마가 아이와 손을 마주 잡고 아기 발을 엄마 발등에 올려놓는다. 틀어 놓은 음악에 맞춰 오른쪽에서 왼쪽으로, 왼쪽에서 오른쪽으로, 혹은 빙글빙글 돌면서 움직여 본다. 마지막에는 아기를 안고 한 바퀴 돌아 준다. 이 놀이를 통해 엄마와 영아가 서로의 특징을 더 잘 알 수 있다.

보들보들 로션놀이

아기의 손을 잡고 로션을 손바닥에 조금 바른다. 로션을 아기가 만져 보게 한다. 이번에는 코에 로션을 바르고 토닥이도록 해 본다. 로션을 바른 상태에서 팔을 기울여 흘러가는 모습을 보게 해도 좋다. 이러한 활동은 부모 및 교사와의 촉각적 경험을 통해 정서를 완화시킬 수 있다. 특히 보육기관에 처음 오게 되는 영아들은 부모와 떨어져 긴장하고 울기 마련이다. 이때 아기에게 다가가 부드럽게 말을 걸면서 로션을 발라 주면 진정하는 데 도움이 된다.

얼굴 꾸미기

세 가지 얼굴 표정의 그림(화난 표정, 웃는 표정, 우는 표정), 아무 표정도 없는 얼굴 모양 종이, 풀을 준비한다. 여기에 단추, 빨대, 색종이 등 얼굴 모양을 꾸밀 재료를 준비하고 영아가 흥미를 보이면 얼굴 모양 종이 위에 엄마와 아빠의 얼굴을 꾸며 볼 수 있도록 격려해 준다. 얼굴 표정을 한 가지씩 보여 주고 얼굴 모양 종이에 똑같은 표정을 만들어 보도록 한다. 이를 통해 정서에 대한 이해를 촉진할 수 있다.

요 약

이 장에서는 초기 정서 발달과 기질의 중요한 특성들을 살펴보았다.

1. 정서는 1차 정서와 2차 정서로 구분된다. 1차 정서는 생물학적 토대를 지니고 있으며 다른 정서와 비교해 볼 때 상대적으로 이른 시기, 즉 생후 6개월을 전후하여 출현한다. 영아의 자기개념이 발달하면서, 생후 1년 6개월 정도가 지난 시기에 자의식적 정서 혹은 2차 정서가 나타난다.

2. 출생 후 1개월 반에서 2개월 정도가 되면, 영아는 서로 다른 정서를 표현하는 얼굴 표정을 구분하기 시작한다. 또한 8~9개월 정도가 되면 사회적 참조가 시작된다. 사회적 참조(social referencing)란 다른 이들의 감정 표현을 이용해 불확실하거나 모호한 것을 해석하려는 경향이다. 사회적 참조는 18개월경, 다양한 상황에서 보다 명확하게 나타난다.

3. 출생 직후부터 보이는 개인적 특성인 기질은 생애 초기에 나타나며 시간이 흘러도 비교적 지속적인 것으로 보인다.

4. Thomas와 Chess의 기질 모형에서는 활동 수준, 접근-회피, 적응성, 기분, 주의 범위/지속성, 산만성, 규칙성, 반응의 강도, 반응 역치의 아홉 가지 차원에 근거하여 영아들을 쉬운 기질, 까다로운 기질, 더딘 기질의 세 가지 유형으로 분류한다.

5. Rothbart 기질 모형에서는 반응성과 자기조절의 두 가지 차원으로 기질을 정의한다. 이 모형에서 두 차원은 모두 생물학적 기반을 가지고 있으며 여러 가지 생리적, 행동적 반응으로 표출된다고 본다.

6. Buss와 Plomin의 모형은 기질의 세 가지 핵심 차원으로 정서성, 활동성, 사회성을 제시한다. 위의 두 기질 모형과 마찬가지로 Buss와 Plomin의 모형에서는 영아의 기질이 환경, 특히 양육자와 상호작용한다고 본다.

7. Goldsmith 모형은 기질에는 공포, 분노/좌절, 즐거움, 흥미/지속성, 활동 수준의 다섯 가지 차원이 있다고 본다.

8. 조화의 적합성이란 영아의 기질과 부모의 양육 태도가 어울리는 정도를 뜻한다. 이 개념에 따르면 영아는 주변 사람들과 상호작용할 때 정서와 기질의 특성을 표출하며, 양육자들은 영아의 기질적 특징들에 순응하기도 하고 이를 끌어내기도 하고 다듬기도 한다. 이 둘의 조화가 잘 이루어질 때 발달은 최적화될 수 있다.

제9장

영아기 애착과 사회성 발달

학/습/개/념

- 애착
- 접촉위안 이론
- 큐피인형 효과
- 낯선 상황 절차
- 애착 Q-Sort
- 안정 애착
- 불안정 회피 애착
- 불안정 저항 애착
- 혼란 애착
- 양육가설
- 기질가설
- 행위자의 친사회적 성향 판단

엄마 뱃속에서 나오는 그 순간부터, 아니 그 이전부터 영아는 사회적 존재다. 태아도 주위에서 들리는 목소리에 반응한다. 출생한 지 얼마 안 되어 시력이 좋지 않은 신생아들도 다른 대상보다는 사람의 얼굴을 선호한다. 이처럼 일찍부터 영아는 주변 사람들과 영향을 주고받고 친밀한 관계를 맺으면서 세상에 적응해 간다. 영아의 사회적 관계는 발달에 왜 필요할까? 영아기 인지 발달에서 살펴보았듯이 영아는 기본적으로 여러 가지 다채로운 능력을 타고난 존재다. 그러나 이러한 능력은 결코 완전하지 않으며 영아는 주변의 도움 없이 자립할 수 없다. 영아가 놀라운 존재인 것은 그들이 뛰어난 능력을 타고났기 때문만은 아니다. 오히려 타고난 지식을 수정하고 재구성하는 데 필요한 강력한 학습 능력을 가졌기 때문에 놀라운 것이다. 이러한 학습 능력은 다른 사람들과 상호작용하는 과정에서 발휘된다. Gopnik, Meltzoff와 Kuhl(2006)이 언급했듯이 영아들의 타고난 지식, 강력한 학습 능력, 주변 사람들과의 상호작용은 영아기 놀라운 발달을 가능하게 하는 요소들이다. 이러한 측면에서 볼 때 주변 사람들과 상호작용하면서 사회적 관계를 맺는 것은 영아들의 발달에 핵심적이라고 할 수 있다. 이 장에서는 영아기의 사회적 관계를 애착과 친사회적 행동을 중심으로 살펴보겠다.

1. 애착

애착(attachment)은 영아가 몇몇 특별한 사람, 특히 양육자와 형성하는 친밀하고 강력한 정서적 유대감을 말한다. 이 정의에서 알 수 있듯이 애착의 개념에는 선택성(selectivity)과 정서적 요소가 포함되어 있다. 선택성의 측면을 우선 살펴보자. 영아는 아무에게나 애착을 형성하지 않는다. 영아들은 문자 그대로 특별한 사람, 자신의 생존에 일차적으로 기여하는 양육자에게 애착을 형성한다. 정서적 측면에서 애착이 안정적으로 형성되면 엄마와 아기는 서로 상호작용하

영아들은 애착을 형성한 양육자와 상호작용하는 과정에서 즐거움과 편안함을 느끼게 된다.

는 과정에서 즐거움과 편안함을 느끼게 된다. 이 때문에 불안을 느끼면 영아들은 어머니에게 다가가 위안을 얻으려고 한다. 이 장에서는 영아기에 일어나는 가장 중요한 형태의 사회적 발달인 애착의 여러 가지 측면을 살펴볼 것이다. 우선 애착에 대한 이론적 설명들을 살펴보고 애착 측정 방법과 유형을 알아보고자 한다. 다음으로 양육가설과 기질가설의 상반되는 두 주장을 살펴봄으로써 애착 안정성에 영향을 미칠 수 있는 요인들을 정리할 것이다. 이어 애착과 이후의 발달 간 관련성을 알아보고 초기 애착 관계의 중요성을 생각해 보도록 하겠다. 마지막으로 애착관계를 토대로 이루어지는 이후의 사회적 발달을 친사회성을 중심으로 살펴보겠다.

1) 애착 이론

다른 동물들은 출생 직후 혹은 태어난 지 얼마 안 되어도 신체를 스스로 통제하고 머지않아 자립할 수 있는 것에 비해, 아기들은 스스로를 돌볼 수 있을 때까지 상당한 긴 시간이 필요하다. 이 기간 동안 영아가 생존하기 위해서는 주변 사람과 친밀한 관계를 형성해야 한다. 이처럼 영아의 삶에서 애착 형성은 생존과 직결되는 중요한 문제다. 그래서 여러 연구자가 애착에 대한 다양한 이론을 제시해 왔다. 이 이론들은 왜 영아들이 양육자에게 애착을 형성하는지, 즉 애착 형성의 핵심적 요소가 무엇인지에 대해 서로 다른 관점을 취한다. 다음에서 살펴보겠다.

(1) 정신역동적 이론

Freud에 따르면, 영아기는 성적 에너지가 입 혹은 입을 통한 활동에 집중되는 구강기(oral stage)에 해당된다(Shaffer & Kipp, 2009). 따라서 음식은 이 시기의 영아에게 매우 중요하다. 이 관점에 따르면, 영아들은 양육자가 구강적 즐거움을 제공하기 때문에 애착을 형성하게 된다. 이처럼 애착의 주요 결정 요소가 음식이기 때문에, Freud의 애착이론을 애착의 찬장이론(cupboard love theory)이라고도 한다(Bowlby, 1969).

Erikson 역시 영아기 동안 양육자가 음식을 제공하는 것이 애착 형성의 기본 요건이라는 점에 대해서는 동의했다. 그러나 그는 음식 자체보다 양육자와의 신뢰성 있는 관계가 애착 형성에서 더 중요하다고 주장했다. 즉, 음식을 비롯한 영아의 요구에 책임감 있고 민감하게 반응하는 양육자는 영아와 신뢰 관계를 형성하게 되지만 비일관적으로 반응하는 양육자는 영아의 불신을 초래한다는 것이다. 영아가 양육자에게 형성하는 신뢰는 기본적 신뢰로서 그 신뢰감은 부모에 국한되지 않고 주변의 다른 사람, 더 나아가 세상으로 확장된다. 다시 말해, 양육자와 신뢰 관계를 형성한 영아들은 세상이 믿을 수 있고 즐거운 곳일 거라는 기대를 갖게 된다.

(2) 학습이론

전통적인 학습적 관점도 애착 형성에 있어 음식이 중요하다고 본다(Sears, 1963). 이 관점에 따르면, 음식은 영아의 긍정적인 반응을 유발하는 무조건 자극이다([그림 9-1]의 1단계). 무조건 자극이란 특정한 학습이나 조건 형성 없이도 자

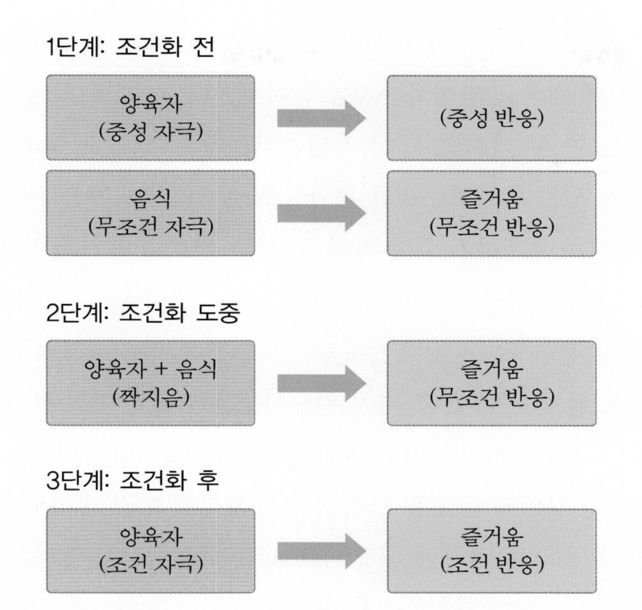

그림 9-1 학습이론에서 애착 형성의 과정

학습이론에서는 조건화를 통해 애착이 형성된다고 본다. 즉, 영아들은 즐거움이라는 무조건 반응을 야기하는 무조건 자극인 음식과 양육자를 함께 경험함으로써 조건화된다.

동적인 반응을 유발하는 자극을 뜻한다. 예컨대, 사람은 음식을 먹으면 반사적으로 침을 흘리는데 여기서 음식을 무조건 자극이라고 한다. 음식은 또한 영아에 대한 양육자의 애정을 증가시킬 가능성을 높인다. 영아의 입장에서도 음식을 제공받으면서 즐거움과 양육자를 연결하게 된다([그림 9-1]의 2, 3단계).

(3) 접촉위안 이론

음식이 애착 형성에서 핵심적 역할을 한다는 학습이론의 주장이 널리 통용되고 있을 무렵 Harlow와 Zimmermann(1959: Blum, 2005에서 재인용)은 영장류의 애착 발달에서 음식과 촉각 자극의 상대적 중요성을 비교하고자 하였다. 이를 위해 그들은 원숭이 새끼를 어미와 격리시키고 두 유형의 대리모를 제공하였다. 젖병이 설치되었으나 차가운 철사 대리모와 아무것도 없지만 부드러운 천으로 감싸 있어서 안기면 포근한 느낌을 주는 헝겊 대리모였다. 그리고 원숭이가 어느 쪽에 애착을 형성하는지를 알아보았다. 이때 애착이 형성되었음을 말해 주는 지표는 두 가지였다. 아기 원숭이들이 두 대리모 중 어느 쪽과 물리적으로 가까이 있으려고 하는지와 불안을 느낄 때 어느 쪽을 안전기지로 활용하는지였다. 이를 측정하기 위해 하루 중 어느 정도의 시간을 두 대리모 중 하나에 매달려 지내는지와 시끄러운 소음을 내는 장난감을 우리에 넣었을 때 어느 대리모에게 접근하는지를 측정하였다. 그 결과, 아기 원숭이들은 압도적으로 헝겊 대리모를 더 좋아했다. 아기 원숭이들은 우유를 먹는 동안만 잠시 철사 대리모에게 다가갔고 하루 중 대부분의 시간을 헝겊 대리모를 안은 채로 시간을 보냈다. 또한 불안과 공포를 느끼는 상황에서도 헝겊 대리모에게서 위안을 얻으려고 했다. 이러한 결과에 대해 Harlow는 "이 자료가 말하는 바는 명확하다. 접촉으로부터 얻는 위안은 애착의 발달에 있어서 압도적으로 중요한 변인인 반면, 수유는 무시해도 좋을 정도의 변인이다."라고 주장하였다(Blum, 2002/2005). 후속 실험을 통해 Harlow는 아기 원숭이들이 체온보다 좀 더 따뜻한 온도를 선호하며 움직이는 대리모를 그렇지 않은 경우보다 더 선호한다는 것을 추가로 발견하였다. 원숭이, 더 나아가 인간에게도 촉각적 자극이 애착 형성의 강력한 기여인이 된다는 의미에서 Harlow의 이론을 접촉위안 이론(contact comfort theory)이라고 한다.

Harry Harlow(1905~1981)
아기 원숭이와 대리모 실험을 통해 촉각적 자극이 애착 형성의 강력한 기여인이 된다는 것을 보여 주었다.

(4) 동물행동학 이론

호숫가에 가면 오리 새끼가 어미를 졸졸 따라다니는 광경을 흔히 볼 수 있다. 이렇게 어미를 졸졸 따라다니는 추종행동의 원인은 어린 오리가 어미에게 각인되었기 때문이다. 바로 이 각인(imprinting) 개념은 애착에 대한 동물행동학 이론의 기원이다. 각인은 어린 오리의 생존과 직결된다. 즉, 갓 부화된 어린 거위들이 포식동물과 굶주림으로부터 스스로를 지킬 수 있는 방법은 천적으로부터 보호해 주고 먹이를 제공하는 어미를 따라다니는 것뿐이다.

동물행동학 관점에서는 진화 과정에서 각인이 생존에 도움이 된다는 것이 증명되었기 때문에 세대를 거쳐 전해졌다고 본다. 이러한 입장을 취하는 연구자들은 어린 조류의 각인과 마찬가지로 인간의 애착도 생존 가능성을 높이는 기능을 하는 진화의 산물이라고 주장한다(Alley, 1981; Bowlby, 1969).

동물행동학 이론에 따르면, 영아와 양육자는 모두 생존 가능성을 높이기 위해서 서로에게 애착을 형성할 필요가 있다. 앞서 말했듯이, 영아는 다른 사람의 도움 없이는 자립할 수 없기 때문에 양육자와의 애착 형성이 꼭 필요하다. 이는 양육자에게도 마찬가지다. 자신의 유전자를 물려줄 후손을 남기는 것은 넓은 의미에서의 생존이라 할 수 있다. 따라서 양육자도 영아에게 애착을 형성해야 한다. 이를 위해 영아는 애착 형성에 유리한 특성들을 가지고 태어난다. 예컨대, 영아의 귀여운 외모, 타고난 반사적 반응은 주변 성인으로 하여금 사랑스럽

Konrad Lorentz(1903~1989)
Lorentz는 거위를 대상으로 한 동물행동학 연구를 통해 새의 유전자에 선천적으로 프로그래밍되어 있는 '각인' 현상을 보여 주었다.

John Bowlby(1907~1990)
생애 초기 양육자에 대한 애착이 그 영아의 일생 전반에 중요한 영향을 미친다고 주장하였다. 그는 인간의 애착도 생존 가능성을 높이는 기능을 하는 진화의 산물이라고 보았다.

게 느끼도록 만든다. 특히 영아의 귀여운 외모는 인간에게만 국한된 것이 아니라 다른 동물에게서도 보편적으로 나타나는 특성이다. [그림 9-2]에서 볼 수 있는 것처럼 어떤 동물이든 어린 개체(B, D, F)는 성숙한 개체(A, C, E)에 비해 더 사랑스럽게 보이는 경향이 있다. 이처럼 동안(baby face)의 특징들이 주변 사람들에게 귀엽고 사랑스럽다고 지각되고 그들로부터 호의적인 반응을 유발하는 것을 큐피인형 효과(Kewpie doll effect)라고 한다(Lorenz, 1943: Shaffer & Kipp, 2009에서 재인용). 한편 동물행동학적 관점에 따르면 양육자도 영아의 이러한 애착을 촉진하는 특

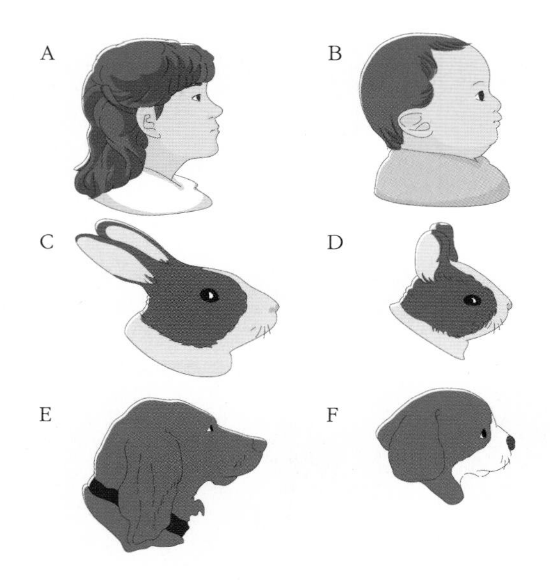

그림 9-2 큐피인형 효과

여러 어린 동물은 종을 막론하고 사랑스러워서 주변 사람들의 주목을 집중시킨다.

출처: Shaffer & Kipp (2009), p. 391.

징들에 주목하고 호의적으로 반응하는 경향이 있다. 결과적으로 영아와 양육자 모두 애착 형성에 도움이 되는 특징을 타고난다는 것이 동물행동학적 관점의 요지다.

지금까지 우리는 애착에 대한 여러 가지 이론을 살펴보았다. 각각의 이론은 서로 강조점은 다를지라도 애착에 대해 나름대로의 설명을 하고 있다. 어떤 이유에서건 애착은 영아의 발달에서 반드시 필요한 사회적 관계임에는 틀림없다. 그런데 우리는 종종 애착의 안정성에 있어서 분명한 개인차를 관찰하곤 한다. 즉, 어떤 영아는 어머니와 떨어지더라도 거의 무관심하게 반응하는 반면, 또 어떤 영아는 생이별이라도 하는 것처럼 극심한 공포 반응을 보이기도 한다. 이러한 애착의 개인차는 어떤 상황에서 관찰할 수 있을까? 다음에서 애착의 개인차를 측정하는 방식들을 살펴보겠다.

2) 애착의 측정

(1) 애착의 측정 방법

애착에 대한 Bowlby의 이론적 개념들은 Ainsworth의 연구방법론을 통해 실제로 검증되었다. 오늘날 Ainsworth의 낯선 상황 절차(strange situation procedure)는 엄마와 영아의 애착 안정성을 측정하는 대표적인 방법으로 평가된다(Ainsworth, Blehar, Waters, & Wall, 1978).

Mary Ainsworth (1913~1999)
낯선 상황에서 영아가 양육자와의 분리 및 재결합, 낯선 성인과의 만남을 경험하면서 보이는 반응을 관찰함으로써 애착을 측정하는 낯선 상황 절차를 개발했다.

〈표 9-1〉은 낯선 상황 절차에 포함된 일련의 에피소드를 정리한 것이다. 이 방법은 12~24개월 영아들과 엄마의 애착 관계를 측정하기에 특히 적합하다. 연구자는 영아의 연령에 적합한 장난감과 놀잇감이 여럿 있는 낯

표 9-1 Ainsworth의 낯선 상황 절차(strange situation procedure)

일화	사건	관찰되는 애착 관련 행동
1	실험자가 부모와 영아에게 놀이방을 소개하고 떠남	
2	영아가 노는 동안 부모는 앉아 있음	안전기지로서 부모
3	낯선 이가 들어와 앉아서 부모와 이야기함	낯선 이 불안
4	부모가 나가고, 영아가 불안해하면 낯선 이가 위안을 제공함	분리불안
5	부모가 돌아오고, 영아에게 인사하고 영아가 불안해하면 위안을 제공, 낯선 이가 떠남	재결합 행동
6	부모가 방을 나감	분리불안
7	낯선 이가 들어와 위안을 제공함	낯선 이에 의해 위로받는 능력
8	부모가 돌아와 영아에게 인사하고, 필요하다면 위안을 제공. 그리고 영아가 장난감에 흥미를 갖게 하려는 시도를 함	재결합 행동

출처: Gross (2011), p. 298.

선 실험실에 영아와 엄마를 데리고 온다. 그리고 엄마와 낯선 여성이 드나드는 일련의 에피소드에서 영아들이 어떤 반응을 보이는지 관찰하고 분석함으로써 애착 안정성을 측정한다. 낯선 상황 절차에 포함된 에피소드들은 엄마와의 분리와 재결합이 이루어지는 과정에서 스트레스와 불안 수준의 증가를 유도하는 것으로, 영아가 불안을 느꼈을 때 양육자를 얼마나 위안의 원천으로 활용하는지를 관찰하기 위한 것이다. 특히 재결합 에피소드에서 영아와 부모의 반응이 중요한 것으로 간주된다.

이 외에 애착을 측정할 수 있는 방법으로는 애착 Q-Sort(Attachment Q-Sort: AQS)가 있다(Waters, 1995). AQS에서 관찰자 혹은 양육자는 전형적인 애착 관계를 표현하는 문항에 대해 각각을 영아와 일치하는 정도에 따라 분류한다. 일치 정도는 1점에서 9점까지 총 9개의 수준이다. 낯선 상황 절차는 영아가 어느 정도 운동 기술을 습득한 뒤(약 2세경)에는 애착을 평가하기에 적절치 않을 수 있다. 영아가 자유자재로 움직일 수 있게 됨에 따라 엄마가 방을 떠나면 따라 나갈 수 있기 때문이다. 반면 AQS는 비교적 넓은 범위의 연령대, 즉 12개월에서 5세까지의 애착을 측정할 수 있는 장점이 있다(Gross, 2011).

(2) 애착의 유형

앞에서 언급한 애착 측정 방법을 통해 애착의 안정성을 관찰할 수 있는데 그 차이에 따라 애착 유형을 네 가지로 분류할 수 있다. 애착 유형은 크게 안정 애착과 불안정 애착으로 구분되며, 불안정 애착은 다시 세 가지로 나뉜다.

1 안정 애착

우선 안정 애착(secure attachment, B 유형)으로 분류되는 영아들은 낯선 상황 절차가 진행되는 동안 양육자를 안전기지로 생각한다. 처음 3개의 에피소드 동안 몇몇 안정 애착 영아들은 양육자와 눈 맞춤을 하고 장난감에 다가가거나 놀면서 엄마가 방 안에 있는지 확인함으로써 안심하는 모습을 보인다. 또 다른 안정 애착 영아들은 놀이 시간 동안 양육자를 부르는 듯한 발성을 하거나 신체적 접촉을 시도하기도 한다. 다섯 번째와 여덟 번째 재결합 에피소드에서 안정 애

안정 애착 영아는 낯선 상황에서 불안을 느끼면 양육자와 신체적 접촉을 함으로써 불안을 경감시키려고 한다. 이는 양육자를 안전기지로 생각한다는 것을 뜻한다.

착 영아들은 엄마에게 안김으로써 불안을 위로받으려는 시도를 한다. 안정 애착 영아가 보이는 양육자에 대한 긍정적인 반응은 평소 양육자가 영아의 애착 유발 행동에 대해 민감하고 예측 가능하며 효과적인 방식으로 반응했기 때문이다(Gross, 2011).

2 불안정 회피 애착

불안정 회피 애착 영아(insecure-avoidant attachment, A 유형)들은 전반적으로 엄마를 무시하는 것과 같은 반응을 보인다. 그들은 엄마와 분리되었을 때에도 스트레스를 상대적으로 덜 받는 것처럼 보인다. 엄마가 실험실을 떠났다가 다시 돌아올 때에도 무시하거나 별다른 감흥을 느끼지 않는 것처럼 행동한다.

3 불안정 저항 애착

불안정 저항 애착(insecure-resistant attachment, 혹은 불안정 양가적 애착, C 유형) 영아들은 엄마와의 재결합 시 양가감정적인 반응을 보인다. 즉, 엄마에게 매달리다가도 혼자 두고 떠난 것을 원망이라도 하는 듯 밀쳐 내기도 한다.

4 혼란 애착

혼란 애착(disorganized/disoriented attachment, D 유형)은 낯선 상황에서 가장 큰 스트레스를 받고 가장 불안정한 반응을 보인다. 이 영아들은 엄마와 재결합 시 멍하고 얼어붙은 듯한 행동을 하고 엄마에게서 위로를 받는 것 같지도 않다. 이런 모호한 반응을 보면 그 영아로서는 엄마가 위안의 대상인지, 아니면 또 다른 스트레스의 원천인지 모르는 것 같다.

영아, 양육자 그리고 양육 환경의 특성에 따라 애착의 유형은 달라진다. 1990년대에 이루어진 80여 개의 애착 연구를 개관한 van IJzendoorn, Schuengel과 Bakermans-Kranenburg(1999)의 연구 결과가 〈표 9-2〉에 제시되어 있다.

표 9-2 영아, 양육자, 양육 환경의 특성과 애착의 유형

애착의 유형	표집	보고 비율(%)
안정 애착(B 유형)	중류계층	60~75%
불안정 회피 애착(A 유형)	중류계층	15~25%
불안정 저항 애착(C 유형)	중류계층	10~15%
혼란 애착(D 유형)	중류계층 저소득층 10대 모 학대받은 아동 어머니의 물질 남용 어머니의 우울 임상 표집의 아동(자폐증, 다운증후군 등)	15% 25% 25% 48% 43% 19% 35%

출처: van IJzendoorn, Schuengel, & Bakermans-Kranenburg (1999): Gross (2011)에서 재인용.

이 표에서 볼 수 있는 바와 같이 연구 대상자가 북미 중류계층 가정일 경우 대부분의 12~18개월 영아(60~75%)는 낯선 상황 절차에서 안정 애착 유형으로 분류되었다. 반면 연구 대상자가 중류계층(15%)일 때보다는 저소득층(25%), 10대 모(25%), 학대받은 아동(48%), 발달장애로 진단받은 임상 표집의 아동(35%) 등일 때 혼란 애착 유형으로 분류되는 비율이 더 크게 증가하는 경향이 있었다.

3) 애착의 결정 요인

애착 유형 형성에 영향을 미치는 요인들로는 양육자가 영아에게 제공하는 양육의 질과 영아 자신의 개인적 특성인 기질을 들 수 있다. 다음에서 각각을 자세히 살펴보자.

(1) 양육가설(care-giving hypothesis)

Ainsworth는 민감한 엄마-영아 상호작용을 경험했던 영아들은 대부분 긍정적인 애착 관계를 형성한다는 것을 관찰했다(Ainsworth et al., 1978). 그녀의 주장에 따르면 양육자의 특성에 따라 애착 유형은 달라질 수 있다. 구체적으로 안정 애착 영아의 엄마는 영아의 상태에 민감하고 긍정적 태도를 취하고 동시적 상호작용에 능숙하며 영아를 향해 빈번한 자극을 제공하는 특성을 지니고 있다. 반면 불안정 회피 애착 영아의 엄마는 영아를 거부하거나 지나치게 열광적으로 반응하는 경향이 있으며, 불안정 저항 애착 영아의 엄마는 비일관적인 양육 태도를 지닐 위험이 높다. 그런가 하면 영아를 무시하거나 물리적으로 학대하는 엄마는 영아와 혼란 애착을 형성할 가능성이 있다.

여러 후속 연구도 엄마의 민감성이 애착 형성을 촉진한다는 Ainsworth의 주장을 재확인했다(De Wolff & van IJzendoorn, 1997; Harrist & Waugh, 2002; Posada, Carbonell, Alzate, & Plata, 2004). 양육가설의 관점에서 본다면, 영아와 불안정 애착을 형성할 위험이 높은 사람들은 둔감한 양육자라고 할 수 있다. 둔감한 양육 패턴을 취하는 엄마들에게는 몇 가지 특징을 찾아볼 수 있는데 우울증, 아동학

양육가설에서는 민감한 부모-영아 상호작용이 애착 유형 형성에 영향을 미치는 주요 요인이라고 본다.

대를 당한 경험, 원치 않는 아기를 가진 경우 등이다(Gross, 2011).

(2) 기질가설(temperament hypothesis)

Kagan(1989: Kagan, 2006 재인용)은 영아의 기질이 애착 유형을 결정하는 데 어떤 영향력이 있는지에 관심이 있었다. 그는 낯선 상황 절차가 애착의 질보다는 영아의 기질차를 측정하는 상황이라고 주장하였다. 이러한 주장의 근거는 북미 아동을 대상으로 얻어진 안정 애착(65%), 불안정 저항 애착(10%), 불안정 회피 애착(20%)의 비율이 Thomas와 Chess(1977: Chess & Thomas, 1996 재인용)의 연구에서 얻어진 순한 기질(60%), 까다로운 기질(15%), 느린 기질(23%)의 비율과 거의 일치한다는 발견에 있다. 요컨대 Kagan은 양육자가 아닌 영아가 애착 유형을 결정하는 일차적 요인이라고 보았다.

여기에서 우리는 앞서 8장의 기질에서 살펴본 조화의 적합성 개념을 다시 생각해 볼 필요가 있다. 영아는 개인적 특성을 가지고 양육자와 상호작용한다. 양육자의 양육 패턴이 영아의 기질과 적절히 조화를 이룰 때 양자의 관계는 보다 안정적으로 형성될 것이다.

4) 애착과 이후의 발달

애착의 안정성은 주위 사람에 대한 아동의 기대에 영향을 미치며, 이러한 일반적인 기대는 아동들이 새로운 상황에서 새로운 사람들과 어떻게 상호작용할지를 결정한다. 안정 애착을 형성한 아동들은 전반적으로 주변 사람들에 대해 긍정적인 예측을 하며 다른 사람들로부터 긍정적인 반응을 이끌어 내는 방식으로 행동한다. 반면 불안정 애착을 형성한 아동들은 전반적으로 주변 사람들에 대해 부정적인 예측을 하는 경향이 있다(Thompson, Lewis, & Calkins, 2008).

단기적으로, 안정적 애착 관계는 아동들을 스트레스의 부정적인 영향으로부터 신체를 보호하는 기능을 할 수 있다. 영아들이 불쾌감과 공포, 불안을 느끼게 될 때 대개 스트레스 호르몬인 코르티솔의 수준은 증가한다. 그러나 낯선 상황과 같은 스트레스 상황에서 양육자가 곁에 있으면 안정 애착 영아의 코르티솔 증가 수준은 상대적으로 적다. 대조적으로 불안정 애착을 형성한 영아들, 특히 혼란 애착 영아들의 경우에는 부모가 옆에 있더라도 이러한 스트레스 완충 효과가 거의 나타나지 않는다(Hertsgaard, Gunnar, Erikson, & Nachmias, 1995; Nachmias, Gunnar, Mangelsdorf, Parritz, & Buss, 1996).

또한 영아의 애착 관계는 새로운 상황에 노출될 때 스트레스에 대처하고 적응하는 것을 도울 수 있다. 15개월경 안정적으로 애착된 영아들은 보육시설에 맡겨질 때 불안정 애착 영아보다 더 적은 신체적 스트레스 반응을 보였다. 엄마가 감정을 읽어 주고 새로운 환경에 적응하는 것을 돕는 데 많은 시간을 할애할수록 스트레스 반응은 더 적었다(Ahnert, Gunnar, Lamb, & Barthel, 2004).

안정 애착 집단과 불안정 애착 집단 간 기본적인 인지 기술이나 지능에서의 차이는 명확히 밝혀진 바가 없지만 애착과 언어 능력 간 관련성은 보고된 바 있다. 어떤 연구자들은, 영아와 엄마가 안정 애착 관계일 때 영아들은 부모의 지시와 가르침에 보다 수용적이며 엄마들은 영아가 뭔가를 배울 수 있는 상태인지를 민감하게 판단하므로 언어 발달이 촉진될 수 있다고 주장한다(Corriveau et al., 2009; van IJzendoorn, Dijkstra, & Bus, 1995).

안정 애착 영아는 엄마뿐 아니라 다른 사람에게도 긍정적 기대를 일반화할 수 있다. 이를 기반으로 영아는 성인의 가르침을 보다 쉽게 수용할 수 있으며 이후 다양한 발달 영역에 긍정적인 결과를 얻게 된다. 실제로 생후 12개월부터 19세까지 연구 참여자들을 추적 조사한 종단 연구(Carlson, Sroufe, & Egeland, 2004)에서도 영아기 때 안정 애착으로 분류되었던 아동들은 사회적 기술, 정신 건강, 문제 해결 등에서 보다 긍정적인 평가를 받는 경향이 있었다.

2. 친사회적 행동의 발달

『유인원의 사고 방식(The Mentality of Apes)』이라는 책에서 Wolfgang Köhler는 다음과 같은 사례를 기술하였다. Chica라는 침팬지가 손이 닿지 않는 음식을 끌어오는 데 실패했다. 두 개의 막대를 묶어서 음식을 끌어올 수 있다는 통찰이 부족했기 때문이다. Köhler는 그가 가장 좋아하던 침팬지인 Sultan과 함께 몇 분간 지속된 Chica의 무익한 노력을 관찰했다. Sultan은 Chica의 행동을 심각한 얼굴로 바라보면서 머리를 의미심장하게 긁고 있었다. Köhler는 Sultan이 문제를 해결하는 것을 본다면 Chica도 이해할 수 있을 것이라는 생각에 막대를 Sultan에게 건네주었다. Köhler의 예측처럼 Sultan은 두 개의 막대를 이용하여 음식을 끌어왔다. 그러나 그다음 Sultan이 한 행동은 Köhler가 미처 예측하지 못한 것이었다. Sultan은 음식을 자기가 먹는 대신 Chica에게 밀어 주었다(Köhler, 1921: 123: Warneken, 2007 재인용).

우리는 일반적으로 다른 개체에 대한 친사회적인 행동은 문명화된 사회의 성인에게서 나타날 것이라고 기대한다. 위 사례가 놀라운 것은 침팬지와 같은 동물도 먹이를 양보하는 친사회적 행동을 했기 때문일 것이다. 그렇다면 어린 영아들은 어떨까? 최근 발달심리 연구자들은 영아들이 보이는 친사회적 행동에 대해 주목하고 있다. 다음에서는 영아기 동안의 친사회적 행동에 대해서 살펴보겠다.

1) 친사회적 행동의 기초 능력

친사회적 행동이란 구체적 보상에 대한 기대나 처벌의 회피에 의해서라기보다는 타인에 대한 배려 또는 자기 보상(self-rewards)에 의해 동기화된 행동을 의미한다(Eisenberg, Fabes, & Spinrad, 2006). 친사회적 행동을 하기 위해서는 인간과 세상에 대한 몇 가지 기본적인 인지 능력이 필요하다. Wynn(2007)에 따르면, 영아들이 친사회적 행동을 하기 위해서는 사회적 존재가 어떤 목표나 욕구를 가지고 있음을 이해해야 하며 사회적 상호작용을 판단하는 능력 또한 지니고 있어야 한다. 근래의 연구들은 생후 6개월 정도의 어린 영아들도 친사회적 행동에 필요한 기초적 능력을 가지고 있음을 보여 준다(Hamlin, Wynn, & Bloom, 2007, 2010).

한 연구(Kuhlmeier, Wynn, & Bloom, 2003)에서 연구자들은 영아들에게 인형이 언덕을 올라가는데 다른 인형이 이 인형을 도와주거나 방해하는 장면을 보여 준 다음, 주인공 인형이 누구에게 다가갈 것인지를 알아보았다. 이때 영아들은 과연 인형들끼리의 이전의 상호작용에 기반을 두어 다음 행동을 예측할 수 있을까? 연구자들은 [그림 9-3]처럼 컴퓨터 화면에 작은 언덕과 큰 언덕, 사각형, 삼각형 그리고 원이 나오는 동영상을 제시했다. 동영상이 시작되면 작고 빨간 원은 언덕을 오르기 시작했다. 그리고 작은 언덕 정상까지 올라간 원은 뒤이어 큰 언덕을 오르기 시작했다. 삼각형이 원을 도와주는 조력자 조건([그림 9-3]의 A)에서는 노란색 삼각형이 나타나서 빨간색 원을 아래에서 위로 밀어 주었다. 반면 사각형이 원을 방해하는 방해자 조건([그림 9-3]의 B)에서는 파란색 사각형이 등장해서 빨간색 원을 위에서 아래로 밀어 버렸다. 이때 영아의 절반에게는 삼각형이 원을 방해하고, 사각형이 원을 도와주는 동영상을 보여 주었다. 연구자들은 과연 영아들이 조력자와 방해자의 역할을 인식하고, 또 이에 근거하여 원의 다음 행동을 예측하는지를 알아보기 위해서 원이 삼각형 쪽으로 다가가는 장면([그림 9-3]의 C)과 사각형 쪽으로 다가가는 장면([그림 9-3]의 D)을 제시한 후 두 사건에 대한 영아의 응시 시간을 비교했다.

그 결과, 영아들은 주인공 원이 목표 달성을 방해한 이(방해자인 사각형)보다 도와준 이(조력자인 삼각형)에게 '다가갈' 것으로 기대했다. 이 결과는 앞에서 조력자가 삼각형과 사각형, 그 누구였든 상관이 없었다. 즉, 영아들이 특정 도형에 대한 개인적 선호를 보였기 때문에 이런 결과가 나타난 것은 아니라는 것

A. 삼각형이 원을 도와주는 장면

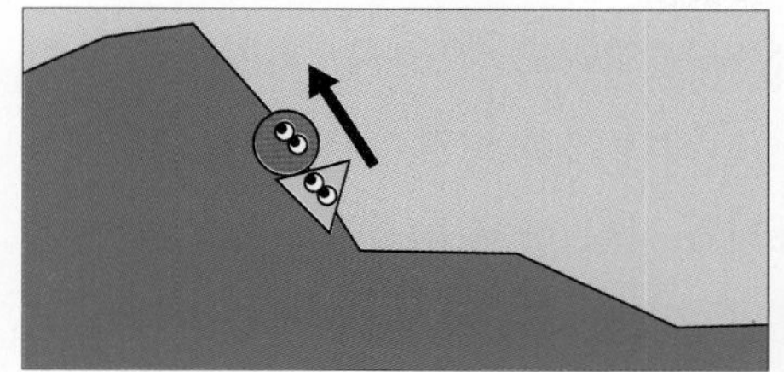

삼각형이 원이 언덕 위로 올라가도록 아래에서 위로 밀어 준다.

B. 사각형이 원을 방해하는 장면

사각형이 원이 언덕 위로 올라가지 못하도록 위에서 아래쪽으로 밀어낸다.

C. 원이 삼각형 쪽으로 가는 장면

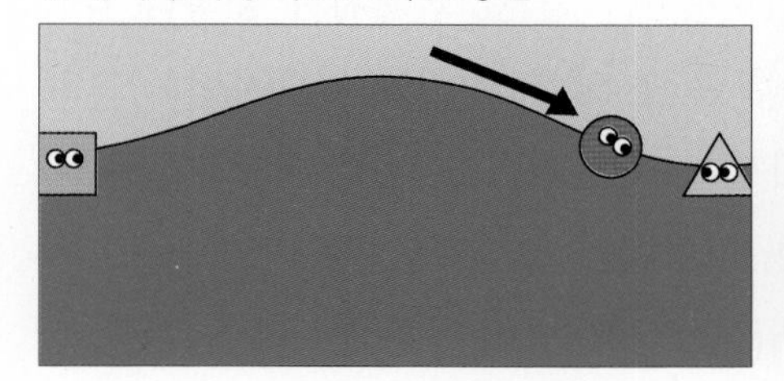

D. 원이 사각형 쪽으로 가는 장면

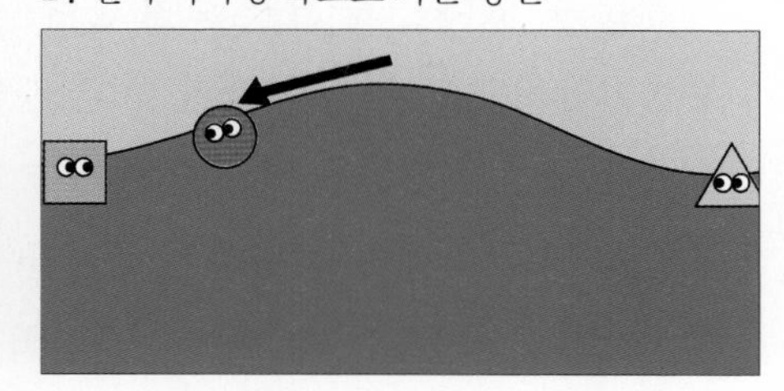

그림 9-3 Hamlin 등(2007)의 실험에서 제시된 조력자 사건(A)와 방해자 사건(B), 원이 조력자 쪽으로 접근하는 사건(C), 원이 방해자 쪽으로 접근하는 사건(D)

이 실험에서 10개월 영아들은 조력자와 방해자의 역할을 확실히 인식하고 있으며 이에 근거해서 친사회적 행동을 판단할 수 있음을 보여 주었다.

출처: Hamlin et al. (2007), p. 558.

이다. 아울러 방해자와 조력자에 대한 영아의 선호를 측정하기 위해 영아에게 언어적 지시 없이 노란색 삼각형과 파란색 사각형을 보여 주며 그중 하나를 손으로 집어 보도록 했다. 그 결과, 대부분의 아기가 남을 도와주었던 노란색 삼각형(조력자)을 선택했다. 조력자로 사각형이 등장했던 조건의 영아들 역시 사각형을 선택했다. 이러한 경향은 주인공 원과 어떤 상호작용도 하지 않았던 중립자를 포함시켜도 여전히 나타났다. 즉, 영아들은 중립자보다는 조력자를, 방해자보다는 중립자를 더 선호했다. 더 어린 3개월 영아들을 대상으로 한 후속 연구(Hamlin et al., 2010)에서도 누군가에 대한 평가를 할 때 그 누군가가 이전에 했던 사회적 상호작용 행동에 근거를 둔다는 결과가 얻어졌다.

그렇다면 아기들은 착한 행동과 나쁜 행동을 구별할 수도 있을까? Hamlin과 Wynn(2011)은 아기에게 강아지가 사탕 상자를 열려고 시도하는 인형극을 보여 주었다. 그런데 상자가 잘 열리지 않았다. 그러나 착한 고양이가 와서 강아지가 상자를 여는 것을 도와주었다. 다시 강아지가 사탕 상자를 열려고 애쓰자 이번에는 나쁜 고양이가 와서 상자를 여는 것을 방해하고는 가 버렸다. 인형극이 끝난 뒤, 아기에게 두 고양이 인형을 내밀자 이번에도 역시 아기는 착한 고양이 인형을 선택했다. 이 두 실험은 아주 어린 아기들도 착한 행동과 나쁜 행동을 구별할 수 있다는 증거를 보여 준다. 이처럼 아기들은 그 행위가 긍정적인지, 부정적인지에 따라 행위자의 성향을 추론할 수 있다. 이전에 의도적으로 도와주었던 긍정적 행동을 한 사람에게는 가까이 가는 것이, 이전에 의도적으로 해를 입히거나 방해했던 부정적 행동을 한 사람에게서는 멀리 떨어지는 것이 좋다. 그런데 성인들은 때로는 이 간단한 규칙을 뛰어넘어 다른 사람을 판단하고, 그 사람과 상호작용하기도 한다. 예컨대, 과거에 남을 방해하거나 해를 입혔던 이들에게 가까이 접근할 때도 있다. 바로 해를 입혔던 사람을 처벌할 때다. Hamlin, Wynn, Bloom과 Mahajan(2011)은 5개월과 8개월 영아들을 대상으로 언제부터 영아들이 성인처럼 생각하는지를 알아보았다. 연구자들은 Hamlin과 Wynn(2011) 연구의 인형극 다음에 새로운 캐릭터가 등장하는 새로운 장면을 보여 주었다. 어떤 때는 착한 고양이가 공놀이를 하다가 공을 떨어뜨리면 새로운 캐릭터가 공을 주워 주거나 공을 주워 주지 않고 자신이 갖는 사건이었다. 또 어떤 때는 나쁜 고양이가 공놀이 도중 떨어뜨린 공을 새로운 캐릭터가 주워 주거나 자신이 갖는 사건이 연출되었다. 그 결과, 5개월 영아들은 새로운 캐릭터가 무조건 긍정적 행위자일 때 그를 좋아했다. 즉, 영아들은 공을 떨어뜨린 이가 착한 고양이든 나쁜 고양이든 상관없이 무조건 공을 주워 줄 때 그 새로운 캐릭터를 선호했다. 반면 8개월 영아들은 새로운 캐릭터가 착한 고양이에 대해서는 긍정적으로 행동하고 나쁜 고양이에 대해서는 부정적으로 행동할 때 선호를 보였다. 이러한 결과는 8개월 무렵부터 영아들은 사회적 행위의 가치를 결정할 때 단순히 그 긍정성 혹은 부정성 여부만 고려하는 것이 아니라, 행위의 수혜자가 과거에 어떤 행동을 했는지도 고려한다는 것을 의미한다. 다시 말해, 8개월 영아들은 친사회적 행위자에 대해서는 긍정적으로 행동해서 보상을 주는 것, 그리고 반사회적 행위자에 대해서는 부정적으로 행동해서 처벌을 하는 것이 타당하다고 생각할 수 있다.

앞에서 살펴본 연구들은 생후 첫돌이 되기 이전 3~10개월 정도의 어린 영아들도 누가 선한 존재인지를 판단할 기본 능력을 가지고 있다는 것을 보여 준다. 물론 이 정도로 어린 영아는 아직 신체 발달이 이루어지지 않아, 다른 사람을 도와주는 행위를 실천에 옮기기가 어렵다. 그럼에도 불구하고 영아들은 적어도 누가 친구이고 누가 적인지, 이타적인 행위란 무엇인지를 구별할 수 있으며, 그러한 이타적 행위에 대한 선호를 가지고 있음은 분명하다. 이러한 선호는 이후의 도덕적 판단의 발달에서 중요한 역할을 할 수 있을 것이다.

2) 친사회적 행동

친사회적 행동을 하기 위해서는 고통받는 타인에 대한 공감이 선행되어야 한다. 이러한 공감과 이타적 개입은 아동이 어느 정도 성장해야 가능한 것으로 생각되며 이러한 정서 표현이 일어나기 이전의 영아들은 미분화된 형태의 공감만을 느낄 뿐이다(Eisenberg, 1992; Hoffman, 1984). 그럼에도 불구하고 고통받는 주변 사람을 부드럽게 만지는 등의 단순한 이타적 개입은 생후 12개월경에도 관찰된다(Hoffman, 1984; Zahn-Waxler, Radke-Yarrow, Wagner, & Chapman, 1992). 또한 드물기는 하지만 상대방이 고통받을 때 상대에게 기대어 쓰다듬는 행위는 생후 6개월 초기에도 관찰된 바 있다(Bråten, 1992). 그러나 이 시기의 영아들은 아직 스스로 움직이기도 어렵고, 움직임도 부자연스럽다. 때로 고통을 호소하는 사람들은 영아들이 다가가기에는 너무 먼 거리에 있을 수도 있다. 또한 이 시기 영아들은 주변에서 도움을 필요로 하는 사람들에게 어떤 행동을 해

Felix Warneken(왼쪽)
Warneken의 연구에서 18개월 된 영아가 실험자를 도와주고 있다.

야 하는지에 대해서도 제한된 지식을 가지고 있다. 따라서 영아기 동안의 공감적 관심의 출현 혹은 부재를 해석할 때에는 이러한 사항들을 고려할 필요가 있다(Lewis, 2007).

예컨대, Warneken과 Tomasello(2006)는 생후 18개월 영아들의 이타적 능력을 살펴보았다. 이 연구에서 실험자는 아기의 눈앞에서 빨래집게로 수건을 널거나 책을 서가에 꽂는 등 일련의 일상적인 행동을 했다. 그러다가 실험자는 손에 책을 가득 들고 있어서 캐비닛 문을 열지 못하는 척하거나, 펜이나 빨래집게를 떨어뜨리고 손이 안 닿는 척했을 때 영아들이 어떤 행동을 보이는지를 관찰했다. 물체를 떨어뜨리고 처음 10초 동안은 영아들의 반응을 살펴보았고, 그다음 10초 동안에는 물체와 영아를 번갈아 쳐다보았으며, 마지막 10초 동안에는 "아, 내 집게!"와 같은 말을 했다. 그러나 어떤 경우에도 영아에게 직접적으로 도움을 요청하지는 않았다. 모두 열 가지의 과제를 실시한 결과, 영아들은 약 5.3회의 시행에서 실험자를 도와주는 행동을 보였다. 반면 연구자가 고의로 책 한 권을 서가에게 빼내 던지거나 고의로 빨래집게를 던지는 상황에서는 영아들이 평균적으로 1.5회 물건을 주워 주는 행동을 보였다. 또한 실험에 참가한 영아 24명 중 22명이 적어도 한 번 이상은 실험자가 도움이 필요한 것처럼 보이는 경우 즉시 도움 행동에 나섰다. 보다 주목할 것은 이 실험에서는 아기들이 칭찬을 바라고 도움에 나설 경우를 배제하기 위해 실험자는 아기에게 도움을 요청하지도 않았고 고맙다는 말을 하지 않았다는 점이다. 그럼에도 불구하고 18개월 영아들은 칭찬이 목적이 아니라 단순히 타인을 돕는 것이 목적인 것처럼 기꺼이 도움을 제공했다. 또한 영아들은 실험자가 도움이 필요한 상황과 그렇지 않은 상황을 명확하게 구분하는 것처럼 보였다. 앞서 언급한 바와 같이 고의로 물건을 던졌을 때는 훨씬 적은 도움 행동이 관찰되었기 때문이다. 이처럼 아기들은 다른 사람들의 목표를 이해하는 인식 능력과 사회의 일원이 되기 위해 타인을 도와주려고 하는 동기를 가지고 있는 것으로 보인다.

그렇다면 이타성은 인간의 본질이라고 말할 수 있을까? Warneken, Gräfenhain와 Tomasello(2012)는 비슷한 실험을 침팬지를 대상으로 실시했다. 침팬지는 영장류로서, 이타성의 본질이 과연 선천적인지를 확인하기 위해 인간 영아와 비교하는 데 도움이 될 수 있다. 이를 위해 아기에게 보여 주었던 것처럼 침팬지들에게도 실험자가 물건을 떨어뜨리고는 들어 올릴 수 없는 척하는 과제 열 가지를 제시했다. 그 결과, 영아와 비슷하게 침팬지들도 다른 사람을 도와주려고 하는 경향을 보였다. 물론 영아들의 도움 행동보다는 그 빈도가 적었는데, 이는 침팬지들이 떨어진 물체를 가지고 놀려는 경향이 강하게 나타났기 때문이었다. 그러나 침팬지의 경우도 실험자가 고의로 물체를 떨어뜨린 것처럼 보일 때보다 실수로 물체를 떨어뜨린 것처럼 보일 때 더 많은 도움 행동을 하였다.

이러한 결과들을 종합해서 연구자들은 다른 사람을 도와주려는 기본적 경향성은 자라면서 학습된 것이라기보다는 사회적 상황에서 협동하고 문제를 해결하는 영장류 동물에게 진화적으로 내재된 것이라고 주장하고 있다(Tomasello, 2011; Warneken, Gräfenhain, & Tomasello, 2012). 최근 도움 행동 외에도 자원 분배 및 협동에 대한 연구들이 진행되면서 영아의 이타적 성향에 대한 새로운 사실들이 밝혀지고 있다(Warneken et al., 2012).

3. 한국 영아 발달: 애착 및 친사회적 행동

이 절에서는 한국 영아의 애착 및 친사회적 행동의 발달을 『한국영아발달연구』(곽금주 외, 2005)의 내용을 함축함으로써 알아보겠다.

1) 한국 영아 발달: 애착

애착이란 앞서 기술한 바와 같이 영아가 몇몇 특별한 사람, 특히 양육자와 형성하는 친밀하고 강력한 정서적 유대감으로 정의된다. 한국 영아의 애착은 어떻게 발달할까? 우선 애착의 기초는 3개월 정도에는 대부분의 영아들에게서 형성되는 것으로 보인다. 3개월 무렵부터 72.9%의 영아들이 자주 보는 친숙한 얼굴을 알아보기 시작하며 82.9%의 영아들이 사람 목소리가 들릴 때 미소 짓는 등 사회적 미소를 보이기 시작한다.

일상에서 영아들이 어머니에게 애착이 형성되었는지를 알 수 있는 행동이 낯선 이 불안과 분리불안이다. 4개월 영아의 절반 정도는 어머니가 아닌 낯선 사람을 구분할 수 있지만 아직 불안해하지는 않는다. 그러나 5개월경부터 영아들은 낯선 사람에 대해 점점 더 불안을 보였다(4개월 20.8%, 5개월 54.7%, 6개월 54.8%, 7개월 57.3%). 또한 15개월 영아의 절반 정도(52.8%)가 낯선 사람에 대한 불안을 느끼고 있었다.

분리불안이란 애착된 사람과 물리적으로 떨어지는 것에 대해 보이는 영아의 부정적인 반응이다(곽금주 외, 2005). 한국 영아들의 분리불안은 언제 가장 강하게 나타날까? 『한국영아발달연구』(곽금주 외, 2005)에 따르면 6개월이라 할 수 있다. 즉, 6개월 영아 중 68.5%가 어머니와 떨어지는 것에 대해 불안해하다가 7개월 영아 중 59.8%, 12개월 영아 중 59.7%가 어머니 옆에 항상 있으려고 한다. 즉, 6개월에 분리불안이 가장 높게 나타나다가 차츰 감소하는 경향이 있으나 12개월에도 절반 정도의 영아들이 아직 분리불안을 보이는 것으로 판단된다. 애착의 발달 양상을 그림으로 표현하면 [그림 9-4]와 같다.

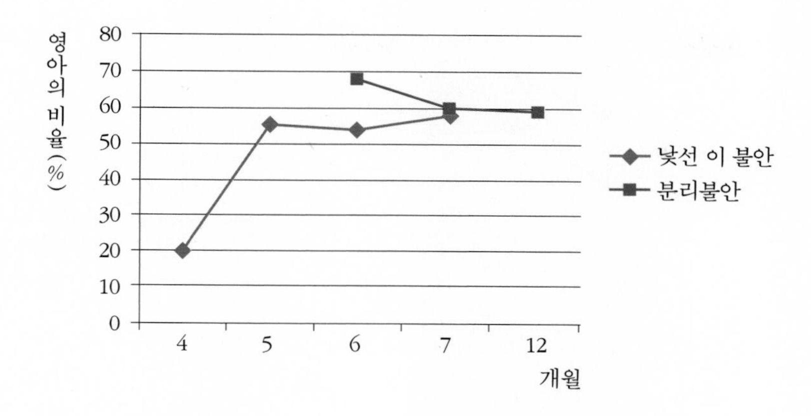

그림 9-4 애착 발달지표(%)

한국 영아의 경우 낯선 이 불안은 생후 7개월경 가장 높고, 분리불안은 6개월경 가장 높았는데, 분리불안이 가장 높게 나타난 후에 낯선 사람에 대한 공포도 높게 나타나는 것 같다.

2) 한국 영아 발달: 친사회적 행동

친사회적 행동은 구체적인 보상을 받을 것이라고 기대하거나 처벌을 회피하기 위해서보다는 다른 사람을 배려하기 위한 행동을 뜻한다(Eisenberg et al., 1006). 한국 영아의 경우 11개월 영아의 30.9%, 12개월 영아의 41.7%가 다른 사람이 울 때 함께 울거나 우는 이를 다독거려 주는 친사회적 행동의 초기 형태를 보였다(곽금주 외, 2005).

한편 12개월경에는 친숙한 사람의 요구를 들어주려는 경향이 나타나기 시작하고(65.3%), 더 월령이 증가하면 친숙하지 않은 사람이더라도 타인의 요구에 대해 그 요구를 들어주기 위해 노력하는 행동을 보였다(16개월 47.4%, 17개월 52%, 18개월 67.1%, 19개월 66.2%, 20개월 71.4%; 곽금주 외, 2005). 24개월이 되면서 친사회적 행동에는 더 많은 진전이 있는데 이 시기 영아의 31.6%가 다른 사람과 협력하려고 하고, 83.5%가 자신의 것을 남에게 주거나 돌보는 행동을 보였다. 친사회적 행동의 발달은 [그림 9-5]와 같다.

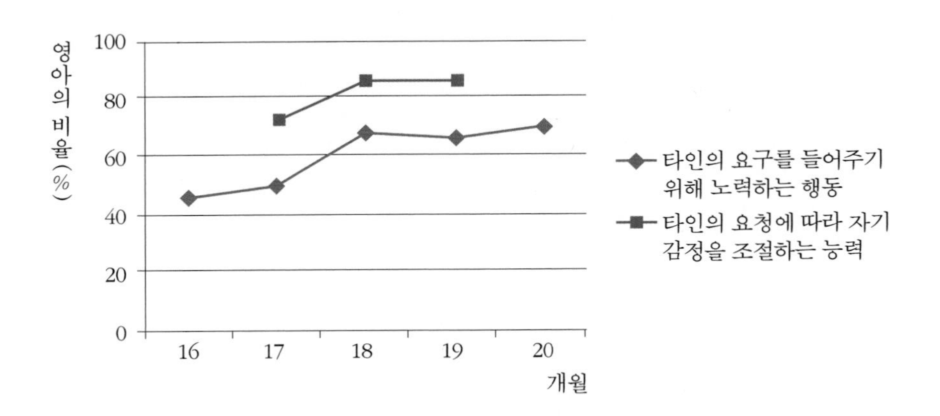

그림 9-5 친사회적 행동 발달지표(%)

영아기 후기(15개월 이상)에는 친사회적 행동에서 많은 진전이 있다. 이 시기 영아들은 월령이 증가하면서 타인의 요구를 들어주기 위해 노력하기도 하고, 타인의 요청에 따라 자기의 감정을 조절하기도 한다.

친사회적 행동을 하기 위해서는 상대의 요청이 마음에 안 들거나 불편하더라도 자신의 불편한 감정을 조절할 수 있어야 한다. 이러한 감정조절 능력은 17개월 영아의 72%, 19개월 영아의 85.3%에서 관찰되었다.

지금까지 살펴본 한국 영아의 애착 및 친사회적 행동에서 주요한 발달적 이정표는 〈표 9-3〉에 제시되어 있다.

표 9-3 한국 영아 발달: 애착 및 친사회적 행동 영역의 발달적 이정표

월령	애착	친사회적 행동
1~6개월	• 절반 이상의 영아들이 자주 보는 친숙한 얼굴을 알아볼 수 있으며, 사회적 미소를 보임(3개월) • 절반 이상의 영아가 분리불안을 보임(6개월)	
7~12개월	• 절반 정도의 영아가 낯선이 불안을 보임(7개월)	• 1/3 정도의 영아가 다른 사람이 울 때 함께 울거나 우는 사람을 다독거려 주는 초기 친사회적 행동을 보임(11개월)

(계속)

13~18개월		• 절반 정도의 영아가 타인의 요구를 들어주기 위해 노력함(17개월) • 대부분의 영아가 상대의 요청에 맞추어 자신의 감정을 조절할 수 있음(19개월)
19~24개월		• 대부분의 영아가 자신의 것을 남에게 주거나 돌보는 행동을 할 수 있음(24개월)

4. 애착과 사회성 발달을 위한 부모 및 교사의 역할

부모가 아기에게 해 주어야 할 가장 중요한 것은 무엇일까? 여러 가지 의견이 있을 것이다. 애착발달 이론가들은 세상에 태어나 처음으로 믿고 의지할 수 있으며 공감을 얻을 수 있는 존재가 되어 주는 것이 영아기 동안 가장 중요한 부모의 역할이라고 말한다. 즉, 아기를 건강하게 키우는 요인은 바로 부모와 자녀 간의 상호작용, 일대일의 시간, 마주 보고 함께 웃음 짓는 것이다. 이런 요인들은 아기 방을 다채로운 교구와 장난감으로 가득 채운다고 해서 충족되는 것이 아니다. 그렇다면 애착 발달을 위해 부모 및 교사는 어떤 역할을 해야 할까? 따뜻하게 보살피고 아기의 요구에 신속하게 반응하면서 지속적인 유대 관계를 맺어야 할 것이다. 부모와 교사는 영아에게 바로 민감하고 일관된 반응을 제공해야 한다.

일반적으로 영아들은 일차적으로 주 양육자인 엄마와 애착을 형성한다. 부모와 아기 사이의 애착 관계가 가장 이상적이기는 하지만 맞벌이가 점차 증가하는 현대의 가정에서는 이것이 여의치 않을 수도 있다. 그러나 부모가 아니더라도 영아의 요구에 지속적으로 애정을 베풀면서 민감하고 일관되게 반응해 주는 사람이 있으면 영아의 사회성 발달에는 도움이 된다. 특히 앞으로는 보육교사가 이러한 역할을 점점 더 많이 담당하게 될 것이다. 돌보아 주는 영아와 애착을 형성하기 위해서는 단순히 낮 시간 동안 먹이고 재우고 위험하지 않도록 잘 지켜보는 것 이상이 필요하다. 신체 접촉은 영아에게 필수적인 비타민과 같으며 안정 애착의 핵심적 요소 중 하나다. 따라서 신체 접촉이 매개된 공동 활동은 부모 및 교사와의 안정 애착 형성에 도움이 될 수 있다.

플레이도 놀이

엄마와 영아가 플레이도를 꺼내 만져 보고 주물러 본다. 혹은 따라 해 보도록 한다. 플레이도를 반으로 잘라 양손에 쥐고 다시 합치게 한 다음 합친 플레이도를 바닥에 평평하게 만들어서 손을 찍어 보도록 한다. 아기는 엄마와 함께 플레이도 놀이를 하는 과정에서 협응력을 증진시킬 수 있다.

손가락 만나기 놀이

아기와 노래를 부르면서 손가락을 하나씩 하나씩 마주 댄다[전래동요 '잘잘잘(하나 하면 할머니가 지팡이 짚는다고 잘잘잘)'이 적합하다]. 노래가 진행되면서 하나에 손가락 하나, 둘에 손가락 두 개를 펴고 '잘잘잘' 할 때 서로 마주 댄다. '열'까지 부른 후 엄마와 아기는 손가락을 모두 마주 댄 다음 깍지를 낀다. 마지막에는 아기를 안아 준다. 이러한 놀이를 통해 아기는 사회적 협응 능력을 기를 수 있을 뿐만 아니라 신체 접촉을 통해 애착 형성을 촉진할 수도 있다.

탁구공 놀이

커다란 대야에 물을 받아 놓고 탁구공과 같이 물에 뜨는 성질의 물건을 물 위에 띄운다. 탁구공을 입으로 후 불어서 영아에게 가도록 한다. 다음에는 아기가 탁구공을 엄마 쪽으로 불도록 유도한다. 두 사람이 함께 탁구공을 불어서 대야의 다른 쪽으로 가도록 한다. 바람을 점점 세게 혹은 점점 약하게 불어 보도록 한다. 만일 아기가 탁구공을 입으로 부는 것을 힘들어하면 빨대를 사용해도 좋다. 이러한 활동을 통해 엄마와의 협응된 상호작용을 증진하는 데 도움이 될 수 있다.

요 약

이 장에서는 영아기 애착과 사회성 발달을 살펴보았다.

1. 애착은 영아가 삶에서 몇몇 특별한 사람, 특히 양육자와 형성하는 친밀하고 강력한 정서적 유대감을 의미한다.

2. Freud에 따르면 영아들은 양육자가 구강적 즐거움을 제공하기 때문에 애착을 형성하게 되며, 전통적인 학습적 관점에서도 음식은 영아의 긍정적인 반응을 유발하는 무조건 자극으로 간주된다. 반면 Harlow의 접촉위안 이론에서는 촉각적 자극이 애착 형성의 강력한 기여인이 된다고 본다. 한편 동물행동학 관점에서는 어린 조류의 각인과 마찬가지로 인간의 애착도 생존 가능성을 높이는 기능을 하는 진화의 산물이라고 주장한다. 큐피인형 효과는 어떤 동물이든 어린 개체는 성체보다 더 사랑스럽게 보이는 경향을 뜻한다.

3. Ainsworth의 낯선 상황 절차는 엄마와 영아의 애착 안정성을 측정하는 대표적인 방법이다. 구체적으로 엄마와 낯선 여성이 방을 드나드는 일련의 상황에서 영아의 반응을 관찰한다. 이외 애착을 측정할 수 있는 방법으로는 애착 Q-Sort(AQS)가 있다. AQS는 낯선 상황 절차보다 더 넓은 범위의 연령대를 포괄할 수 있다.

4. 애착 측정 방법을 이용하면 애착의 안정성이 관찰되는데 그 개인차에 따라 애착 유형을 안정 애착, 불안정 회피 애착, 불안정 저항 애착, 혼란 애착의 네 가지로 분류할 수 있다.

5. 애착 유형 형성에 영향을 미치는 요인에는 양육자가 영아에게 제공하는 양육의 질과 영아 자신의 개인적 특성인 기질을 들 수 있다. 전자를 양육가설, 후자를 기질가설이라고 한다. 애착의 안정성은 주위 사람에 대한 아동의 기대에 영향을 미치며, 이러한 일반적인 기대는 아동들이 새로운 상황에서 새로운 사람들과 어떻게 상호작용할지 그 방향을 결정한다.

6. 친사회적 행동을 하기 위해서는 사회적 존재로서 인간과 인간 세상에 대한 몇 가지 기본적인 인지 능력이 필요하다. 즉, 친사회적 행동을 하기 위해서 영아들은 사회적 존재가 어떤 목표나 욕구를 가지고 있음을 이해해야 하며 사회적인 상호작용을 판단하는 능력을 가지고 있어야 한다. 최근 3~10개월 정도의 어린 영아들도 누가 선한 존재인지 판단할 수 있는 능력이 있다는 것이 밝혀졌다. 또한 친사회적 행동에 필요한 공감 능력과 친사회적 행동도 상당히 일찍부터 관찰되는데, 18개월 영아들도 다른 사람을 도와주려는 경향을 뚜렷하게 보인다.

제10장

영아기 자기와 사회인지 발달

학/습/개/념

- 자기 재인
- 자기 평가
- 시선 쫓기
- 공동주의
- 마음이론
- 헛된 믿음
- 내용교체 과제
- 위치이동 과제
- 비언어적 헛된 믿음 과제

'오늘 낮에 그 사람은 왜 그렇게 행동했을까?' '무슨 의도로 그런 말을 내게 했지?' 우리는 깨어 있는 대부분의 시간을 타인의 마음을 읽고 해석하는 데 보낸다. 인간은 사회적인 동물이며, 생존을 위해 서로에게 많이 의존하므로 타인의 마음을 읽고 이해하는 것은 삶에서 매우 중요하기 때문이다. 따라서 인간은 출생 직후부터 사물보다는 '사람'이라는 자극에 더 많은 주의를 기울이고 더 강한 선호를 보이는 경향이 있다(Gopnik, Meltzoff, & Kuhl, 1999/2006; Slaughter, Heron, & Sim, 2002). 더 나아가 영아들은 다른 사람과 내가 어떻게 같고, 또 어떻게 다른지에 대한 기본적인 가정을 가지고 있는 것 같다. 이러한 사회적 인지를 위해서는 자기에 대한 인식과 이해가 선행되어야 한다. 자신과 타인을 변별하지 못한다면 나와 독립된 존재로서 타인의 지각, 믿음, 행동도 제대로 이해하지 못할 것이기 때문이다. 이 장에서는 영아기 자기 인식의 발달적 변화를 살펴본 다음, 영아들의 사회인지 능력에 대한 주요 연구 결과들을 살펴보겠다.

1. 자기의 발달

영아는 언제부터 자기 이름을 알아듣고 고개를 돌릴 수 있을까? 또 언제부터 거울을 보고 그 안에 비친 아기가 자신임을 인식할 수 있을까? 자기(self)개념은 심리학의 여러 분야에서 주요 주제로 다루어져 왔다. 전통적인 입장에서 영아는 자신과 타인을 잘 변별하지 못한다고 보는 것이 일반적이었다. 예컨대, William James(1842~1910)와 같은 초기의 심리학자는 출생 시 영아가 환경과 자신을 분리시킬 수 없고 혼란스러워하며 자기(self)와 자기가 아닌 것(nonself)을 구별할 수 없다고 주장하였다. 반면 최근 연구들은 영아가 적어도 자기와 자기가 아닌 자극을 구별할 수 있는 기본 능력을 가지고 있다고 본다(Rochat & Morgan, 1995). 이 절에서는 영아가 어떻게 자기개념을 발달시켜 가는지를 살펴보겠다.

1) 자기개념의 시초로서 신체 지각

5~7개월 무렵까지 영아들은 자기 이름이 불렸을 때 거의 고개를 돌리지 않는다(Gross, 2011). 그러나 첫돌 전후 영아들은 점차 자기에 대한 주관적인 감각을 형성한다. 아기들은 일상에서 상호작용을 통해 자신이 다른 사람들에게 영향을 미칠 수 있다는 것을 점점 더 확실하게 인식하게 된다. 예컨대, 영아가 울 때 누군가는 반응한다. 영아들이 몸을 뒤집거나 앉게 되면 주변 사람들은 박수를 치거나 감탄하는 등 열광적인 반응을 보인다. 그런가 하면 영아들은 주변에 있는 물체들을 움직이거나 손을 뻗거나 손에 쥐고 입으로 빨 수도 있다. 이러한 모든 경험이 축적되어 가면서 영아들은 자신과 자신이 아닌 것을 구별할 수 있게 된다. 여기에서 신체가 중요한 역할을 한다. 성인이 거울에 스스로를 비춰 보는 것 이외에도 심장 박동, 호흡, 고통을 느낌으로써, 또 자신의 목소리를 들음으로써 자기 신체를 자각하듯이 어린 영아도 마찬가지다. 영아들도 일찍부터 자신의 몸을 탐색한다. 영아들은 또한 신체로 대표되는 자기(self)가 고통, 기쁨, 슬픔 등 변화하는 기분의 원천이 된다는 것을 배워 나간다(Rochat, 2001, 2009). 그렇다면 언제부터 영아들은 자기 신체에 대한 지각을 할 수 있을까?

Rochat과 Morgan(1995)은 3개월부터 5개월 사이의 영아들에게 흑백 줄무늬 양말을 신기고 두 가지 각도에서 카메라를 설치한 다음 모니터를 통해 두 개의 화면을 보여 주었다. 한 가지는 아기 머리 위의 카메라를 통해 찍힌, 영아 스스로 자기의 다리를 내려다 보았을 때의 화면이고([그림 10-1] B. 자신의 시각), 다른 하나는 관찰자의 관점에서 카메라가 찍은 화면이다([그림 10-1] A. 관찰자 시각). 두 가지 화면 모두 실시간으로 제시되어 영아가 다리를 움직일 때에는 모니터에 나오는 화면 역시 달라졌다. 이때 영아가 각각의 화면 중 어느 것을 선호하여 더 많이 응시하는지를 측정하였다. 여기서 관찰자의 관점에서 찍힌 화면은 새롭고 낯선 것이다. 반면 아기 머리 위 카메라를 통해 찍힌 화면은 영아의 시각을 반영한 친숙한 것이다. 그 결과, 영아는 새로운 자극, 즉 관찰자의 시

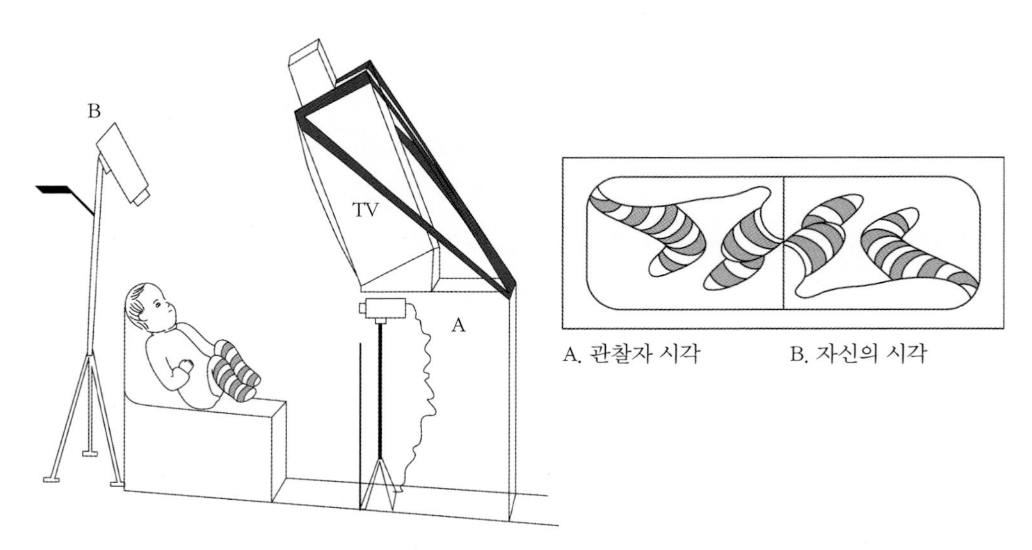

그림 10-1 Rochat과 Morgan(1995)의 실험에서 사용된 자극

Rochat과 Morgan(1995)은 3~5개월 영아들에게 줄무늬 양말을 신기고 관찰자 시각(A)과 영아 자신의 시각(B)에서 본 화면을 보여 주었다. 영아가 어느 화면을 더 오래 응시하는지를 측정한 결과, 영아들은 관찰자의 시각에 따라 나오는 화면을 더 오래 쳐다보았다.

출처: Rochat & Morgan (1995), p. 628.

각을 더 많이 응시하였다. 이러한 반응은 생후 3개월경의 어린 영아들도 나름대로 자신에 대한 신체상을 가지고 있으며, 그것을 다른 것과 구분하여 지각할 수 있음을 보여 주는 것이다.

영아들은 또한 자신이 스스로 만들어 낸 신체 움직임으로 인한 감각 경험과 다른 대상으로 인한 감각 경험을 구분할 수 있다(Rochat & Hespos, 1997). 아기가 자기 손가락을 빨거나 자신의 손으로 뺨을 만질 때는 중복적 촉각(double touch) 경험을 할 수 있다. 중복적 촉각이란 촉각이 신체의 두 부분에서 동시에 느껴지는 것이다. 이런 중복적 촉각은 주변의 다른 대상에 대해서는 느낄 수 없고 오로지 영아 자신의 신체에서만 독특하게 경험할 수 있는 것이다. Rochat과 Hespos (1997)에 따르면 출생한 지 24시간이 안 된 신생아도 외부 대상으로 인해 야기된 촉각과 자신에 의한 중복적 촉각을 구분할 수 있다. 즉, 신생아들도 실험자가 영아의 턱을 자극했을 때에는 자기 손으로 턱을 자극했을 때보다 3배 더 많이 자극을 향해 고개를 돌리고 입을 벌리는 반응을 보였다.

이러한 연구 결과에 비추어 보면 일찍이 James가 이야기했듯이 영아는 환경에 대해 혼란스러워하기만 하는 것은 아닌 것 같다. 영아들은 일찍부터 적어도 신체적 측면에서 자기와 자기가 아닌 것을 변별하는 핵심적 능력을 가지고 있으며 이를 토대로 자기에 대한 이해를 터득해 나가는 것으로 보인다.

아기가 자기 손가락을 빨 때는 촉각이 신체의 두 부분(손가락과 입)에서 느껴지는 중복적 촉각 경험을 할 수 있다. 이런 경험을 통해 아기는 자기와 자기가 아닌 것을 구분하게 된다.

2) 자기 재인

자기 재인(self-recognition)이란 자기를 알아보는 것을 뜻한다. 앞서 6장의 '기억 발달'에서 살펴보았던 바와 같이 재인이란 개인이 현재 대면하고 있는 사람이나 사물 또는 사건 등을 이전에 보았거나 접촉했던 경험이 있음을 기억해 내는 인지적 활동이다(김정오 외, 2007). 그렇다면 자기 재인이란 거울을 통해 비치는 사람이 자신임을 알아보는 것이라 할 수 있다. 이것이 가능하기 위해서는 여러 가지 인지적 능력이 필요하다. 우선 이전에 경험했던 '자신'에 대한 정보들을 기억해야 하며, 이러한 정보들을 현재 경험하고 있는 정보들과 비교해 보아야 한다. 요컨대, 자기 재인을 위해서는 표상 능력이나 자전적 기억 등 다양한 인지적 능력이 있어야 한다. 이러한 자기 재인은 24개월 후반에 이르러야 출현하는 것으로 보인다.

(1) 루즈테스트를 통한 자기 재인

영아들의 자기 재인 능력을 측정하기 위하여 Lewis와 Brooks-Gunn(1979)은 '루즈테스트'라는 이름으로 더 널리 알려진 자기 재인 검사를 개발하였다. 루즈테스트는 영아와 엄마가 면대면 상호작용을 하다가 영아의 코에 몰래 루즈를 바른 다음 영아를 거울 앞에 세워 놓고 그 반응을 관찰하는 것이다. 만약 영아가 거울 속의 아이가 자기 자신이라는 것을 안다면 코에 묻어 있는 루즈를 손으로 닦아 낼 것이다. 반면 거울 속의 자신을 알아채지 못한다면 거울을 만질 것이다. 루즈테스트를 해 보면 12개월 이하의 어린 영아들은 거울 속 루즈를 코에 묻히고 있는 아기가 자신임을 인식하지 못한다. 15~17개월 영아 중 소수만이, 그리고 18~24개월 영아 대부분은 자신임을 인식하고 루즈를 닦아 낸다. 이 결과에 비추어 보면 대략 15개월을 전후하여 서서히 자기 재인이 시작됨을 알 수 있다(Courage, Edison, & Howe, 2004). 루즈테스트의 절차를 변형하여 영아의 신체에 스티커를 붙이고 거울을 보여 준 연구(Nielsen, Suddendorf, & Slaughter, 2006)에서도 유사한 결과가 나왔다. 우리나라의 영아를 대상으로 한 연구(곽금주 외, 2005)에서는 약간 다른 결과가 얻어졌다. 즉, 우리나라 영아의 경우 24개월에서 59.5%의 영아들이 루즈테스트에서 코에 묻은 루즈를 지우려고 했다. 이는

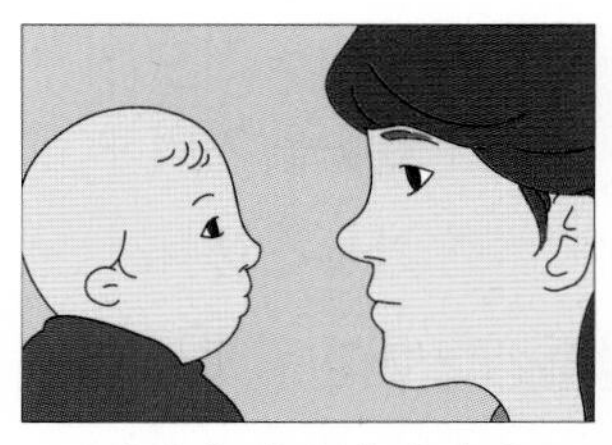
영아와 엄마의 면대면 상호작용

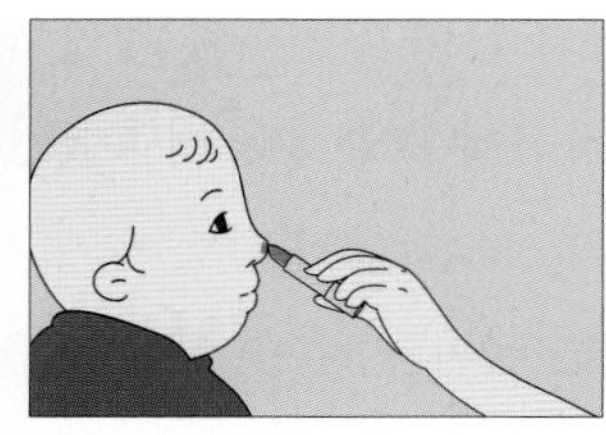
영아의 코에 루즈를 바름

영아에게 거울 보여 주고 반응 관찰

그림 10-2 루즈테스트의 실시 절차

영아의 자기 재인을 알아보는 대표적인 절차인 루즈테스트는 영아의 코에 루즈를 바른 다음 영아에게 거울을 보여 주고 반응을 관찰하는 방법이다. 만일 영아에게 자기 재인 능력이 있다면 자기 코를, 그렇지 않다면 거울의 코를 만질 것이다.

서구 영아들을 대상으로 한 연구와 비교해 볼 때 다소 차이가 있는 결과다. 서구 영아들은 24개월경에는 대부분이 자기 재인을 할 수 있으나 우리나라의 경우 24개월이 되어서도 60%가 채 안 되는 영아들만 자기 재인을 보였기 때문이다. 보다 심층적으로 연구가 되어야겠지만 이러한 차이는 개인의 독특성을 강조하는 서구의 개인주의적 문화와 '우리'를 강조하는 동양의 집단주의 문화 간 차이를 반영하는 것일 수 있다(곽금주 외, 2005).

자기 재인을 보이기 시작할 무렵 영아들은 스스로를 특별한 개인으로 간주하고 자기의 느낌과 내적 상태에 대해 언급하기 시작한다. 이때부터 영아들은 자신의 이름을 사용하고 인칭 대명사를 이전보다 빈번히 말한다(Pipp, Fischer, & Jennings, 1987). 또한 영아들은 점점 더 자율적으로 행동하려고 하며 자기주장적으로 변해 가는 경향이 있다. 15, 18, 21개월의 영아를 대상으로 한 연구(Lewis & Ramsay, 2004)에서는 루즈테스트에서 자기 재인을 보인 영아들이 그렇지 않은 영아들보다 일상에서 1인칭 대명사를 더욱 많이 말했다. 또 30개월경 아동들은 동성과 함께 놀기를 선호하기 시작하는데, 이는 성별에 대한 인식이 시작됨을 나타낸다(Grace, David, & Ryan, 2008).

변형된 루즈테스트에서 자기 재인을 보이는 24개월 영아

우리나라 영아를 대상으로 한 곽금주 외(2005)의 연구에 따르면 13개월경 42.3%의 영아들이 자신의 성과 일치되는 장난감을 선택하였다. 아마도 이 시기부터 성과 일치된 장난감과 그렇지 않은 장난감을 구별하는 것으로 보인다. 또한 24개월이 되면 93.7%의 영아들이 넥타이는 아빠의 소유물로, 화장품은 엄마의 소유물로 구분하는 반응을 보여 남자와 여자의 구분이 가능하며, 사물을 남성용 혹은 여성용으로 구분하는 능력 또한 상당히 발달하였음을 알 수 있다. 또한 24개월 영아의 26.6%가 동성 친구보다 이성 친구를 더 좋아하는 것으로 나타나므로 이 시기부터 성 개념의 분화가 서서히 진행되고 있다고 할 수 있다(곽금주 외, 2005).

(2) 자기 재인과 사회적 상호작용

자기 재인을 위해서는 사회적 상호작용 경험이 필요하다. 고립되어 성장한 침팬지는 루즈테스트에서 자기 재인에 실패하는 경향이 있다. 영아의 경우 양육자와의 상호작용이 중요한데, 3개월경 양육자와의 상호작용 경험에서의 차이는 18~20개월 자기 재인과 관련이 있었다(Borke, Lamm, Eickhorst, & Keller, 2007). 이는 아마도 영아-양육자 상호작용을 통해서 영아들이 자신과 타인을 구별할 수 있게 되고 자신의 행동에 대한 타인의 반응을 통해 점차 더 명확하게 자기개념을 발달시킬 수 있기 때문인 것으로 보인다.

3) 자기 평가

영아기를 갓 벗어난 2~3세경 아동들은 부모나 다른 성인으로부터의 평가에 대해서 점점 더 민감하게 반응하게 된다. 한 연구에서 13~39개월 사이의 아동들에게 실험자가 여러 새로운 장난감을 소개하고 어떻게 작동되는지를 시범으로 보여 주었다(Stipek, Recchia, & McClintic, 1992). 다음으로 아동의 차례가 되었을 때 그것을 작동시켜 보도록 하였다. 모든 월령의 아동들은 실험자의 시범과 자신의 수행 이후에 모두 미소 짓는 경향이 있었다. 그러나 21개월 이후의 아동들은 실험자에 의해 작동되었을 때보다 자신이 작동시켰을 때 실험자를 더 자주 바라보았다. 특히 30개월 이후의 아동들은 이러한 행동을 더 많이 보였다. 요컨대, 장난감을 잘 작동시키더라도 어린 영아들은 자신의 수행에 대한 성인의 반응을 기대하지 않았다. 반면 21개월 이상의 아동들은 과제를 잘 수행하였을 때 타인이 그것을 칭찬해 줄 것이라는 기대를 명백하게 드러냈다.

또 다른 실험에서는 과제 수행에 성공한 아동과 실패한 아동의 반응을 비교하였다(Stipek et al., 1992). 이 실험에서 아동들은 퍼즐 맞추기와 장난감 컵을 가장 큰 것부터 가장 작은 것까지 쌓아 올리는 과제를 했다. 여기에는 두 가지 조건이 있었는데 실패 조건과 성공 조건이었다. 실패 조건은 아동이 실패를 경험하도록 하기 위한 것이었다. 이 조건에서는 퍼즐을 맞출 수 없도록 다른 퍼즐의 조각이 섞여 있었고 탑을 쌓아 올리지 못하도록 동일한 크기의 컵이 2개 있었다. 반면 성공 조건에서는 실패 조건과 같은 요소가 없었다. 모든 연령의 아동들은 실패 조건보다 성공 조건에서 더 많은 긍정 정서를 표현하였으며 더 자주 웃었다. 성공 조건의 아동들은 자부심을 느낄 때 사람들에게서 일관적으로 관

영아기 말부터 영아는 자신의 수행이 성공했는지 실패했는지를 분명하게 인식하며, 수행 결과에 대해 주변 사람들에게 다른 반응을 기대한다.

찰되는 자세를 취하였다. 즉, 어깨를 으쓱거리고 두 손을 번쩍 들어 올렸다. 또한 성공 뒤에 아동들은 실험자를 바라보았다. 그런데 이때 성공 조건 중 절반의 아동은 수행에 대해 칭찬을 받았으며 나머지 절반의 아동은 중립적인 말만을 들었다. 칭찬이 없을 때조차도 성공을 거둔 아동들은 긍정적인 정서를 보였지만 칭찬을 들었을 때 긍정적인 정서 표현은 더 강해졌다. 한편 실패 조건에서 모든 연령의 아동들은 고개를 돌리거나 몸을 반대 방향으로 돌림으로써 실험자와 눈 맞춤이나 면대면 접촉을 회피하려고 하였다.

요컨대, 마치 성인들이 실패를 경험했을 때 보이는 반응과 유사했다. 2세 무렵을 전후하여 평가적 자기가 본격적으로 발달하는 것으로 보인다. 영아기 말부터 아동들은 자신의 수행이 성공했는지 혹은 실패했는지를 분명하게 인식하며 그에 따라 주변 사람들에게 다른 반응을 기대할 수 있게 되는 것이다.

2. 사회인지 능력의 발달

영아에게 인간은 매우 특별한 자극인 것 같다. 영아는 일찍부터 사회적인 자극, 즉 사람에 대한 선호를 보인다. 신생아는 얼굴과 비슷한 자극을 다른 자극보다 더 자주 눈으로 쫓으며(Valenza, Simion, Cassia, & Umilt, 1996), 눈을 뜨고 있는 얼굴을 선호하고(Farroni, Csibra, Simion, & Johnson, 2002), 특정한 얼굴 표정을 따라 하는 경향이 있다(Meltzoff & Moore, 1977). 그런가 하면 영아들은 사람에 대해 다른 물리적 자극과는 다르게 반응한다. 영아들은 출생 후 72시간 이내에도 사람의 얼굴 표정을 모방하지만, 다른 물리적인 사물의 동작은 모방하지 않는다(Legerstee, 1991).

한편 사람의 '마음'이 어떻게 작동하는지를 이해하는 것은 사회적 존재로서 인간의 삶에서 핵심적인 능력이라 할 수 있다. 마음을 가진 존재로서 '사람'을 이해하는 사회인지 능력은 다른 사람들로 가득한 사회적 세계 속에서 발달하는 아동들이 최적의 기능을 수행하기 위해 반드시 필요한 능력이라는 점에서 발달 심리학 영역에서 많은 연구가 진행되었다. 최근에는 아동의 사회인지에 기여하는 요인과 그 기원에 대한 관심이 집중되면서 이와 관련된 영아기 요인을 찾으려는 연구들이 진행되고 있다. 다음에서 영아들이 가지고 있는 사회인지 능력과 그 발달 양상을 살펴보겠다.

1) 시선 쫓기

길을 가는데 누군가 하늘을 바라본다면, 주변 사람은 그 시선을 따라 하늘을 바라볼 것이다. 이처럼 눈과 시선 방향에 대한 정보는 중요하다. 시선의 방향은 다른 사람이 어디에 주의를 기울이고 있는지를 안내하는 기능을 하기 때문이다. 그래서 어른들은 타인이 보고 있는 것을 함께 보려고 시도한다. 영아들은 어떨까? 영아들은 다른 사람이 보고 있는 곳을 따라 볼 수 있을까? 이를 시선 쫓기(gaze-following)라고 하는데, 다른 사람이 바라보는 방향과 같은 쪽을 보는 것을

A

실험자와 아기가 마주 앉아 눈 맞춤을 한다.

B

실험자가 한쪽 물체를 향해 시선을 돌린다.

C

영아가 시선을 쫓아 고개를 돌리는지 관찰한다.

그림 10-3 시선 쫓기 능력의 측정 절차

시선 쫓기 능력을 측정하는 절차가 그림으로 제시되어 있다. 성인과 아이가 마주 보고 있는 상태(A)에서 성인이 한쪽 물체를 향해 천천히 시선을 돌린다(B). 그리고 영아의 행동을 관찰한다(C). 다른 사람의 '시선'을 인식하고 반응하는 영아들은 C와 같이 성인이 시선을 돌린 쪽으로 함께 고개를 돌린다.

말한다(Johnson & Farroni, 2007). 영아가 시선 쫓기를 할 수 있는지 알아보는 방법은 간단하다. 영아와 마주 보고 있다가 시선을 왼쪽 혹은 오른쪽으로 돌린다. 이때 건너편에 앉아 있는 영아들이 맞은편 사람의 시선에 따라 표적을 향해 함께 시선을 옮기는지를 보면 시선 쫓기 능력이 있는지 알 수 있다([그림 10-3]).

(1) 시선 쫓기의 발달

시선 쫓기는 월령 증가와 함께 발달한다. 신생아들은 출생 초기부터 특정 방향의 시선, 특히 자신을 향한 시선을 선호한다. Farroni 등(2002)은 신생아에게 사람 얼굴을 제시하였는데, 한 얼굴은 신생아를 똑바로 쳐다보고 있었으며 또 다른 얼굴은 다른 쪽을 쳐다보고 있었다([그림 10-4] 참조). 신생아들은 똑바로 쳐다보는 시선을 다른 쪽을 쳐다보는 시선보다 훨씬 더 오래 응시하였다. 또한 3개월 영아들은 가까운 거리에 대한 다른 사람의 시선과 머리 움직임을 따라 할 수 있다. 따라서 컴퓨터 화면에 제시된 얼굴의 시선이 향하는 특정한 방향을 함께 쳐다볼 수 있다(D'Entremont, Yazbeck, Morgan, & MacAulay, 2007). 그러

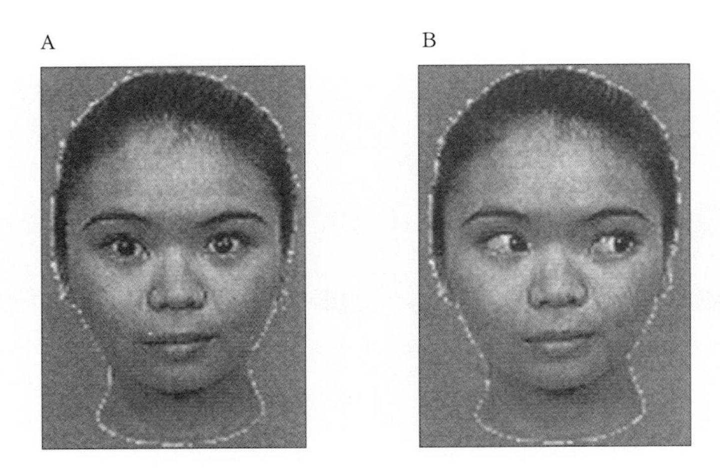

그림 10-4 Farroni 등(2002)의 실험에서 영아들에게 제시되었던 두 가지 자극

신생아에게 신생아를 똑바로 쳐다보고 있는 얼굴(A)과 다른 쪽을 쳐다보고 있는 얼굴(B)을 보여 주면 신생아들은 자신을 향해 쳐다보는 얼굴(A)을 더 오래 응시한다.

나 초기의 시선 쫓기 행동은 여러 가지 면에서 한계가 있어서 장애물이 있거나 표적이 여러 개일 경우에는 영아들이 시선 쫓기를 포기한다.

시선 쫓기는 생후 9~11개월에 본격적으로 발달한다(Meltzoff & Brooks, 2007). 그러나 9개월 영아들은 성인의 머리 회전에만 주의를 기울이고 눈을 특별히 고려하지는 않는다. 따라서 머리 움직임 없이 시선만 이동시키는 경우에는 시선 쫓기에 실패하기도 한다. 그러나 10~11개월이 되면 영아는 시선 쫓기에서 상대의 눈의 상태를 더 많이 주목한다. 어떤 성인이 두 물체 중 하나를 머리를 돌려서 바라보되, 한 경우는 뜬 눈으로 바라보고 다른 경우에는 눈을 감고 머리를 돌렸다. 만약 영아가 머리 움직임에만 의존한다면 두 경우 모두에서 성인과 함께 시선 쫓기를 할 것이다. 반면 영아가 '눈'이라는 신체 기관을 보는 사람과 물체 간의 연결과 관련된 것으로 이해한다면 두 조건을 구분할 것이다. 즉, 뜬 눈으로 바라볼 때에는 시선 쫓기를 하지만, 눈을 감고 머리를 돌릴 때에는 시선을 쫓지 않을 것이다. 실제로 Brooks와 Meltzoff(2002)의 실험에서 12, 14, 18개월 영아들을 대상으로 뜬 눈/감은 눈 실험을 해 보았을 때, 영아들은 성인이 눈을 감은 경우보다 뜨고 돌아보았을 때 더 많이 시선 쫓기를 하는 경향이 있었다. 성인이 눈을 감은 경우보다 뜨고 본 경우 영아가 표적을 더 길게 관찰했고, 더 많은 영아가 일치하는 표적을 향해 목소리를 내면서 손가락으로 가리켰다. 이러한 행동은 영아가 다른 사람의 지각적 상태를 이해하고 있음을 보여 주는 것이다. 영아들은 상대방이 대상을 볼 수 있을 때는 가리키기를 했지만, 상대방이 볼 수 없을 때(눈을 감은 경우)에는 그러한 행동을 거의 하지 않았다. 이는 영아들이 상대의 관점을 어느 정도 이해한다는 것을 나타낸다.

(2) 시선 쫓기와 영아의 경험

한편 12개월 영아들은 특정한 유형의 시선 차단(예: 눈 감기)은 이해하지만, 다른 유형(예: 눈가리개)은 좀처럼 이해하지 못한다. 눈을 감음으로써 시야가 차단되는 경험은 영아가 일상에서 흔히 하는 것이지만 눈가리개를 어린 아기가 하는 일은 매우 드물기 때문이다. Brooks와 Meltzoff(2002)는 이러한 자기 경험을 토대로 영아들이 타인의 행동을 이해한다고 보았다. 즉, 그들의 주장에 따르면 어린 영아들도 상대가 눈을 감고 무언가를 향해 고개를 돌릴 때에는 '저 사람이 눈을 감고 있으니까 아무것도 보이지 않을 테고, 따라서 뭔가 보려고 고개를 돌리는 것은 아닐 거야.' 하고 상대의 시각 경험에 대해 잘 이해할 수 있지만, 눈가리개를 하고 무언가를 향해 고개를 돌릴 때에는 잘 이해하지 못할 것이다. 정말 그런지를 알아보기 위해 Brooks와 Meltzoff(2002)는 실험자가 눈가리개를 쓰고 무언가를 돌아보았을 때 영아들이 그것을 따라 보는지를 관찰했다. 이 실험에는 두 가지 조건이 있었다. 두 조건 모두 천가리개가 실험자의 얼굴 일부를 덮었지만, 한 조건에서는 그 천이 이마를 덮고 있었고([그림 10-5]의 A), 또 다른 조건에서는 천이 눈을 덮고 있었다([그림 10-5]의 B). 즉, A 조건에서는 실험자의 눈이 가려지지 않았고, B 조건에서는 눈이 가려졌다. 각각의 조건에서 실험자가 영아와 마주 보고 있다가 왼쪽 혹은 오른쪽으로 고개를 돌렸다. 그런데 12개월 된 영아들은 눈이 가려진 조건과 가려지지 않은 조건을 구분하지

A

천이 실험자의 이마를 덮고 있는 조건

B

천이 실험자의 눈을 덮고 있는 조건

그림 10-5 Brooks와 Meltzoff(2002)의 연구에서 사용된 두 조건에서 14~18개월 영아의 반응

14~18개월 영아들은 천이 눈을 덮고 있는 사람이 물체를 향해 고개를 돌릴 때(B)에는 시선 쫓기를 하지 않지만, 천이 이마를 덮고 있는 사람이 고개를 돌릴 때(A)에는 시선 쫓기를 한다. 그러나 12개월 영아들은 간혹 B의 경우에도 시선을 쫓아 고개를 돌리기도 한다. 이 시기에는 아직 시각을 차단하는 장애물에 대해서 완전히 이해하지 못하기 때문이다.

못하고 눈가리개를 한 어른이 고개를 돌리더라도 그 '시선'을 따라 고개를 돌렸다. 그러나 그보다 나이가 많은 14, 18개월 영아들은 천이 눈을 가리고 있을 때(B 조건)보다 이마 위에 있을 때(A 조건) 실험자를 따라 고개를 돌리고 표적을 따라서 봤다. 이러한 결과는 12개월 영아들은 아직 눈가리개가 시각을 차단함은 이해하지 못한다는 것이다. 요컨대, 영아가 모든 시각을 차단하는 방해물을 동시에 이해할 수 있는 것은 아니다. 눈 감는 것에 대한 이해가 먼저 습득되고 나중에 눈가리개에 대한 이해가 발달하는 것 같다.

위의 실험에서 알 수 있듯이 영아들은 적어도 한 종류의 시각적 차단물, 즉 '눈 감기'는 상당히 빨리 이해한다. Meltzoff와 Brooks(2004)는 이것이 영아들 자신의 경험 때문이라고 보았다. 즉, 눈을 감았을 때 세상은 까맣게 된다. 이런 일상에서의 경험을 통해 영아들은 눈 감기가 시선을 차단한다는 것을 깨닫는 것이다. 그러나 눈가리개와 같은 차단물은 일상에서 많이 접하지 못한다. 이러한 경험의 부족 때문에 그것을 잘 이해하지 못할 수 있다. 실제로 Meltzoff와 Brooks(2004)는 12개월 영아를 대상으로 한 집단에게는 눈가리개가 포함된 천을, 다른 집단에게는 중간이 잘려 나간 검은 천을 주고 일정 시간 경험해 보도록 했다. 직접 눈가리개를 경험한 결과, 영아는 이제 눈가리개를 정확히 이해할 수 있게 되었다. 눈가리개를 경험한 영아는 성인이 눈가리개를 하고 표적 쪽을 돌아봤을 때 시선 쫓기를 하지 않았다. 반면 중간이 잘려 나간 검은 천만 경험하고 눈가리개를 경험하지 못했던 영아들은 적절한 시선 쫓기를 못했다. 이 실험에는 통제집단이 있었다. 통제집단의 영아들은 중간이 잘려 나간 천을 일정 시간 바라보기는 했지만 그것을 만질 수는 없었다. 따라서 그들은 눈가리개로 시야가 가려지는 경험은 하지 않았다. 통제집단의 영아들은 직접 눈가리개를 경험한 영아들과는 달리 여전히 눈가리개 한 성인의 시선을 쫓아 갔다. 이처럼 영아들은 자신이 '눈 감았던 경험'을 이용하여 타인의 행동에 대해 해석하는 것으로 보이는데 이를 '나와 같다(Like Me)' 가설이라고 한다(Meltzoff, 2005; Meltzoff & Brooks, 2007). 즉, 영아가 눈을 감았더니 아무것도 보이지 않는 것을 경험하면, 이것을 토대로 영아는 타인의 비슷한 행동도 이해할 수 있다는 것이다. 영아 자신이 비슷한 경험을 한 적이 있으므로 타인도 눈을 감으면 아무것도 보지 못할 것이라고 짐작할 수 있다.

2) 공동주의

엄마가 놀이터 한편에 핀 민들레를 물끄러미 바라보고 있다. 이제 갓 첫돌을 맞은 재우가 엄마의 시선을 좇아 꽃을 보고는 엄마를 올려다본다. 엄마와 꽃을 번갈아 보는 재우에게 엄마가 빙그레 웃으며 말을 붙인다. "재우야, 저기 꽃이 피어 있네. 민들레야, 민들레." 재우가 민들레를 가리키며 엄마를 따라 미소 짓는다(곽금주, 김수정, 김연수, 2011, p. 89).

아기의 일상에서 다른 사람과 함께 제3의 물체에 주의를 기울이는 상태를 공동주의(joint attention, 혹은 함께 주의하기)라고 한다(Butterworth, 1991). 공동주의는 아기가 함께 바라보는 물체를 중심으로 다른 사람의 마음 상태를 인식하게 되었다는 것을 뜻한다. 돌배기 재우가 엄마의 시선을 따라가는 것은 다른 사람도

영아는 양육자와 공동주의를 하는 동안 언어 및 사회인지 능력을 발달시킨다.

자신과 같다는 사실을 이해해야 가능하다. 공동주의를 하기 위해서는 다른 사람들도 자기처럼 외부 사물에 흥미를 느낄 수 있고 주의를 기울일 수 있다는 것을 알아야 하는 것이다. 또한 누군가 뭔가를 바라본다는 것은 그것에 흥미를 느끼기 때문이라는 것을 알아야 한다.

(1) 공동주의에 필요한 세 가지 능력

공동주의를 하기 위해서는 다음과 같은 세 가지 능력이 필요하다(정윤경, 곽금주, 2005; Brune, 2004). 첫째, 타인이 특정 대상에 주의를 집중하여 바라보고 있음을 이해하는 능력이 필요하다. 둘째, 공동주의를 위해서는 자신의 주의를 적절하게 조절(attention regulation)하는 능력이 필요하다. 즉, 공동주의를 위해 주의를 집중하고 타인과 대상 사이에서 주의를 이동시키는 능력이 있어야 한다. 마지막으로, 공동주의를 하기 위해서는 사회적 상호작용에 참여해야 한다. 즉, 영아들은 타인이 주목하는 대상에 자신의 주의도 따라가거나, 자신의 관심 대상에 타인의 주의를 끌어들일 수 있어야 한다. 이처럼 공동주의는 영아기 인지 및 사회성 발달의 핵심적 요소를 포함한다(정윤경, 곽금주, 2005). 또한 언어를 사용하지 못하는 영아들에게 가장 중요한 의사소통 수단인 동시에 상호작용과 학습의 밑바탕에 있는 가장 중요한 과정이다. 무엇보다 공동주의는 이후 인지, 사회, 언어 발달에 핵심적 발판이 된다는 점에서 중요하다(Delgado & Delgado, 2002).

(2) 공동주의의 발달 양상

공동주의는 영아기 전반에 걸쳐 점차적으로 발달하는데, 6개월부터 어머니와 외부 대상에 번갈아 주의를 집중하며 바라볼 수 있고, 9개월부터는 타인이 바라보는 대상을 따라서 바라보다가 12개월부터는 자신의 관심 대상에 타인의 주의를 끌기 위해 몸짓, 소리, 눈짓 등의 신호들을 사용하는 사회적 관여 행동을 보이고 가리키기에 대한 이해도 가능해진다(Carpenter, Nagell, & Tomasello,

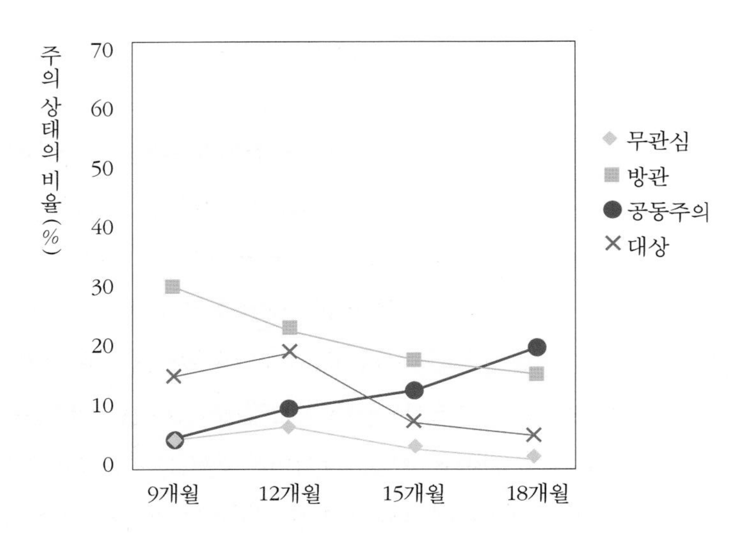

그림 10-6 영아기 주의 상태의 월령별 발달 패턴

우리나라 영아들을 대상으로 9개월부터 18개월까지 3개월 단위로 주의 상태를 비교한 결과, 공동주의가 월령 증가에 따라 점차 증가함을 알 수 있다.

출처: 정윤경, 곽금주(2005).

1998; Franco, 2005). 이후 월령 증가에 따라 공동주의의 양이 점차 증가하다가 15개월에서 18개월 사이 공동주의의 양은 폭발적으로 증가하는 경향이 있다(정윤경, 곽금주, 2005; Bakeman & Adamson, 1984). [그림 10-6]을 보면 공동주의(●)가 월령이 증가하면서 점점 많아지는 것을 확인할 수 있다. 반면 그저 엄마의 행동을 바라보는 행동(■ 방관)이나 대상을 바라보는 행동(× 대상)은 월령 증가에 따라 감소한다.

(3) 공동주의 발달에 영향을 미치는 변인

공동주의의 발달에는 상호작용 당사자인 어머니와 영아의 특성이 모두 영향을 미친다. 어머니의 가리키기 행동과 고개를 끄덕이는 행동은 사회인지 능력의 발달에 중요한 역할을 하는 어머니 변인이다(정윤경, 곽금주, 성현란, 심희옥, 장유경, 2005). 한편 다른 사람의 응시가 무엇을 의미하는지를 잘 이해하는 영아일수록 공동주의를 더 많이 하는 경향이 있다(정윤경 외, 2005).

(4) 공동주의와 이후의 발달

영아기 공동주의는 이후 연령에서의 다양한 발달과 관련이 있다. 예컨대 Charman 등(2000)은 13명의 아동을 대상으로 실험실에서 공동주의 기술을 측정하였다. 즉, 연구자들은 2세 때 영아의 공동주의와 4세 때 마음 이해 능력을 측정하였다. 그 결과, 공동주의와 마음 이해 능력 간에는 관련이 있었다. Van Hecke 등(2008)도 52명의 아동을 대상으로 12, 15, 24, 30개월에서의 공동주의와 30개월에서의 정서 이해 능력 간 관련성을 보고하였다. 우리나라 영아를 대상으로 한 김연수, 정윤경, 곽금주(2009)의 연구에서도 12, 15, 18개월의 공동주의와 만 4세의 마음 읽기 능력 간 관련성이 있었다. 구체적으로, 15개월과 18개월 당시 엄마와 상호작용하면서 보인 공동주의의 양은 4세경 마음 읽기 능력을 예측하였다. 즉, 영아기에 공동주의를 많이 하면 할수록 4세 때 다른 사람의 마음을 더 잘 이해했다.

3) 마음이론

지금까지 만 4세 이전의 어린 아동들은 바람이나 믿음과 같은 심적 상태들을 이해하지 못한다는 주장이 널리 받아들여져 왔다(Wellman, Cross, & Watson, 2001). 이러한 주장의 근거 대부분은 학령 전기 아동들이 다른 사람들의 헛된 믿음(false beliefs, 혹은 틀린 믿음)을 이해해야 하는 언어적 과제에서 실패한다는 연구들로부터 나온 것이다. 헛된 믿음이란 실제와 일치하지 않는 믿음을 뜻한다(Perner, 1991). 예컨대, 어떤 사람이 아침에 사과를 냉장고에 넣어 두고 집을 나섰는데 집을 비운 사이 동생이 그 사과를 먹어 버린 경우를 생각해 보자. 사과를 냉장고 안에 넣어 둔 사람은 집을 비운 사이에 일어난 사건에 대해서는 알지 못하므로 사과가 냉장고 안에 있다고 생각할 것이다. 그런데 실제로는 어떨까? 사과가 냉장고 안에 여전히 있을까? 사과의 위치에 대한 이 사람의 믿음이야말로 헛된 믿음이라 할 수 있다. 실제 사과는 없어졌는데 사과가 냉장고 안에 있다고 믿는, 실제와 일치하지 않는 믿음이라는 의미에서 '헛된' 믿음이라고 표현하는 것이다. 헛된 믿음을 측정하는 과제에서의 수행은 그 사람이 타인의 마음을 얼마나 잘 이해하는지를 말해 준다. 이런 의미에서 헛된 믿음을 마음이론의 리트머스 종이라고 부른다. 리트머스 종이가 알칼리를 만나면 푸른색으로, 산(酸)을 만나면 붉은색으로 변하는 것처럼 헛된 믿음을 측정하는 과제에서의 수행을 보면 그 사람이 어느 정도의 마음이론을 가지고 있는지를 짐작할 수 있기 때문이다.

(1) 전통적인 헛된 믿음 과제에서 아동의 수행

헛된 믿음을 측정하는 전통적인 과제들은 아동에게 언어적으로 상황을 제시하고 주인공의 행동을 예측해 보도록 함으로써 주인공의 마음 상태에 근거하여 과제를 수행하는지를 알아보았다. 대표적으로 위치이동 과제와 내용교체 과제가 사용되어 왔다.

1 위치이동 과제에서의 수행

위치이동 과제는 아동에게 다음과 같은 이야기를 들려주고 헛된 믿음에 대한 이해 능력을 측정한다([그림 10-7] 참조).

> 이 아이는 철수라고 해. 철수는 초콜릿을 가지고 있어. 철수는 먼저 야구를 하고 난 다음에 초콜릿을 먹으려고 해. 철수는 야구를 하는 동안 초콜릿을 바구니 안에 넣어 두려고 해. 그래서 철수는 초콜릿을 바구니 안에 넣어 두고 놀러 나갔어. 그런데 철수가 나가 있는 동안 엄마가 들어오셨어. 엄마는 바구니 안에 있는 초콜릿을 보고 이렇게 말했어. "초콜릿이 왜 바구니 안에 있지? 과자 상자에 있어야지." 그러면서 엄마는 초콜릿을 바구니에서 꺼낸 다음 과자 상자 안에 넣었어. 여기 철

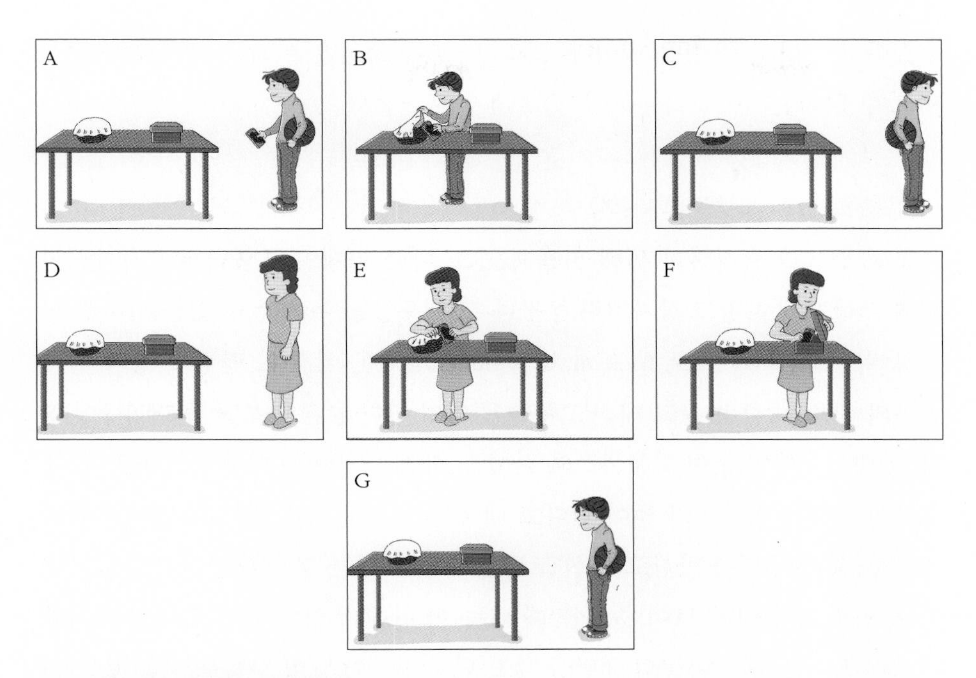

그림 10-7 위치이동 과제의 예

위치이동 과제는 다음과 같은 일련의 이야기를 들려주고 주인공의 행동에 대해 답하도록 한다. 철수가 바구니와 상자를 보고 있다가(A) 바구니에 초콜릿을 넣어 두고(B) 나간다(C). 그 사이 엄마가 들어와서(D) 바구니에 있는 초콜릿을 꺼내서(E) 상자 안에 넣는다(F). 철수가 돌아와서 초콜릿이 어디에 있다고 생각할까?

수가 돌아왔네. 철수는 초콜릿이 어디에 있다고 생각할까?

마지막 질문에 대해 절반 정도의 4세 아동과 대부분의 5세 아동은 철수의 초콜릿 위치에 대한 헛된 믿음을 이해하여 정답을 말하지만, 대부분의 3세 아동들은 오답을 말한다(Wimmer & Perner, 1983). 이 과제를 해결하기 위해서는 철수가 실제 사실(초콜릿이 과자 상자 안에 있다)과는 다른 믿음(내가 마지막으로 봤을 때 초콜릿은 바구니 안에 있었다는 헛된 믿음)을 가지고 있다는 것을 이해해야 한다. 이 이야기 속에서 철수는 초콜릿의 위치가 어머니에 의해 달라졌다는 것을 모르기 때문에 비록 헛된 믿음이기는 하나 자신의 믿음에 따라 자신이 초콜릿을 두었던 바구니 속을 찾을 것이다. 그러나 3세 아동들은 이러한 헛된 믿음을 이해하지 못한다.

2 내용교체 과제에서의 수행

헛된 믿음을 측정하기 위해 사용되는 또 다른 과제인 내용교체 과제에서는 빼빼로 상자나 반창고 상자처럼 누구나 그 내용물을 추측할 수 있는 상자를 이용하여 질문한다(Perner, Leekam, & Wimmer, 1987). 예컨대, 반창고 상자 안에 기존의 내용물, 즉 반창고 대신 고무줄을 미리 넣어 놓은 다음, 아동에게 "이 상자 안에는 무엇이 들어 있을까?" 와 같이 그 안의 내용물에 대해서 질문한다. 대부분의 아동은 반창고가 들어 있다고 대답한다. 다음으로, 상자를 열어 아동에게 안을 보여 주면서 반창고 대신 고무줄이 들어 있는 것을 확인시킨 다음, "내가 처음에 이 상자를 보여 주었을 때 너는 이 안에 무엇이 들어 있다고 생각했니?" 라고 질문한다. 아동의 대답을 듣고 난 다음 "여기 이 상자를 처음 보는 친구 승효가 왔어. 승효가 이 상자를 보면 안에 무엇이 있다고 생각할까?" 라고 물어본다. 이 질문은 바로 승효의 헛된 믿음을 아동들이 이해하는지에 대한 것이다. 위치이동 과제와 마찬가지로 내용교체 과제에서도 3세 아동들은 불과 몇 분 전 상자를 처음 보았을 때, 안에는 반창고가 들어 있을 것이라고 대답했음에도 불구하고 상자를 처음 보는 승효는 실제 내용물을 보지 않고도 반창고 상자 안에 고무줄이 들어 있다고 생각할 것이라는 대답을 하는 경향이 있다.

종합적으로 살펴보면, 3세 아동은 헛된 믿음에 대한 이해 능력이 다소 부족하다는 결론을 내릴 수 있으며, 이는 마음이론 연구 영역에서 널리 받아들여져 왔다. 그러나 3세 아동이 비록 언어적으로 오답을 했음에도 불구하고 시선이 다른 곳(정답)에 머문다는 데에 착안, Onishi와 Baillargeon(2005)은 기대위배 방법을 이용하여 3세보다 어린 15개월 영아들을 대상으로 비언어적 과제에서의 헛된 믿음 이해를 측정하였다. 다음에서 이 연구를 보다 자세히 살펴보자.

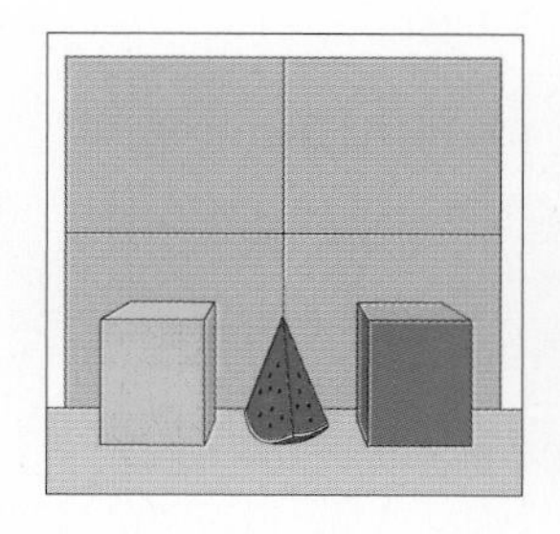

그림 10-8 비언어적 헛된 믿음 과제 중 습관화 단계

Onishi와 Baillargeon(2005)의 실험 중 습관화 단계에서 영아들은 행위자가 초록 상자에 수박 모형을 넣었다 꺼내는 행동을 반복하는 것을 보았다. 그리고 행위자가 초록 상자에 수박을 넣어 두는 것을 보았다.

출처: Onishi & Baillargeon (2005), p. 255.

(2) 비언어적 헛된 믿음 과제에서 영아의 수행

Onishi와 Baillargeon(2005)의 연구는 습관화(familiarization) 단계, 행위자의 믿음 상태 유도(belief-induction) 단계, 검사(test) 단계의 총 3단계로 이루어진다.

첫 번째 습관화 단계([그림 10-8])에서는 노랑 상자, 초록 상자와 수박 모형을 제시하고 행위자가 초록 상자에 수박을 넣었다 꺼내는 행동을 반복함으로써 행위자가 수박을 좋아한다는 것을 보여 준다. 그리고 마지막으로 행위자는 초록 상자에 수박을 넣어 둔다. 여기까지는 모든 영아가 동일한 사건을 목격한다.

두 번째 행위자의 믿음 상태 유도 단계에서는 아동을 다음 네 집단으로 분류하고 각각 다른 사건에 노출시켰다([그림 10-9] 참조). 다음에 상세히 나와 있는 대로, 행위자의 믿음은 옳은 믿음과 헛된 믿음의 두 가지로 구분된다. 옳은 믿음이란 행위자가 수박의 현재 위치를 정확하게 반영하는 믿음을 가지고 있는 것을, 헛된 믿음이란 행위자가 수박의 위치에 대해서 수박의 현재 위치를 정확하게 반영하지 못하는 믿음을 가지고 있는 것을 의미한다. 각 조건을 좀 더 자세히 정리해 보자.

A. 옳은 믿음–초록 상자 조건

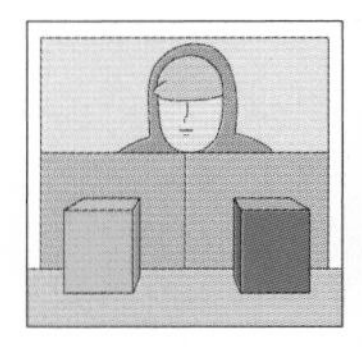
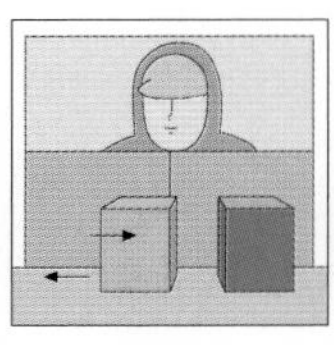
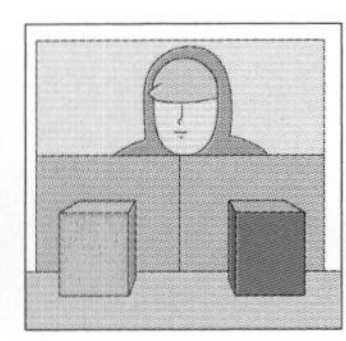

B. 옳은 믿음–노랑 상자 조건

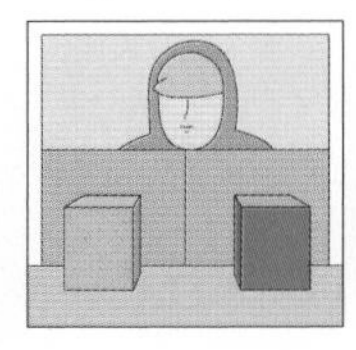
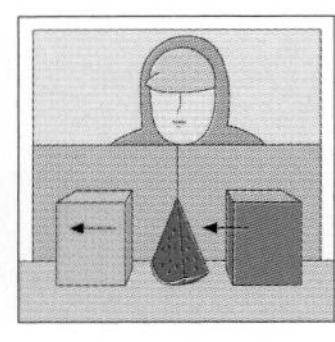
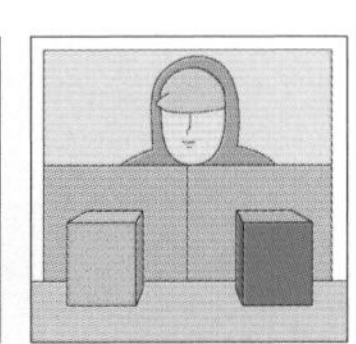

C. 헛된 믿음–초록 상자 조건

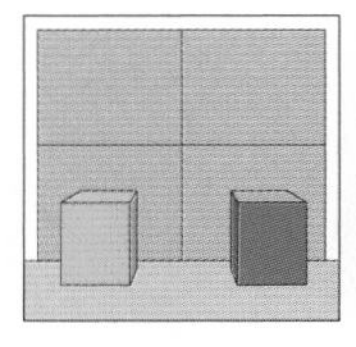
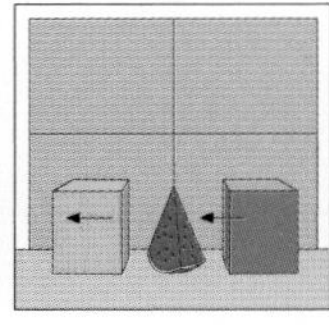
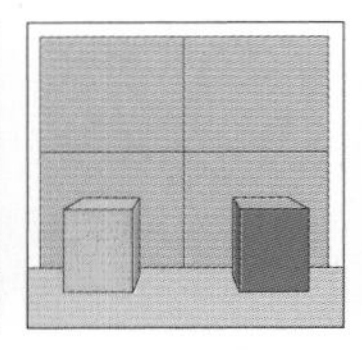

D. 헛된 믿음–노랑 상자 조건

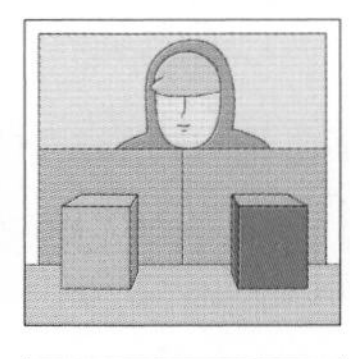
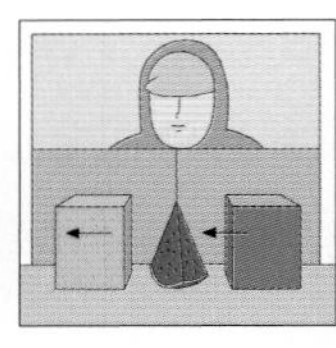
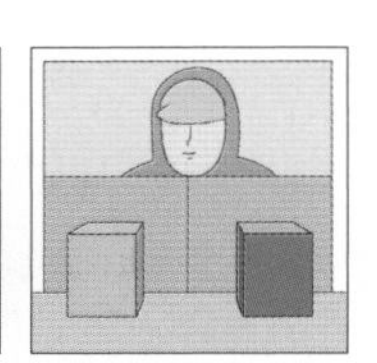
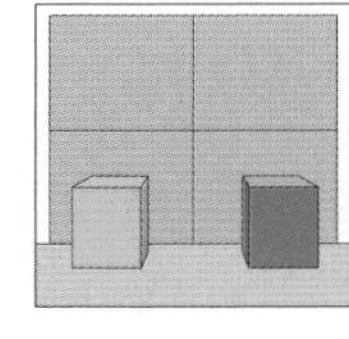
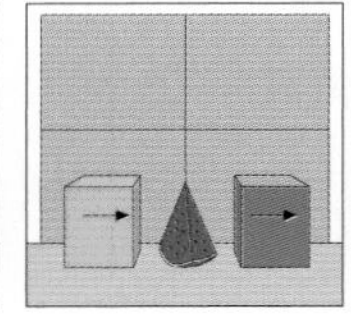
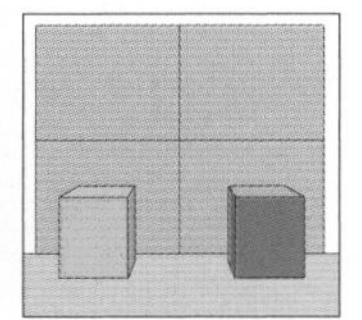

그림 10–9 비언어적 헛된 믿음 과제 중 행위자의 믿음 상태 유도 단계

모든 영아들은 행위자가 초록 상자에 수박을 넣는 장면을 보고 난 다음 네 가지 집단으로 분류되어 다음 네 가지 조건 중 하나를 관찰하였다.

A. 옳은 믿음–초록 상자 조건: 행위자는 노랑 상자가 움직이는 것을 관찰한다. 이 조건에서 행위자는 수박이 초록 상자에 있다고 생각하며 이는 실제에 부합되는 옳은 믿음이다.

B. 옳은 믿음–노랑 상자 조건: 행위자는 수박이 초록 상자에서 나와 노랑 상자 안으로 들어가는 것을 본다. 이 조건에서 행위자는 수박이 노랑 상자에 있다고 믿게 되며 이는 실제에 부합되는 옳은 믿음이다.

C. 헛된 믿음–초록 상자 조건: 행위자가 보고 있지 않은 상황에서 수박이 초록 상자에서 나와 노랑 상자 안으로 들어간다. 이 조건에서 행위자는 수박의 위치 이동을 못 보았으므로 수박이 초록 상자에 있다고 믿게 되는데 이는 실제와는 다른 헛된 믿음이다.

D. 헛된 믿음–노랑 상자 조건: 행위자는 수박이 노랑 상자로 들어가는 것까지는 보지만, 그 뒤 커튼이 내려와서 행위자가 보지 못하는 사이에 수박은 다시 초록 상자 안으로 들어간다. 이 조건에서 행위자는 수박이 노랑 상자로 들어가는 것까지만 봤으므로 수박이 노랑 상자 안에 있다고 믿게 되지만 이는 실제와는 다른 헛된 믿음이다.

출처: Onishi & Baillargeon (2005), p. 256.

A. 옳은 믿음–초록 상자 조건

- 행위자가 보고 있는 상태에서 노랑 상자가 저절로 움직여서 초록 상자에게 다가갔다가 제자리로 돌아감

- 수박은 여전히 초록 상자에 있으므로 행위자가 수박이 그대로 초록 상자에 있다는 것을 목격하는 조건([그림 10-9]의 A)
- 행위자는 수박이 초록 상자에 있다는 옳은 믿음을 가지게 됨

B. 옳은 믿음-노랑 상자 조건

- 행위자가 보고 있는 상태에서 수박이 초록 상자에서 나와 노랑 상자 안으로 들어감
- 수박이 노랑 상자로 이동하는 장면을 행위자가 목격하는 조건([그림 10-9]의 B)
- 행위자는 수박이 노랑 상자에 있다는 옳은 믿음을 가지게 됨

C. 헛된 믿음-초록 상자 조건

- 행위자가 커튼 뒤에 있어서 무대를 못 보는 상황에서 수박이 노랑 상자로 이동함([그림 10-9]의 C)
- 행위자는 수박이 초록 상자에 있다는 헛된 믿음을 가지게 됨

D. 헛된 믿음-노랑 상자 조건

- 행위자가 수박이 노랑 상자로 이동하는 것까지는 목격하나 그 뒤 커튼이 내려와서 행위자가 못 보는 사이에 수박은 다시 초록 상자로 돌아옴([그림 10-9]의 D)
- 행위자는 수박이 노랑 상자에 있다는 헛된 믿음을 가지게 됨

이 네 조건을 정리해 보면 〈표 10-1〉과 같다.

마지막 검사 단계에서는 행위자가 초록 상자에 손을 넣는 사건([그림 10-10]의 A) 혹은 노랑 상자에 손을 넣는 사건([그림 10-10]의 B) 둘 중 하나를 영아들에게 보여 주고 각 사건에 대한 응시 시간을 비교하였다.

그 결과, [그림 10-11]과 같이 행위자가 가진, 수박이 초록 상자 혹은 노랑 상자에 숨겨져 있다는 믿음이 옳은 것이든 틀린 것이든 간에 영아는 행위자가 수박의 위치에 대한 행위자의 믿음에 근거해서 찾을 것이라고 기대하였다. 예컨

표 10-1 Onishi와 Baillargeon(2005)의 연구에서 포함된 실험 조건

조건	행위자가 목격한 사건	수박의 위치에 대한 행위자의 믿음	수박의 실제 위치
옳은 믿음-초록 상자	행위자가 수박이 그대로 초록 상자에 있다는 것을 목격하는 조건	'수박은 초록 상자에 있다'	초록 상자
옳은 믿음-노랑 상자	수박이 노랑 상자로 이동하는 장면을 행위자가 목격하는 조건	'수박은 노랑 상자에 있다'	노랑 상자
헛된 믿음-초록 상자	행위자가 커튼 뒤에 있어서 무대를 못 보는 상황에서 수박이 노랑 상자로 이동하는 사건	'수박은 초록 상자에 있다'	노랑 상자
헛된 믿음-노랑 상자	행위자가 수박이 노랑 상자로 이동하는 것까지는 목격하나 그 뒤 커튼이 내려와서 행위자가 못 보는 사이에 수박은 다시 초록 상자로 돌아옴	'수박은 노랑 상자에 있다'	초록 상자

A. 행위자가 초록 상자에 손을 넣는 장면

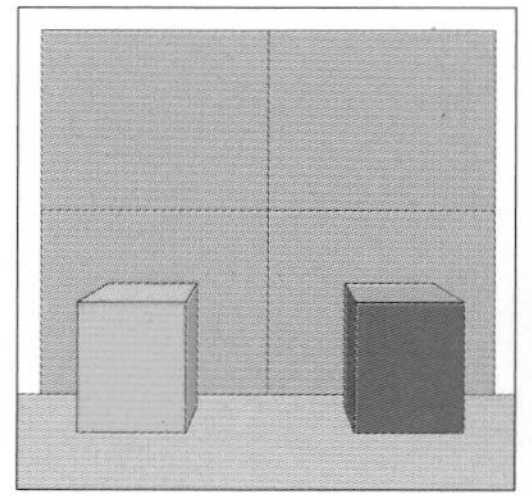

B. 행위자가 노랑 상자에 손을 넣는 장면

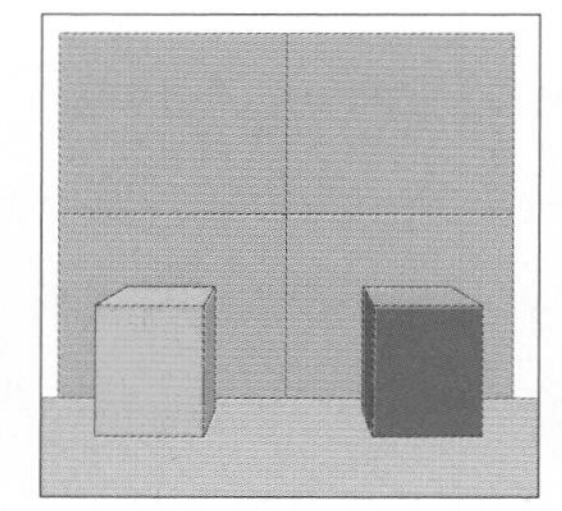

그림 10-10 비언어적 헛된 믿음 과제 중 검사 단계

Onishi와 Baillargeon(2005)의 실험 중 마지막 검사 단계에서 영아들은 다음의 두 가지 장면 중 하나를 보았다. 연구자들은 두 장면에 대한 영아들의 응시시간을 비교하였다.

A. 행위자가 초록 상자에 손을 넣는 장면: 행위자가 등장하여 마치 수박 모형을 찾으려는 듯 초록 상자에 손을 넣는 장면이다.

B. 행위자가 노랑 상자에 손을 넣는 장면: 행위자가 등장하여 마치 수박 모형을 찾으려는 듯 노랑 상자에 손을 넣는 장면이다.

그 결과는 [그림 10-11]에 제시되어 있다.

출처: Onishi & Baillargeon (2005), p. 257.

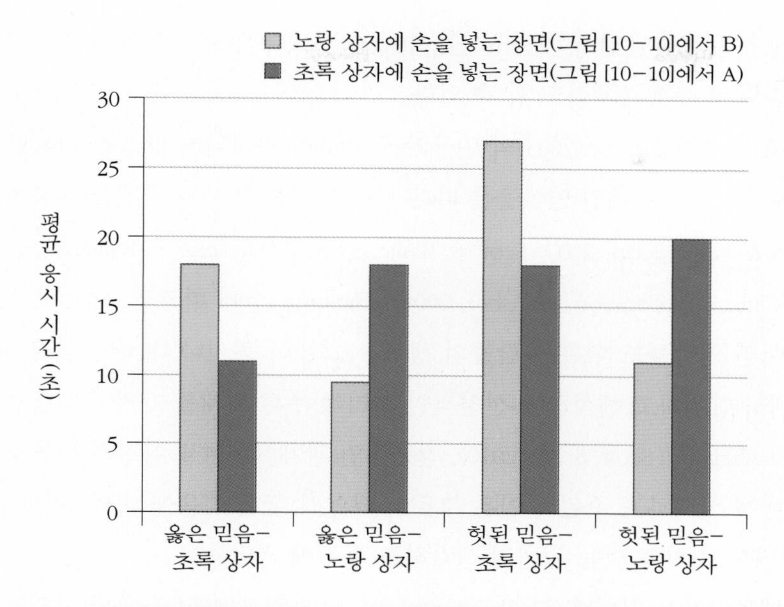

그림 10-11 비언어적 헛된 믿음 과제의 검사 단계에서 조건별 영아의 평균 응시 시간

Onishi와 Baillargeon(2005)의 실험에서 조건별 영아의 평균 응시 시간이 제시되어 있다. 이 결과를 살펴보면, 영아들도 실제 수박의 위치와는 상관없이 행위자가 가지고 있는 수박의 위치에 대한 믿음이 행위자의 다음 행동을 결정한다는 것을 이해하고 있는 것 같다.

출처: Onishi & Baillargeon (2005), p. 257.

대, 헛된 믿음-초록 상자 조건에서 영아들은 행위자가 초록 상자로 손을 가져갔을 때보다 노랑 상자로 손을 가져갔을 때 깜짝 놀라면서 오래 쳐다보았다. 즉, 영아들은 실제 수박의 위치와는 상관없이 행위자가 가지고 있는 수박의 위치에 대한 믿음이 행위자의 다음 행동을 예측할 것임을 알고 있는 것이다.

이는 15개월 영아도 헛된 믿음을 이해한다는 증거다. 즉, 이러한 결과는 영아들은 다른 사람들이 믿음에 따라 행동한다는 것과 이러한 믿음이 현실을 반영할 수도 있고 그렇지 않을 수도 있는 일종의 표상임을 알고 있다는 것을 보여주는 것이다. 이는 언어를 이용한 전통적 헛된 믿음 과제의 결과와는 다소 불일치하는 것이다. 비언어적 과제를 사용하면 어린 영아들도 다른 사람의 헛된 믿음이라는 마음 상태를 어느 정도 이해하고 있는 것 같다. 이에 비추어 보면 영아들은 기존의 발달심리학 연구자들이 보는 것보다 더 조직화되어 있고 정교한 인지 능력을 가진 존재라고 할 수 있다.

Onishi와 Baillargeon(2005)의 연구와 비슷하게 기대위배 방법을 이용한 다른 연구에서도 13~18개월 영아들은 다른 사람의 헛된 지각과 헛된 믿음을 이해한다(Luo & Baillargeon, 2007; Scott & Baillargeon, 2009; Song & Baillargeon, 2008; Song, Onishi, Baillargeon, & Fisher, 2008). Baillargeon에 따르면, 이러한 결과는 매우 어린 영아들도 다른 사람들의 행위를 그들의 동기나 내적인 심리 상태의 측면에서 탐지하고 해석하는 선천적인 심리적 추론 체계를 가지고 있음을 보여준다(Baillargeon, Scott, & He, 2010). 전통적인 과제에서 4세 이전의 아동들이 과제 수행에 실패하는 주된 원인은 그들이 타인의 헛된 믿음에 대해 질문을 받았을 때 타인의 헛된 믿음에 대해 생각하는 동시에 정반응을 선택하는 것이 어려웠기 때문이라는 것이다. Baillargeon은 이 두 능력과 관련된 대뇌 부위의 미성숙 때문에 아동들이 헛된 믿음 과제에서 실패하는 것이라고 제안하였다(Scott & Baillargeon, 2009). 물론 모든 연구자가 이러한 결론에 동의하는 것은 아니며 이에 대해서는 보다 추가적인 증거가 필요하다(Gross, 2011).

3. 한국 영아 발달: 자기와 사회인지

한국 영아의 자기 발달은 언제, 어떻게 일어날까? 한국 영아들은 언제부터 다른 사람을 이해하고 그러한 이해를 토대로 상호작용할 수 있을까? 이 절에서는 『한국영아발달연구』(곽금주 외, 2005)의 결과를 중심으로 살펴보겠다.

1) 한국 영아 발달: 자기개념

한국 영아는 언제부터 자신의 신체를 인식할 수 있을까? 큰 거울에 영아를 비춰 보여 주었을 때, 5개월 영아 중 56%, 6개월 영아 중 80.8%가 자신의 모습을 만지려고 손을 뻗는 행동을 보였다. 더 월령이 증가하여 7개월이 되면 85.4%의 영아가 거울에 비친 자기 모습을 보고 웃으면서 만졌다. 한편 앞서 언급한 바와 같이 코에 빨간색 루즈를 묻힌 다음 거울을 비춰 주었을 때 영아의 반응을 관찰하는 루즈테스트를 실시한 결과 15개월에는 1/3이 채 안 되는 소수의 영아(12.5%)만이 코를 문질러 빨간 루즈를 지우려는 반응을 보였으나 월령 증가에 따라 이런 반응이 증가하였다(18개월 22.4%, 21개월 52.2%, 24개월 59.5%). 루즈테스트에 대한 영아들의 반응을 월령별로 살펴보면 [그림 10-12]와 같다. 루즈테스트에서 자기인식으로 간주되는 영아들의 반응은 아이 자신의 코를 만져 빨간 루즈를 지우려는 것임에 주목할 필요가 있다.

자기 이름을 부르면 고개를 돌리면서 웃는 반응은 5개월 이후 월령 증가와 함께 늘어났다(5개월 86.7%, 7개월 86.6%, 8개월 90.1%; 곽금주 외, 2005). 곽금주 외

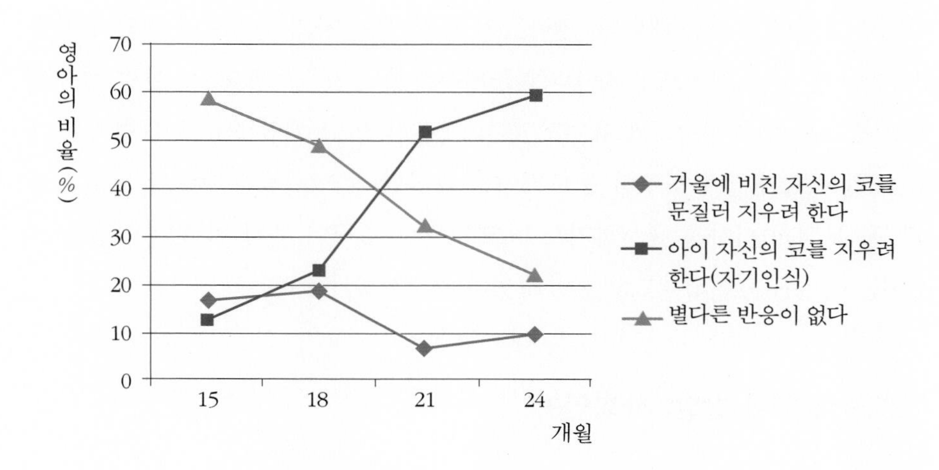

그림 10-12 루즈테스트에 대한 반응(%)

루즈테스트를 실시해 보면, 월령 증가에 따라 자기인식은 증가한다. 한국 영아의 경우 24개월에도 60% 정도의 영아만이 자기인식을 보여, 18개월 무렵부터 자기인식을 시작하여 24개월경 대부분의 영아가 자기인식을 한다는 서구 연구 결과(Lewis & Brooks-Gunn, 1979)와는 다소 차이가 있다.

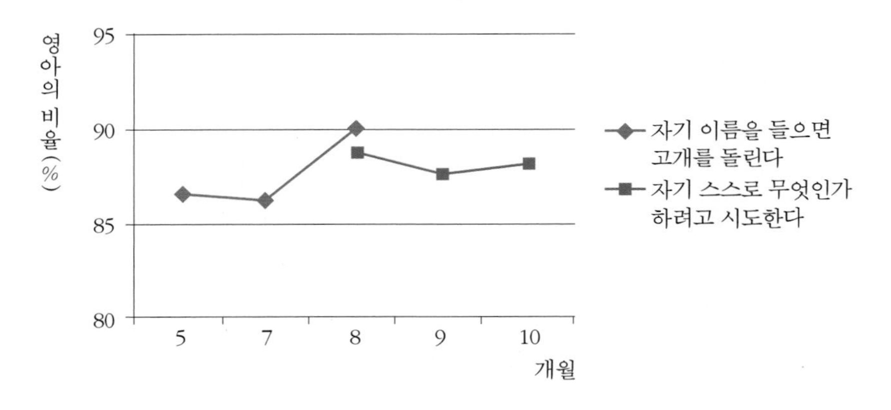

그림 10-13 자기개념 발달지표(%)

한국 영아의 경우 8개월경 대부분의 영아가 자기 이름을 들으면 고개를 돌리는 반응을 보이며 이후 자기 스스로 무엇인가 하려고 시도하는 경향도 나타난다.

(2005)는 이로 미루어, 8개월을 기점으로 영아의 자기개념이 보다 체계화되는 것으로 보인다고 결론 내렸다. 영아들의 독립성은 '자기 스스로 무엇인가 하려는 시도'에 대한 질문으로 측정되었는데 8개월 영아 중 88.9%가 이런 행동을 했으며 이후 계속 비슷하게 유지되었다(9개월 87.5%, 10개월 88.6%). 독립적 자아의 표현은 12개월 무렵부터 두드러지게 나타났다. 영아들은 '아니' 혹은 '싫어' 등 부정적 의사를 표시하기도 하고(66.7%), 요구가 즉각 만족되지 않을 경우에는 불만을 표현하기도(77.8%) 하였다(곽금주 외, 2005).

2) 한국 영아 발달: 사회인지

한국 영아의 경우 마음속의 생각을 표정으로 드러내지 않거나, 소기의 목적을 달성하기 위해 실제와는 다른 감정을 표출하는 사회인지 능력이 30개월 이후부터 본격적으로 발달하는 것으로 보인다. 30개월경부터 1/3 정도가 마음속의 생각을 감춘 채 표정으로 드러내지 않는 사회인지 능력을 발달시킨다(30개

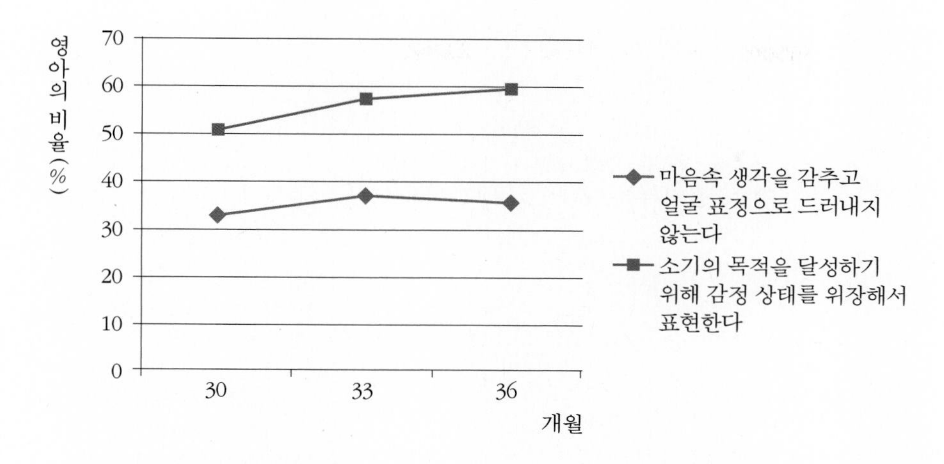

그림 10-14 사회인지 발달지표(%)

한국 영아의 경우, 다른 사람을 인식하고 적절하게 자기의 정서를 표현하는 사회인지 능력은 30개월 이후 본격적으로 발달하는 것으로 보인다.

월 33.8%, 33개월 37.2%, 36개월 36.3%).

한편 30개월에서 50.6%, 33개월 57.7%, 36개월 60%는 자신이 원하는 것을 얻거나 하기 싫은 일을 피하기 위해 실제와는 다른 감정 상태를 위장하기도 한다.

지금까지 살펴본 한국 영아의 자기와 사회인지 영역에서 주요한 발달적 이정표는 〈표 10-2〉에 제시되어 있다.

표 10-2 한국 영아 발달: 자기와 사회인지 영역의 발달적 이정표

월령	자기개념	사회인지
1~6개월	• 절반 정도의 영아가 큰 거울에 비춰진 자신의 모습을 만지려고 손을 뻗음(5개월)	
7~12개월	• 대부분의 영아가 거울에 비춰진 자기 모습을 보고 웃으면서 만짐(7개월) • 대부분의 영아가 자기 이름을 부르면 고개를 돌리면서 웃음(8개월) • 대부분의 영아가 자기 스스로 무엇인가 하려는 시도를 함(8개월)	

(계속)

	• 절반 정도의 영아가 부정적 의사를 표현할 수 있음(12개월)	
13~24개월	• 절반 정도의 영아가 코에 빨간색 루즈를 묻힌 다음 거울을 보여 주면 자기 코를 문질러 루즈를 지우려는 자기인식을 보여 줌(24개월)	
25~36개월		• 1/3의 영아가 마음속의 생각을 감춘 채 표정으로 드러내지 않을 수 있음(30개월) • 절반 정도의 영아가 자신이 원하는 것을 얻거나, 하기 싫은 일을 피하기 위해 실제와는 다른 감정 상태를 위장할 수 있음(36개월)

4. 사회인지 발달을 위한 부모 및 교사의 역할

영아의 사회인지 능력은 다른 사람들과 함께 살아가기 위해 반드시 필요한 능력이다. 생애 초기부터 아기들이 이런 능력을 가지고 있다는 것은 인간이 혼자서는 살 수 없는 사회적 존재라는 것을 보여 주는 것이라 할 수 있다. 근래에 발달심리학 연구자들은 영아의 사회인지 능력이 우울증이나 불안, 자폐증 등 이후 발달장애의 초기 지표가 될 수 있다고 본다. 이는 주로 신체적 · 운동적 발달에 초점을 맞추어 정상 발달 여부를 판별하던 전통적인 입장과는 차이가 있다. 다시 말해, 현재 발달심리학에서는 영아들이 얼마나 이른 시기에 기고 앉는지보다는 아기가 양육자와 세상을 어떻게 공유하는지, 예컨대 아기가 흥미로운 대상을 가리키는지, 엄마와 눈 맞춤을 하는지 등이 중요하게 부각되고 있다. 특히 자폐적 특성을 가진 아동들은 영아기 동안 공동주의 행동의 빈도가 드물게 나타나거나 출현이 매우 늦은 것으로 보고되고 있다(Baron-Cohen, 1989, 1994, 1995). 영아들은 양육자와 공동주의를 할 때 주로 더 많은 긍정적 감정을 나타낸다. 결국 공동주의를 통해 경험을 공유하는 것은 곧 긍정적 감정을 공유하는 것을 뜻한다. 이러한 의미에서 영아기 동안 긍정적인 감정 교류가 이루어지는 장인 공동주의의 결핍은 결과적으로 정서 교류에서의 결함을 주된 특징으로 하는 자폐증과 관련이 있는 것이다. 이와 관련하여 부모 및 교사는 영아들의 행동을 주의 깊게 살펴볼 필요가 있다.

한편 부모가 가족이나 친구의 심적 상태에 대한 대화나 공동주의에 자주 참여시킨 걸음마기 영아들은 학령 전기 동안 마음이론 과제에서 더 좋은 수행을 보이는 경향이 있다(Nelson, Adamson, & Bakeman, 2008; Ruffman, Slade, & Crowe, 2002). 이는 영아기와 걸음마기 동안 양육 환경과 같은 초기 사회적 경험이 이후 마음 이해 능력에 영향을 미친다는 것을 보여 준다. 이러한 관점에서 영아의 사회인지 발달을 위해서 영아 자신과 주변 사람들의 내적 상태에 대한 탐색의 기회를 제공하는 것이 필요하다. 다음에서 영아의 사회인지 발달을 촉진할 수 있는 몇 가지 방법을 생각해 보겠다.

거울 표정 놀이

영아와 엄마가 마주 본 다음 "지금부터 거울놀이를 하자."라고 말한다. 그리고 거울이 되는 사람이 다른 사람의 표정을 가능한 한 빨리 그대로 따라 하도록 한다. 엄마가 하는 표정을 따라 하거나 순서를 바꾸어서 아기 표정을 엄마가 따라 한다. 이는 아기의 자기 인식을 도울 수 있는 활동이다. 또한 부모 및 교사와 자연스럽게 눈 맞춤을 하면서 자기가 다른 사람에게 영향을 미칠 수 있고 그 반대도 가능하다는 사회적 상호작용에 대한 이해도 촉진할 수 있다.

쇼핑한 물건 함께 풀기

쇼핑한 물건을 영아와 함께 풀어 보는 것은 양육자와의 공동 활동 및 협응을 촉진하는 데 도움이 된다. 여러 물건 중 "○○ 줄래."라고 요청할 수도 있고 물건을 하나하나 짚어 보도록 할 수도 있다. 또한 언어 발달과도 관련이 있는 가리키기와 명명이 자연스럽게 나타날 수 있는 기회이기도 하다. 이때 아기에게 위험한 물건은 미리 치워 놓아야 한다.

영아와 함께 하는 책 읽기

영아가 어느 정도 자라면 양육자와 함께 책을 읽는다. 이때 엄마 가슴에 아기 등을 기대어 무릎에 앉히는 것이 좋다. 엄마가 책장을 넘기면서 아기가 같이 그림을 볼 수 있게 함으로써 공동주의 경험을 증대시킬 수 있기 때문이다. 세부적인 것은 손가락으로 가리키면서 설명해 주고 책에서 표현되는 정서를 아기에게 표현해 주면 아기는 다른 사람의 내적 상태에 대해 생각해 보는 기회를 가지게 된다.

공놀이

영아와 마주 본 상태에서 아기와 엄마 사이에 공을 놓고 서로에게 굴린다. 이는 사회적 상호작용 및 언어 교환의 기본적 원칙인 차례 지키기에 대한 개념 습득에 도움이 된다. 즉, 이를 통해 아기는 상호작용은 번갈아 하는 것이며 자기 차례가 올 때까지는 기다림이 필요하다는 것을 알게 된다.

요 약

이 장에서는 영아기 신체 및 운동 발달을 살펴보았다.

1. 첫돌이 될 때까지 영아들은 점차 자기에 대한 주관적인 감각을 형성한다. 영아들은 자기가 고통, 기쁨, 슬픔 등 변화하는 기분의 원천이 된다는 것을 배워 나간다. 특히 자기 신체에 대한 지각은 생후 3개월경 나타난다.

2. 영아기를 갓 벗어난 2~3세경 아동들은 부모나 다른 성인으로부터의 평가에 대해서 점점 더 빈번하게 반응하게 된다.

3. 마음을 가진 존재로서 '사람'을 이해하는 사회인지 능력은 다른 사람들로 가득한 사회적 세계 속에서 발달하는 아동들이 최적의 기능을 수행하기 위해 반드시 필요한 능력이라는 점에서 발달심리학 영역에서 많은 연구가 행해진 주요 주제 중 하나다. 그중 시선 쫓기는 영아가 성인이 바라보는 방향과 같은 쪽을 보는 것을 일컫는다. 이는 월령에 따라 발달하는데 생후 9~11개월경 급속한 발달이 진행된다.

4. 공동주의란 영아가 주변의 성인과 함께 외부 대상에 관심을 갖게 되면서 그 대상을 중심으로 3자적 상호작용을 하는 것이다. 영아기 전반에 걸쳐 점차적으로 발달하는데 6개월부터 어머니와 외부 대상에 번갈아 주의를 집중하며 바라볼 수 있고, 9개월부터는 타인이 바라보는 대상을 따라서 바라보다가 12개월부터는 자신의 관심 대상에 타인의 주의를 끌기 위해 몸짓, 소리, 눈짓 등의 신호를 사용하는 사회적 관여 행동을 보이고 가리키기에 대한 이해도 가능해진다. 이후 월령 증가에 따라 점차 증가하다가 15개월에서 18개월 사이 공동주의의 양은 폭발적으로 증가하는 경향이 있다.

5. 헛된 믿음이란 실제와 일치하지 않는 믿음을 뜻한다. 이는 마음이론의 리트머스종이라고 불릴 정도로 마음이론 발달에서 중요한 능력이다. 지금까지 만 4세 이전의 어린 아동들은 바람이나 믿음과 같은 심적 상태들을 이해하지 못한다는 주장이 널리 받아들여져 왔으나, 최근의 연구에서는 18개월 아동도 헛된 믿음을 이해한다는 것이 밝혀졌다. 마음 이해 능력은 영아기와 걸음마기 동안의 양육 환경 등 초기 사회적 경험의 영향도 받는다.

제11장

영아기 발달 이상

학/습/개/념

- 조산
- 저체중 출산
- Apgar 채점법
- 단백질-에너지 영양실조
- 위험군 신생아
- 자폐장애
- 다운증후군
- 뇌성마비

대부분의 신생아는 무사히 세상에 태어난다. 이들은 대부분 건강하고 정상적으로 기능하여 세상에 적응하며 행복한 아동으로 성장하게 되고, 시간이 지나면 어엿한 성인이 된다. 그러나 태어나면서부터 문제를 가지고 있는 신생아도 있다. 예컨대, 조산아의 경우 미성숙한 폐와 소화기관으로 인해 호흡과 영양섭취가 원활하지 못하다. 한편 적절한 시기에 태어나는 영아들 중에서도 선천적인 기형이나 질병으로 인해 출산 전후에 위험한 상황에 처하는 사례가 있다. 그런가 하면 출산 과정에서의 문제로 인해 이후 몇 년간 여러 가지 문제를 경험하게 되기도 한다(Worobey, 2007). 이들은 힘겹게 영아기를 보낸다. 이런 영아들의 정상적인 발달을 위해서는 특별한 치료와 개입(intervention)이 필요하다.

대부분의 영아기 연구는 주로 정상적인 영아 발달에 대해서 다루고 있다. 즉, 영아의 운동 발달, 감각 능력, 인지적 성취, 사회 · 정서적 특징들이 평균적인 경로를 따라 발달하는 경우만을 포함한다. 이는 어쩌면 영아 발달의 전체 그림 중 일부만을 담고 있는 것일 수 있다. 전체 모습을 보기 위해서는 비전형적인 발달을 고려할 필요가 있다. 이를 종합적으로 살펴봄으로써 정상 발달과 비정상 발달을 결정하는 요인을 확인할 수 있으며 정상 경로로부터의 일탈을 예방하여 정상 발달을 도모할 수 있을 것이다.

1. 영아기 초기 위험 요인

정상적으로 태내 발달을 거치고 예정일에 정상 분만을 거친 영아들도 자궁 밖의 환경에 적응하기까지는 며칠이 지나야 한다. 대부분은 생애 초기에도 반사 행동을 통해 자연스럽게 적응하지만 숨 쉬고 빠는 행동을 동시에 하느라 딸꾹질을 하기도 한다. 이처럼 정상 분만아에게도 환경 적응은 만만치 않다. 생애 초기 위험 요인을 지니고 있는 영아들에게는 더욱 힘겨울 수밖에 없다. 바로 조산아와 저체중아의 경우다.

1) 조산 및 저체중

임신 기간을 기준으로 하여 임신 20주를 지나 37주 이전의 분만을 조산(preterm)이라고 하며 32주 전에 태어나는 경우는 심한 조산(very preterm)이라고 한다(Steinberg, Vandell, & Bornstein, 2011).

조산의 원인은 여러 가지가 있을 수 있다. 쌍생아의 경우 조산은 더 빈번한 경향이 있으며(Goldenberg, Culhane, Iams, & Romero, 2008), 엄마의 자궁이나 자궁경부의 이상으로 아기를 만삭 때까지 임신하고 있을 수 없어서 조산이 일어나기도 한다. 혹은 이전 임신으로부터의 간격이 1년 반 혹은 2년 미만으로 짧기 때문에 회복할 충분한 시간을 가지지 못하는 것도 조산의 원인이 된다. 10대에 임신한 경우 조산 확률은 더 높아지는데 엄마의 생식계가 미숙하기 때문인 것으로 추정된다(Bornstein & Putnick, 2007). 한편 빈곤한 생활환경의 여성들은 조산을 더욱 많이 경험할 수도 있는데 만성적인 생활 스트레스, 건강 관리 부족 등이 조산과 연관되어 있기 때문이다. 임신 기간 중의 카페인 섭취가 조산에 미치는 효과에 대해서는 연구 결과들이 불일치한다. 한 연구에서는 하루에 150mg 이상의 카페인(커피 2잔)을 섭취하는 임신 여성의 경우 자연 유산과 저체중아 출산 확률이 약간 높아진다는 결과가 보고되었다(Eskenazi, Bradman, & Castorina, 1999; Fernandes et al., 1998). 그러나 반대로 임신 기간 중의 카페인 섭취와 태아의 출생 시 몸무게는 상관이 없다는 연구 결과도 있다(Clausson et al., 2002).

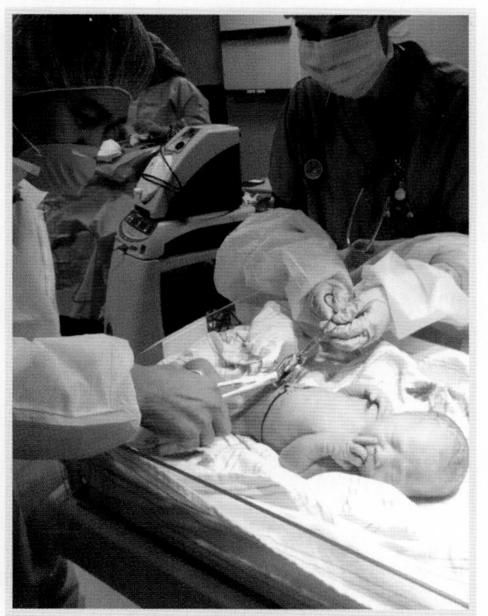
한 아버지가 임신 기간을 정상적으로 채우고 출생한 영아의 탯줄을 자르고 있다. 이와 같이 대부분의 영아는 정상적으로 출생한다. 그러나 임신 37주 이전에 출생하는 경우를 조산이라고 한다.

1970년대 이후 의학 기술의 발전으로 조산아

의 생존율은 극적으로 증가했지만(Bernbaum & Batshaw, 1997), 심한 조산의 경우 신생아 사망의 위험이 여전히 높다. 폐, 장, 대뇌 등의 미성숙으로 인해 여러 가지 질환 발생이 증가하기 때문이다(김미예, 구현영, 권인수, 김은경, 김태임, 2011). 이러한 질환에는 신생아 호흡곤란 증후군(respiratory distress syndrome: RDS)을 포함한 폐질환, 괴사성 장염, 뇌출혈, 뇌성마비 등을 포함한 뇌질환 등이 있다. 조산한 영아들은 면역 체계가 미성숙하기 때문에 감염에 특히 취약하다.

저체중 출산(low birth-weight)은 2.5kg 이하로 태어나는 경우를 말한다. 출생 체중이 1.5kg 미만인 경우는 극소 저체중 출생아(very low birth weight: VLBW), 그리고 출생 체중이 1kg 미만인 경우는 초극소 저체중 출생아(extremely low birth weight: ELBW)로 분류하기도 한다(Martin et al., 2009). 정상 분만에서 신생아가 저체중인 경우는 임신 기간 중 어머니의 질병 때문일 수 있으며 저체중 출산은 대개 조산과 함께 나타나는 경우가 많다. 신생아 사망은 출생 시 체중과 밀접하게 관련되어 있다. 출생 시 정상 체중이었던 아동과 비교해 볼 때, 저체중아는 인지장애, 운동장애 등 다양한 건강 문제의 위험에 처해 있다(Martin et al., 2009).

2) 신생아 검사

출생 직후, 신생아의 상태는 1953년에 개발된 Apgar 채점법에 의해 평가된다. 이 검사는 출생 1분 후와 5분 후, 2회에 걸쳐 피부색(Appearance: color), 심장박동(Pulse: heart rate), 반사의 민감성(Grimace: reflex irritability), 근육 긴장(Activity: muscle tone), 호흡(Respiration: breathing)의 다섯 가지 영역을 평가하고 각 척도에 0, 1, 2점 중 하나로 점수 매긴다. 일반적으로 7~10점은 정상, 4~6점은 원활한 호흡을 위해 도움이 필요한 상태, 0~3점은 위험한 상태로서 즉각적인 의학적 조치가 필요한 상태임을 의미한다. 〈표 11-1〉은 Apgar 채점 체계다(곽금주, 2002).

비록 Apgar 채점법이 신생아의 생존력에 대한 일차적이며 유용한 지표이기

표 11-1 Apgar 채점 체계(Apgar, 1953)

척도	0점	1점	2점
피부색	몸 전체가 푸르고 창백함	몸은 연붉은빛, 사지는 푸른빛	몸 전체가 분홍빛
심장박동률	없음	느림(분당 100 이하)	빠름(분당 100 이하)
반사 능력	무반응	약한 반사 반응	강한 반사 반응
근육 상태	축 늘어져 있음	약하고 비활동적	강하고 활동적
호흡	없음	불규칙, 느림	양호흡, 울음

출처: 곽금주 (2002).

는 하지만, 정밀한 평가 도구라고 하기에는 무리가 있으므로 이후의 능력 발달에 대한 예측변인으로 사용되어서는 안 된다(곽금주, 2002).

한편 임신 기간이 문제가 되는 경우 재태연령사정척도(Dubowitz-Ballard Scale; Allen, 2005)를 적용하기도 한다. 이것은 출생 시까지 자궁 내에서 보내는 임신 주수(재태 연령)를 측정하는 것으로, 검사 항목은 피부 상태, 발 주름, 유륜(areola) 발달, 귀의 딱딱함, 생식기 성숙, 솜털의 유무다. 이 검사 결과 약 40주 된 건강한 신생아는 분당 120~160회의 심장 박동 수, 분당 30~60회의 호흡 수를 보인다.

3) 위험군 신생아와 영아기 발달

앞서 언급한 바와 같이 출생 시 조산 및 저체중으로 인해 위험군으로 분류되었던 영아들은 영아기와 아동 초기에 걸쳐 엄마와 불안정 애착을 형성하는 경향이 있다(Udry-Jørgensen et al., 2011). 그런가 하면 출생 시 저체중 아동은 정상 체중 아동과 비교해 볼 때 아동 중기 학습 능력이 떨어지고, 주의력 결핍으로 산만한 행동을 할 가능성이 높다(Hack, Klein, & Taylor, 1995). 이와 같은 인지적 문제는 저체중의 정도가 심각할수록 심해진다. 조산과 출산 시 저체중이 함께 나타난 경우, 즉 매우 조산이며 매우 저체중 출산인 영아는 정상 영아보다 낮은 IQ와 이후 발달 및 학습 장애를 경험할 확률이 더 높다(Skenkin, Starr, & Deary, 2004).

출생 시 저체중이었던 영아들의 아동기 동안의 부정적인 발달 결과는 청소년기까지 이어진다는 연구 결과가 있다. 저체중으로 출생하여 성장한 중학생들은 정상 체중으로 출생한 중학생과 비교해 볼 때 저조한 인지 과제 수행을 보였으며 학업 성취도가 낮고 행동 문제가 더 많은 경향이 있었다(Taylor, Klein, Minich, & Hack, 2000). 물론 이러한 부정적인 결과 모두가 오로지 출생 시의 저체중 때문이라고 볼 수는 없다. 앞서 언급한 바와 같이 저체중 및 조산의 원인은 엄마의 빈곤과 관련된다. 이러한 측면을 고려하면 저체중아 역시 발달 과정에서 열악한 환경을 경험하게 될 위험이 높고 아동기 및 청소년기 동안의 문제와 관련될 수 있다(Fang, Madhaven, & Alderman, 1999).

그렇다면 어떻게 영아 초기 위험 요인의 부정적 효과를 경감할 수 있을까? 조산아들은 온도가 조절되는 인큐베이터 안에서 고립되어 지내야 하기 때문에 만숙아에 비해 접촉을 덜 경험한다. 이와 관련해 신체 접촉이 조산아의 발달을 촉진시킨다는 측면에 주목하여 마사지를 적용하려는 움직임이 있었다(Field, 2001, 2002). 구체적으로 하루 세 번씩 15분간 마사지를 받은 영아는 일반적인 의학적 조치만 받은 영아보다 몸무게가 47%나 더 증가하였고, 보다 활동적이고 민첩하였으며, 발달 과제에서도 보다 높은 수준의 성취를 보였다(Field, 2000). 물론 신체 접촉이 미치는 분명한 기제에 대해서는 아직까지 밝혀지지 않았으나, 아마도 신체 접촉이 조산아의 스트레스 호르몬을 적절한 수준으로 유지하며 면역 체계의 기능을 향상하기 때문인 것으로 보인다(Stack, 2001).

2. 영아기 건강

영아기의 영양 및 섭식은 영아 관련 연구에서 종종 간과되는 주제라 할 수 있다. 그러나 영아의 일상에서 상당히 많은 시간이 음식 섭취에 소비되고 정상적 발달을 위해 영양 섭취가 얼마나 중요한지를 고려해 보면 이는 매우 중요하다.

1) 영양

영양실조라고도 불리는 단백질-에너지 영양실조(protein-energy malnutrition: PEM)는 영아의 영양 상태에서 단백질과 전반적인 에너지 섭취 모두가 부족한 경우를 말한다. 이는 제3세계의 아동 사망과 밀접한 관련이 있다. 실제로 한 해 동안 개발도상국에서 5세 이하 사망 아동 1,200만 명 중 600만 명 이상이 PEM으로 사망하였다고 하며, 이는 설사, 말라리아, 홍역, 호흡기 감염과 관련이 있었다(Murray & Lopez, 1996). 그러나 이는 빈곤 국가에만 국한된 문제가 아니며 선진국 내의 저소득층에서도 나타난다(Worobey, 2007).

영아기의 균형 잡힌 영양과 섭식은 영아기뿐 아니라 이후의 건강과도 밀접한 관련이 있다.

PEM의 두 가지 형태는 콰시오커(kwashiorkor)와 마라스무스(marasmus)다. 마라스무스 아동은 충분한 단백질이나 칼로리를 받아들이지 못하며, 젖을 떼고 분유를 먹기 시작하는 6~18개월 영아들에게 가장 흔하다. 빈곤한 엄마는 경제적 이유에서 분유를 물에 희석시키기도 하는데 이때 더러운 물을 사용하여 분유를 오염시키게 되고 이것이 영아에게 박테리아 감염을 유발한다. 영아는 반복된 설사, 탈수증, 빈혈증을 겪는데, 이를 치료하려는 시도로 엄마가 영아에게 음식을 주지 않는 경우도 있다. 반복된 감염과 함께 매우 적은 양의 음식은 영양실조를 유발한다. 이런 영아들은 대개 신경질적이면서도 연약해 보이는 경우가 있다. 이들은 음식을 소화하지 못하고 쉽게 토한다(Torun & Viteri, 1988).

콰시오커 아동은 칼로리는 충분히 섭취하지만 단백질은 충분히 섭취하지 못한다. 콰시오커는 아동의 식사에 철분, 요오드, 아연, 비타민A 등이 부족할 때도 일어날 수 있다. 정상 발달 과정에서 영아가 18~24개월경 이유식을 먹기 시작할 때도 나타날 수 있다. 즉, 식단이 모유에서 높은 탄수화물과 낮은 단백질이 든 음식으로 바뀌면서 단백질결핍성 영양실조가 발생한다. 이러한 음식이 성인에게는 적절할지 모르지만, 빠르게 성장하는 걸음마기 영아에게는 불충분할 수 있기 때문이다. 이 시기의 영아는 환경을 탐색하기 시작하므로, 영아가 박테리아와 바이러스에 노출될 기회가 점차 많아진다. 이때 영양 부족으로 인해 자칫 영아의 건강 상태는 악화될 수 있다. 또한 단백질결핍성 영양실조의 행동상 특징 중 하나는 과민성, 무관심, 식욕 감소와 더불어 환경에 대한 흥미 감소다. 운동 활동성의 감소가 영양실조 영아를 환경적 자극으로부터 격리시키고, 그 결과 학습의 기회가 제한되어 인지적 발달을 방해하는 것이라고 할 수 있다(Worobey, 2007). 결과적으로 양육자는 영아에게 보다 적은 자극만을 제공하게 된다. 시간이 지남에 따라 환경에 대한 적은 탐색과 적은 자극의 제공이라는 악순환은 영아가 사회적, 물리적 환경으로부터 정보를 얻는 과정을 방해한다. 이를 방치하면 영아 발달은 결과적으로 부정적인 영향을 받게 되는 것이다.

2) 섭식

모유는 신생아와 영아에게 최초이자 최고의 음식이다. 소화가 잘되고 면역학적으로도 이득이 되며 효율적인 영양 섭취가 가능하기 때문이다. 그러나 엄마가 처방된 약을 복용하는 경우와 HIV(human immunodeficiency virus, 후천성 면역결핍증)에 감염된 경우에는 수유를 통해 영아에게 전달될 수도 있으므로 모유 수유가 권장되지 않는다. 최근에는 모유의 어떤 성분이 영아의 인지 발달을 증진시키는가에 대한 연구가 많이 진행되어 왔다. 특히 가장 오래된 논쟁 중 하나는 모유 수유를 받은 영아와 그렇지 않은 영아가 아동기 동안 인지 능력에서 차이가 있는가에 대한 것이다. 몇몇 연구는 모유 수유를 받은 영아들의 지능이 더 높다는 결과를 제시했다(Johnson & Swank, 1996; Taylor & Wadsworth, 1984). 그러나 과학적 관점에서 모유 수유가 순조로운 영아 발달에 영향을 미치는 유일한 요소라고 결론지을 수는 없는데, 모유 수유는 영아 발달에 대해 관심이 높고 실제 많은 시간을 양육에 소요할 수 있는, 높은 사회경제적 지위(SES)와 관련되어 있었기 때문이다(Horwood & Fergusson, 1998; Worobey, 2007). 일반적으로 높은 사회경제적 지위는 놀이, 읽기 등 여러 발달 영역에 있어서 영아에게 더 많은 관심을 기울이는 것을 의미하고, 이는 곧 아동기 인지 발달을 촉진할 수 있다. Anderson, Greene, Hetherington과 Clingempeel(1999)의 메타분석 연구에 따르면, 모유 수유를 받았던 아동의 IQ가 그렇지 않은 아동보다 평균

영아기의 빠른 신체적 성장은 영아가 섭취하는 영양에 의한 것이다. 이와 관련하여 수유 방식에 대한 연구가 많이 진행되어 왔다.

2~3점 더 높았다고 한다. 하지만 모유 수유를 받은 기간이 성인 지능에 미치는 영향은 일정 수준까지는 정적 상관을 보이지만 일정 수준을 초과한 기간은 그 이상의 효과를 기대할 수 없다고 한다(Mortensen, Michaelsen, Sanders, & Reinisch, 2002).

3. 영아기 발달장애

발달장애는 발달심리학 및 영유아 정신병리 영역에서 1980년대부터 도입된 개념으로서, 영아기로부터 성인기에 이르는 발달 경로와 정상 발달과 비정상 발달 간 관련성을 규명하는 것을 강조한다(Wenar & Kerig, 2011). 이와 관련하여 여러 연구가 활발히 진행되면서 생애 초기인 영유아기 동안의 발달의 중요성이 부각되기 시작하였다. 앞서 살펴보았듯이 영아기는 장애를 조기에 발견하고 개입하여 예방 효과를 극대화할 수 있는 시기이기 때문이다. 다음에서 대표적인 영아기 발달장애인 자폐증과 다운증후군, 뇌성마비에 대해서 살펴보겠다.

1) 자폐장애

자폐장애(autism)는 영아기부터 시작되어 평생 동안 지속되는 발달장애로서 광범위한 몇 가지 발달 영역의 손상, 즉 사회적 상호작용 기술, 의사소통 기술, 틀에 박힌(상동증적) 행동과 제한된 흥미 및 활동이 특징이다. 자폐증은 '자기'를 의미하는 라틴어 'auto'에서 유래하며, 자폐 영아들은 전적으로 혼자만 존재하는 어떤 세계에 스스로 갇혀 살고 있는 것처럼 보인다(Swanson, 2000).

자폐장애는 주로 부모가 자녀에게서 뭔가 다른 점을 발견하는 것이 계기가 되어 진단되는 경우가 많다. 즉, 자폐장애 영아들은 사람이나 장난감에 반응하지 않거나 특정 대상에 지나치게 많은 주의를 기울인다. 대부분의 영아는 일찍부터 매우 사회적인 존재이지만 자폐장애 영아는 다양한 사회 작용의 시도와 반응에 어려움을 보인다. 구체적으로 이들은 눈 맞춤을 회피하고 정서적 표현이 부족하고 수동적으로 안기거나 안기는 행동을 거부하며 혼자 놀기를 선호하고 다른 사람의 존재를 거의 알아차리지 않는 것처럼 보인다(Swanson, 2000). 대부분의 부모는 자폐장애 영아의 행동에 대해 자신이 거절당하는 것처럼 느끼고 고통스러워하게 된다.

자폐장애의 유병률은 0.001%로 드문 발달장애라 할 수 있다(Gelfand, 2001). 과거에 비해 자폐장애의 유병률은 점차 높아지지만 이러한 변화는 자폐장애의 실제적 증가를 의미한다기보다는 최근 진단적 준거가 진보되었기 때문일 수 있다. 즉, 과거와 비교해 볼 때 더 많은 아동이 자폐장애로 진단되는 경향 때문에 유병률이 증가하는 측면도 있다.

정의에 따르면 자폐장애는 3세 이전에 시작되나 대부분의 경우 더 나중에 진단된다. 몇몇 다른 장애들은 자폐증과 함께 나타난다. 예컨대 지적 장애, 취약 X 증후군은 자폐증과의 공병률이 높다(NIMH, 1997). 또한 전반적으로 자폐증은 여아보다 남아에게서 약 4~5배 정도 더 빈번하게 진단된다(Volkmar, Szatmari, & Sparrow, 1993).

2) 다운증후군

다운증후군(Down syndrome)은 유전자 장애 중 하나로 발달 중인 태아 세포에서 21번 염색체가 3개(trisomy 21) 발견되는 장애다. 다운증후군은 지적 장애의 가장 흔한 원인이며 심장 결함이나 시각 및 청각 장애와 같은 신체적 문제와 연관성이 높다(Pace, 2001). 아동기에 접어들면 다운증후군 아동의 지능은 경도(mild, 50 혹은 55~70)에서 중등도(moderate, 35 혹은 40~50 혹은 55)의 지적 장애를 보이는 경향이 있다(Roizen, 2002).

다운증후군 영아는 아몬드 모양의 눈, 손바닥의 큰 주름, 작은 귀 · 입 · 손 ·

발 등의 몇 가지 신체적 특징을 가지고 있다. 다운증후군 영아가 3개월이 되었을 때 기질적 특성을 살펴본 연구에서는 이들이 다른 영아들에 비해 더 활동적이고 주의가 산만하지만 접근 행동을 더욱 많이 하는 경향이 발견되었다. 이것이 의미하는 바는 다운증후군을 가진 영아들이 몇몇 독특한 특징을 가지긴 하지만 정상 영아들이 보이는 특성과 연속선상에서 분포하는 차이로 볼 수도 있다(Zickler, Morrow & Bull, 1998). 이러한 측면에 주목하여 다운증후군에 대한 조기 개입은 그들이 가지고 있는 잠재력을 최대화할 수 있는 학습 환경을 제공하는 것을 강조하기도 한다.

3) 뇌성마비

뇌성마비(cerebral palsy)는 뇌손상으로부터 유발된 장애로 영아의 근육 통제 능력에 영향을 미치며, 350명 중 1명 꼴로 나타난다. 유전자 요인이나 혈액 공급 문제들은 태내기 동안 뇌 발달에 영향을 미칠 수 있다. 또한 뇌수막염, 뇌출혈, 심각한 황달, 두부 손상은 아동기 문제를 유발할 수 있다(Pellegrino, 2002). 실제로 자동차 사고나 아동 학대 등의 사건은 신생아기 뇌수막염과 영아기 뇌졸중과 함께 뇌성마비를 유발하는 것으로 알려져 있다(CDCP, 1996).

두부 손상을 방지하는 것은 초기 아동기의 뇌성마비 발생을 줄일 수 있는 방법이다. 뇌성마비의 또 다른 원인은 핵황달(kernicterus)인데, 이는 황달 수준이 심각해져서 생기는 일종의 뇌손상이다. 몇몇 신생아의 경우는 간이 너무 많은 양의 빌리루빈(bilirubin)을 분비하여 피부색이 노랗게 된다. 이를 치료하지 않고 방치하면 핵황달로 발전하고, 이는 곧 뇌성마비, 청력 상실, 지적 장애를 유발한다(CDCP, 1996). 다행히도 핵황달은 광선요법(phototherapy)을 통해 예방할 수 있다(Newman & Maisels, 2000).

요 약

이 장에서는 영아기 발달 이상의 유형과 관련 변인에 대해서 살펴보았다.

1. 영아 초기 위험 요인으로는 조산과 저체중이 있다. 조산은 임신 기간을 기준으로 하여 임신 20주를 지나 임신 37주 이전의 분만을 말하며 저체중 출산은 2.5kg 이하로 태어나는 경우를 말한다. 저체중 출산은 대개 조산과 함께 나타나는 경우가 많다. 신생아 사망은 출생 시 체중과 밀접하게 관련되어 있다. 출생 시 정상 체중 아동과 비교해 볼 때 저체중아는 인지장애, 운동장애 등 다양한 건강 문제의 위험에 처해 있다.

2. 출생 직후, 신생아는 일반적으로 신생아의 상태를 평가하기 위하여 1953년에 개발된 Apgar 채점법에 의해 평가된다. 이 검사는 출생 1분 후와 5분 후, 2회에 걸쳐 피부색, 심장 박동, 반사의 민감성, 근육 긴장, 호흡의 다섯 가지 영역을 평가한다. Apgar 채점법은 신생아의 생존력에 대한 일차적이며 유용한 지표다.

3. 출생 시 조산 및 저체중으로 인해 위험군으로 분류되었던 영아들은 영아기와 아동 초기에 걸쳐 엄마와 불안정 애착을 형성하는 경향이 있다. 영아 초기의 위험 요인의 부정적 효과를 경감시키기 위한 방법으로 신체 접촉을 이용하는 처치가 사용되기도 한다.

4. 영양실조라고도 불리는 단백질-에너지 영양실조는 영아의 영양상 단백질과 전반적인 에너지 섭취 모두가 부족한 경우를 말한다.

5. 영아와 걸음마기 아동에게는 적절한 진단 도구와 절차를 통해 진단될 수 있는 장애가 있다. 자폐장애는 영아기에 시작되어 평생 동안 지속되는 발달장애로서 광범위한 몇 가지 발달 영역의 손상, 즉 사회적 상호작용 기술, 의사소통 기술, 틀에 박힌(상동증적) 행동과 제한된 흥미 및 활동을 보인다. 다운증후군은 유전자 장애 중 하나로 발달 중인 태아 세포에서 21번 염색체가 3개 발견되는 장애다. 뇌성마비는 뇌손상으로부터 유발된 장애로 영아의 근육 통제 능력에 영향을 미치며, 350명 중 1명 꼴로 나타난다.

제12장

아동 보육과 조기 개입

학/습/개/념

- 위험집단
- 보육
- 빈곤
- 양질의 영아 양육 기준

오늘날 점점 더 많은 영아가 부모뿐 아니라 다른 사람들의 양육을 받고 있다. 우리나라의 경우에도 국공립, 법인, 민간, 부모협동, 가정, 직장 등 다양한 유형의 보육기관이 점점 더 많이 설치되고 있다. 보육기관을 이용하는 아동 수도 2011년 12월 기준 134만 8,729명으로 1997년 대비 2배 이상 증가하였다(보건복지부, 2011). 이러한 비부모 양육은 여성들의 사회 활동이 활발해지는 상황에서 불가피하며 우리나라에만 국한된 현상도 아니다. 잘 정비된 아동 보육 정책을 적용하고 있는 스웨덴 등 몇몇 유럽 국가를 비롯하여 많은 국가에서 아동 보육은 주요한 국가적 관심사 중 하나라 할 수 있다. 이러한 전 세계적인 관심에도 불구하고 영아들이 받는 아동 보육의 형태는 다양하기 때문에 영아 발달에 미치는 명확한 효과를 규명하기는 어렵다(Scarr, 2000). 규모가 크고 시설을 잘 갖춘 곳도 있고 소규모 시설인 경우도 있다. 또 어떤 곳은 비영리 센터이며, 또 어떤 곳은 개인 가정에서 운영되기도 한다.

이 장에서 우리는 영아 양육과 관련된 두 가지 주제, 즉 아동 보육(childcare) 및 조기 개입 프로그램(early intervention)이 영아 발달에 어떤 영향을 미치는지에 대한 연구들을 알아볼 것이다. 영아 및 아장이에 대한 보육은 우리 사회에서 점점 더 보편화될 것이다. 이와 관련하여 보육이 신체적, 인지적, 사회적 및 정서적 발달에 미치는 효과가 보고되고 있다. 이러한 연구 결과들은 아동 보육의 질을 보장할 수 있는 하나의 지침으로 이용될 수 있을 것이다. 마지막으로, 이 장에서는 발달 지연 및 장애를 예방하기 위한 목적으로 적용되어 온 조기 개입 프로그램의 효과를 살펴보겠다.

1. 아동 보육

아동이 비부모 양육을 받게 되는 시기는 출생 이후 엄마가 직장생활을 할지 그리고 언제부터 재개할지에 대한 선택과 밀접하게 관련된다. 여성의 사회 진

유치원이나 어린이집 등 보육시설에서의 경험이 영아 발달에 미치는 영향에 대한 관심은 점차 증가되고 있다.

출이 활발해지고 자녀 양육에 대한 경제적 부담이 증가됨에 따라 영아를 둔 많은 가정에서 엄마들은 취업을 선택하고 있다. 이에 따라 여러 연구자는 엄마의 취업이 영아의 발달에 미치는 영향에 더 많은 관심을 기울여 왔다.

1) 엄마의 취업

엄마의 취업이 영아의 발달에 어떤 영향을 미치는가에 대해서는 아직까지 명확한 결론이 내려지지 않은 상황이다. 첫돌 이후의 엄마의 취업은 미취학 아동에게 특별히 부정적인 영향을 주지 않는다는 연구 결과도 있고, 영아기에 더 많은 시간 동안 일하는 엄마일수록 그 자녀의 언어적 능력이 더 낮은 경향이 있었다는 보고도 있다(Baydar & Brooks-Gunn, 1991).

예컨대, Baydar와 Brooks-Gunn(1991)은 생후 첫 3년 동안의 엄마의 취업이 3~4세 아동의 인지 발달에 미치는 영향을 살펴보고자 했다. 연구자들의 가설은 다음과 같았다. 첫째, 생후 첫해에 엄마가 직장으로 돌아갈 경우 자녀의 인지, 행동 기능에 부정적인 영향을 미칠 것이며, 생후 3년 이후에 엄마가 직장에 돌아갈 경우 부정적인 영향이 감소할 것이라고 예상하였다. 둘째, 엄마가 생후 첫해에 취업한 아동 중 엄마가 첫해부터 3년 동안 연속적으로 일할수록, 그리고 엄마가 더 장시간 일할수록 그 부정적인 영향이 심할 것이라고 예상하였다. 생후 첫해 중 엄마가 직장에 복귀한 시점에 따라서도 그 영향이 다를 것이다. 직장 복귀 시점이 늦을수록 자녀에게 더 좋을 것이라고 예상할 수 있는데, 그것은 엄마와 함께 보내는 시간의 양 때문이었다. 셋째, 연구자들은 양육 유형이 아동의 발달에 영향을 미칠 수 있을 것으로 예측하였다. 구체적으로 연구자들은 조부모나 아버지 등 친지에 의한 양육이 친지가 아닌 사람에 의한 양육보다 긍정적일 것이라고 예상하였다. 또한 친척이 아닌 사람에 의한 양육은 특히 빈곤층 아동에게 더 부정적일 것으로 예상하였는데, 이런 가정의 경우 양질의 보육을 위한 비용을 부담하는 데 한계가 있을 수 있기 때문이다.

엄마의 취업이 영아 발달에 미치는 영향을 알아보기 위해 연구자들은 NLSY(National Longitudinal Survey of Youth)에 참여하고 있는 아동 1,181명을 대상으로 자료를 분석하였다. 그 결과, 엄마가 영아기부터 3년 동안 지속적으로 취업 상태일 경우에도 자녀가 인지 행동 발달에 특별히 더 해로운 영향을 받은 건 아니었다. 그러나 영아기에 더 많은 시간 일하는 엄마일수록 3세경 그 자녀의 언어 능력이 낮게 나타나는 경향이 있었다. 양육 유형이 취업모 자녀의 언어 능력에 미치는 효과는 뚜렷하지 않았으나 양육 유형과 성별, 빈곤 간의 상호작용 효과는 관찰되었다. 구체적으로 취업모의 자녀가 남아일 경우 할머니와 친척에 의한 양육은 특히 긍정적인 효과가 있었다. 또한 영아기 동안 할머니와 친척에 의한 양육은 친지가 아닌 사람에 의한 양육보다 빈곤층 아동의 3년 후

Jeanne Brooks-Gunn
컬럼비아 대학교의 심리학자 Brooks-Gunn은 여러 연구를 통해서 빈곤이 아동 발달에 미치는 영향을 밝혀 왔다.

언어 능력에 훨씬 더 긍정적인 영향을 미치는 것으로 나타났다.

한편 자녀의 특성이 부모의 직업 수행에 미치는 영향에 대한 연구도 진행되고 있다. 8장에서 살펴보았듯이 영아는 환경적 영향의 수동적 수용자만은 아니다. 특히 영아의 까다로운 기질은 부모 역할 및 직업 역할에 영향을 미칠 수도 있다(Hyde, Else-Quest, Goldsmith, & Biesanz, 2004). 영아의 까다로운 기질은 자녀가 12개월 때 엄마의 직업 성취와 부적인 상관이 있었다. 또한 아동의 적대적, 공격적 기질은 자녀가 3.5~4.5세일 때 엄마의 낮은 직업적 성취와 연관이 있었다.

이러한 결과를 종합해 볼 때 엄마의 취업 자체가 아동 발달에 부정적인 영향을 미친다고 보는 것은 무리가 있는 것으로 보인다. 취업한 엄마와 영아가 안정되고 원만한 관계를 조성하기 위해서는 영아들의 집에서의 경험이 중요하다. 예컨대, 비부모 양육을 많이 이용하는 부모는 집에 있을 때 자녀와의 상호작용에 집중하는 것이 필요하다.

2) 아동 보육이 아동 발달에 미치는 영향

보육을 받는 영아들이 점점 더 많아짐에 따라 보육의 질을 개념화하고 측정하려는 노력 역시 점점 증가하는 추세다(Steinberg, Vandell, & Bornstein, 2011). 이와 관련하여 미국의 NICHD(National Institute of Child Health and Human Development)는 아동의 아동 보육 경험과 발달 간 관련성에 대한 종단 연구(The NICHD study of Early Child Care and Youth Development: SECCYD)를 실시하였다. 1991년부터 시작된 SECCYD는 자료 수집을 위해 7년 동안 미국 전역 10개 지역에서 다양한 계층의 1,400명의 아동과 가족들을 관찰했다. 연구자들은 아동이 보육기관에 입학한 시기, 보육의 시간 양, 안정성, 질, 유형 등 여러 가지 측면의 자료를 수집하였다. 초기 아동 보육 상황은 보육 담당자의 교육과 훈련 정도, 아동 대 성인의 비율, 아동 집단의 크기 등을 통해 평가되었다. 이러한 정보 수집을 위해서 훈련된 관찰자, 면접, 질문지, 테스트 등 다양한 방법이 적용되었으며 아동의 심리적 건강, 인지 발달, 사회적 정서 발달의 여러 측면이 측정되었다(Lamb & Ahnert, 2006; NICHD Early Child Care Research Network, 2001, 2002, 2005). 다음에서 NICHD 연구 결과를 상세히 살펴봄으로써 아동 보육이 발달에 미치는 영향에 대해서 알아보겠다.

(1) 이용 형태

이 연구에서 2세 이전의 영아들은 친척에 의한 양육을 받는 경향이 있었다. 4개월 때 비부모 양육을 받는 영아 중 50%는 친척이 돌보았고 12%만이 아동 보육 센터에 등록했다. 생애 첫해 동안 NICHD 연구에 참여한 아동들은 평균적으로 주당 33시간의 보육을 받았다. 반면 2세 이후의 보육을 받는 아동들은 대부분 아동 보육 센터에 등록하는 경향이 있었다(NICHD Early Child Care Network, 2005).

엄마가 가지고 있는 초기 아동 보육의 효과에 대한 믿음은 영아의 아동 보육기관 등록과 관련이 있었다. 아동이 더 많은 시간을 보육시설에서 보내는 것이 발달에 긍정적이라고 믿는 엄마일수록 공식적인 아동 보육 센터나 가정 아동 보육기관을 이용하고 출산 후 더 일찍 직장으로 복귀하는 경향이 있었다. 반면 취업이 영아의 발달에 부정적인 영향을 준다고 믿는 엄마일수록 비공식적 보육 혹은 가정 기반 보육 형태를 선택하는 경향이 있었다. 취학 전 시기에, 편모이면서 학력이 높고 수입이 높은 가정의 영아들은 그렇지 않은 가정들보다 보육기관에서 더 많은 시간을 보냈다.

(2) 보육의 질

SECCYD에서 보육의 질은 크게 두 가지 측면이었다. 한 가지는 과정 변인(process variable)으로서 보육 담당자의 행동(아동에 대한 민감성)이었으며, 다른 한 가지는 구조적 변인(structural variable)으로서 집단 크기, 아동 대 성인의 비율, 물리적 환경, 양육자 특징(정규 교육, 보육 관련 훈련, 아동 보육 경험)이었다. 물론 일반적으로 이 두 변인 간에는 관련성이 존재할 것이라고 예상할 수 있다. 즉, 보육 담당자와 영아 간 양질의 긍정적인 상호작용은 보육 담당자가 아동 보육 경험에 대해 잘 교육을 받은 안전한 상황에서 더 자주 나타날 수 있다.

보다 구체적으로 SECCYD에서 보육의 질은 과정 변인과 구조적 변인을 조합하여 다음 세 가지 측면에서 평가되었다.

- 아동과 보육 담당자 간의 민감하고 반응적인 상호작용의 빈도
- 집단 크기, 아동 대 성인 비율, 물리적 환경의 측면
- 보육 담당자의 정규 교육 수준, 보육 관련 특수 훈련의 경험 및 아동 보육 경험의 양

분석 결과 경제적 수준이 낮은 가정의 영아들은 경제적 수준이 높은 가정의 영아들보다 낮은 질의 보육을 받는 경향이 있었다(NICHD Early Child Care Network, 2005). 아동 대 성인 비율, 집단 크기, 보육 담당자의 훈련 여부 및 교육 등의 측면들은 관련 기준을 준수하는지 여부를 통해 측정되었다. SECCYD는 연구에 포함된 아동 보육기관 중 상당수가 이 요건들을 모두 갖추지 못했다고 보고하였다. 이때 충족한 요건의 수가 더 많은 2세와 3세 영아는 그렇지 않은 영아보다 언어 이해 및 학습 준비도가 더 높았다(Lamb & Ahnert, 2006; NICHD Early Child Care Network, 2005).

(3) 아동 보육 경험이 엄마-영아 관계에 미치는 영향

부모들은 전일제 보육이 엄마-영아 애착 관계에 부정적인 영향을 미치지 않을지 걱정하곤 한다. SECCYD 연구에서는 이를 알아보기 위하여 낯선 상황 절차를 통해 측정한 애착과 아동 보육 간 관련성을 살펴보았다. 그 결과, 불안정 애착은 몇몇 불리한 보육 조건의 조합과 상관이 있었다. 즉, 주당 10시간 이상

의 질이 낮은 보육을 경험하는 것, 첫 15개월 이전 여러 보육기관을 전전하는 것, 엄마가 민감하지 못한 점 등은 복합적으로 불안정 애착을 초래하는 경향이 있었다. 즉, 질 낮은 보육은 엄마의 민감성과 반응성이 낮은 상황에서 14개월 때 엄마에 대한 불안정 애착 영아가 증가하는 것과 관련이 있다.

생후 첫 6개월 동안 더 많은 보육을 경험한 영아들은 덜 민감하고 덜 반응적인 엄마를 가지는 경향이 있었다. 또한 어린 월령에서 보육 경험을 많이 경험한 영아일수록 3세경 덜 긍정적인 아동–부모 상호작용과 관련이 있었다(Brooks-Gunn, Han, & Waldfogel, 2002). 그러나 이때 아동 보육의 질은 아동이 보육기관에 다니기 시작한 시점이나 아동 보육을 받은 경험과는 다르다는 점을 명심할 필요가 있다. 높은 질의 아동 보육을 받은 아동들은 비부모 양육자와 긍정적인 상호작용을 하는 경향이 있었으며 3세경 엄마와도 더 긍정적인 상호작용을 하는 경향이 있었다. 엄마–아동 상호작용의 질에 더욱 강력한 영향을 미치는 것은 아동의 아동 보육 경험 자체라기보다는 엄마의 수입, 민감성, 교육 수준, 결혼 상태, 우울 등이었다(Lamb & Ahnert, 2006; Love et al., 2003). 즉, 일하기를 원하는 엄마가 가정에 머물러 양육 전담을 강요받는다면 애착 안정성이 증진되기는 어렵다(Lamb & Ahnert, 2006).

양질의 보육과 보육시설에 머무는 시간이 짧은 것은 순조로운 엄마–아동 상호작용 및 안정적 애착 형성에 기여한다.

(4) 아동 보육 경험이 사회성 발달에 미치는 영향

영아의 사회성 발달과 가장 밀접한 상관을 보이는 아동 보육의 측면은 질적 변인이다(Gross, 2011). 양질의 아동 보육을 받은 영아들은 그렇지 않은 영아들보다 2, 3세 때 정서적으로 긍정적이었으며 양육자와 민감한 상호작용을 하는 경향이 있었고 행동 문제를 덜 나타냈다(NICHD Early Child Care Network, 2005). 반면 영아기 동안 여러 보육기관을 전전하거나 주 양육자가 많이 변경된 아동들은 2, 3세경에 더 많은 행동 문제를 보이며 더 낮은 수준의 친사회적 행동을 보이는 경향이 있었다(Morrissey, 2009). 또 다른 NICHD SECCYD에 대한 분석 결과(NICHD Early Child Care Research Network, 2006), 54개월 이전 여러 비부모 양육을 경험한 아동들은 그 양육을 받은 시간이 길면 길수록 집이나 유치원에서 보이는 문제 행동(반항 및 공격성) 수준이 높아지는 경향이 있었다(Bornstein & Hahn, 2007; Bornstein, Hahn, Gist, & Haynes, 2006). 광범위한 비부모 양육을 받은 경험이 있는 아동은 문제 행동을 경험할 위험성이 그렇지 않은 아동보다 증가했다. 이는 엄마의 민감성, 가족 배경, 보육의 유형 · 질 · 안정성의 효과를 모두 고려하더라도 명백했다. 그러나 비부모 양육을 받은 시기의 효과는 분명하지 않았다. 일찍 비부모 양육을 받은 아동과 그렇지 않은 아동들의 차이는 매우 작았다. 비부모 양육을 일찍 받았던 아이들이 심각한 행동 문제를 일으키는 경우는 거의 없었다. 즉, 시기 자체보다는 다른 여러 요인이 함께 작용하여 문제 행동을 보일 가능성을 높일 수 있다.

(5) 아동 보육 경험이 언어 및 인지 발달에 미치는 영향

7장에서 살펴보았던 것처럼 언어 발달은 환경과 부모와의 상호작용으로부터 영향을 받는다. 양질의 보육을 통해 아동들은 보육자로부터 정서적으로 긍정적인 보살핌뿐 아니라 초기 언어 발달을 지지하고 강화할 수 있도록 자극을 받을 수 있다(Gross, 2011). NICHD SECCYD는 양질의 아동 보육을 경험한 아동들은 24개월과 54개월경 더 높은 수준의 인지적 능력을 가지고 있을 뿐 아니라 15,

24, 36개월에 더 뛰어난 언어 능력을 가지고 있는 것으로 평가되었다(NICHD Early Child Care Network, 2005).

이전에 양질의 아동 보육을 받았던 아동들은 36개월경 색, 문자, 숫자 인식, 수 세기 능력, 형태 인식 등 더 높은 수준의 학업 준비도를 보이는 경향이 있었다(NICHD Early Child Care Network, 2005). 특히 아동 보육의 시간이 중간 정도(주당 10~30시간)였던 아동들의 경우, 더 오랜 시간 보육을 받았던 아동들(주당 30~40시간 이상)보다 36개월에 학업 준비도와 언어 능력이 더 높았다. 이러한 연구 결과는 지나치게 길지 않은 양질의 보육은 아동 발달에 도움을 줄 수 있다는 것을 시사하는 것이다. 물론 이때 적절한 자극을 제공하는 보육 환경만으로는 부족하며 가정에서 엄마와 상호작용하는 시간이 필요했다.

양질의 아동 보육이 인지적 발달과 학업 준비도에 미치는 긍정적인 효과는 엄마가 사회복지 직업 프로그램에 참여하는 저소득 가정의 아동들에게서도 발견되었다(Loeb, Fuller, Kagan, & Carrol, 2004; Votruba-Drzal, Coley, & Chase-Lansdale, 2004). 보다 장기적인 양질의 아동 보육은 저소득 가정의 영아들이 초등학교에 다니는 아동 중기가 되었을 때의 수학 및 읽기 성취도에도 긍정적인 영향을 미치는 것으로 보인다(Lamb & Ahnert, 2006; NICHD Early Child Care Network, 2005).

종합하면, 조기 비부모 양육은 그 자체로 아동 발달에서 부정적인 결과를 초래하는 것 같지는 않다. 대신 엄마의 민감성과 같은 가정의 특성이 초기 발달에 일차적인 영향을 미치며 비부모 아동 보육은 그 질이 낮을 때 아동의 발달에 부정적인 영향을 미치는 것으로 보인다. 따라서 영아 발달에서 가장 해로운 상황은 엄마의 민감하지 못한 양육과 낮은 질의 비부모 아동 보육이 복합되는 경우라고 할 수 있다.

3) 좋은 아동 보육의 요건

영아를 위한 질 높은 보육 프로그램과 환경이란 무엇을 말하는 것일까? 프로그램의 내용과 환경적 특성에 대해서 살펴보자.

하버드 대학교의 Kagan과 동료들이 개발한 시범 프로그램(Kagan, Kearsley, & Zelazo, 1978)에서는 영아 대 교사의 비율이 3 : 1인 것이 좋다고 보았다. 이 프로그램에서 교사와 보조자들은 미소를 지으며 영아들과 이야기하기, 관심을 끌 만한 신기한 장난감들을 포함한 안전한 환경을 제공하기 등의 훈련을 받았다. 이 프로젝트에서는 아동 보육의 역효과가 관찰되지 않았다. 반면 영아 때 질이 낮은 보육 센터에 다닌 아동들은 유치원에 다니는 아동 초기 때 사회적인 유능성이 낮은 경향이 있었다. 즉, 덜 고분고분하고 덜 자기 통제적이었으며, 덜 과제 중심적이고 더 적대적이고 또래 관계에서 더 많은 문제를 가지고 있었다(Howes, 1988).

한편 Fenichel과 동료들은 양질의 영아 양육을 보장하기 위해 달성되어야 하는 여덟 가지의 기준을 제시한 바 있다(Fenichel, Lurie-Hurvitz, & Griffin, 1999). 구체적으로 다음과 같다.

- 건강과 안전
- 소집단의 유지(양육자당 3~4명 이하의 영아)
- 개별 영아에게 주 양육자 할당
- 양육에서의 연속성 보장
- 반응적인 양육의 제공
- 영아 개인의 욕구 충족
- 연속적인 언어적 자극의 제시
- 신체적으로 자극적인 환경의 제공

문제는 양질의 아동 보육 프로그램은 일반적으로 비용이 많이 든다는 점이다. 따라서 모든 가정에서 양질의 보육 프로그램에 등록할 수 있는 것은 아니다. 안타깝게도 경제적 기반이 약한 가정의 아동들은 더 좋은 경제적 환경을 가진 아동들보다 더욱 낮은 질의 보육을 경험하는 것으로 보인다(Lamb & Ahnert, 2006). 이와 관련하여 프로그램의 질과 구조적 측면을 일정 수준 이상으로 보장할 수 있는 기준의 규정과 준수가 필요하다.

4) 우리나라의 영아 보육 실태

우리나라도 여성의 취업률이 높아지면서 보육은 사회적인 관심사가 되고 있다. [그림 12-1]에서 볼 수 있는 것처럼 2008년부터 2011년 사이에 보육기관을 이용하는 영아의 수는 점진적인 증가 추세다(보건복지부, 2011). 2011년 12월을 기준으로 보육기관에 다니고 있는 아동의 연령을 살펴보면 만 2세(23.0%)와 만 3세(22.6%) 영유아들의 비율이 높게 나타났다. 상대적으로 만 1세 이전 영아의 보육기관 이용은 다른 연령대에 비해 적지만 [그림 12-1]을 살펴보면 그 비율도 점차 증가하는 것을 확인할 수 있다.

영아들이 주로 이용하는 보육시설은 [그림 12-2]에 나와 있다. 그림에서 볼 수 있는 것처럼 가정보육시설이 가장 많으며(43.3%) 다음이 민간보육시설(43.3%)로서, 이 둘을 합하면 전체 보육시설 중 86.6%를 차지한다. 즉, 우리나라에서 영유아 보육의 대부분은 민간이 주도하고 있는 실정이라고 할 수 있다.

우리 사회가 보육의 질을 향상하고 다각도의 지원을 하기 위해서는 국공립 보육시설이 보다 확충되어야 할 필요가 있다. 민간이 보육을 전담하도록 하는 것은 자칫 보육의 질에서 양극화를 가져올 수 있기 때문이다. 따라서 앞서 양질의 영아 양육을 보장하기 위해서 Fenichel 등(1999)이 제시한 기준 충족을 위한 노력도 병행되어야 할 것이다. 양육자와 영아의 비율이 적당하고, 소집단이 유지되며, 양육자가 영아 발달에 대한 전문적 교육을 받고 영아와의 상호작용이

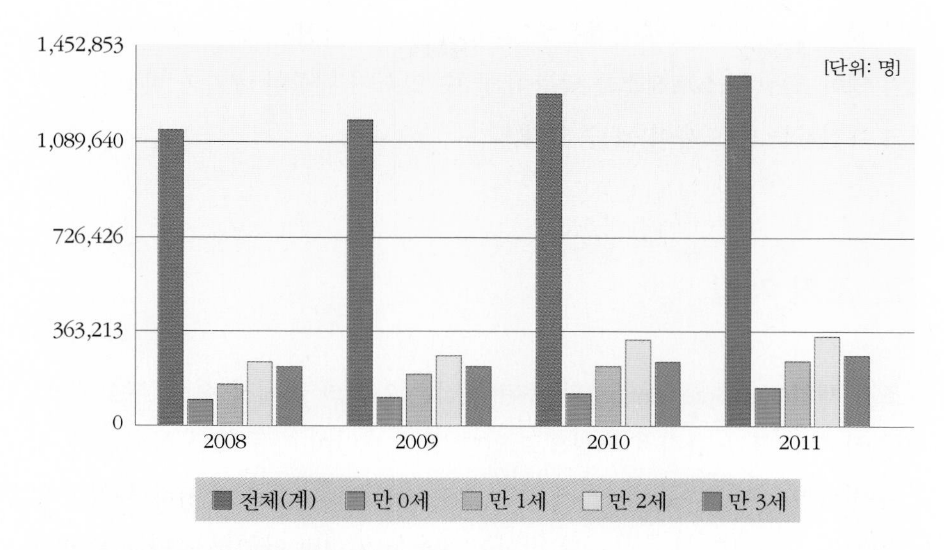

그림 12-1 0~3세까지 연령별 보육 아동 현황

우리나라에서 2008년부터 2011년 사이에 보육기관을 이용하는 영아의 수는 증가 추세에 있다. 만 2세와 3세 영유아의 비율이 특히 높고, 만 1세 이전 영아의 보육기관 이용 비율도 점차 증가하고 있다.

출처: 보건복지부(2011).

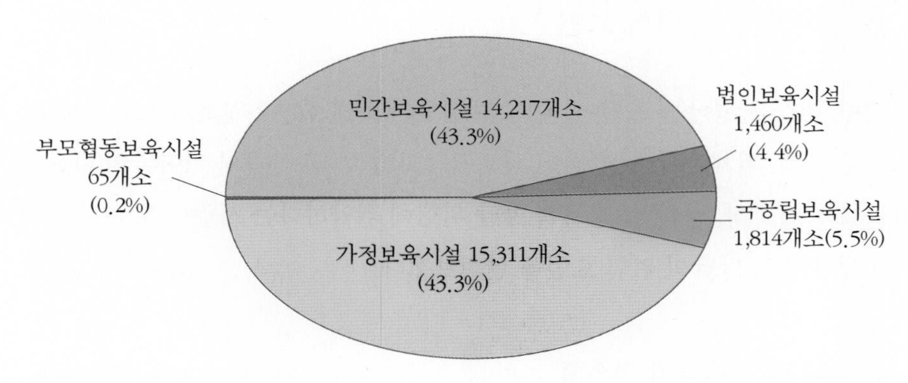

그림 12-2 보육시설

보건복지부 조사에 따르면 우리나라 영아들이 주로 이용하는 보육시설은 가정보육시설, 민간보육시설이 대부분이다. 이는 우리나라 영유아 보육은 민간이 주도하는 실정임을 보여 준다.

출처: 보건복지부(2011).

보다 긍정적일 때 영아의 발달은 더 순조롭게 이루어진다. 이런 보육시설은 부모와 영아 모두의 스트레스를 낮추어 줄 수 있으며 건강한 애착과 발달을 지원하고 촉진하는 데 도움이 될 수 있다.

2. 조기 개입

조기 개입(early intervention)의 주된 목적은 가정의 경제적 수입, 부모 특징, 출산 시 경험 혹은 환경적 특성으로 인한 위험 요인이 아동 발달에 미칠 수 있는 부정적인 영향을 예방하는 데 있다. 조기 개입은 그 유형에 따라 특정한 발달 영역에 국한되는 특정 목표를 지니는 경우도 있지만 아동뿐 아니라 부모 및 가족 구성원의 전반적인 상호작용 방식을 변화시키고자 하는 경우도 있다 (Cicchetti & Toth, 2006; Powell, 2006). 다음에서 몇 가지 조기 개입 프로그램과 주요 효과를 살펴보겠다.

1) 영아 발달의 위험 요인

어떤 요소가 영아를 발달 미숙의 위험에 처하게 할까? 일반적으로 10대 모, 저소득 가정, 저체중아, 만성적인 신체적 질병을 가진 가족의 영아들이 다른 영아들보다 인지적, 사회적, 정서적 발달 위험에 취약하다는 사실이 밝혀져 왔다. 다음에서 영아 발달의 위험 요인을 살펴보겠다.

(1) 심리적 부적응의 가족력

한 연구(Greenspan, 1982)에서는 부모의 제한된 자녀 양육 능력으로 여러 산부인과와 다른 기관에서 의뢰된 가족 57사례(의료시설 64%, 사회기관 11%, 정신건강기관 17%)를 대상으로 영아 발달의 위험 요인을 알아보았다. 고위험 가족들은 심각한 발달적 장애 요인과 심리사회적 기능에서의 혼란 등 심리적 부적응 문제를 가지고 있었으며, 영아와의 상호작용에도 문제가 있었다. 예컨대, 이런 가족의 엄마 중 64%가 심리장애와 관련된 가족력을 가지고 있었으며, 34%는 본인이 정신과 입원을 한 경험이 있었고, 15%는 정신과 외래 상담을 받은 경험이 있었다. 이 프로그램에서 엄마들 중 44%는 신체적 학대 경험을, 32%는 18세 이전에 성적 학대 경험을, 93%는 현재 신체적 학대를 받고 있는 동시에 자신의 자녀를 학대하거나 무시하는 경향을 보고하였다. 또한 69%의 엄마가 사춘기 이전에 부모와의 관계 파탄을 경험하였다. 그리고 이들 중 75% 이상이 아동기, 청소년기 및 초기 성인기에 가족, 학교, 또래 관계, 직장에서 심리사회적 기능 손상을 경험하였다.

(2) 태내기 및 출생 초기의 문제

출생 후 며칠 동안 체중, 신장, 전체적인 신체적 상태는 좋지만 운동 반응에서는 곤란을 보이는 영아도 위험 요인을 지니고 있다고 할 수 있다. Greenspan (1982)의 연구에서 참여 영아 중 일부는 자극에 대해 반응을 보이지 않았다. Greenspan(1982) 연구의 영아들은 생후 1개월경의 이른 시기에 규준에 비추어 볼 때 현저히 낮은 운동 발달을 보였다. 이런 영아들 대부분은 태아기에 위험에 노출되었지만 적절한 영양 공급 등 치료적 개입으로 정상 분만을 통해 출생하였다.

1개월경 소아과적 진단 체계와 Brazelton 신생아 행동 평가체계를 실시한 결과, 영아는 몇 가지 발달적 진전은 있었으나 적응 능력이 증가하지는 않았다. 이 연구에서 주기적인 평가만을 받은 고위험 집단은 생후 1개월 무렵 치료적 개입집단과 비교해 볼 때 적응, 습관화 및 운동 능력을 포함하여 많은 영역에서 최적의 수행에 못 미치는 저조한 수행을 보이는 경향이 있었다.

생후 3개월경이 되자, Greenspan 연구에 참여한 여러 영아는 저조한 자기조절 능력, 과도한 근육 경직, 불규칙한 수면 및 섭식 패턴을 보였다. 1세 말~2세

초반에 이 영아들은 위축되고 매우 공격적이며 충동적인 것으로 평가되었다. 이런 영아의 양육자들은 아동의 주도성과 자율성을 지지해 주지 않았다. 18~35개월경 고위험 집단의 아동은 언어나 그림을 이해하는 표상 능력 발달에 문제가 있었다. 이 아동들은 표상 능력을 전혀 발달시키지 못하거나 그런 능력이 존재한다 하더라도 가장 기본적인 기술적 형태 이상으로는 발달시키지 못하였다.

(3) 빈곤

아동 보육을 연구하는 연구자들은 빈곤이 아동 발달에 미치는 효과에 대해 특별한 관심을 기울이고 있다(Chase-Lansdale, Coley, & Grining, 2001; Huston, McLoyd, & Coll, 1994). 빈곤 가정의 아동들은 경제적 수준이 더 높은 아동들과 비교해 볼 때 가정 폭력, 불안정성, 보다 위험하고 밀집되어 있는 환경에 노출될 위험이 더 높다. 또한 빈곤 가정의 아동들은 인지적 자극을 적게 받고 저조한 질의 아동 보육 프로그램을 경험하는 경향이 있다(Evans, 2004).

환경 측정을 위한 가정 관찰 도구인 HOME(Home Observation for Measurement of the Environment)은 면접자 혹은 관찰자가 영아, 학령 전 아동, 학령기 아동의 가정으로 방문하여 가정의 지적 자극 제공 여부를 평정하고 동시에 양육자가 환경적 특성을 보고하도록 되어 있다. HOME 측정치를 통해 얻어진 가정의 환경적 특성은 아동의 발달, 특히 지적 수행을 예측하는 경향이 있다(Bradley & Corwyn, 2002). 출생부터 3세 사이 빈곤 가정의 부모들은 경제적 사정이 좋은 부모와 비교해 볼 때 자녀의 말에 대해 거의 반응하지 않았으며 부모가 볼 수 있는 거리 내에 아동을 머물게 하는 빈도도 적었고 아동이 흥미를 가질 만한 장난감과 흥미로운 활동도 적게 제공하는 경향이 있었다. 가정에서 누적적인 위험 요인에 노출된 아동들은 더 낮은 수준의 언어 및 인지 능력과 더 높은 수준의 반사회적 행동을 보일 위험이 높았다(Bradley & Corwyn, 2002; McLoyd, Aikens, & Burton, 2006).

2) 서구의 조기 개입 프로그램

조기 개입 프로그램의 효과가 명확하게 검증되기 위해서는 개입집단과 통제집단에 동일한 조건의 아동들이 무선적으로 할당되어야 한다. 이를 통해 개입 시작 시점에서 집단 간 어떤 사전 변인도 차이가 없다는 것을 전제로 이후 집단 간 차이가 프로그램의 효과임을 확증할 수 있기 때문이다. 다음에서 주요 개입 프로그램을 살펴보겠다.

(1) The Abecedarian Project와 Project CARE

1972년에 시작된 Abecedarian Project는 노스캐롤라이나의 시골 마을, 빈곤 가정의 아동들을 대상으로 실시되었다. 이 연구에서 100명 정도의 저소득 가정의 아동들은 양질의 전일제 아동 초기 교육 프로그램에 참여하였다. 3세 때 이 개입 프로그램에 참여했던 아동들은 8세경 통제집단의 아동들보다 인지검사에서 더 높은 점수를 받는 경향이 있었으며 이러한 집단 차이는 21세가 되었을 때도 나타났다. 개입집단의 아동들은 또한 통제집단과 비교해 볼 때 초등학교에 다니는 동안 특수학급에 배정되는 경우가 드물었으며 10대 부모가 될 확률도 낮았고 고등학교를 마치는 비율도 높았다(Ramey, Ramey, & Lanzi, 2006). 유사한 효과가 후속 개입 프로그램인 Project CARE에서도 보고되었다. 이 프로그램은 1978년에 시작되었으며 아동 발달 센터에서의 조기 아동 보육 프로그램, 부모 교육, 가정 방문 등 다각도의 방법을 통해 진행되었다(Ramey, Ramey, & Lanzi, 2006).

(2) The Infant Health and Development Project

The Infant Health and Development Project는 1,000여 명의 저체중 영아를 대상으로 실시된 장기 종단 연구로서 모든 아동은 출생부터 3세까지 건강 관리를 비롯하여 지역사회 서비스를 받았다. 또한 그중 1/3(개입집단)은 가정 방문 혹은 발달 센터 둘 중 하나에서 이루어지는 양질의 아동 보육 서비스를 받았다(Gross, Spiker, & Haynes, 1997). 3세경 개입집단에 포함되었던 아동들은 다른 아동들보다 더 높은 지능검사 점수를 받았으며 더 많은 어휘량을 보였다. 하지만 이러한 효과는 장기적으로 지속되지는 않아서 8세경 개입집단과 통제집단 간 차이가 명백하지 않았다(Gross et al., 1997).

3) 우리나라의 조기 개입 프로그램

한국의 경우 영아들을 위한 개입 프로그램에 대한 연구들은 소수만이 진행되었으며 시작 단계라고 할 수 있다(박성혜 외, 2005; 성현란, 배기조, 곽금주, 장유경, 심희옥, 2006; 이영, 김온기, 2000; 이영자, 이종숙, 신은수, 곽향림, 이정욱, 2001).

가정 방문을 통한 개입 프로그램인 박성혜 등(2005)과 성현란 등(2006)의 연구는 2002년부터 2005년까지 진행된 한국 영아 발달 연구에 참여한 정상 집단의 영아들을 대상으로 각각 사회성과 인지 영역의 발달 향상을 목적으로 실시되었다. 박성혜 등(2005)은 2002년부터 2004년까지 종단적 영아 발달 연구에 참여한 450명 중 인지, 사회, 언어 영역 점수에서 하위 50% 이하에 속하는 120명의 20개월 영아와 엄마를 대상으로 하여 그중 60명의 영아를 실험집단으로, 나머지 영아 60명을 통제집단으로 무선 할당하였다. 영아의 사회성을 증진시키기 위해 엄마-영아 상호작용에 초점을 맞춘 프로그램을 개발하여 실험집단에게 2주 간격으로 총 8회 프로그램을 실시하고 그 효과를 알아보기 위해 자유놀이 상황에서의 엄마와 영아의 행동을 촬영, 분석하였다. 그 결과, 프로그램 참여집단의 경우 통제집단과 비교하여 볼 때 엄마의 언어적 통제가 감소되고, 영아는 엄마와 주의를 협응하면서 공동주의를 하는 경향이 있었다(Jeong & Kwak, 2006).

한편 성현란 등(2006)의 연구는 영아의 인지 발달에 초점을 맞추어 진행되었는데, 수 개념과 모방 등 개입집단의 인지적 발달이 통제집단에 비해 유의미하

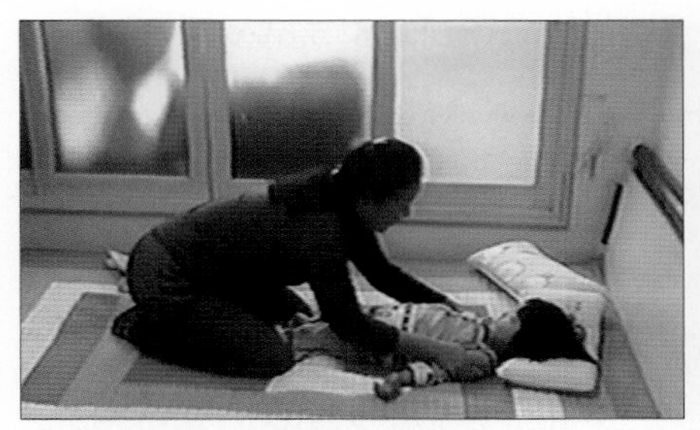
팔다리 '쭉쭉' + 배에 '푸'

다리 사이로!

망원경 전화

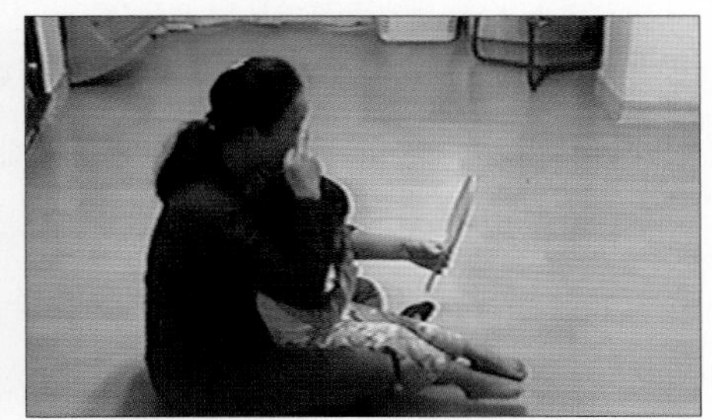
거울 속의 나

그림 12-3 박성혜 외(2005)의 연구에서 진행된 프로그램의 예(1회기 일부)

출처: 곽금주 외(2004).

게 높아졌으며, 프로그램 실시 이후 엄마-영아 상호작용 중 수반적 격려(영아의 행동 후에 따르는 엄마의 언어적, 비언어적 격려)가 높아진다는 결과를 얻었다.

앞에서 살펴본 두 가지 개입 프로그램은 충분한 결과를 얻지는 못하였으나 앞으로의 개입 프로그램 개발에 상당한 시사점을 준다. 두 프로그램은 공통적으로 엄마가 영아와 일상적으로 상호작용하는 과정에서 영아의 행동에 관심을 가지고 자극하도록 하였다. 이러한 상호작용에서의 변화가 영아의 인지 및 사회성 발달을 긍정적인 방향으로 유도한 것으로 해석할 수 있겠다. 무엇보다 엄마가 영아와 상호작용하는 방식이 바뀌지 않으면 발달에 대한 개입 효과는 일어나지 않는다(Mahoney, Boyce, Fewell, Spiker, & Wheeden, 1998: 성현란 외, 2006 재인용)는 지적에 주의를 기울일 필요가 있다. 따라서 이후의 개입프로그램 개발에서도 엄마-영아 상호작용에 대한 고려가 반드시 이루어져야 할 것이다.

이와 관련하여 영아기 초기, 엄마-영아 상호작용에서 책을 매개로 한 문자 관련 경험이 이후의 언어 및 인지 발달에 영향을 미친다는 연구 결과(곽금주, 2003; Karrass & Braungart-Rieker, 2005; Moore & Wade, 1997)도 있다. 구체적으로, 곽금주(2003)는 생후 3개월 된 영아-엄마들을 대상으로 책읽기 프로그램(Book Start program)에 참여한 집단과 그렇지 않은 집단의 6개월 후 영아-엄마 관계, 인지(문제해결, 수 개념, 탐색행동), 언어(MCDI-K), 사회성(자기인식, 사회적 관계 및 상호작용, pointing) 발달 정도를 측정한 결과, 참여집단은 통제집단과 비교하여 애정적 신체 접촉을 많이 하며, 문제해결과 수 개념, 다양한 감정을 표현하는 어휘가 풍부하고 비언어적 제스처를 통해 의사소통을 하려는 경향이 더 높아진 것으로 나타났다. 비록 한국에서는 후속 연구가 이루어지지 않았지만 이러한 결과가 장기적일 수 있음을 보여 주는 서구 연구가 있다. Moore와 Wade (1997)는 생후 9개월 된 영아들을 대상으로 영국 북스타트 책읽기 프로그램 참여집단과 통제집단을 구분하고 프로그램의 효과를 검증한 결과, 참여집단은 통제집단에 비해 5년 후 실시한 말하기, 듣기, 읽기, 쓰기, 계산, 도형, 공간적 능력에서 더 우수한 수행을 보였다.

요 약

이 장에서는 영아 양육과 관련된 두 가지 주제, 즉 아동 보육 및 조기 개입 프로그램이 영아 발달에 어떤 영향을 미치는지에 대한 연구들을 살펴보았다.

1. 여성의 사회 진출이 활발해지고 자녀 양육 기간 및 양육에 대한 경제적 부담이 증가됨에 따라 영아를 둔 많은 가정에서 엄마들은 취업을 선택하고 있다. 엄마의 취업이 영아의 발달에 어떤 영향을 미치는지에 대해서는 아직까지 명확한 결론이 내려지지 않은 상황이다.

2. 상당히 많은 수의 영아들이 점점 더 많이 보육을 받고 있다. 이 상황은 영아 발달에 다양한 영향을 미칠 수 있다. 이에 따라 보육의 질을 개념화하고 측정하려는 노력은 점점 증가하는 추세다.

3. NICHD 연구에서는 낯선 상황 절차를 통해 측정한 애착과 아동 보육 간 관련성을 살펴보았다. 그 결과 조기 보육의 몇몇 조합은 불안정 애착과 연관될 수 있었다. 즉, 주당 10시간 이상 질이 낮은 보육을 경험하는 것, 첫 15개월 이전 여러 보육기관을 전전하는 것, 엄마가 민감하지 못한 점 등은 복합적으로 불안정 애착을 초래하는 경향이 있었다.

4. 양질의 영아 양육을 보장하기 위해 달성되어야 하는 기준으로는 ① 건강과 안전, ② 소집단의 유지(양육자당 3~4명 이하의 영아), ③ 개별 영아에게 주 양육자 할당, ④ 양육에서의 연속성 보장, ⑤ 반응적인 양육의 제공, ⑥ 영아 개인의 욕구 충족, ⑦ 연속적인 언어적 자극의 제시, ⑧ 신체적으로 자극적인 환경의 제공이 있다.

5. 영아 발달의 위험 요인으로는 영아와의 상호작용에서의 문제, 빈곤 등을 들 수 있다. 빈곤 가정의 아동들은 경제적 수준이 더 높은 아동들과 비교해 볼 때 가정 폭력, 불안정성, 보다 위험하고 밀집되어 있는 환경에 노출될 가능성이 더 높다. 또한 이러한 아동들은 인지적 자극을 적게 받고 저조한 질의 아동 보육 프로그램을 경험하는 경향이 있다.

6. HOME 측정치를 통해 얻어진 가정의 환경적 특성은 아동의 발달, 특히 지적 수행을 예측한다. 출생부터 3세 사이 빈곤 가정의 부모들은 경제적 사정이 좋은 부모와 비교해 볼 때 자녀의 말에 대해 거의 반응하지 않았으며 부모가 볼 수 있는 거리 내에 아동을 머물게 하는 빈도도 적었고 아동이 흥미를 가질 만한 장난감과 흥미로운 활동도 적게 제공하는 경향이 있었다.

7. 조기 개입 프로그램에 대한 연구들은 가능한 한 일찍부터 개입이 시작되고, 부모교육, 가정 방문 등 다각도의 방법을 통해 진행되었을 때 긍정적인 효과를 얻을 수 있음을 보여 준다. 특히 엄마-영아 상호작용에 초점을 맞추는 것이 중요하다.

참고문헌

곽금주(2002). 아동 심리평가와 검사. 서울: 학지사.

곽금주(2003). 한국의 북스타트 시범운동 효과에 관한 연구. 한국북스타트 운동에 관한 연구 결과 보고서.

곽금주, 김민화, 한은주(2005). 영아의 정서조절 전략과 어머니의 반응유형 간의 관련성. 한국아동학회지, 26(6), 173-187.

곽금주, 김수정, 김연수(2011). 영유아기 엄마와의 상호작용. 서울: 학지사.

곽금주, 김수정, 정윤경(2005). 어머니의 신체접촉 변화에 대한 영아 반응의 민감성. 아동학회지, 26(5), 123-137.

곽금주, 성현란, 장유경, 심희옥, 김수정, 이지연, 배기조(2005). 한국영아발달연구. 서울: 학지사.

곽금주, 성현란, 장유경, 심희옥, 이지연, 김수정, 배기조, 박혜성, 정윤경(2004). 한국영아발달연구 영아기 발달 증진 프로그램 매뉴얼. 미간행 연구 자료.

김근영(2008). 사회적 파트너의 지식이 유아의 정서반응에 주는 영향: 사회적 참조능력을 통해 관찰가능한 유아의 사회인지 능력. 한국발달심리학회 추계심포지움 인생초기의 사회적 삶: 영유아기를 중심으로, pp. 71-97. 2008년 11월 1일. 영남대학교.

김미예, 구현영, 권인수, 김은경, 김태임(2011). 신생아 간호. 서울: 군자출판사.

김민화, 곽금주, 성현란, 심희옥, 장유경(2003). 영아기 정서단어의 습득에서 기질과 양육태도의 영향. 한국심리학회지: 발달, 16(4), 39-55.

김선진(2003). 운동발달의 이해. 서울: 서울대출판부.

김수정, 곽금주(2005). 어머니의 내적 상태에 따른 상황에서의 접촉 유형의 비교: 우울, 불안, 양육스트레스, 접촉태도, 자아개념을 중심으로. 한국심리학회지: 발달, 18(2), 1-21.

김수정, 곽금주, 장유경, 성현란, 심희옥(2003). 영아기 발달에 따른 한국 엄마의 신체접촉 양상의 변화. 한국심리학회지: 발달, 16(4), 75-97.

김연수(2011). 영아기 간접적 정서 정보의 이해에 따른 사회적 참조 행동. 서울대학교 박사학위논문.

김연수, 곽금주(2010). 영아기 어머니의 언어적 반응성 및 영아의 비언어적 의사소통능력과 아동 초기 언어능력 간의 관계. 인간발달연구, 17(1), 191-207.

김연수, 정윤경, 곽금주(2009). 영아기 공동주의와 아동 초기 마음이해 능력 간의 관계. 한국심리학회지: 발달, 22(4), 125-139.

박성혜, 곽금주, 성현란, 심희옥, 장유경, 김수정, 정윤경(2005). 영아기 사회성 증진 프로그램의 효과. 인간발달연구, 12(3), 15-29.

배소영, 곽금주(2011). 한국판 맥아더-베이츠 의사소통발달 평가. 서울: 마인드프레스.

백혜리(1997). 현대 부모-자녀관계와 조선시대 부모-자녀관계의 관계. 아동학회지, 20(2), 75-89.

보건복지가족부(2007). 한국영아발육표준치. 보건복지가족부 질병관리본부.

보건복지부(2011). 2011년 보육통계(2011년 12월말 기준). 보건복지부 보육정책과.

성현란, 배기조, 곽금주, 장유경, 심희옥(2005). 친숙화-새로운 자극 선호 절차를 통한 6개월 영아의 재인능력과 특수 인지 능력의 17개월 영아 IQ에 대한 예측. 한국심리학회지: 발달, 18(4), 1-15.

성현란, 배기조, 곽금주, 장유경, 심희옥(2006). 인지적 중재 프로그램이 영아의 인지발달과 엄마-영아 상호작용에 미치는 효과. 한국심리학회지: 발달, 19(2), 41-59.

성현란, 이현진, 김혜리, 박영신, 박선미, 유연옥, 손영숙(2003). 인지발달. 서울: 학지사.

신민경(2006). Maternal input and responsiveness in the vocabulary development of children at 13 and 20 months. 서울대학교 석사학위 청구논문.

유안진(1990). 한국 전통사회의 유아교육. 서울대학교출판부.

유혜령(1994). 전통 가정교육과 아이 놀이. 서울: 샘터.

이수원(2000). 올바른 부모역할, 올바른 자녀역할. 대학생활연구, 14(1), 1-23.

이영, 김온기(2000). 엄마와 함께 하는 영아 교육 프로그램이 엄마-영아 관계 및 영아 발달에 미치는 영향. 유아교육연구, 20, 67-84.

이영자, 이종숙, 신은수, 곽향림, 이정욱(2001). 탐색 및 놀이활동 중심의 1, 2세 영아프로그램의 개발 및 그 효과에 대한 연구. 유아교육연구, 21, 133-154.

이정모, 김민식, 감기택, 김정오, 박태진, 김성일, 이광오, 김영진, 이재호, 신현정, 도경수, 이영애, 박주용, 조은경, 곽호완, 박창호, 이재식, 이건효(2003). 인지심리학. 서울: 학지사.

이지연, 이근영, 장유경(2004). 어머니의 책읽기 상호작용 유형이 영아의 초기 어휘발달에 미치는 영향. 한국심리학회지: 발달, 17(1), 131-146.

장유경(2004a). 한국 영아의 초기 어휘발달: 8개월~17개월. 한국심리학회지: 일반, 23(1), 77-99.

장유경(2004b). 한국 영아의 초기 어휘발달: 18개월~36개월. 한국심리학회지: 발달, 17(4), 91-105.

정대련(2003). 다문화의 전통적 양육방식 비교 연구. 생활과학 연구, 18, 131-143.

정옥분, 김광웅, 김동춘, 유가효, 윤종희, 정현희, 최경순, 최영희(1996). 전통 '효' 관점에서 본 부모 역할 인식과 자녀양육행동. 아동학회지, 18(1), 81-107.

정윤경, 곽금주(2005). 영아기 공동 주의 발달에 대한 단기 종단연구: 어머니와 자유 놀이에서의 주의 상태와 가리키기 행동을 중심으로. 한국심리학회지: 발달, 18(1), 137-154.

정윤경, 곽금주, 성현란, 심희옥, 장유경(2005). 영아의 타인의 주의적 관계에 대한 이해와 협응적 공동 주의와의 관계: 선별적 응시 모방 과제를 중심으로. 한국심리학회지: 발달, 18(3), 165-180.

최병인(2010). 생명과학 연구윤리 교육과정: 피험자 보호와 연구윤리. 서울: 지코사이언스.

한광희, 임중우, 김민식, 이일병, 변혜란, 김진우, 김상문, 이승종, 이익환, 이민행, 임춘성, 박창균, 나동렬(2000). 인지과학. 서울: 학지사.

Adams, R. J. (1987). An evaluation of color preference in early infancy. *Infant Behavior & Development, 10*, 143-150.

Adams, R. J., & Maurer, D. (1984). Detection of contrast by the newborn and 2-month-old infant. *Infant Behavior & Development, 7*, 415-422.

Adamson, L. B., & Frick, J. E. (2003). The Still-face: A history of a shared experimental paradigm. *Infancy, 4*, 451-473.

Adolph, K. E., & Berger, S. E. (2005). Physical and motor development. In M. H. Bornstein & M. E. Lamb (Eds.), *Developmental science: An advanced textbook* (5th ed., pp. 223-281). Mahwah, NJ: Erlbaum.

Adolph, K. E., & Berger, S. E. (2006). Motor development. In W. Damon & R. Lerner (Series Eds.) & D. Kuhn & R. S. Siegler (Vol. Eds.), *Handbook of child psychology: Vol. 2. Cognition, perception, and language* (6th ed., pp. 161-213). New York: Wiley.

Aguiar, A., & Baillargeon, R. (1999). 2.5-month-old infants' reasoning about when objects should and should not be occluded. *Cognitive Psychology, 39*, 116-157.

Ahnert, L., Gunnar, M. R., Lamb, M. E., & Barthel, M. (2004). Transition to child care: Associations with infant-mother attachment, infant negative emotion, and cortisol elevation. *Child Development, 75*, 639-650.

Ainsworth, M. D. S., Blehar, M., Waters, E., & Wall, S. (1978). *Patterns of attachment*. Hillsdale, NJ: Erlbaum.

Aldridge, M. A., Braga, E. S., Walton, G. E., & Bower, T. G. R. (1999). The intermodal representation of speech in newborns. *Developmental Science, 2*, 42-46.

Allen, M. C. (2005). Assessment of gestational age and maturation. *Mental Retardation and Developmental Disabilities, 11*, 21-33.

Alley, T. R. (1981). Head shape and the perception of cuteness. *Developmental Psychology, 17*(5), 650-654.

Anderson, E. R., Greene, S. M., Hetherington, E. M., & Clingempeel, W. G. (1999). The dynamics of parental remarriage: Adolescent parent and sibling influences. In E. M. Hetherington (Ed.), *Coping with divorce, single parenting, and remarriage: A risk and resiliency perspective.* Hillsdale, NJ: Lawrence Erlbaum.

Apgar, V. (1953). A proposal for a new method of evaluation of the newborn infant. *Current Researches in Anesthesia and Analgesia, 32,* 260-267.

Arterberry, M. E., & Bornstein, M. H. (2001). Three-month-old infants' categorization of animals and vehicles based on static and dynamic attributes. *Journal of Experimental Child Psychology, 80,* 333-346.

Arterberry, M. E., & Bornstein, M. H. (2002a). Infant perceptual and conceptual categorization: The roles of static and dynamic stimulus attributes. *Cognition: International Journal of Cognitive Science, 86,* 1-24.

Arterberry, M. E., & Bornstein, M. H. (2002b). Variability and its sources in infant categorization. *Infant Behavior & Development, 25,* 515-528.

Aslin, R. N. (2007). What's in a look? *Developmental Science, 10,* 48-53.

Augustine, Saint. (2003). 고백록. [*Confessions*] (성한용 역). 서울: 대한기독교서회.

Bahrick, L. E., Netto, D., & Hernandez-Reif, M. (1998). Intermodal perception of adult and child faces and voices by infants. *Child Development, 69,* 1263-1275.

Baillargeon, R. (1987). Object permanence in $3\frac{1}{2}$ and $4\frac{1}{2}$ month-old infants. *Developmental Psychology, 23,* 655-664.

Baillargeon, R. (1995). Physical reasoning in infancy. In C. Rovee-Collier, & L. P. Lipsitt (Eds.), *Advances in infancy research* (Vol. 9, pp. 305-371). Norwood, NJ: Ablex.

Baillargeon, R. (2002). The acquisition of physical knowledge in infancy: A summary in eight lessons. In U. Goswami (Ed.), *Blackwell handbook of childhood cognitive development* (pp. 47-83). Blackwell, Oxford.

Baillargeon, R., Scott, R. M., & He, Z. (2010). False-belief understanding in infants. *Trends in Cognitive Sciences, 14,* 110-118.

Bakeman, R., & Adamson, L. B. (1984). Coordinating attention to people and objects in mother-infant and peer-infant interaction. *Child Development, 55*(4), 1278-1289.

Baldwin, D. A., & Moses, L. J. (1996). The Ontogeny of Social Information Gathering. *Child Development, 67*(5), 1915-1939.

Banks, M. S., & Ginsburg, A. P. (1985). Infant visual preference: A review and new theoretical treatment. In H.

W. Reese (Ed.), *Advances in child development and behavior* (Vol. 19). Orlando, FL: Academic Press.

Baron-Cohen, S. (1989). Joint attention deficits in autism: Towards a cognitive analysis. *Development and Psychopathology,* 1, 185-189.

Baron-Cohen, S. (1994). How to build a baby that can read minds: Cognitive mechanisms in mindreading. *Cahiers de Psychologie Cognitive, 13*(5), 513-552.

Baron-Cohen, S. (1995). The eye detection detector (EDD) and the shared attention mechanism (SAM): Two Cases for evolutionary psychology. In C. Moore & P. Dunham (Eds.), *Joint attention: Its origins and role in development* (pp. 41-59). Hillsdale, NJ: Erlbaum.

Barr, R., Marrott, H., & Rovee-Collier, C. (2003). The role of sensory preconditioning in memory retrieval by preverbal infants. *Learning & Behavior, 31,* 111-123.

Bates, E., & Carnevale, G. F. (1993). New directions in research on language development. *Developmental Review, 13,* 436-470.

Bates, E., Dale, P., & Thal, D. (1995). Individual differences and their implications for the theories of language development. In P. Flecher, & B. MacWhinney (Eds.), *The handbook of child language* (pp. 96-151). Oxford, England: Blackwell.

Bates, J., Freeland, C., & Lounsbury, M. (1979). Measurement of infant difficultness. *Child Development, 50,* 794-803.

Baydar, N., & Brooks-Gunn, J. (1991). Effect of maternal employment and child-Care arrangement on preschooler' s cognitive and behavioral outcomes: Evidence from the children of the national longitudinal survey of youth. *Developmental Psychology, 27,* 932-945.

Bayley, N. (1949). Consistency and variability in the growth of intelligence from birth to eighteen years. *The Pedagogical Seminary and Journal of Genetic Psychology, 75,* 165-196.

Belsky, J., Friedman, S. L., & Hsieh, K. (2001). Testing a core emotion-regulation prediction: Does early attentional persistence moderate the effect of infant negative emotionality on later development? *Child Development, 72,* 123-233.

Bendersky, M., & Sullivan, M. W. (2007). Basic methods in infant research. Introduction to infant development. In A. Slater & M. Lewis (Eds.), *Introduction to infant development* (pp. 18-37). Oxford University Press.

Berk, L. E. (2012). *Child evelopment* (9th ed.). Boston, MA: Pearson.

Bernbaum, J. C., & Batshaw, M. L. (1997). Born too soon, born too small. In M. L. Batshaw (Ed.), *Children with disabilities* (4th ed., pp. 115-139). Baltimore: Brookes.

Bertenthal, B., & Campos, J. J. (1990). A systems approach to the organizing effects of self-produced locomotion during infancy. In C. Rovee-Collier & L. P. Lipsitt (Eds.), *Advances in infancy research* (Vol. 6, pp. 1-60). Norwood, NJ: Ablex Publishing Corp.

Birney, D. P., Citron-Pousty, J. H., Lutz, D. J., & Sternberg, R. J. (2005). The development of cognitive and intellectual abilities. In M. H. Bornstein & M. E. Lamb (Eds.), *Developmental science: An advanced textbook* (pp. 327-358). Mahwah, NJ: Erlbaum.

Bloom, K., Russell, A., & Wassenberg, K. (1987). Turntaking affects the quality of infant vocalizations. *Journal of Child Language, 14*, 211-227.

Bloom, L. (1970). *Language development: Form and function in emerging grammars.* Cambridge, MA: MIT Press.

Bloom, L. (1998). Language acquisition in its developmental context. In W. Damon (Ed.), *Handbook of child psychology, Vol. 2, Cognition, perception, and language* (pp. 309-370). NJ, US: John Wiley & Sons Inc.

Bloom, P. (2000). *How children learn the meanings of words.* Cambridge, MA: MIT Press.

Bloom, P. (2001). Word learning. *Current Biology, 11,* R5-R6.

Blum, D. (2005). 사랑의 발견. [*Love at Goon Park: Harry Harlow and the Science of Affection*]. (임지원 역). 서울: 사이언스북스. (원전은 2002에 출판)

Bogartz, R. S., Shinskey, J. L., & Schilling, T. H. (2000). Object permanence in five-and-a-half-month-old infants? *Infancy, 1,* 403-428.

Borke, J., Lamm, B., Eickhorst, A., & Keller, H. (2007). Father-infant interaction, paternal ideas about early child care, and their consequences for the development of children's self-recognition. *The Journal of Genetic Psychology, 168*, 365-379.

Bornstein, M. H. (1984). A descriptive taxonomy of psychological categories used by infants. In C. Sophian (Ed.), *Origins of cognitive skills* (pp. 313-338). Hillsdale, NJ: Erlbaum.

Bornstein, M. H. (1998). Stability in mental development from early life: Methods, measures, models, meanings and myths. In F. Simion & G. Butterworth (Eds.), *The development of sensory, motor and cognitive capacities in early infancy: From perception to cognition* (pp. 301-332). London: Psychology Press.

Bornstein, M. H. (2006a). Hue categorization and color naming: Physics to sensation to perception. In N. J. Pitchford & C. P. Biggam (Eds.), *Progress in colour studies: Vol. 2. Psychological aspects* (pp. 35-68). Amsterdam/Philadelphia: John Benjamins.

Bornstein, M. H. (2006b). Hue categorization and color naming: Cognition to language to culture. In R. M. MacLaury, G. V. Paramei, & D. Dedrick (Eds.), *Anthropology of colour: Interdisciplinary multilevel modeling* (pp. 3-27). Amsterdam/Philadelphia: John Benjamins.

Bornstein, M. H., & Arterberry, M. E. (2003). Recognition discrimination and categorization of smiling by 5-month-old infants. *Developmental Science, 6*, 585-599.

Bornstein, M. H., & Hahn, C. S. (2007). Infant childcare settings and the development of gender-specific adaptive behaviors. *Early Child Development and Care, 177*, 15-41.

Bornstein, M. H., & Lamb, M. E. (2005). *Developmental science: An advanced textbook* (5th ed.). NY: Psychology Press.

Bornstein, M. H., & Lamb, M. E. (2008). *Development in infancy: An introduction* (5th ed.). Mahwah, NJ: Erlbaum.

Bornstein, M. H., & Putnick, D. L. (2007). Chronological age, cognitions, and practices in European American mothers: A multivariate study of parenting. *Developmental Psychology, 43*, 850-864.

Bornstein, M. H., & Ruddy, M. G. (1984). Infant attention and maternal stimulation: Prediction of cognitive and linguistic development in singletons and twins. In H. Bouma & D. G. Bouwhuis (Eds.), *Attention and performance X: Control of language processes* (pp. 433-445). Hillsdale, NJ: Erlbaum.

Bornstein, M. H., & Sigman, M. D. (1986). Continuity in mental development from infancy. *Child Development, 57*, 251-274.

Bornstein, M. H., Hahn, C. S., Gist, N. F., & Haynes, O. M. (2006). Long-term cumulative effects of childcare on children's mental development and socioemotional adjustment in a non-risk sample: The moderating effects of gender. *Early Child Development and Care, 176*, 129-156.

Bornstein, M. H., Hahn, C.-S., & Haynes, O. M. (2004). Specific and general language performance across early childhood: Stability and gender considerations. *First Language, 24*, 267-304.

Bornstein, M. H., Tamis-LeMonda, C. S., & Haynes, O. M. (1999). First words in the second year: Continuity, stability, and models of concurrent and predictive correspondence in vocabulary and verbal responsiveness across age and context. *Infant Behavior & Development, 22*, 65-85.

Bowerman, M. (1978). The acquisition of word meaning: An investigation into some current conflicts. In N. Waterson & C. Snow (Eds.), *The development of communication* (pp. 263-287). Chichester, England: Wiley.

Bowlby, J. (1969). *Attachment and loss.* London: Hogarth.

Bråten, S. (1992). The virtual other in infants' mind and social feelings. In A. H. Wold (Ed.), *The dialogical alternative* (pp. 75-97). Oslo: Scandinavian University Press.

Bradley, R. H., & Corwyn, R. F. (2002). Socioeconomic status and child development. *Annual Review of Psychology, 53*, 371-399.

Braungart-Rieker, J. M., & Stifter, C. A. (1996). Infants' responses to frustrating situations: Continuity and change in reactivity and regulation. *Child Development, 67,* 1767–1779.

Bronfenbrenner, U. (1975). *The ecology of human development: A research perspective.* Paper presented to the American Psychological Association, Chicago.

Brooks, R., & Meltzoff, A. N. (2002). The importance of eyes: How infants interpret adult looking behavior. *Developmental Psychology, 38,* 958–966.

Brooks-Gunn, J., Han, W. J., & Waldfogel, J. (2002). Maternal employment and child cognitive outcomes in the first three years of life: The NICHD Study of Early Child Care. *Child Development, 73,* 1052–1072.

Brune, W. C. (2004). The origins of joint attention: Relations between social knowledge, social responsiveness, and attentional control. Unpublished Dissertation, University of Chicago, Chicago.

Busnel, M. C., Granier-Deferre, C., & Lecanuet, J. P. (1992). Fetal audition. In G. Turkewitz (Ed.), *Developmental psychobiology. Annals of the New York Academy of Sciences* (Vol. 662, pp. 118–134). New York: The New York Academic of Sciences.

Buss, K. A., & Goldsmith, H. H. (1998). Fear and anger regulation in infancy: Effects on the temperamental dynamics of affective expression. *Child Development, 69,* 359–374.

Buss, K. A., & Plomin, R. (1984). *Temperament: Early developing personality traits.* Hillsdale, NJ: Erlbaum.

Butterworth, G. (1991). The ontogeny and phylogeny of joint visual attention. In A. Whiten (Ed.), *Natural theories of mind: Evolution, development and simulation of everyday mindreading.* Cambridge, MA: Blackwell Publishers.

Calkinsm S. D., & Johnson, M. C. (1998). Toddler regulation of distress to frustrating events: temperamental and maternal correlates. *Infant Behavior & Development, 21,* 379–395.

Camaioni, L. (2001). Early language. In G. Breinner & A. Fogel (Eds.), *The Blackwell handbook of infant development* (pp. 404–426). Oxford, England: Blackwell.

Campos, J. J., Langer, A., & Krowitz, A. (1970). Cardiac responses on the visual cliff in prelocomotor human infants. *Science, 170,* 196–197.

Carey, S., & McDevitt, S. (1978). Acquiring a single new word. *Papers and Reports on Child Language Development, 15,* 17–29.

Carlson, E. A., Sroufe, L. A., & Egeland, B. (2004). The construction of experience: A longitudinal study of representation and behavior. *Child Development, 75,* 66–83.

Carpenter, M., Nagell, K., & Tomasello, M. (1998). Social cognition, joint attention, and communicative competence from 9 to 15 months of age. *Monographs of the Society for Research in Child*

Development, 255.

CDCP (1996). Postnatal causes of developmental disabilities in children aged 3-10 years-Atlanta Georgia, 1991. Centers for Diseases Control and Prevention. *Morbidity and Mortality Weekly Report, 45,* 130-134.

Charman, T., Baron-Cohen, S., Swettenham, J., Baird, G., Cox, A., & Drew, A. (2000). Testing joint attention, imitation, and play as infancy precursors to language and theory of mind. *Cognitive Development, 15*(4), 481-498.

Chase-Lansdale, P. L., Coley, R. L., & Grining, C. P. L. (2001). *Low-income families and child care.* Paper presented at the meeting of the Society for Research in Child Development, Minneapolis.

Chess, S., & Thomas, A. (1996). *Temperament: Theory and practive.* Philadelphia: Brunner/Mazel.

Chomsky, N. (1965). *Aspects of the theory of syntax.* Oxford, England: M.I.T. Press.

Cicchetti, D., & Toth, S. L. (2006). Developmental psychopathology and prevention intervention. In W. Damon & R. Lerner (Eds.) & K. A. Renninger & I. E. Sigel (Vol. Eds.), *Handbook of child psychology: Vol. 4. Child psychology in practice* (6th ed., pp. 497-547). New York: Wiley.

Clark-Stewart, K. A. (1998). Historical shifts and underlying themes in idea about rearing young children in the United States. *Early development and Parenting, 7,* 101-117.

Clausson, B., Granath, F., Ekbom, A., Lundgren, S., Nordmark, A., Signorello, L. B., & Cnattingius, S. (2002). Effect of caffeine exposure during pregnancy on birth weight and *gestational* age. *American Journal of Epidemiology, 155*(5), 429-436.

Claxton, L. J., Keen, R., & McCarty, M. E. (2003). Evidence of motor planning in infant reaching behavior. *Psychological Science, 14,* 354-356.

Colombo, J. C., Mitchell, D. W., Dodd, J., Coldren, J. T., & Horowitz, F. D. (1989). Longitudinal correlates of infant attention in the paired-comparison paradigm. *Intelligence, 13,* 33-42.

Corriveau, K. H., Harris, P. L., & Meins, E., Fernyhough, C., Atnott, B., Elliott, L., Liddle, B., Hearn, A., Vittorini, L., & de Rosnay, M. (2009). Young children's trust in their mother's claims: longitudinal links with attachment security in infancy. *Child Development, 80,* 750-761.

Couperus, J. W., & Nelson, C. A. (2006). Early brain development and plasticity. In K. McCartney & D. Phillips (Eds.), *Blackwell handbook of early childhood development* (pp. 85-105). Malden, MA: Blackwell.

Courage, M. L., Edison, S. C., & Howe, M. L. (2004). Variability in the early development of visual self-recognition. *Infant Behavior & Development, 27,* 509-532.

Crain, W. (2011). 발달의 이론. [Theories of Development: Concepts and Applications] (송길연, 유봉현 역). 서울: 시그마프레스. (원전은 2005에 출판)

Craton, L. G. (1996). The development of perceptual completion abilities: Infants' perception of stationary, partially occluded objects. *Child Development, 67,* 890-904.

D'Entremont, B., Yazbeck, A., Morgan, A., & MacAulay, S. (2007). Early gaze-following and the understanding of others. In R. Flom, K. Lee, & D. Nuir (Eds), *Gaze following: Its development and significance* (pp. 77-93). Mahwah, NJ: Erlbaum.

Décarie, T. G., & Ricard, M. (1996). Revisiting Piaget revisited or the vulnerability of Piaget's infancy theory in the 1990s. In G. G. Noam & K. W. Fischer (Eds.), *Development and vulnerability in close relationships* (pp. 113-132). Hillsdale, NJ: Erlbaum.

Darwin, C. (1859). *The origins of species.* London: Murray.

Darwin, C. (1877). A biographical sketch of an infant. *Mind, 2,* 286-294.

Davis, N., Gross, J., & Hayne, H. (2008). Defining the boundary of childhood amnesia. *Memory, 16*(5), 465-474.

De Wolff, M., & van IJzendoorn, M. H. (1997). Sensitivity and attachment: A meta-analysis on parental antecedents of infant attachment. *Child Development, 68,* 571-591.

DeCasper, A. J., & Spence, M. J. (1986). Prenatal maternal speech influences newborns' perception of speech sounds. *Infant Behavior & Development, 9,* 133-150.

Delgado, C., & Delgado, I. (2002). *Infant communication development and maternal interpretation of intentionality.* Paper presented at the International Conference on Infant Studies, Toronto, Ontario, Canada.

DeLoache, J. S. (2004). Becoming symbol-minded. *Trends in Cognitive Sciences, 8*(2), 66-70.

DeLoache, J. S., Pierroutsakos, S. L., Uttal, D. H., Rosengren, K. S., & Gottlieb, A. (1998). Grasping the nature of pictures. *Psychological Science, 9,* 205-210.

DeLoache, J. S., Uttal, D. H., & Pierroutsakos, S. L. (2000). What's Up? The Development of and Orientation Preference for Picture Books. *Journal of Cognition and Development, 1,* 81-95.

Dennis, W. (1938). Infant development under conditions of restricted practice and of minimum social stimulation: a preliminary report. *Journal of Genetic Psychology, 193,* 149-158.

Dennis, W. (1960). Causes of retardation among institutional children: Iran. *Journal of Genetic Psychology, 96,* 47-59.

DeVries, R. (1969). Constancy of generic identity in the years three to six. *Monographs of the Society for Research in Child Development, 34* (Serial No. 127).

Diamond, A. (1985). Development of the ability to use recall to guide action, as indicated by the infant's performance on AB. *Child Development, 56,* 868-883.

Diamond, A. (1991). Frontal lobe involvement in cognitive changes during the first year of life. In K. R. Gibson & A. C. Petersen (Eds.), *Brain maturation and cognitive development: Comparative and crosscultural perspectives.* New York: Aldine de Gruyter.

Diamond, A. (1995). Evidence of robust recognition memory in early life even when assessed by reaching behavior. *Journal of Experimental Child Psychology, 59,* 419-456.

Diener, M. L., & Mangelsdorf, S. C. (1999). Behavioral strategies for emotion regulation in toddlers: Associations with maternal involvement and emotional expressions. *Infant Behavior & Development, 22,* 569-583.

Dixon, W. E. Jr., & Shore, C. (1997). Temperamental predictors of linguistic style during multiword acquisition. *Infant Behavior & Development, 20,* 99-103.

Dixon, W. E. Jr., Salley, B. J., & Clements, A. C. (2006). Temperament, distraction and learning in toddlerhood. *Infant Behavior & Development, 29,* 342-357.

Draghi-Lorenz, R. (2000). Five-month-old infants can be jealous: Against cognitivist solipsism. Paper presented in a symposium convened for the XIIth Biennial International Conference on Infant Studies (ICIS), 16-19 July, Brighton, UK.

Draghi-Lorenz, R., Reddy, V., & Morris, P. (2005). Young infants can be perceived as shy, coy, bashful, embarrassed. *Infant and Child Development, 14*(1), 63-83.

Dromi, E. (1987). *Early lexical development.* New York: Cambridge University Press.

Dunn, J., & Kendrick, C. (1982). The speech of two- and three-year-olds to infant siblings. *Journal of Child Language, 9,* 579-595.

Dupont, F. (1989). *Daily life in ancient Rome* (C. Woodall, Trans.). Oxford, England: Blackwell.

Eimas, P. D., Miller, J. L., & Jusczyk, P. (1987). On infant speech perception and the acquisition of language. In S. Harnad (Ed.), *Categorical perception.* Cambridge: Cambridge University Press.

Eimas, P. D., Siqueland, E. R., Jusczyk, P., & Vigorito, J. (1971). Speech perception in infants. *Science, 171,* 303-306.

Eisenberg, N. (1992). *The caring child.* Cambridge, UK: Cambridge University Press.

Eisenberg, N., Fabes, R. A., & Spinrad, T. (2006). Prosocial development. In N. Eisenberg (Ed.), *Handbook of child psychology: Social, emotional, and personality development* (6th ed., Vol. 3, pp. 646-718). Hoboken, NJ: John Wiley & Sons.

Erting, C., Thumann-Prezioso, C., & Sonnenstrahl-Benedict, B. (2000). Bilingualism in deaf families: Fingerspelling in early childhood. In P. E. Spencer, C. J. Erting, & M. Marschark (Eds.). *The deaf child in the family and at school* (pp. 41-54). Mahwah, NJ: Erlbaum.

Eskenazi, B., Bradman, A., & Castorina, R. (1999). Exposures of children to organophosphate pesticides and their potential adverse health effects. *Environmental Health Perspectives, 107* (suppl. 3), 409–419.

Evans, G. W. (2004). The environment of childhood poverty. *American Psychologist, 59,* 77–92.

Fagan, J. F. (1981). Infant intelligence. *Intelligence, 5,* 239–243.

Fagan, J. F. (1984). Infant memory: History, current trends, and relations to cognitive psychology. In M. Moscovitch (Ed.), *Infant memory: Its relation to normal and pathological memory in humans and other animals.* New York: Plenum.

Fagan, J. F. (1990). The paired-comparison paradigm and infant intelligence. In A. Diamond (Ed.), *The development and neural bases of higher cognitive functions. Annals of the New York Academy of Sciences, 607,* 337–364.

Fang, J., Madhavan, S., & Alderman, M. H. Y. (1999). Low birth weight: Race and maternal nativity—Impact of community income. *Pediatrics, 103,* e5.

Fantz, R. L. (1964). Visual experience in infants: Decreased attention to familiar pattern relative to novel ones. *Science, 146,* 668–670.

Farroni, T., Csibra, G., Simion, F., & Johnson, M. H. (2002). Eye contact detection in human from birth. *Proceeding of the National Academy of Sciences USA, 99,* 9602–9605.

Feinman, S., Roberts, D., Hsieh, K. F., Sawyer, D., & Swanson, D. (1992). A critical review of social referencing in infancy. In S. Feinman (Ed.), *Social referencing and the social construction of reality in infancy* (pp. 15–54). New York: Plenum.

Fenichel, E., Lurie-Hurvitz, E., & Griffin, A. (1999). Seizing the moment to build momentum for quality infant/toddler child care. *Zero to Three Bulletin, 19,* 3–17.

Fenson, L., Dale, P. S., Reznick, J. S., Thal, D., Bates, E., & Hartung, J. (1993). *User's guide and technical manual for the MacArthur Communicative Development Inventories.* San Diego, CA: Singular Press.

Fernald, A., McRoberts, G. W., & Swingley, D. (2001). Infants' developing competence in recognizing and understanding words in fluent speech. In J. Weissenborn & B. Hohle (Eds.). *Approaches to bootstrapping: Phonological, lexical, syntactic and neurophysiological aspects of early language acquisition* (Vol. I, pp. 97–123). John Benjamins Pub Co.

Fernandes, O., Sabharwal, M., Smiley, T., Pastuszak, A., Koren, G., & Einarson, T. (1998). Moderate to heavy caffeine consumption during pregnancy and relationship to spontaneous abortion and abnormal fetal growth: a meta-analysis. *Reproductive Technology, 12,* 435–444.

Field, T. (2000). Infant massage therapy. In C. H. Zeanah (Ed.), *Handbook of infant mental health* (2nd ed.). New York: Guilford Press.

Field, T. (2001). Massage therapy facilitates weight gain in preterm infants. *Current Directions in Psychological Science, 10*, 51-55.

Field, T. (2002). Infants' need for touch. *Human Development, 157*, 1-4.

Field, T. (2003). *Touch*. The MIT Press Cambridge, Massachusetts. London, England.

Field, T. M., Vega-Lahr, N., Scafidi, F., & Goldstein, S. (1986). Effects of maternal unavailability on mother-infant interactions. *Infant Behavior & Development, 9*, 473-478.

Field, T. M., Woodson, R., Cohen, D., Greenberg, R., Garcia, R., & Collins, E. (1983). Discrimination and imitation of facial expressions by term and preterm neonates. *Infant Behavior & Development, 6*, 485-489.

Field, T., Schanberg, S. M., Scafidi, F., Bauer, C. R., Vega-Lahr, N., Garcia, R., Nystrom, J., & Kuhn, C. M. (1986). Tactile/kinesthetic stimulation effects on preterm neonates. *Pediatrics, 77*, 654-658.

Flavell, J. H., Miller, P. H., & Miller, S. A. (2002). *Cognitive development* (4th edition). Englewood Cliffs, NJ: Prentice-Hall.

Flavell, J. H., Miller, P. H., & Miller, S. A. (2003). 인지발달. [*Cognitive development* (4th ed.)] (정명숙 역). 서울: 시그마프레스. (원전은 2001에 출판).

Flege, J., Bohn, O. & Jang, S. (1997). Effects of experience on non-native speakers' production and perception of English vowels. *Journal of Phonetics, 25*, 437-470.

Fogel, A. (2001). *Infancy: Infant, family, and society* (4th ed.). Pacific Grove, CA: Wadsworth.

Fox, N. A., Henderson, H. A., Marshall, P. J., Nichols, K. E., & Ghera, M. M. (2005). Behavioral inhibition: linking biology and behavior within a developmental framework. *Annual Review of Psychology, 56*, 235-262.

Fraiberg, S. (1974). Blind infants and their mothers: An examination of the sign system. In M. Lewis & L. A. Roseblum (Eds.), *The effect of the infant on its caregiver* (pp. 215-232). New Yotk: John Wiley & Sons.

Franco, F. (2005). Infant Pointing: Harlequin, Servant of Two Masters. In N. Eilan, C. Hoerl, T. McCormack, & J. Roessler (Eds.), *Joint attention: communication and other minds* (pp. 129-164). Oxford: Oxford University Press.

Freud, S. (1917). Introductory lectures on psychoanalysis. London: Hogarth Press.

Gallay, M., Baudouin, J., Durand, K., Lemoine, C., & Lécuyer, R. (2006). Qualitative differences in the exploration of upright and upside-down faces in four-month-old infants: An eye-movement study. *Child Development, 77*, 984-996.

Gauvain, M., & Fagot, B. L. (1995). Child temperament as a mediator of mother-toddler problem solving.

Social Development, 4, 257-276.

Gazzaniga, M., Bogen, J., & Sperry, R. (1962). Some functional effects of sectioning the cerebral commisures in man. *Proceedings of the National Academy of Sciences, 48,* 1765-1769.

Gelfand, D. M. (2001). Infant Mental Health in a changing society. In G. Bremner & A. Fogel (Eds.), *Infant development* (pp. 589-616). Malden, MA: Blackwell.

Gerrig, R. J. & Zimbardo, P. G. (2002). *Psychology and Life* (16th ed.). Boston: Allyn & Bacon.

Gerrig, R. J. & Zimbardo, P. G. (2007). *Psychology and Life* (18th ed.). Boston: Allyn & Bacon.

Gesell, A., & Amatruda, C. S. (1947). *Developmental Diagnosis* (2nd ed.). New York: Hoeber.

Gibson, E. J., & Walk, R. D. (1960). The "visual cliff." *Scientific American, 202,* 64-71.

Gies, F., & Gies, J. (1987). *Marriage and the family in the Middle Ages.* New York: Harper & Row.

Goldberg, S., & DiVitto, B. (2002). Parenting children born preterm. In M. H. Bornstein (Ed.), *Handbook of parenting* (Vol. 2, pp. 329-354). Mahwah, NJ: Erlbaum.

Goldenberg, R. L., Culhane, J. E., Iams, J. D., & Romero, R. (2008). Epidemiology and cause of preterm birth. *The Lancet, 371,* 75-84.

Goldfield, B. A. (1986). Referential and expressive language: A study of two mother-child dyads. *First Language, 6,* 119-131.

Goldsmith, H. H. (1996). Studying temperament via construction of the toddler behavior assessment questionnaire. *Child Development, 67,* 218-235.

Goldsmith, H. H., & Lemery, K. S. (2000). Linking temperamental fearfulness and anxiety symptoms: A behavior-genetic perspective. *Biological Psychiatry, 48,* 1199-1209.

Goldsmith, H. H., & Rothbart, M. K. (1991). Contemporary instruments for assessing early temperament by questionnaire and in the laboratory. In A. Angleitner & J. Strelau (Eds.), *Explorations in temperament: International perspectives on theory and measurement.* New York: Plenum.

Goldsmith, H. H., Lemery, K. S., Aksan, N., & Buss, K. A. (2000). Temperamental substrates of personality. In V. J. Molfese & D. L. Molfese (Eds.), *Temperament and personality development across the life span* (pp. 1-32). Mahwah, NJ: Erlbaum.

Goldstein, M. H., & Schwade, J. A. (2008). Social Feedback to Infants' Babbling Facilitates Rapid Phonological Learning. *Psychological science, 19*(5), 515-523.

Gopnik, A. (2003). The theory theory as an alternative to the innateness hypothesis. In L. Antony & N. Hornstein (Eds.), *Chomsky and his critics.* Blackwells, Oxford.

Gopnik, A., & Meltzoff, A. (1997). Words, thoughts, and theories. Cambridge, MA: MIT Press.

Gopnik, A., Meltzoff, A. N., & Kuhl, P. (2006). 아기들은 어떻게 배울까: 아기들이 말과 사물과 사람을 배우는 방

법. [*The Scientist in the crib*]. (곽금주 역). 서울: 동녘사이언스. (원전은 1999에 출판)

Grace, D. M., David, B. J., & Ryan, M. K. (2008). Investigating preschoolers' categorical thinking about gender through imitation, attention, and the use of self-categories. *Child Development, 79,* 1928-1941.

Greenough, W. T., Black, J. E., & Wallace, C. S. (1987). Experience and brain development. *Child Development, 58,* 539-559.

Greenspan, S. I. (1982). Infant developmental morbidity and multiple risk factor families: Clinical impressions and an approach to services. *Public Health Reports, 97*(1), 16-23.

Groome, L. J., Swiber, M. J., Holland, S. B., Bentz, L. S., Atterbury, J. L., & Trimm, R. F. (1999). Spontaneous motor activity in the perinatal infant before and after birth: Stability in individual differences. *Developmental Psychobiology, 35,* 15-24.

Gross, D. (2011). *Infancy: Development from birth to age 3* (2nd ed.). MA: Allyn & Bacon.

Gross, D. (2011). *Infancy: Development from birth to age 3.* Boston: Pearson/Allyn & Bacon.

Gross, R. T., Spiker, D., & Haynes, C. W. (1997). *Helping low birth weight, premature babies: The Infant Health and Development Program.* Stanford, CA: Stanford University Press.

Hack, M., Klein, N. K., & Taylor, H. G. (1995). Long-term developmental outcomes of low birth weight infants. *The Future of Children, 5*(1), 176-196.

Halpern, L. F., & Brand, K. L. (2001). Child behavior problems: A function of temperament, emotion regulation and coping. In L. F. Halpern & K. Shipman (Chairs), *Children's emotion regulation and coping: Implications for psychosocial adjustment. Symposium presented at the Biennial meeting of the society for research in Child Development.* Minneapolis, MN.

Hamlin, J. K., & Wynn K. (2011). Young infants prefer prosocial to antisocial others. *Cognitive Development, 26,* 923-929.

Hamlin, J. K., Wynn K., Bloom, P., & Mahajan, N., (2011). How infants and toddlers react to antisocial others. *Proceedings of the national academy of sciences of the united, 108,* 19931-19936.

Hamlin, J., Wynn, K., & Bloom, P. (2007). Social evaluation by preverbal infants. *Nature, 450,* 557-559.

Hamlin, J., Wynn, K., & Bloom, P. (2010). Three-month-olds show a negativity bias in their social evaluations. *Developmental Science, 13,* 923-929.

Hardyck, C., & Petrinovich, L. F. (1977). Left-handedness. *Psychological Bulletin, 84,* 385-404.

Harlow, H. F. (1958). The nature of love. *American Psychologist, 13,* 673-685.

Harnad, S. R. (1987). *Categorical perception: The groundwork of cognition.* New York: Cambridge University Press.

Harrist, A. W., & Waugh, R. M. (2002). Dyadic synchrony: Its structure and function in children' s development. *Developmental Review, 11*, 555-592.

Hart, B., & Risley, T. R. (1995). *Meaningful differences in the everyday experience of young American children.* Baltimore, MD: Brookes.

Hart, S., Field, T., del Valle, C., & Letourneau, M. (1998). Infants protest their mothers' attending to an infant-size doll. *Social Development, 7,* 54-61.

Hart, S., Jones, N. A., & Field, T. (2003). Atypical expressions of jealousy in infants of intrusive- and withdrawn-depressed mothers. *Child Psychiatry and Human Development, 33*(3), 193-207.

Hartup, W. W. (1989). Social relationships and their developmental significance. *American Psychologist, 44*, 120-126.

Heimann, M. (1989). Neonatal imitation, gaze aversion, and mother-infant interaction. *Infant Behavior & Development, 12,* 495-505.

Henning, A., Striano, T., & Lieven, E. V. M. (2005). Maternal speech to infants at 1 and 3 months of age. *Infant Behavior & Development, 28,* 519-536.

Herbert, J. S., & Pascalis, O. (2007). Memory development. In A. Slater & M. Lewis (Eds.), *Introduction to infant development* (pp. 153-169). Oxford, NY: Oxford University Press.

Hertsgaard, L., Gunnar, M., Erikson, M. F., & Nachmias, M. (1995). Adrenocortical response to the strange situation in infants with disorganized/disoriented attachment relationships. *Child Development, 66,* 1100-1106.

Hoff, E. (2001). *Language development* (2nd ed.). CA: Thomson.

Hoff, E. (2006). How social contexts support and shape language development. Developmental Review, 26, 55-88.

Hoffman, M. L. (1984). Interaction of affect and cognition in empathy. In C. E. Izard, J. Kagan, & R. B. Zajonc (Eds.), *Emotions, cognition and behavior* (pp. 103-131). Cambridge, UK: Cambridge University Press.

Hollich, G. J., & Houston, D. M. (2007). Language development: from speech perception to first words. In A. Slater & M. Lewis (Eds.), *Introduction to infant development* (pp. 170-188). Oxford, NY: Oxford University Press.

Hopkins, B., & Westra, T. (1988). Maternal handling and motor development: An intracultural study. *Genetic, Social, and General Psychology, 31,* 384-390.

Hopkins, B., & Westra, T. (1990). Motor development, maternal expectation, and the role of handling. *Infant Behavior & Development, 13*, 117-122.

Horwood, I. J., & Fergusson, D. M. (1998). Breastfeeding and later cognitive and academic outcome.

Pediatrics, 101(1). www.pediatric.org/cgi/content/full/101/1/e9

Houston, D. M. (2005). Speech perception in infants. In D. B. Pisoni & R. R. Remez (Eds.), *Handbook of speech perception.* Cambridge, MA: Blacwell.

Howe, M. L., & Courage, M. L. (1997). Independent paths in the development of infant learning and forgetting. *Journal of Experimental Child Psychology, 67*, 131-163.

Howe, M. L., & Lewis, M. D. (2005). The importance of dynamic systems approaches for understanding development. *Developmental Review, 25,* 247-251.

Howes, C. (1988). *Can the age of entry and the quality of infant child care predict behaviors in kindergarten?* Paper presented at the International Conference on Infant Studies, Washington, DC.

Hsu, V. C., & Rovee-Collier, C. (2006). Memory reactivation in the second year of life. *Infant Behavior & Development, 29,* 91-107.

Huston, A. C., McLoyd, V. C., & Coll, C. G. (1994). Children and poverty: Issues in contemporary research. *Child Development, 65*, 275-282.

Huttenlocher, P. R. (2002). *Neural plasticity: The effects of environment on the development of the cerebral cortex.* Cambridge, MA: Harvard University Press.

Hyde, J., Else-Quest, N. M., Goldsmith, H. H., Biesanz, J. C. (2004). Children's temperament and behavior problems predict their employed mothers' work functioning. *Child Development, 75*, 580-594.

Ingersoll, E. W., & Thoman, E. B. (1999). Sleep/wake states of preterm infants: Stability, developmental change, diurnal variation, and relation with caregiving activity. *Child Development, 70*, 1-10.

Izard, C. E. (1978). Emotions and emotion-cognition relationships. In M. Lewis & L. A., Rosenblum (Eds.), *The development of affect* (pp. 389-413). New York: Plenum Press.

Izard, C. E., & Dougherty, L. M. (1982). Two complementary systems for measuring facial expressions in infants and children. In C. E. Izard (Ed.), *Measuring emotions in infants and children* (pp. 97-126). New York: Cambridge University Press.

Izard, C. E., & Malatesta, C. Z. (1987). Perspectives on emotional development: I. Differential emotions theory of early emotional development. In J. D. Osofsky (Ed.), *Handbook of infant development* (2nd ed., pp. 494-554). New York: Wiley-Interscience.

Jasnow, M., & Feldstein, S. (1986). Adult-like temporal characteristics of mother-infant vocal interactions. *Child Development, 57,* 754-761.

Jeong, Y., & Kwak, K. (2006). The effect of mother infant interaction training on Promoting Coordinated Joint Attention. Poster presented at 10th World Association for Infant Mental Health World

Congress, Paris, France.

Johnson, D. L. & Swank, P. R. (1996). Breast feeding and children's intelligence. *Psychological Reports, 79,* 1179-1185.

Johnson, M. H. & Farroni, T. (2007). The Neurodevelopmental origins of eye gaze perception. In R. Flom, K. Lee, & D. Nuir (Eds), *Gaze following: Its development and significance* (pp. 1-16). Mahwah, NJ: Erlbaum.

Johnson, S. P., & Aslin, R. N. (1995). Perception of object unity in young infants: The roles of motion, depth, and orientation. *Cognitive Development, 11,* 161-180.

Johnson, S. P., & Slater, A. (2007). The development of intelligence in infancy. In A. Slater & M. Lewis (Eds.), *Introduction to infant development* (pp. 103-118). Oxford, NY: Oxford University Press.

Kagan, J. (1976). Emergent themes in human development. *American Scientist, 64,* 186-196.

Kagan, J. (2006). Biology, culture, and temperamental biases. In W. Damon & R. Lerner (Series Eds.) & D. Kuhn & R. S. Siegler (Vol. Eds.), *Handbook of child psychology: Vol. 2. Cognition, perception, and language* (6th ed., pp. 167-225). Hoboken, NJ: Wiley.

Kagan, J. J., Kearsley, R. B., & Zelazo, P. R. (1978). *Infancy: Its place in human development.* Cambridge, MA: Harvard University Press.

Kail, R. V. (2008). **아동과 발달**. [*Children and their development*]. (권민균, 김정민, 최형성 역). 서울: 시그마프레스. (원전은 2007에 출판)

Kaitz, M., Meschulach-Sarfaty, O., Auebach, J., & Eidelman, A. (1988). A reexamination of newborn's ability to imitate facial expressions. *Developmental Psychology, 24,* 3-7.

Karrass, J., Braungart-Rieker, J. M. (2005). Effects of shared parent-infant book reading on early language acquisition. *Applied Developmental Psychology, 26,* 133-148.

Kavsek, M. (2004). Predicting later IQ from infant visual habituation and dishabituation: A meta-analysis. *Applied Developmental Psychology, 25,* 369-393.

Kawasaki, C., Nugent, J. K., Miyashita, H., Miyahara, H., & Brazelton, T. B. (1994). The cultural organization of infants' sleep. *Children's Environments, 13,* 135-141.

Keen, R., Carrico, R. L., Sylvia, M. R., & Berthier, N. E. (2003). How infants use perceptual information to guide action. *Developmental Science, 6,* 221-231.

Keil, F. C. (2006). Cognitive science and cognitive development. In W. Damon & R. Lerner (Series Eds.) & D. Kuhn & R. S. Siegler (Vol. Eds.), *Handbook of child psychology: Vol. 2. Cognition, perception, and language* (6th ed., pp. 609-635). Hoboken, NJ: Wiley.

Keller, H., Borke, J., Staufendiel, T., Yovsi, R. D., Abels, M., Papaligoura, Z. Jense, H., Lohaus, A.,

Chaudhary, N., Lo, W., & Su, Y. (2009). Distal and proximal parenting as alternative parenting strategies during infants' early months of life: A cross-cultural study. *International Journal of Behavioral Development, 33,* 412-420.

Kellman, P. J., & Spelke, E. S. (1983). Perception of partly occluded objects in infancy. *Cognitive Psychology, 15,* 483-524.

Kessen, W. (1965). *The Child.* London: Wiley.

Kim, G., & Kwak, K. (2011). Uncertainty matters: Impact of stimulus ambiguity on infant social referencing. *Infant and Child Development, 20,* 449-463.

Kim, I. K., & Spelke, E. S. (1999). Perception and understanding of effects of gravity and inertia on object motion. *Developmental Science, 2*(3), 339-362.

Kisilevsky, B. S., Hains, S. M. J., Lee, K., Xie, X., Huang, H., & Ye, H. H. (2003). Effects of experience on fetal voice recognition. *Psychological Science, 14,* 220-224.

Kitamura, C., Thanavishuth, C., Burnham, D., & Luksaneeyanawin, S. (2002). Universality and specificity in infant-directed speech: Pitch modifications as a function of infant age and sex in a tonal and non-tonal language. *Infant Behavior & Development, 24,* 372-392.

Koops, W. (1996). Historical developmental psychology: The sample case of paintings. *International Journal of Behavioral Development, 19*(2), 393-413.

Krojgaard, P. (2003). Object individuation in 10-month-old infants: Manipulating the amount of introduction. *British Journal of Developmental Psychology, 21,* 447-463.

Kuhl, P. K. (2004). Early language acquisition: Cracking the speech code. *Nature Reviews Neuroscience, 5,* 831-843.

Kuhl, P. K. (2000). A new view of language acquisition. *Proceedings of the National Academy of Science, 97,* 11850-11857.

Kuhl, P. K. (2007). Is speech learning 'gated' by the social brain? *Developmental Science, 10,* 110-120.

Kuhl, P. K., & Meltzoff, A. (1982). The bimodal perception of speech in infancy. *Science, 218,* 1138-1141.

Kuhl, P. K., Tsao, F. M., & Liu, H. M. (2003). Foreign-language experience in infancy: Effects of short-term exposure and social interaction on phonetic learning. *Proceedings of the National Academy of Sciences, 100,* 9096-9101.

Kuhlmeier, V., Wynn, K., & Bloom, P. (2003). Attribution of dispositional states by 12-month-olds. *Psychological Science, 14,* 402-408.

Lamb, M. E., & Ahnert, L. (2006). Nonparental child care: Context, concepts, correlates, and consequences. In W. Damon & R. Lerner (Eds.) & K. A. Renninger, & I. E. Sigel (Vol Eds.),

Handbook of child psychology: Vol. 4. Child psychology in practice (6th ed., pp. 272-306). Hoboken, NJ: Wiley.

Lamb, M., Bornstein, M., & Teti, D. (2002). *Development in infancy.* Mahwah, NJ: Lawrence Erlbaum Associates.

Langlois, J. H. & Roggman, L. A. (1990). Attractive faces are only average. *Psychological Science, 1,* 115-121.

Langlois, J. H., Ritter, J. M., Roggman, L. A., & Vaughn, L. S. (1991). Facial diversity and infant preferences for attractive faces. *Developmental Psychology, 27,* 79-84.

Legerstee, M (1991). The role of person and object in eliciting early imitation. *Journal of Experimental Child Psychology, 51,* 423-433.

Lemerise, E. A., & Dodge, K. A. (2000). The development of anger and hostile interactions. In M. Lewis & J. M. Haviland-Jones (Eds.), *Handbook of emotions* (pp. 594-606). New York: Guilford Press.

Lerner, R. M., Theokas, C., & Bobek, D. L. (2005). Concepts and theories of human development: Contemporary dimensions. In M. H. Bornstein & M. E. Lamb (Eds.), *Developmental science: An advanced textbook* (pp. 3-44). Mahwah, NJ: Erlbaum.

Lewis, M. (2007). Early emotional development. In A. Slater & M. Lewis (Eds.), *Introduction to infant development* (pp. 216-232). Oxford, NY: Oxford University Press.

Lewis, M., & Brooks-Gunn, J. (1979). Self knowledge and emotional development. In M. Lewis & L. Rosenblum (Eds.), *The development of affect: The genesis of behavior* (pp. 205-226). New York: Plenum Press.

Lewis, M., & Brooks-Gunn, J. (1979). *Social cognition and the acquisition of self.* New York: Plenum.

Lewis, M., & Brooks-Gunn, J. (1981). Visual attention at three months as a predictor of cognitive functioning at two years of age. *Intelligence, 5,* 131-140.

Lewis, M., & Ramsay, D. (2004). Development of self-recognition, personal pronoun use, and pretend play during the 2nd year. *Child Development, 75,* 1821-1831.

Lewis, M., & Slater, A. (2007). A brief history of infancy research. In A. Slater & M. Lewis (Eds.), *Introduction to infant development* (pp. 3-17). Oxford University Press.

Lewis, M., Sullivan, M. S., Stranger, C., & Weiss, M. (1989). Self development and self conscious emotions. *Child Development, 60,* 146-156.

Lock, A. (2001). Preverbal communication. In G. Bremner & A. Fogel (Eds.), *Blackwell handbook of infant development* (pp. 379-402). Oxford: Blackwell.

Loeb, S., Fuller, B., Kagan, S. L., & Carrol, B. (2004). Child care in poor communities: Early learning effects of type, quality, and stability. *Child Development, 75,* 47-65.

Lorenz, K. Z. (1937). The companion in the bird' s world. *Auk, 54,* 245-273.

Lorenz, K. Z. (1943). The innate forms of possible experience. *Zeitschrift für Tierpsychologie, 5,* 233-409.

Love, J. M., Harrison, L., Sagi-Schwartz, A., van IJzendoorn, M. H., Ross, C., Ungerer, J. A., Raikes, H., Brady-Smith, C., Boller, K., Brooks-Gunn, J., Constantine, J., Kisker, E. E., Paulsell, D., & Chazan-Cohen, R. (2003). Child care quality matters: How conclusions may vary with context. *Child Development, 74,* 1021-1033.

Luo, Y., & Baillargeon, R. (2007). Do 12.5-month-old infants consider what objects others can see when interpreting their actions? *Cognition, 105,* 489-512.

Macintyre, C., & McVitty, K. (2004). *Movement and learning in the early years: Supporting dyspraxia (DCD) and other difficulties.* London: Paul Chapman.

MacWhinney, B., & Bornstein, M. H. (2003). Language and literacy. In M. H. Bornstein, L. Davidson, C. L. M. Keyes, & K. A. Moore (Eds.), *Well-being: Positive development across the life course* (pp. 331-339). Mahwah, NJ: Erlbaum.

Maital, S. L., Dromi, E., Sagi, A., & Bornstein, M. H. (2000). The Hebrew communicative development inventory: Language specific properties and cross-linguistic generalizations. *Journal of Child Language, 27,* 43-67.

Mangelsdorf, S. C., Shapiro, J., & Marzolf, D. (1995). Developmental and temperamental differences in emotion regulation in infancy. *Child Development, 66,* 1817-1828.

Markman, E. M. (1999). Multiple approaches to the study of word learning in children. *Japanese Psychological Research, 41,* 79-81.

Martin, J. A., Hamilton, B. E., Sutton, P. D., Ventura, S. J., Menacker, F., & Kirmeyer, S. (2009). Births. *National Vital Statistics reports, 57*(7), Hyattsville, MD: National Center for Health Statistics.

Mash, C., Arterberry, M., & Bornstein, M. H. (2007). Mechanisms of visual object recognition in infancy: 5-month-olds generalize beyond the interpolation of familiar views. *Infancy, 12,* 31-43.

Maurer, D., & Maurer, C. (1988). *The world of newborn.* New York: Basic Books.

McDonough, L., & Mandler, J. M. (1998). Induced generalization in 9- and 11-month-olds. *Developmental Science, 1,* 227-232.

McKenna, J., Mosko, S., Richard, C., Drummond, S., Hunt, L., Cetel, M. B., & Arpaia, J. (1994). Experimental studies of infant-parent co-sleeping: Mutual physiological and behavioral influences and their relevance to SIDS (sudden infant death syndrome). *Early Human Development, 38,* 187-201.

McLoyd, V. C., Aikens, N. L., & Burton, L. M. (2006). Childhood poverty, policy, and practice. In W. Damon, & R. Lerner (Eds.) & K. A. Renninger, & I. E. Sigel (Vol Eds.), *Handbook of child psychology: Vol. 4. Child psychology in practice* (6th ed., pp. 700–775). Hoboken, NJ: Wiley.

Mead, M. (1935). *Sex temperament in three primitive societies.* New York: Morrow.

Meltzoff, A, N. (1988). Infant imitation after a 1-week delay: Long-term memory for novel acts and multiple stimuli. *Developmental Psychology, 24,* 470–476.

Meltzoff, A. N. (1985). Immediate and deferred imitation in fourteen- and twenty-four-month-old infants. *Child Development, 56,* 62–72.

Meltzoff, A. N. (1990). Foundation for developing a concept of self: The role of imitation in relating self to other and the value of social mirroring, social modeling, and self-practive in infancy. In D. Cicchetti & M. Beeghly (Eds.), *The self in transition: Infancy to childhood.* Chicago: University of chicago Press.

Meltzoff, A. N. (1995). What infant memory tells us about infantile amnesia: Long-term recall and deferred imitation. *Journal of Experimental Child Psychology, 59,* 497–515.

Meltzoff, A. N. (2005). Imitation and other minds: The "Like Me" hypothesis. In S. Hurley & N. Chater (Eds.), *Perspectives on imitation: From neuroscience to social science* (Vol. 2, pp. 55–77). Cambridge, MA: MIT Press.

Meltzoff, A. N. (2007). 'Like me': a foundation for social cognition. *Developmental Science, 10,* 126–134.

Meltzoff, A. N. (2009). Roots of social cognition: The like-me framework. In D. Cicchetti & M. R. Gunnar (Eds.), *Minnesota symposia on child psychology: Meeting the challenge of translational research in child psychology* (Vol. 35, pp. 29–58). Hoboken, NJ: Wiley.

Meltzoff, A. N. (2009). Roots of social cognition: The like-me framework. In D. Cicchetti & M. R. Gunnar (Eds.), *Minnesota symposia on child psychology: Meeting the challenge of translational research in child psychology* (Vol. 35, pp. 29–58). Hoboken, NJ: Wiley.

Meltzoff, A. N. (2011). Social Cognition and the origins of imitation, empathy, and theory of mind. In U. Goswami (Ed.), *The Wiley-Blackwell handbook of childhood cognitive development* (2nd ed., pp. 49–75). Malden, MA: Wiley-Blackwell.

Meltzoff, A. N., & Brooks, M. (2004). Developmental changes in social cognition with an eye towards gaze-following. In M. Carpenter & M. Tomasello (Chairs), Action-based measures of infants' understanding of others' intentions and attention. Symposium conducted at the Biennial meeting of the International Conference on Infant Studies. Chicago, Illinois.

Meltzoff, A. N., & Brooks, R. (2007). Eyes wide shut: The importance of in infant gaze-following and understanding other mind. In R. Flom, K. Lee, & D. Nuir (Eds), *Gaze following: Its development and significance* (pp. 217–241). Mahwah, NJ: Erlbaum.

Meltzoff, A. N., & Moore, M. K. (1977). Imitation of facial and manual gestures by human neonates.

Science, 198, 75-78.

Meltzoff, A. N., & Moore, M. K. (1999). A new foundation for cognitive development in infancy: The birth of the representational infant. In E. K. Scholnick, K. Nelson, S. Gelman, & P. H. Miller (Eds.), *Conceptual development: Piaget' s legacy* (pp. 53-78). Mahwah, NJ: Erlbaum Press.

Meltzoff, A., & Borton, R. W. (1979). Intermodal matching by human neonates. *Nature, 282*, 403-404.

Menyuk, P., Liebergott, J., & Schultz, M. (1995). Pattern of early lexical and cognitive development in premature and full-term infants. *Journal of Speech & Hearing Research, 34*, 88-94.

Moon, R. Y., Kotch, L., & Aird, L. (2006). State child care regulations regarding infant sleep environment since the Healthy Child Care America-Back to Sleep campaign. *Pediatrics, 118*(1), 73-83.

Moore, M., & Wade, E. (1997). Parents and children sharing book: an observational study. *Signal, Sept*, 203-214.

Morrissey, T. W. (2009). Multiple child-care arrangements and young children's behavioral outcomes. *Child Development, 80*(1), 59-76.

Mortensen, E. L., Michaelsen, K. F., Sanders, S. A., & Reinisch, J. M. (2002). The association between duration of breastfeeding and adult intelligence. *JAMA, 287*(18), 2365-2371.

Murray, C. J., & Lopez, A. D. (1996). *The global burden of disease*. Cambridge: Harvard School of Public Health.

Nachmias, M., Gunnar, M., Mangelsdorf, S., Parritz, R. H., & Buss, K. (1996). Behavioral inhibition and stress reactivity: The moderating role of attachment security. *Child Development, 67*, 508-522.

Nelson, C. (1995). The ontogeny of human memory: A cognitive neuroscience perspective. *Developmental Psychology, 31*, 723-738.

Nelson, C. A., & Dolgin, K. (1985). The generalized discrimination of facial expressions by seven-month-old infants. *Child Development, 56*, 57-61.

Nelson, K. (1973). Structure and strategy in learning to talk. *Monographs of the Society for Research in Child Development, 38* (Serial No. 149).

Nelson, P. B., Adamson, L. B., & Bakeman, R. (2008). Toddlers' joint engagement experience facilitates preschoolers' acquisition of theory of mind. *Developmental Science, 11*, 847-852.

Newman, T. B. & Maisels, M. J. (2000). Less aggressive treatment of neonatal jaundice and reports of kernicterus: Lessons about practice guidelines. *Pediatrics, 105*, 242-245.

NICHD Early Child Care Research Network. (2001). Nonmaternal care and family factors in early development: An overview of the NICHD Study of Early Child Care. *Journal of Applied Developmental Psychology, 22*, 457-492.

NICHD Early Child Care Research Network. (2002). Structure Process Outcome: Direct and indirect effects of child care quality on young children's development. *Psychological Science, 13*, 199-206.

NICHD Early Child Care Research Network. (2005). *Child care and child development: Results from the NICHD study of early Child Care and Youth Development.* New York: Guilford Press.

NICHD Early Child Care Research Network. (2006). Child-care effect sizes for the NICHD study of early child care and youth development. *American Psychologist, 61*, 99-116.

Nielsen, M., Suddendorf, T., & Slaughter, V. (2006). Mirror self-recognition beyond the face. *Child Development, 77,* 176-185.

NIMH (1997). *Autism.* Bethesda, MD: National Institute of Mental Health.

Nowakowski, R. S. (2006). Stable neuron numbers from cradle to grave. *Proceedings of the National Academy of Sciences, 103*, 12219-12220.

Onishi, K. H., & Baillargeon, R. (2005). Do 15-month-old infants understand false beliefs? *Science, 308*, 255-258.

Oster, H. (2005). The repertoire of infant facial expressions: An ontogenetic perspective. In J. Nadel & D. Muir (Eds.), *Emotional development* (pp. 261-292). New York: Oxford University Press.

Pace, B. (2001). Down Syndrome. *JAMA, 285,* 1112.

Palmer, C. E. (1944). Studies of the center of gravity in human body. *Child Development, 15,* 99-163.

Papoušek, H., & Papoušek, M. (2002). Intuitive parenting. In M. H. Bornstein (Ed.), *Handbook of parenting: Vol. 2. Biology and ecology of parenting* (2nd ed., pp. 183-203). Mahwah, NJ: Erlbaum.

Papoušek, H., & Papoušek, M., & Bornstein, M. H. (1985). The naturalistic vocal environment of young infants: On the significance of homogeneity and variability in parental speech. In T. M. Field & N. Fox (Eds.), *Social perception in infants* (pp. 269-297). Norwood, NJ: Ablex.

Pascalis, O., de Haan, M., & Nelson, C. A. (2002). Is face processing species specific during the first year of life? *Science, 296*, 1321-1323.

Pellegrino, L. (2002). Cerebral palsy. In M. L. Batshaw (Ed.), *Children with disabilities* (5th ed., pp. 499-528). Baltimore: Brookes.

Perner, J. (1991). *Understanding the representational mind.* Cambridge, MA: MIT Press.

Perner, J., Leekam, S. R., & Wimmer, H. (1987). Three-year-old's difficulty with false belief: The case for a conceptual deficit. *British Journal of Developmental Psychology, 5,* 125-129.

Piaget, J. (1954). *The construction of reality in the child* (M. Cook, Trans.). New York: Ballantine. (Original work published 1937).

Pierroutsakos, S. L., & DeLoache, J. S. (2003). Infants' Manual Exploration of Pictorial Objects Varying in

Realism. *Infancy, 4*(1), 141-156.

Pinker, S. (1984). *Language learnability and language development.* Cambridge, MA: Harvard University Press.

Pipp, S., Fischer, K. W., & Jennings, S. (1987). Acquisiton of self and mother knowledge in infancy. *Developmental Psychology, 23*, 86-96.

Porter, R. H., Makin, J. W., Davis, L. B., & Christensen, K. M. (1992). Breast-fed infants respond to olfactory cues from their own mother and unfamiliar lactating females. *Infant Behavior & Development, 15*, 85-93.

Posada, G., Carbonell, O. A., Alzate, G., & Plata, S. J. (2004). Through Colombian lenses: Ethnographic and conventional analyses of maternal care and their associations with secure base behavior. *Developmental Psychology, 40*, 508-518.

Powell, D. R. (2006). Families and early childhood interventions. In W. Damon & R. Lerner (Eds.) & K. A. Renninger & I. E. Sigel (Vol. Eds.), *Handbook of child psychology: Vol. 4. Child psychology in practice* (6th ed., pp. 263-281). New York: Wiley.

Quine, W. V. O. (1960). *Word and object.* Cambridge, MA: MIT Press.

Quinn, P. C. (2007). Categorization. In A. Slater & M. Lewis (Eds.), *Introduction to infant development* (pp. 119-136). Oxford, NY: Oxford University Press.

Quinn, P. C., Uttley L., Lee, K., Gibson, A., Smith, M., Slater, A. M., & Pascalis, O. (2008). Infant preference for female faces occurs for same- but not other-race faces. *Journal of Neuropsychology, 2*, 15-26.

Rakison, D. H., & Lupyan, G. (2008). Developing object concepts in infancy: An associative learning perspective. *Monographs of SRCD, 73*(1), 1-110.

Ramey, C. T., Ramey, S. L., & Lanzi, R. G. (2006). Children's health and education. In W. Damon, & R. Lerner (Eds.) & K. A. Renninger, & I. E. Sigel (Vol. Eds.), *Handbook of child psychology: Vol. 4. Child psychology in practice* (6th ed., pp. 864-892). Hoboken, NJ: Wiley.

Reissland, N. (1988). Neonatal imitation in the first hour of life: observations in rural Nepal. *Developmental Psychology, 24*, 464-469.

Rescorla, L. A. (1980). Overextention in early language development. *Journal of Child Language, 7*, 321-335.

Reznick, J. S., & Goldsmith, L. (1989). A multiple form word production checklist for assessing early language. *Journal of Child Language, 16*, 91-100.

Rivkees, S. A. (2004). Developing circadian rhythmicity in infants. *Pediatrics, 112,* 373-381.

Rochat, P. & Hespos, S. J. (1997). Differential rooting response by neonates: Evidence for an early sense of self. *Early Development & Parenting, 6*, 105-112.

Rochat, P. & Morgan, R. (1995). Spatial determinants in the perception of self-produced leg movements by 3-5 month old infants. Developmental *Psychology, 31*, 626-636.

Rochat, P. (1997). Early development of the ecological self. In C. Dent-Read & P. Zukow-Goldring (Eds.), *Evolving explanations of development* (pp. 91-121). Washington, DC: American Psychological Association.

Rochat, P. (2001). *The Infant's World.* Cambridge: Harvard University Press.

Rochat, P. (2009). *Others in Mind: Social Origins of Self-Consciousness.* New York, N.Y.: Cambridge University Press.

Roizen, N. J. (2002). Down syndrome. In M. L. Batshaw (Ed.), *Children with disabilities* (5th ed., pp. 361-376). Baltimore: Brookes.

Rose, S. A., & Feldman, J. F. (1995). Prediction of IQ and Specific Cognitive Abilities at 11 Years From Infancy Measures. *Developmental Psychology, 31,* 685-696.

Rose, S. A., Feldman, J. F., Wallace, I. F., & McCarton, C. M. (1989). Infant Visual Attention: Relation to Birth Status and Developmental Outcome During the First 5 years. *Developmental Psychology, 25,* 560-576.

Rose, S. A., Feldman, J. F., Wallace, I. F., & McCarton, C. M. (1991). Information Processing at 1 Year: Relation to Birth Status and Developmental Outcome During the First 5 years. *Developmental Psychology, 27,* 723-737.

Rothbart, M. K. (1981). Measurement of temperament in infancy. *Child Development, 52,* 569-578.

Rothbart, M. K. (2004). Commentary: Differentiated measures of temperament and multiple pathways to childhood disorders. *Journal of Clinical Child & Adolescent Psychology, 33*, 82-87.

Rothbart, M. K., Sheese, B. E., & Posner, M. I. (2007). Executive attention and effortful control: Linking teperament, brain networks, and genes. *Child Development Perspectives, 1,* 2-7.

Rovee-Collier, C., & Cuevas, K. (2009). Multiple memory systems are unnecessary to account for infant memory development: An ecological model. *Developmental Psychology, 45*(1), 160-174.

Rubenstein, A. J, Kalakanis, L., & Langlois, J. H. (1999). Infant preferences for attractive faces: A cognitive explanation. *Developmental Psychology, 35,* 848-855.

Ruff, H. A. (1982). Infants' exploration of objects. *Infant Behavior & Development, 5*, 207.

Ruff, H. A. (1985). Detection of information specifying the motion of objects by 3- and 5-month-old infants. *Developmental Psychology, 21,* 295-305.

Ruffman, T., Slade, L., & Crowe, E. (2002). The Relation between Children's and Mothers' Mental State Language and Theory-of-Mind Understanding. *Child Development, 73,* 734-751.

Saffran, J. R., Werker, J. F., & Werner, L. A. (2006). The infant' s auditory world: Hearing, speech, and the beginnings of language. In W. Damon & R. Lerner (Series Eds.) & D. Kuhn & R. Siegler (Vol. Eds.), *Handbook of child psychology: Vol. 2. Cognition, Perception, and language* (6th ed., pp. 58-108). Hoboken, NJ: Wiley.

Sakai, K. L. (2005). Language acquisition and brain development. *Science, 310,* 815-819.

Santrock, J. W. (2005). 아동발달심리학. [*Child Development*]. (곽금주, 정윤경, 김민화, 박성혜, 송현주 역). 서울: 박학사. (원전은 2003에 출판)

Santrock, J. W. (2008). *Child development* (12th ed.). McGraw-Hill Humanities Social.

Scarr, S. (2000). Day care. In A. Kazdin (Ed.), *Encyclopedia of Psychology.* Washington, DC, & New York: American Psychological Association and Oxford University Press.

Scher, A., Epstein, R., & Tirosh, E. (2004). Stability and changes in sleep regulation: A longitudinal study from 3 months to 3 years. *International Journal of Behavioral Development, 28,* 268-274.

Schweinhart, L. J. (2009). *Highly effective preschool program practices.* Invited symposium presented at the Biennial Meeting of the Society for Research in Child Development, Denver, CO.

Scott, R. M., & Baillargeon, R. (2009). Which Penguin Is This? Attributing False Beliefs About Object Identity at 18 Months. *Child Development, 80,* 1172-1196.

Sears, R. R. (1963). Dependency motivation. In M. Jones (Ed.), *Nebraska symposium on motivation* (Vol. 11). Lincoln: University of Nebraska Press.

Sethi, A., Mischel, W., Aber, J. L., Shoda, Y., & Rodriguez, M. L. (2000). The role of strategic attention deployment in development of self-regulation: predicting preschoolers' delay of gratification from mother-toddler interactions. *Developmental Psychology, 36,* 767-777.

Shaffer, D. R. (2002). *Child development* (6th ed.). CA: Wadsworth.

Shaffer, D. R., & Kipp, K. (2009). *Developmental psychology: Childhood and adolescence* (8th ed.). NY: Wadsworth Publishing.

Sharpee, T. O., Sugihara, H., Kurgansky, A. V., Rebrik, S. P., Stryker, M. P., & Miller, K. D. (2006). Adaptive filtering enhances information transmission in visual cortex. *Nature, 439,* 936-942.

Sheffield, E. G., & Hudson, J. A. (2006). You must remember this: Effects of video and photograph reminders on 18-month-olds' event memory. *Journal of Cognition and Development, 7,* 73-93.

Shi, R., & Werker, J. F. (2001). Six-month-old infants' sensitivity for lexical words. *Psychological Science, 12,* 70-75.

Shi, R., Werker, J. F. & Morgan, J. L. (1999). Newborn infants' sensitivity to perceptual cues to lexical and grammatical words. *Cognition, 72*, B11-B21.

Siegler, R. S. (2007). Cognitive variability. *Developmental Science, 10,* 104-109.

Siegler, R. S., & Alibali, M. W. (2007). 아동 사고의 발달, 4판. [*Children's thinking*] (박영신, 이현진, 정윤경, 최영은 역). 서울: 아카데미프레스. (원전은 2005에 출판)

Sigman, M., Cohen, S. E., Beckwith, L., & Parmelee, A. H. (1986). Infant attention in relation to intellectual abilities in childhood. *Developmental Psychology, 23,* 788-792.

Simcock, G., & Hayne, H. (2002). Breaking the barrier: Children do not translate their preverbal memories into language. *Psychological Science, 13,* 225-231.

Skenkin, S. D., Starr, J. M., & Deary, I. J. (2004). Birth weight and cognitive ability in childhood: systematic review. *Psychological Bulletin, 130,* 989-1013.

Skinner, B. F. (1957). *Verbal behavior.* East Norwalk, CT: Appleton-Century-Crofts.

Slater, A., Field, T., & Hernandez-Reif, M. (2007). The development of the senses. In A. Slater & M. Lewis (Eds.), *Introduction to infant development* (pp. 81-99). Oxford, NY: Oxford University Press.

Slater, A., Johnson, S. P., Brown, E., & Badenoch, M. (1996). Newborn infants' perception of partly occluded objects. *Infant Behavior & Development, 19,* 145-148.

Slater, A., Rose, D., & Morison, V. (1984). Newborn infants' perception of similarities and differences between two- and three-dimensional stimuli. *British Journal of Developmental Psychology, 2,* 287-294.

Slaughter, V., Heron, M., & Sim, S. (2002). Development of preferences for the human body shape in infancy. *Cognition, 85*, B71-B81.

Slobin, D. I. (1973). Cognitive prerequisites for the development of grammar. In C.A. Ferguson & D. I. Slobin (Eds), *Studies of child language development.* New York: Holt, Rinehart & Winston.

Song, H., & Baillargeon, R. (2008). Infants' reasoning about others' false perceptions. *Developmental Psychology, 44*, 1789-1795.

Song, H., Onishi, K. H., Baillargeon, R., & Fisher, C. (2008). Can an agent's false belief be corrected through an appropriate communication? Psychological reasoning in 18-month-old infants. *Cognition, 109*, 295-315

Spelke, E. S. (1998). Nativism, empiricism, and the origins of knowledge. *Infant Behavior & Development, 21*(2), 181-200.

Spelke, E. S., & Newport, E. (1998). Nativism, empiricism, and the development of knowledge. In R. Lerner (Ed.), *Handbook of child psychology, 5th ed., Vol .1: Theoretical models of human development* (pp. 275-340). NY: Wiley.

Spelke, E. S., Breinlinger, K., Macomber, J., & Jacobson, K. (1992). Origins of knowledge. *Psychological Review, 99*(4), 605-632.

Spinrad, T. L., Eisenberg, N., Gaertner, B., Popp, T., Smith, C. L., Kupfer, A., Greving, K., Liew, J., & Hofer, C. (2007). Relations of maternal socialization and toddlers' effortful control to children's adjustment and social competence. *Developmental Psychology, 43,* 1170-1186.

Stack, D. M. (2001). The salience of touch and physical contact during infancy: Unraveling some of the mysteries of the somesthetic sense. In G. Bremner & A. Fogel (Eds.), *Infant development* (pp. 351-378). Malden, MA: Blackwell.

Stack, D. M. (2001). The salience of touch and physical contact during infancy: Unraveling some of the mysteries of the somesthetic sense. In J. G. Bremner & A. Fogel (Eds.), *Blackwell handbook of infant development* (pp. 351-378). Malden, MA: Blackwell.

Steinberg, L., Vandell, D. L., & Bornstein, M. H. (2011). *Development: Infancy through adolescence.* CA: Wadsworth.

Steiner, J. E. (1979). Human facial expressions in response to taste and smell stimulation. In H. Reese & L. Lipsitt (Eds.), *Advances in child development and behavior* (Vol. 13). New York: Academic Press.

Stenberg, G. (2003). Effects of maternal inattentiveness on infant social referencing. *Infant and Child Development, 12*(5), 399-419.

Stipek, D., Recchia, S., & McClintic, S. (1992). Self-evaluation in young children. *Monographs of the Society for Research in Child Development, 57* (1, Serial No. 226).

Stone, L. J., Smith, H., & Murphy, L. (1973). *The competent infant.* New York: Basic books.

Strid, K., Tjus, T., Smith, L., Meltzoff, A. N., & Heimann, M. (2006). Infant recall memory and communication predicts later cognitive development. *Infant Behavior & Development, 29,* 545-553.

Super, C. M., & Harkness, S. (2010). Culture and infancy. In G. Bremner and T. D. Wachs (Eds.), *Blackwell Handbook of Infant Development* (Vol. 1). Oxford, England: Blackwell.

Sur, M., & Rubenstein, J. L. R. (2005). Patterning and plasticity of the cerebral cortex. *Science, 310,* 805-810.

Swanson, J. (2000). Autism. In J. Swanson (Ed.), *Infant and toddler health sourcebook* (pp. 287-311). Detroit: Omnigraphics.

Tamis-LeMonda, C. S., & Bornstein, M. H. (1991). Individual variation, correspondence, stability, and change in mother and toddler play. *Infant Behavior & Development, 14,* 143-162.

Tamis-LeMonda, C. S., & Bornstein, M. H. (2002). Maternal responsiveness and early language acquisition. In R. V. Kail & H. W. Reese (Eds.), *Advances in child development and behavior* (Vol.

29, pp. 89-127). New York: Academic Press.

Tasbihsazan, R., Nettelbeck, T., & Kirby, N. (2003). Predictive validity of the Fagan Test of Infant Intelligence. *British Journal of Developmental Psychology, 21*, 585-597.

Taylor, B. & Wadsworth, J. (1984). Breast feeding and child development at five years. *Developmental Medicine and Child Neurology, 26*, 73-80.

Taylor, H.G., Klein, N., Minich, N.M., & Hack, M. (2000). Middle school-age outcomes in children with very low birth weight. *Child Development, 71,* 1495-1511.

Thelen, E. (1989). The (re)discovery of motor development: Learning new things from an old field. *Developmental Psychology, 25*, 946-949.

Thelen, E., & Smith, L. (2006). Dynamic systems theories. In W. Damon & R. Lerner (Series Eds.) & R. Lerner (Vol. Ed.), *Handbook of child psychology: Vol. 1. Theoretical models of human development* (6th ed., pp. 258-312). New York: Wiley.

Thomas, A., & Chess, S. (1977). *Temperament and development.* New York: Brunner/Mazel.

Thompson, P., Giedd, J., Woods, R., MacDonald, D., Evans, A., & Toga, A. (2000). Growth patterns in the developing brain detected using continuum mechanical tensor maps. *Nature, 404*, 190-193.

Thompson, R. A. (1994). Emotion regulation: A theme in search of definition. In N. Fox (Ed.), The development of emotion regulation: biological and behavioral considerations. *Society for Research on Child Development Monography, 59* (Serial No. 240), pp. 25-52.

Thompson, R. A., Lewis, M. D., & Calkins, S. D. (2008). Reassessing emotion regulation. *Child Development perspectives, 2*, 124-131.

Tomasello, M. (2011). **이기적 원숭이와 이타적 인간.** [*Why we cooperate*]. (허준석 역). 서울: 이음. (원전은 2009에 출판)

Torun, B., & Viteri, F. E. (1988). Protein-energy malnutrition. In M. E. Shils & V. R. Young (Eds.), *Modern nutrition in health and disease* (pp. 746-773). Philadelphia: Lea & Febiger.

Tsao, F., Liu, H., & Kuhl, P. K. (2004). Speech perception in infancy predicts language development in the second year of life: A longitudinal study. *Child Development, 75*, 1067-1084.

Udry-Jørgensen, L., Pierrehumbert, B., Borghini, A., Habersaat, S., Forcada-Guex, M., Ansermet, F., & Muller-Nix, C. (2011). Quality of attachment, perinatal risk, and mother-infant interaction in a high-risk premature sample. *Infant Mental Health Journal, 32*, 305-318.

Valenza, E., Simion, F., Cassia, V. M., & Umilt, C. (1996). Face preference at birth. *Journal of Experimental Psychology: Human Perception and Performance, 22,* 892-903.

Van Geert, P. & Steenbeek, H. (2005). Explaining after by before: Basic aspects of a dynamic systems approach to the study of development. Developmental Review, 25, 408–442.

Van Hecke, A. V., Mundy, P. C., Acra, C. F., Block, J. J., Delgado, C. E. F., Parlade, M., Meyer, J. A., Neal, A. R., & Pomares, Y. B. (2008). Infant Joint Attention, Temperament, and Social Competence in Preschool Children. *Child Development, 78*, 53–69.

van IJzendoorn, M. H., Dijkstra, J., & & Bus, A. G. (1995). Attachment, intelligence, and language: A meta-analysis. *Social Development, 4*, 115–128.

van IJzendoorn, M. H., Schuengel, C., & Bakermans-Kranenburg, M. J. (1999). Disorganized attachment on early childhood: Meta-analysis of precursors, concomitants, and sequelae. *Development and Psychopathology, 11*, 225–249.

Vinter, A. (1986). The role of movement in eliciting early imitations. *Child Development, 57*, 66–71.

Volkmar, F. R., Szatmari, P., & Sparrow, S. S. (1993). Sex differences in pervasive developmental disorders. *Journal of Autism and Developmental Disorders, 23*(4), 579–591.

Von Hofsten, C. (2007). Action in development. *Developmental Science, 10*, 54–60.

Votruba-Drzal, E., Coley, R. L., & Chase-Lansdale, P. L. (2004). Child care and low-income children's development: Direct and moderated effects. *Child Development, 75*, 296–312.

Wachs, T. D., & Gandour, M. J. (1983). Temperament, environment, and six-month cognitive-intellectual development: A test of the organismic specificity hypothesis. *International Journal of Behavioral Development, 6*(2), 135–152.

Walden, T. A. (1991). Infant social referencing. In J. Garber & K. A. Dodge (Eds.), *The development of emotion regulation and dysregulation* (pp. 69–88). New York: Cambridge University Press.

Walden, T. A., & Kim, G. (2005). Infants' social looking toward mothers and strangers. *International Journal of Behavioral Development, 29*(5), 356–360.

Walker, A. S. (1982). Intermodal perception of expressive behaviors by human infants. *Journal of Experimental Child Psychology, 33*, 514–535.

Walker-Andrews, A. S., Bahrick, L. E., Raglioni, S. S., & Diaz, I. (1991). Infants' bimodal perception of gender. *Ecological Psychology, 3*, 55–75.

Warneken, F. (2007). *The Origins of Helping and Cooperation*. Dissertation, University Leipzig.

Warneken, F., & Tomasello, M. (2006). Altruistic helping in human infants and young chimpanzees. *Science, 311*, 1301–1303.

Warneken, F., Gräfenhain, M., & Tomasello, M. (2012). Collaborative partner or social tool? New evidence for young children's understanding of joint intentions in collaborative activities. *Developmental Science, 15*(1), 54–61.

Waters, E. (1995). Appendix A. The attachment Q-set (Version 3). In E. Waters, G. Posada, & K. Kondo-Ikemura (Eds.), Caregiving, cultural, and cognitive perspectives on secure-base behavior and working models: New growing points in attachment theory and research. *Monographs of the Society for Research in Child Development, 60* (Serial No. 244), 234-246.

Weir, R. H. (1962). *Language in the crib.* The Hague: Mouton.

Wellman, H. M., Cross, D., & Watson, J. (2001). Meta-analysis of theory of mind development: The truth about false belief. *Child Development, 72,* 655-684.

Wenar, C., & Kerig, P. (2011). 발달정신병리학: 영아기부터 청소년기까지. [*Developmental psychopathology: From infancy through adolescence*, 5th ed.]. (이춘재, 성현란, 송길연 역). 서울: 박학사. (원전은 2005에 출판)

Wexler, K., & Culicover, P. (1980). *Formal principles of language acquisition.* Cambridge, MA: MIT Press.

Wimmer, H., & Perner, J. (1983). Beliefs about belief: Representation and constraining function of wrong beliefs in young children's understanding of deception. *Cognition, 13,* 103-128.

Worobey, J. (2007). Health, nutrition, and atypical development. In A. Slater & M. Lewis (Eds), *Introduction to infant development* (pp. 320-337). Oxford University Press.

Wynn, K. (1992). Addition and subtraction by human infants. *Nature, 358,* 749-750.

Wynn, K. (2007). Some innate foundations of social and moral cognition. In P. Carruthers, S. Laurence & S. Stich (Eds.), *The Innate Mind: Foundations and the Future.* Oxford: Oxford University Press.

Zahn-Waxler, C., Radke-Yarrow, M., Wagner, E., & Chapman, M. (1992). Development of concern for others. *Developmental Psychology, 28*, 126-136.

Zhang, L., & Li, H. (2007). Taste development in Chinese newborns. *World Journal of Pediatrics, 3*, 203-208.

Zickler, C. F., Morrow, J. D., & Bull, M. J. (1998). Infant with Down syndrome: A look at temperament. *Journal of Pediatric Health Care, 12*(3), 111-117.

찾아보기

인 명

내 용

저자소개

곽금주

연세대학교 심리학 박사
미국 George Washington University Ed.S
서울대학교 심리학 석사
전) 한국인간발달학회 회장
한국발달심리학회 회장
미국 National Institute of Child Health & Human Development Collaborative Investigator
현) 서울대학교 심리학과 교수

저서

아동 심리평가와 검사(학지사, 2002)
흔들리는 20대: 청년기 생애설계 심리학(서울대학교출판문화원, 2010)
영유아기 엄마와의 상호작용(공저, 학지사, 2011) 외 다수

kjkwak@snu.ac.kr

김연수

서울대학교 심리학 박사
서울대학교 심리학 석사
현) 서울대학교 사회과학연구원 선임연구원
서울대학교 심리학과, 덕성여자대학교 심리학과 강사

저서

영유아기 엄마와의 상호작용(공저, 학지사, 2011)

kimysoo@snu.ac.kr

판 권

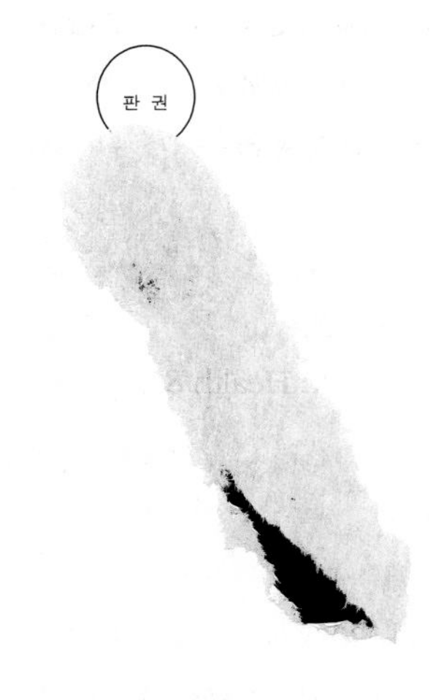

영아발달

2014년 2월 20일 1판 1쇄 발행
2017년 4월 20일 1판 4쇄 발행

지은이 • 곽금주 김연수
펴낸이 • 김 진 환
펴낸곳 • (주) 학지사
04031 서울특별시 마포구 양화로 15길 20 마인드월드빌딩 5층
대표전화 • 02) 330-5114 팩스 • 02) 324-2345
등록번호 • 제313-2006-000265호
홈페이지 • http://www.hakjisa.co.kr
페이스북 • https://www.facebook.com/hakjisabook

ISBN 978-89-997-0321-8 93370

정가 21,000원

파본은 구입처에서 교환하여 드립니다.

이 도서의 국립중앙도서관 출판시도서목록(CIP)은 서지정보유통지원시스템 홈페이지(http://seoji.nl.go.kr)와 국가자료공동목록시스템(http://www.nl.go.kr/kolisnet)에서 이용하실 수 있습니다.
(CIP제어번호: CIP2014004057)